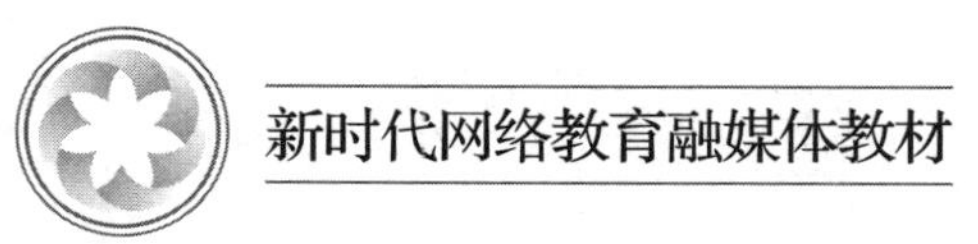

管理心理学概论

戴健林 编著

清华大学出版社
北 京

内 容 简 介

本书比较系统地介绍了管理心理学的基本概念和理论，并着眼于管理心理学基本原理在管理实践中的应用。本书内容包括管理心理学引论，人性假说与激励理论，挫折、应激与压力管理，能力与人格，价值观、态度与组织承诺，群体心理与团队管理，群体沟通、冲突与决策，组织文化，领导心理与领导力共九章内容，在介绍某些热点研究领域的成果时，力图捕捉这些领域在近年发表的论文和专著的信息。本书的文字叙述对概念和理论的解释力求简洁易懂，并附有大量案例帮助学生理解与运用，同时每个章节均附有练习帮助学生及时巩固所学知识。

本书适合作为各种业余学习形式（如网络教育、函授教育、广播电视教育等）管理心理学本科课程的教材，也可作为管理门类有关学科专业本科生和大专生学习管理心理学或组织行为学的入门教材。

图书在版编目（CIP）数据

管理心理学概论/戴健林编著．—北京：清华大学出版社，2021.9
新时代网络教育融媒体教材
ISBN 978-7-302-57846-8

Ⅰ.①管… Ⅱ.①戴… Ⅲ.①管理心理学－高等学校－教材 Ⅳ.①C93-051

中国版本图书馆CIP数据核字（2021）第056994号

责任编辑：田在儒
封面设计：刘　键
责任校对：刘　静
责任印制：丛怀宇

出版发行：清华大学出版社
网　　址：http://www.tup.com.cn，http://www.wqbook.com
地　　址：北京清华大学学研大厦A座　　**邮　　编：**100084
社 总 机：010-62770175　　**邮　　购：**010-62786544
投稿与读者服务：010-62776969，c-service@tup.tsinghua.edu.cn
质量反馈：010-62772015，zhiliang@tup.tsinghua.edu.cn
印 装 者：大厂回族自治县彩虹印刷有限公司
经　　销：全国新华书店
开　　本：185mm×260mm　　**印　　张：**20.5　　**字　　数：**370千字
版　　次：2021年9月第1版　　**印　　次：**2021年9月第1次印刷
定　　价：59.00元

产品编号：088632-01

新时代网络教育融媒体教材
编委会

丛书序

进入新时代，党和政府高度重视各级各类教育的教材建设，注重发挥教材在立德树人中的重要作用。2016年，在全国高校思想政治工作会议上，习近平总书记就提出“教材建设是育人育才的重要依托”这一重要论断。课程教材作为学校教育工作的核心内容之一，集中体现了教育思想和理念、人才培养的目标和内容。教育部陈宝生部长强调高等教育要实现“四个回归”，第一个回归就是“回归常识”，而“教育的常识就是读书”，对于大学生来说，首先要读好、读懂、读通的就是“课程教材”。2019年，教育部高教司吴岩司长也在多个场合反复强调“教学改革改到深处是课程，改到痛处是教师，改到实处是教材”。足见教材的重要性，以及教材建设的紧迫性。

对于网络教育、继续教育来说，教材则更加重要。因为学习者大多数时间都是依靠教材和数字化学习资源进行自学的。印刷教材成本低、携带方便、容易保存，可以反复看、跳跃看、边看边做笔记，是非常重要但又极易被忽视的移动学习资源。教材是晦涩难懂还是通俗易懂，直接影响着远程教育学生的学习热情、学习体验和学习成效，关乎学生的学习获得感和成就感。

华南师范大学高度重视网络教育教材建设，并将教材建设作为网络教育高质量发展的重要抓手之一。2008—2011年，我校承担并完成了教育部重大研究课题“继续教育改革和发展战略与政策研究”的子课题“远程与继续教育教材设计的现状、问题与发展研究”，并于2011年在清华大学出版社正式推出了“新世纪网络教育系列教材”，迄今已出版24册，在行业内产生了积极影响。在相关研究与实践过程中，我们注重成人学习、远程学习的特点和规律，充分发挥印刷教材作为教学内容主要载体和联系其他教学媒体的纽带作用，以霍姆伯格“有指导的教学会谈理论”为指导，努力创新版面设计、表现形式、编写方式，力争做到图文并茂、通俗易懂、易学易用，满足学习者的多样化、个性化、自主学习需求。

2014年是中国“融媒体”元年。当年4月，《人民日报》刊登《加快推进传统媒体和新兴媒体融合发展》一文，3月中央全面深化改革领导小组第四次会议审议通过了《关于推动传统媒体和新兴媒体融合发展的指导意见》。所谓“融媒体”，就是充分利用互联网载体，把那些既有共同点，又存在互补性的不同媒体，在人力、内容、宣传等方面进行全面整合，实现“资源融通、内容兼融、宣传互融、利益共融”。说到底，“融媒体”要“融”的关键就是传统媒体和网络媒体。

站在“融媒体”的时代高度，网络教育、继续教育的教材应当怎样编、怎样建设———我们一直在思考，在酝酿，在探索。在原有印刷教材建设的经验和基础上，经过积极筹备，我们引导课程主讲教师（也是教材主编）在原有印刷教材基础上，录制系列精品教学微课（通常5~15分钟，最长不超过30分钟），并用二维码的方式实现纸介图书与在线微课的链接，进一步促进学生的线上线下混合学习。这就是本套丛书的建设背景和基本思路。

概括而言，本套丛书有如下特点，也是我们教材建设的主张和初心。

一是强调立德树人、育人为本，将思想政治教育融入课程，融入文化知识教育，贯穿教材体系。让教师一开始就围绕这个目标来设计教材，从而让学生能够始终围绕这个目标来学习。

二是强调以学生为中心，让学生（特别是成人业余自学的学生）易学、易用，因此我们更愿意称其为“学材”而非“教材”。无论是内容选取，还是编写体例，一切的出发点是“学生”，而不是“教师”。简单说，就是站在学生（读者）的立场来设计。

三是强调突出远程教育特色，特别是促进学习者与教材的交流与对话。我们将教师的“教”融入教材，将学生的“活动”融入教材，增进学生和教材的互动、和网络资源的互动、和其他学习者的互动，从而实现学生跟着教材就能够自学的目的。

四是强调立体化、网络化，也就是定位在“融媒体”。通过二维码实现传统教材与网络视频、音频、讨论组、其他外部资源等的链接，从而使得教材从封闭走向开放，从静态走向动态。

五是强调立足岗位，贴近实践。作为网络教育、继续教育的教材，其内容必须满足成人在职学生的岗位能力提升需求，因此教材会有更多案例，更多实操内容，而非仅仅是概念、原理的罗列。跟得上一线实践的发展，与岗位技能标准对接是我们追求的目标。

六是强调表现形式上的生动活泼、通俗易懂。把复杂的事情用通俗的语言表达出来是一门学问，需要编写者有深厚的学科功底和语言功底。

本套丛书从编写体例、栏目设计、语言文字等方面，力求循序渐进、娓娓道来、图文并茂、生动活泼，从而降低阅读难度，提高基于教材的自学效果。本套教材的出版离不开清华大学出版社一贯的大力支持，也离不开各位领导、专家的关心与指导，更离不开各位主编及其团队的辛勤付出，在此一并感谢！正是大家的共同努力，推动了本套教材的面世，谢谢大家！

邓毅

于广州·华南师范大学

2020年1月

前言

鉴于管理心理学在管理学科谱系中不可替代的地位与价值，以及心理学基础研究在应用领域的重要体现，这门学科自20世纪诞生以来，涌现出了非常丰富的理论和应用研究成果。在我国，自改革开放以来，随着经济的快速发展，这门学科也得到了长足的发展与进步。

本书的前身，是编者在华南师范大学网络教育学院为学员多年讲授管理心理学课程后编撰出版的《管理心理学简编》(清华大学出版社2014年1月版)。该书出版后，由于它鲜明地契合网络教学的体例特色，以及自身的品位追求，受到了广大学员和其他读者的欢迎。由于管理心理学是一门尚在快速发展的学科，新概念、新理论不断涌现，新的应用空间不断拓展，因此，有必要对原书进行修订，而某些机缘也恰巧促成了修订工作的推进。在某种意义上说，本书是《管理心理学简编》的升级版。

本书的内容体系根据学科发展做了一定的调整，它除了沿袭原书理论与实践密切结合、体例新颖独特、内容简约活泼、适于网络教学的鲜明风格外，还力求尽量反映这门学科的新进展。因此，在介绍某些热点领域的成果时，本书力图捕捉这些领域在近年尤其是近五年发表的论文和著作的信息。

同绝大多数教科书一样，本书是集体劳动和智慧的结晶。全书共九章，分别由下列作者修订完成：第一、二章（严坤），第三章（张雪），第四、五章（蔡雨晴），第六、七章（温家琪），第八章（刘涛），第九章（曹阳城）。全书的体系框架由我拟定，并对全书内容进行了多次修改。在统稿过程中，严坤协助我做了大量的工作，包括对全书的体例、版式进行统筹和订正。

在修订过程中，本书征引了国内外众多学者的研究成果，也从多个渠道吸纳了众多实践案例。我们深知本书的概念、理论观点乃至应用成果建立在原作者杰出的专业见解和智慧劳动之上，为此，我们要向他们表示深深的敬意和感谢。

同时，也要感谢《管理心理学简编》原参编者，没有他们的基础工作，本书的修订工作不可能顺利完成。他们是：刘晓斌、王永秀、王乐伟、杜菲菲、苏少洁、邱芳、方敬佳、范预红、王丽云。

作为本书的主编，本人尽管有着多年的管理心理学教学和相关研究经验，但深知学识有限，书中的疏漏和错误之处在所难免。因此，在书稿行将付梓之际，我怀着恳切的心情，期待着读者的批评与指正。

戴健林

2021年5月

目 录

第一章

管理心理学引论

管理心理学作为一门学科的正式名称出现于20世纪50年代的美国，经过了半个多世纪的发展壮大，如今的管理心理学已成为备受管理学、心理学领域研究者及管理实践者重视的一门学科。管理心理学在西方心理学界又被称为组织心理学，是心理学领域的一个重要分支；也是管理科学的一个重要组成部分，通常又被称为组织行为学。本章概述了管理心理学的概念、学科特征和研究内容；简要介绍了西方和我国管理心理学的发展历程；分析了管理心理学和相关学科的联系；介绍了管理心理学的研究方法；分析了21世纪中国管理心理学发展所面临的挑战，为后面章节的内容奠定基础。

学完本章，你将能够：

1. 了解管理心理学的研究对象；
2. 了解管理心理学的学科特征；
3. 了解管理心理学的研究内容；
4. 了解西方管理心理学的发展历史；
5. 了解我国管理心理学的发展状况；
6. 了解管理心理学的研究方法。

教学视频

专题一

管理心理学的研究对象、学科特征和研究内容

专题导读

管理心理学虽说不上是一门新兴学科，但是历史并不悠久。那么管理心理学是一门什么样的学科？它的研究对象是什么？它的学科特征有哪些？它又包含哪些基本内容？这是本专题要讨论的内容。

一、何谓管理心理学

（一）管理心理学的定义

众多的管理心理学教材给出了名目繁多的定义，但归结起来大同小异。总体来看，这些定义包含了以下几点内容。

1. 管理心理学研究人的心理、行为活动规律

管理心理学探讨人的心理现象和活动规律，更注重在心理活动支配下人的行为表现及其一般特征。人的心理和行为有着密切的联系。通常情况下，人的心理活动支配着人的行为表现，人的行为表现也反映着个体的心理活动。管理心理学就是通过人的行为表现和规律揭示人的内在心理机制，由此预测和控制人的行为。

2. 管理心理学研究的是组织中的人的心理、行为活动规律

管理心理学不探讨一般情境下人的心理和行为活动规律，而是把研究范围限制在了组织的特定情境里。这里，组织的范围很广，不仅包括工厂、公司等各类企业组织，也包括政治、军事、教育、科技、卫生等各类社会组织。

3. 管理心理学的研究目的是通过对人的激励来提高组织绩效；同时，管理心理学也注重人的自我发展

管理心理学研究的首要任务，是通过研究组织中人的心理与行为的一般性规律来有效地预测和控制人的行为，以提高组织中人的积极性，达到提高组织工作效能的最终目的。同时，管理心理学也注重组织中人的自我发展，通过把握组织中个体和群体的一般性的心理和行为活动规律，不断提高员工的自身素质，实现员工的自我发展。

我们认为，管理心理学是一门研究组织中人的心理、行为现象及其活动规律的科学，它以对人的激励为核心，以实现组织绩效的有效提升和实现人的自我发展为最终目的。

（二）管理心理学的研究对象

根据以上对管理心理学定义的分析，可以看出，管理心理学的研究对象可以有以下三层含义：第一，管理心理学研究的是组织中的人，一般意义下的个体不属于它的研究范围；第二，管理心理学研究的是组织中人的心理和行为活动规律；第三，管理心理学研究的是组织中与管理活动有关的人的心理和行为活动规律，与管理活动无关的个人兴趣、爱好等不属于管理心理学的研究范畴。

所以，一言以蔽之，管理心理学的研究对象是组织中与管理活动有关的人的心理和行为活动规律。

二、管理心理学的学科特征

管理心理学是一门介于管理学和心理学的边缘性、交叉性学科，这是由其学科性质决定的。从学科起源来看，该学科产生于管理学与心理学两个领域的交叉部分，吸收了两个领域大量的理论成果；从研究对象来看，人是管理学的主要研究对象，而探索如何对人进行科学有效的管理，又必须借助心理学领域的理论知识进行分析和研究，两者相得益彰；从学科属性来看，说管理心理学具有边缘性和交叉性，并不意味着它是某一学科领域的附属产品，也不意味着它是多个学科的简单相加或拼凑。管理心理学在吸收了母体学科的理论成果、研究方法的基础上，演变出了独属于自身学科的特定研究范围、研究对象、特殊使命和应用范围。①

由于从事这一学科研究的人员大多来自管理学和心理学领域，两个学科领域的研究者由于知识背景、学科视角等方面的差异，使管理心理学在发展的过程中逐渐带上了两种取向的烙印：管理学取向的管理心理学和心理学取向的管理心理学。这种差异性也体现在了西方国家和苏联管理心理学的发展历程上。西方国家更重视组织的绩效，偏重于管理学方面；而苏联更注重组织中个人的心理层面，侧重于心理学方面。

同时，管理心理学还综合了多个相关学科（如社会学、人类学、生理学、伦理学等）的理论知识，是一门综合性很强的学科。

另外，管理心理学属于应用心理学的一部分。管理心理学实际上就是心理学基本原理在组织管理中的应用。国际心理学大会通常也将管理心理学置于应用心理学领域来做报告。所以，管理心理学是应用心理学的一个分支，是其重要的组成部分。

综上，管理心理学是一门介于管理学和心理学的边缘性、交叉性学科，具有人本化、综合性以及应用性的典型特征。

---

① 冉苒，苏宗荣. 管理心理学[M]. 2版. 北京：清华大学出版社，2018：8-9.

三、管理心理学的研究内容

管理心理学研究的主要任务是在一定标准的成本控制下，最大限度地挖掘人的潜力，发挥人的积极性和创造性，达到组织绩效和个体的全面发展。所以，如何最大限度地发挥组织中人的积极性和创造性也就成了管理心理学研究的中心议题，相应地，激励和挫折的关系问题也就成了贯穿整个管理心理学体系的核心内容。

何谓激励和挫折？激励是一种引发需要，激发动机，指导行为，有效实现目标的心理过程。与此相反，挫折一般是指人们在从事有目的的活动过程中，遇到自感无法克服的障碍而产生的消极情绪和相应的行为；还指因管理不善引起的伤害组织成员积极性的心理现象和过程。激励激发、调动积极性，挫折压抑、伤害积极性，它们之间的关系是相互对立、相互依存[①]。

组织中人的激励和挫折（包括应激、压力等）之间的关系问题，贯穿了管理心理学研究的始终。

西方管理心理学已建立了一套较为完整的学科体系。我国的管理心理学大多移植或借鉴了西方的体系架构，即将管理心理学分为个体心理、群体心理以及组织与领导心理三个层次。

（一）个体心理

个体心理与管理是管理心理学研究的基础。虽然一般意义上的个体的心理机制不是管理心理学的研究对象，但在组织环境下，作为独立的个体却具有普遍的心理特点和行为规律。这些心理特点和行为规律不仅能帮助组织成员更好地认识自己，更是领导者实施组织管理的基础。因为管理者要想采取恰当的管理措施激励成员，最大限度地发挥其积极性，就必须对这些普遍的个体心理机制和行为规律有所了解。本书中，这部分的内容包括：第三章，挫折、应激与压力管理；第四章，能力与人格；第五章，价值观、态度与组织承诺。

（二）群体心理

组织中的人并不是单独存在的，而是与其他人以各种形式联系在一起的，形成了正式群体和非正式群体。处在同一群体中的人或许在某些方面能达成共识，具有共同的需求；也可能因个性和组织差异产生矛盾和冲突。组织中的人际关系错综复杂，群体中人的心理和行为也因此受到很多因素的影响，表现形式自然也多种多样。另外，组织

---

① 熊川武．管理心理学[M]．广州：广东高等教育出版社，2003：20．

中的群体需求、群体沟通以及冲突的解决，都会对组织绩效产生很大影响，所以对群体心理机制和行为规律的研究也是管理心理学研究的重要内容。本书中，这部分内容包括：第六章，群体心理与团队管理；第七章，群体沟通、冲突与决策。

（三）组织与领导心理

群体由个体组成，组织由各种群体构成。组织气氛的健康与否影响个体及组织内的群体，从而影响组织的效能。领导者的风格和管理措施决定了组织的氛围，从而对组织绩效起着极为重要的作用。因此，管理心理学也要从组织的层面上探讨组织发展、组织文化以及领导者的心理和行为。本书中，这部分内容包括：第八章，组织文化；第九章，领导心理与领导力。

综上所述，管理心理学的研究重点是组织环境下的个体心理、群体心理以及组织与领导心理。我国越来越多的研究开始朝着本土化方向发展，呈现出了诸如工作动机与激励理论、工作态度与价值取向、领导心理与行为、管理决策与组织变革等热点问题。本书在梳理国内外研究现状的基础上，在个体、群体及组织三个层面上具有更清晰、鲜明的轮廓，在一定程度上也具有了组织行为学的色彩。

思考活动

1. 什么是管理？

2. 管理心理学是一门什么样的学科？

3. 管理心理学研究哪些内容？

扩展阅读

巨大的胡夫金字塔建于4500年前，是埃及第四王朝第二个法老的坟墓。高146米，立在边长达230米的基座上。当时使用了230万块石灰岩块，大小不等的石料重达1.5吨至160吨，塔的总重约为684万吨，它的规模是埃及迄今发现的108座金字塔中最大的。10万人共用了20年的时间才完成这一人类的奇迹。

这一金字塔工地管理者的名字叫拉莫斯，是一位王室墓地的书记员，他的职责有以下四个：第一，记录已完成的工作；第二，收集已经用钝了的工具并进行比较和重铸；第三，给个人分配补给、报酬和口粮；第四，控制和汇报工程总体完成情况。

（资料来源：威策尔. 管理的历史[M]. 孔京京，张炳南，译. 北京：中信出版社，2002.）

专题小结

管理心理学是一门研究组织中人的心理、行为现象和规律的科学，它以对人的激励为核心，以实现组织绩效的有效提升和人的自我发展为最终目的。管理心理学的研究对象是：组织中与管理活动有关的人的心理机制和行为规律。管理心理学的研究内容包含个体心理、群体心理以及组织与领导心理三个层次。管理心理学具有人本化、综合性以及应用性的典型特征。

专题二 管理心理学的发展历程

专题导读

管理心理学起源于20世纪初，到20世纪60年代初趋于成熟。普遍认为，其成为一门独立学科的标志是1958年美国斯坦福大学教授莱维特《管理心理学》一书的出版。西方管理心理学从起源、产生到不断发展，先后经历了哪几个阶段？我国管理心理学的发展历史和现状又是怎样的？这是本专题要讨论的问题。

一、西方管理心理学的发展

西方管理心理学的发展有近百年的历史，从起源至今大致可分为三个阶段：工业心理学阶段；工业社会心理学（人际关系心理学）阶段；行为科学阶段。

（一）工业心理学阶段

19世纪末至20世纪初，各资本主义国家普遍存在严重的劳资矛盾问题，资本家希望能够用最小的成本获取最大的利润，而劳方则希望能拥有更好的工作环境和更高的薪资待遇。由于战时大量男性青壮年应征入伍，工厂企业劳动力流失，只能通过雇佣妇女、延长劳动时间等方式来维持生产，资本家无法获得更高的利润，劳方的工作环境也更为恶劣，工作任务更为繁重，双方的矛盾逐步积累、爆发，最终引发了工人的大规模罢工、游行示威，甚至出现了流血事件。如何提高生产效率成为当时社会的热点话题。

所以，不少心理学家被邀请到企业组织中从事工业活动中的人际关系、群体组织和领导行为方面的研究，以改善人际关系，缓和劳资矛盾，提高生产效率。工业心理学便应运而生了。

在这方面第一位引人瞩目的心理学家是被称为“工业心理学之父”的闵斯特伯格（H. Munsterberg）。1912年，他出版了《心理学与工业效率》一书，书中考察了诸如企业的科学领导、职业选择、生产训练，以及其他有助于提高工人生产效率和企业家收益的因素，明确提出了工业心理学家的研究目标：第一，寻求如何使人们的智能与其所从事的工作最匹配；第二，在什么样的心理条件下，才能从每个人的工作中获得最大和最令人满意的产出；第三，企业如何去影响工人，以便从他们那里获得最好的结果。这本书包含了广泛的工业心理学内容，成为心理学从基础理论走向实践应用的一个重要的里程碑。闵斯特伯格的著作引起了美国和西欧对工业心理学的巨大兴趣，也使更多的心理学家投入到企业组织的研究中。

闵斯特伯格的主张得到了吉尔布雷斯（L. M. Gilbreth）的支持和补充。她也是最早试图把心理学运用到企业管理中的一位理论家。在1914年出版的《管理心理学》一书中，吉尔布雷斯就想把早期的心理学概念应用到科学管理实践中。她关心工作中人的因素。她强调，在应用科学管理原理时，必须首先看到工人，并且要了解他们的个性和需要。工人的很多不满，并不是因为工作的单调，而是因为管理人员对工人的关心不够。她首次提出"管理心理学"的概念，力图把早期心理学的概念应用到管理实践中去，但在当时并未引起人们足够的重视。另外，她也是美国第一个获得心理学博士学位的女性。

把心理学应用到管理方面的另一位重要的早期管理心理学家是斯科特（W. D. Scott）。斯科特早年在德国接受教育，1900年，在莱比锡大学冯特（W. Wunde）教授的指导下获得莱比锡大学心理学博士学位。1901—1920年在美国西北大学任教，后来又担任该校校长19年。他从1902年开始研究广告和人事管理心理学，是该领域的开创者。他认为由于管理当局长时间忽视人的因素，对人事管理不善，导致一般工人的工作效率远远低于正常水平。他特别重视员工在生产中的态度和激励问题，曾发表了一系列关于激励和效率的文章。他在《广告心理学的理论和应用》一书中，对广告的制作方法做了全面的探讨，引起了读者对心理学的兴趣。他还专门研究了"暗示"对员工行为的影响。在《影响工业中的人：论证和暗示的心理学》一书中，他探讨了工商业中"说服"的两种方法：论证和暗示，并指出暗示同逻辑论证是一样有效的，而在某些情况下，如果运用恰当，甚至更有效。他把心理学的原理运用到了工商业的管理中，促进了早期管理心理学的发展和完善。

工业心理学开创了心理学原理应用于实践的先河，证明了心理学在组织管理，特别是企业管理中的巨大作用，并积累了大量的经验，为以后管理心理学的发展打下了坚实的基础。

（二）工业社会心理学阶段

无论是理论还是实践，早期的工业心理学都仅限于对工业组织中的个体进行研究，没有注意到社会环境、人际关系和组织结构对人的影响，思考的范围仍比较狭窄。

最早关注企业工人社会关系的是美国管理学家和心理学家福莱特（M. Follett）。她在管理学方面的贡献是进一步地对泰罗的"科学管理"思想进行了总结和补充。她在心理学方面的贡献则是最早关注组织内部的人际冲突，并总结出了三种解决冲突的办法：压迫（迫使对方屈服），妥协，以及利益结合。她想通过对人际冲突的研究，促进组织内的冲突化解，以达到提高生产效率的目的。福莱特对组织内人际冲突的研究，标志着工业心理学家的注意力开始从组织内的个体转移到了群体关系，是探索人际关系理论的初步尝试。

人际关系理论的真正创始人是美国管理学家梅奥（G. E. Mayo）和罗特利斯伯格（F. Roethlisberger）等人，他们主持的霍桑实验也成为人际关系理论研究史上的经典。

1924年，美国国家科学院全国科研委员会决定在西方电器公司霍桑工厂进行照明度实验。霍桑工厂是美国电话电报公司的设备制造供应部门，位于芝加哥郊外，有25 000多名工人。整个实验共分为以下四个阶段。

第一阶段是照明实验（1924—1927年），也称工作物理环境实验。当时对于生产效率的研究以劳动医学领域为主，认为影响劳动者生产效率的主要因素是个体的疲劳感、工作过程中产生的单调和枯燥感等，因此当时的研究小组以“提高照明度有利于减缓工人的疲劳感”为核心假设，组织了一批女工进行对照实验，最终发现照明度的改变对生产效率并无影响。

第二阶段是福利实验（1927年）。在照明实验阶段以失败告终后，梅奥成立了新的研究小组在霍桑工厂开展福利实验，先向员工提供福利（缩短工作时间、延长工间休息、供应免费茶点等），之后取消福利措施，对比两个阶段中工人的生产效率的变化，以探索福利措施是否是影响员工生产效率的有效因素。然而研究结果表明，福利措施并不能有效影响员工的生产效率，这使研究再次陷入瓶颈。不过在研究过程中梅奥等人发现通过改变监督控制工人的管理方法，能有效改善工人的工作态度，营造良好的工作氛围，进而提高产量，于是他们根据这一假设设计了接下来的两个实验阶段。

第三阶段是谈话实验（1928—1932年）。在这个阶段，梅奥等人与工厂的工人持续进行谈话，谈话内容不限，访谈者只是耐心倾听、记录受访者的牢骚与不满，不做任何反驳与解释，令人意想不到的是这个阶段工厂的产量有了显著上升。研究小组总结认为，这种谈话方式给工人提供了一个发泄渠道，将自己对工作的不满、对生活的困扰都发泄了出来，同时领导者也通过访谈了解到了工人不满的缘由，有针对性地进行调整、完善，使工厂的工作氛围更为融洽，进而提高了生产效率。

第四阶段是群体实验（1931—1932年）。在谈话实验阶段，梅奥等人发现工人在私下存在数个自发形成的小团体，即“非正式群体”。为研究群体中工人间的相互影响关系，研究者组织了14名男工，并告诉他们该小组实行“计件工资制”，原以为实行该制度后工人为了获得更高的报酬将更加努力工作，但经过数月的观察研究人员发现，该小组的总体产量一直维持在中等水平，而且每个工人的日平均产量都差不多。通过进一步调查，研究人员发现该小组成员在私下建立起了特殊的情感联系，并制定了一套规则约束小组成员：要求成员不能做太多以避免导致其他同伴失业、不能浑水摸鱼影响全组产量、不准向管理者告密等，以维护小组的群体利益。

霍桑实验的研究得出了以下结论。第一，当时占统治地位的“科学管理”理论认为，工资福利待遇及物理环境的提升是提高生产积极性的唯一动力。霍桑实验表明，组织中的人是“社会人”，还有社会心理的需要，企业管理应注意从社会心理方面调动人的积极性。第二，生产效率主要取决于员工的积极性，员工积极性的提高主要取决于员工的态度及企业内部的人际关系，而不是像传统管理理论认为的生产效率主要受工作方法和工作条件的制约。第三，在正式群体中还有非正式群体。非正式群体目标与管理者的目标一致，效率就高，否则就低。管理者要对组织中的非正式群体给予足够的重视。第四，新型领导、民主管理对生产极具重要性。一个新型领导应具备两方面的能力，即解决技术的技能和人际关系的能力。所以，可以通过“员工参与管理”“倾听员工意见”及“改善员工对组织的态度”等方法来提高管理效果。

梅奥在霍桑实验的基础上，于1933年出版了《工业文明中人的问题》一书，正式创立了人际关系理论。梅奥被美国学术界公认为工业社会心理学的创始人和管理心理学的先驱，而工业社会心理学实际上是管理心理学的前身。

（三）行为科学阶段

梅奥的人际关系理论，第一次成功地将社会学和心理学引入了企业管理，给传统的管理理论以极大的冲击，引起了强烈的反响。一时间，美国的各大公司纷纷慷慨解囊，资助研究机构和高等学校对企业组织中人的行为进行研究。心理学家、人类学家、社会学家、历史学家、政治学家、经济学家，甚至精神病学家、医学家也加入了研究队伍中。1949年，美国芝加哥大学举行的一次跨学科会议上讨论了人际关系学说，会上有人提出了用 “行为科学”这一名称来代替“人际关系学说”，得到了普遍认同。从此，广泛意义上的行为科学正式产生了。后来，这一名称被专门研究企业管理的学者限制在了组织内，称为“组织行为学”。由于学科背景比较复杂，所以组织行为学的学科研究内容也显得较为错综复杂。为了更突出“管理”的目的，更好地引导读者去考虑如何领导、管理和组织一大批人去完成特定的任务，1958年美国斯坦福大学教授莱维特（H. J. Leavitt）正式提出了“管理心理学”这个名称，取代了原来沿用的“工业心理学”“工业社会心理学”等名称，也显得与“组织行为学”有所区别。管理心理学从此正式成为一门独立的学科。

二、我国管理心理学的发展

我国传统文化蕴含着极为丰富的管理心理学思想，如“以人为本”“以德为先”“中庸之道”等，但这些思想基本上停留在经验和朴素的认识上，哲学意味较为浓厚。管理心理学作为一门独立的学科，是从西方引进的。20世纪20年代到30年代，我国管理学家就开始从事有关管理心理学的研究。1935年，我国著名心理学家陈立撰写并出版了《工业心理学概观》一书，第一次从环境、疲劳、工作方法、事故与效率，以及工业组织、激励与动机等重要方面，系统论述了中国工业心理学和管理心理学的基本问题，确立了全面的理论框架。此后，人事管理方面的心理学研究也逐步开展起来。1944年，肖孝嵘出版了《人事心理学》一书。

1949年以后，我国的心理学有了新的发展，工程心理学和劳动心理学等方面的研究进入了一个新的阶段，但管理心理学的起步较晚。在20世纪60年代，我国学术界对西方正在迅速发展的工业与组织心理学知之甚少。直到20世纪70年代末，我国转向以经济建设为中心，工业部门感到需要运用心理学的知识调动企业管理者和职工的积极性，心理学界也感到需要开展生产管理中的心理学问题的研究，正是在这种改革开放的形势下，管理心理学才逐步得到发展。1980年，中国心理学会工业心理专业委员会的成立，标志着中国管理心理学的重新起步。

20世纪80年代以来，我国有两个工业心理学的专门研究机构从事管理心理学的研究。一个是中国科学院心理研究所社会经济与心理行为研究中心（原名工业心理研究室），另一个是浙江大学的工程心理学（原杭州大学的工业心理学专业）。它们均为博士学位授予单位。从20世纪80年代起，我国陆续翻译出版了一批国外较有影响的著作，如马斯洛（A. H. Maslow）的《动机与人格》、沙因（E. H. Schein）的《组织心理学》、麦考密克（E. J. McCormick）和伊尔根（D. R. Ilgen）的《工业与组织心理学》等。另外，我国学者编著的教材也越来越多，如卢盛忠编写的《管理心理学》（1985年），俞文钊的《管理心理学》（1988年），陈立的《工业管理心理学》（1988年），徐联仓、陈龙的《管理心理学》（1988年）和王重鸣的《劳动人事心理学》（1988年）等。而如今，这类著作已不计其数。此外，还涌现出了一批具有中国特色的管理心理学研究成果，如俞文钊关于同步激励理论、公平差别阈理论的研究，王重鸣关于管理决策相关问题的研究等。

20世纪末及其后一段时间，我国在管理心理学方面的研究大致可划分为如下四个方面。

第一，激励问题方面的研究。以提高员工工作积极性为核心问题的人员激励问题研究是我国学者的主要研究方向，具体包括对国内员工在个人需要、工作动机、工作满意度等方面的调查分析；分析不同激励形式对员工工作积极性的影响；针对不同人员群体的激励理论应用研究等。

第二，组织变革方面的研究。在全球化经济时代背景的影响下，组织变革成为20世纪90年代以来管理心理学领域的热点话题，在该方向的研究主要集中在探索组织变革的分析框架、理想的组织模式、影响组织变革的因素以及西方理论的本土化运用等方面。

第三，领导行为方面的研究。受权变理论影响，有关领导行为的理论研究成果层出不穷，国内学者也逐步重视对领导行为的挖掘与探索，如领导者的认知策略；领导者决策技能的开发与利用；不同文化背景下组织的决策模式、组织结构和管理体制分析等。

第四，组织文化方面的研究。组织文化指组织的价值观、信念、仪式、符号、处事方式等组成的特有文化形象，对于组织文化，学者们重点关注其建立途径、特征和运行机制等内容。其中跨文化研究受到了诸多学者的重视，通过对比研究不同国家间的文化差异（如中美、中英、中日等），分析探索适合我国国情、文化的管理方式和组织结构。

目前，有关激励机制、领导行为、管理决策、组织发展和新技术应用等课题，仍是我国管理心理学中十分活跃的领域。随着我国经济体制和管理改革的不断深入，管理心理学的研究和理论也正日益取得进展。但是，与发达国家相比，我国在研究和从业人员数量、成果的数量和创新性、社会影响等方面仍存在一定差距。

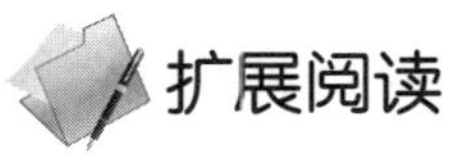

思考活动

1. 试以管理心理学相关理论分析扩展阅读案例中的企业存在的问题以及该老板在管理中的失误。

2. 如果你是老板，你会怎么做？

员工为什么要辞职

祥云有限公司是一家生产服装的中型企业，一部分产品自产自销，而绝大部分产品是按照国外订单生产，然后出口到国外。

公司一直都保持着稳定的发展，但自从前厂长离开公司自己创业后，整个形势就开始慢慢地变化。老板开始物色具有丰富服装生产和出口经验的管理者，结果前后来了三任厂长都改变不了车间混乱的状况，生产的服装几乎每批都被外贸公司退回返工。产品质量达不到要求，一方面让公司大幅亏损，另一方面由于公司采取的是计件工资制，导致员工的工资锐减。一时间公司内部流传着各种消息：又要换厂长了；刚做的一单又要返工；这个月的工资老板会压着不发；老板准备放弃这家企业，等等。

公司老板和广州的一家贸易公司谈判，希望能获得一个2000万元的海外大订单。尽管他知道目前公司内部人心不稳，但他认为只要能签到大额订单就可以稳住员工的心，生产也会走向正常。结果，当他给员工发了上个月的工资回到车间后却发现，有40%的员工在领到工资后就已经辞职。他发现这些离开的员工大多来自同一个省份，或者以前在同一家公司工作过。

专题小结

1958年，美国斯坦福大学教授莱维特《管理心理学》一书的出版，标志着管理心理学正式成为一门独立的学科。西方的管理心理学发展，从起源至今可分为三个阶段：工业心理学阶段；工业社会心理学（人际关系心理学）阶段；行为科学阶段。

我国的传统文化蕴含着极为丰富的管理心理学思想，但管理心理学作为一门独立的学科，是从西方引进的。改革开放以后，我国的管理心理学开始蓬勃发展，取得了一些具有中国本土特色的研究成果。

管理心理学与相关学科的关系

专题导读

如上文所述，管理心理学综合了多个相关学科的理论知识，是一门综合性很强的学科。它与相关学科之间的关系是怎样的呢？这是本专题要讨论的内容。

一、管理心理学与管理学

管理学的发展源远流长，是一门系统研究管理活动的基本规律和一般方法的学科。今天，管理学受到了各个领域的普遍重视。然而，就是这样一门学科，至今仍被有的学者冠以“弱科学性”的帽子。德鲁克（P. H. Drucker）甚至认为：管理学不是而且永远也不可能是“纯科学”。因为，迄今为止，管理学仍不具备广泛性、有效性和精确性[1]，管理对象和环境的纷繁复杂使得任何一种管理理论都难以具有普遍性的指导意义。现代管理学包含了工业工程、运筹学、系统工程学等多个分支学科，吸收了大量相关学科的研究成果，其中，管理心理学也做出了应有的贡献。管理心理学探讨的是组织内与管理活动有关的人的心理现象和行为规律。它为组织中管理者制定科学的决策提供重要的参考和理论依据，以达到提高组织绩效的目的。管理心理学虽然和管理学有着相似的学科目的，但其理论基础、研究视角、研究对象等却有着较大差异。管理心理学不属于管理学的分支，却是管理学的有效补充。

二、管理心理学与心理学

心理学探讨一般意义上个体的心理机制和行为规律。管理心理学探讨组织环境下个体的心理机制和行为规律。管理心理学是心理学基本原理在组织管理环境下的应用，心理学理论的不断发展为管理心理学提供动力和支持，心理学是管理心理学的基础。同时，管理心理学领域的发展也为心理学一般理论的研究带来启示和参考。作为心理学这棵大树的分支之一，管理心理学与心理学之间是个别和一般、特殊和普遍的关系。

三、管理心理学和应用心理学

正如上文提到的，管理心理学从属于应用心理学。从研究发展角度分析，任何学科都是由基础性知识和应用性知识组成的。同样，心理学也可以分为基础心理学和应用心理学。基础心理学也称普通心理学，是研究心理学基本原理和心理现象一般规律的心理学，是所有心理学分支的最基础和一般的学科。应用心理学研究心理学基本原理在各种实际领域的应用，包括工业、工程、组织管理、市场消费、社会生活、医疗保健、体育运动、军事、司法、环境等各个领域，形成了诸如教育心理学、管理心理学、咨询心理学、消费心理学、环境心理学、法律心理学等众多分支学科。所以，管理心理学研究心理学基本原理在组织管理中的应用，应用心理学是心理学的分支，管理心理学又是应用心理学的重要分支。

---

① 阎海峰，关涛，杜伟宇．管理学研究方法[M]．上海：华东理工大学出版社，2008：23-24．

四、管理心理学和行为科学

行为科学的正式称谓产生于20世纪40年代末。第二次世界大战期间，科学技术获得了巨大进步，新的科学领域、科学方法和技术不断涌现。不同的科学领域如心理学、社会学、工程学、生物学等，对人的行为有了更全面、更深入的研究。但彼此因概念、理论术语的差异，很难进行沟通合作。1949年，美国芝加哥大学举行的一次跨学科会议上正式提出了“行为科学”（Behavioral Sciences）这一称谓，这一名称概括了各个与行为研究有关的知识领域，得到了普遍认同。所以，广义上，有的学者把一切与行为有关的研究，甚至包括动物行为的研究也划入了行为科学的范畴，包括了心理学、社会学、人类学、遗传学等众多学科。这不是一个边界分明的学科，而是一个学科群。狭义上，行为科学被研究企业管理的专家限制在了组织内部，称为“组织行为学”。这一名称随即得到了广泛响应，也为日后组织行为学的长足发展扫清了障碍。所以，狭义上的行为科学也就是组织行为学。管理心理学探讨组织内人的心理机制和行为规律，是广义上行为科学的重要组成部分；与狭义上的行为科学——组织行为学则有着更为紧密的联系。下面将对本专题进行讨论。

五、管理心理学和组织行为学

组织行为学（Organizational Behavior）是一个研究领域，该领域主要关注人们在组织中做什么，以及这种行为如何影响组织的绩效，并通过运用这些知识来改善组织，使组织的运作更为有效，个体、群体和结构这三类因素是组织行为学研究的主要对象，其核心课题包括动机、领导行为和权力、人际沟通、群体结构与过程、态度形成与知觉、变革过程、冲突和谈判、工作设计等。①

管理心理学与组织行为学之间的关系，至今尚存争议。这可以追溯到西方国家和苏联各自管理心理学的学科传统上。西方国家（美国和西欧）的管理心理学是一个广泛而没有固定界限的领域，它吸收了社会心理学、社会学、人类学、管理科学、运筹学等多学科的营养，重点探讨组织中人的行为规律，以提高组织绩效为根本目的。所以，西方国家的管理心理学其实就是组织行为学。苏联的管理心理学却偏重于管理中心理学问题的探索，它的研究重点是企业管理中具体

---

① 斯蒂芬·P. 罗宾斯. 组织行为学[M]. 16版. 孙健敏，等译. 北京：中国人民大学出版社，2016：9.

的社会心理现象，以及个体、群体、组织、领导人的具体心理活动的规律性。从这个角度来看，管理心理学和组织行为学还是有差别的。

所以，有一种观点认为，管理心理学和组织行为学是没有差别的。因为，在西方国家，无论学科背景、研究对象、研究内容，以及研究目的，这两门学科都极为相似。至今，西方国家乃至日本更多地还是沿用“组织行为学”的名称。就连正式提出“管理心理学”这一术语的美国心理学家莱维特（H. J. leavitt）也认为“管理心理学”和“组织行为学”之间没有本质上的区别。诺贝尔经济学奖获得者西蒙（H. A. Simon）1984年来中国讲学时曾经说过：“在管理心理学和组织行为学之间，可能别人认为不同，但我没看到有真正的差别①。”

两者的联系体现在：第一，内在的心理活动和外在的行为是密不可分的。心理活动只能用行为来衡量和表现，而行为也是在一定心理活动指导下进行的。心理与行为的这种联系也就决定了管理心理学和组织行为学之间的密切联系。第二，两者的研究内容大同小异。管理心理学和组织行为学的总体框架差别不大，研究的基本内容皆为组织中的个体、群体、领导及组织方面的心理和行为规律。第三，研究目的基本相同。两门学科的研究目的皆为通过对组织管理中人的心理机制及行为规律的探索，不断挖掘人的潜力，提高人的积极性，持续提升组织工作绩效和管理效能，最终实现组织和人的全面发展。

两者的区别则体现在：第一，学科形成背景的差异。1912年，美籍德国心理学家闵斯特伯格（H. Muensterberg）出版了《心理学与工作效率》一书，第一次将心理学正式应用到工业管理中。之后，随着心理学理论应用范围的不断扩大，1958年，美国心理学家莱维特（H. J. leavitt）正式提出了“管理心理学”这一称谓，使管理心理学成为一门独立的学科。而组织行为学是由行为科学发展而来的，是行为科学在管理中应用的直接产物。从20世纪60年代起，美国的工业和组织心理学开始从各个大学的心理学系转到管理学院和研究生部。同时，众多领域的研究者如社会学家、人类学家、经济学家、生物学家、语言学家等陆续参加进来，形成了一个跨越众多学科的研究领域，组织行为学由此产生。第二，研究的侧重点不同。管理心理学着重探讨隐藏在行为背后的心理活动机制；而组织行为学则重点关注行为规律本身，把人的外显行为作为研究对象。第三，理论基础的差异。管理心理学作为心理学的一个重要分支，其理论源泉主要来自心理学；而组

① 刘毅. 管理心理学[M]. 成都：四川大学出版社，2008：13.

织行为学作为广义行为科学的一个分支，其理论来源更加广泛和多样化，不仅来自心理学，还来自社会学、管理学、人类学、经济学、生物学等多个学科。第四，本源学和现象学的差异。管理心理学注重把心理学原理应用于组织管理活动中，侧重理论研究；而组织行为学注重组织中人的行为规律，侧重用多学科的理论、原理来预测和控制人的行为。如果说管理心理学侧重本源学研究，那组织行为学就侧重现象学的探讨。

总体来看，管理心理学和组织行为学是极为相似的两门学科，有着密切的联系，但毕竟在学科来源、理论基础、研究视角等方面存在明显差异。混淆管理心理学和组织行为学之间的界限，不利于两门学科的长远发展。社会科学研究的目的是认识人，并最终服务于人。或许，两门学科从不同角度，发挥各自的优势，不断地把基础理论、方法、应用等各个方面的研究逐步深入推进，并彼此交流和整合，才能更好地服务于组织绩效的提升和人的自我发展。

思考活动

管理心理学和社会心理学的联系和区别在哪里？

扩展阅读

社会心理学也是和管理心理学具有较为密切联系的一门学科。从马克思主义观点来看，社会心理学应该是研究个体或若干有组织的个体在特定生活条件下心理活动（内潜的或外显的）的变化发展的科学。个体从出生之日起，经婴儿期、儿童初期、儿童后期、青年期、成年期、老年期，无不经常受父母、教师、同伴或同事、电视、无线电广播、报纸、杂志、图书这些社会化的主要媒介作用，生活在如下的社会生活条件中并受其影响和塑造：政治制度、法律制度、社会规范、经济状况、风俗、民族、职业、信仰体系、价值体系、农村或城市、社会团体、两性群体等，从而使个体不断地接受政治社会化、法律社会化、道德社会化、民族社会化、职业社会化、性别角色社会化，成为特定社会的有用成员。

专题小结

管理心理学是一门综合性很强的学科，与管理学、心理学、社会学等相关学科都具有紧密的联系。管理心理学与组织行为学既有很多相似之处，也存在不同的地方。

专题四

管理心理学的研究方法

一、实验法

实验法是心理学研究最重要的研究方法之一，也是管理心理学常用的研究方法。实验法是指在严格控制的环境下研究变量间因果关系的方法。其做法是先假设一个或多个自变量对另一个或另几个因变量的影响，然后设计一个实验，有系统地改变自变量，并测量这些自变量的改变对因变量的影响。自变量指的是能独立变化并引起其他变量改变的变量，管理心理学研究中的自变量通常有性格、能力、动机、领导风格等；因变量是指受自变量的影响而发生改变的变量，如工作倦怠、离职倾向、工作满意度、工作行为、工作绩效等。根据实验场景的不同，实验法可分为实验室实验和现场实验。

1. 实验室实验

实验室实验是指在专门的实验室内，运用一定的仪器和设备严格地控制实验条件，以研究某种心理和行为的现象的方法。其优点在于能够有效控制实验过程中的无关变量，实验结果可反复验证，缺点是人为操纵的实验过程与实际情况有一定差距，因此一般不用于探究较为复杂的社会活动。

2. 现场实验

现场实验是指在日常生活和工作情况下，适当控制条件以研究某种心理和行为现象的方法。在管理心理学的研究中，用得较多的是现场实验法，如在管理心理学研究历史上具有里程碑意义的霍桑实验，就运用了现场实验的方法。和实验室实验一样，现场实验也是通过控制和处理变量，以确定变量之间的因果关系。但与实验室实验不同的是，现场实验是在自然情景中改变一个或多个条件以研究产生的结果和影响，因此其实验条件不容易进行精密控制。

实验法最大的特点是可以有效地揭示变量之间的因果关系，是管理心理学最重要的研究方法之一。

专题导读

研究方法是进行科学研究的钥匙。任何学科的发展都离不开方法的推动。研究方法每前进一步的同时，也开启了新的研究领域。作为管理学和心理学的交叉学科，管理心理学借鉴了相关学科的一些研究方法。但因人的心理和行为的复杂性，管理心理学的发展还有赖于多种研究方法的综合运用。

管理心理学有很多种具体的研究方法，很多研究者做了各种不同的分类，在这里只介绍几种常用的研究方法。

二、调查法

调查法是指根据事先拟定的一系列问题，针对某些相关因素，收集资料并加以分析的方法。例如，要想了解组织中员工的工作满意度或对某一事件的看法，就可以用调查法。

调查法有很多种具体的方法，最常用的是问卷法和访谈法，前者也称书面调查，后者也称口头调查。实施调查法的基本步骤和关键环节之一是选取被调查者的样本。一般来说，被调查者的总体人数规模都比较大，我们无法逐一对其进行口头或书面调查，因此通过适宜的抽样方法选取足以代表整体的样本，将直接关系调查结果的准确性。如何确保样本的代表性？通常的办法是从有关总体中随机选择调查对象，即在选择时，总体中的每个人都有同样的机会入选。为了做到随机抽样，人们发展了借用计算机提出的随机号码从总体中选择样本及分层随机抽样之类的具体技术。

1. 问卷法

问卷法是研究者根据研究目的和任务，编制出内容明确、表达准确的问卷，让被调查者根据实际情况实事求是地以书面形式作答。问卷法的提问方式分为两类，即选择作答和自由作答。选择作答的问卷也称有结构问卷或封闭式问卷，自由作答的问卷也称无结构问卷或开放式问卷。时下的心理学家在研究中更倾向于使用选择作答问卷，尤其是等级选择形式，因为这种方法通常有更好的测量信度和更强的辨别力。

在使用问卷法的过程中，如何设计合理、有效的问卷是极为重要的。在进行问卷设计时，研究者需要谨记以下几个设计原则。

（1）选择合适的问题形式，具体有问题和陈述、开放式问题和封闭式问题两种主要选项。所谓问题和陈述，即选择疑问句或陈述句来设置问题，目前许多研究都将目光放在了被调查者对于某一观点或态度的认同程度上，因此研究者会选择陈述句的形式来设置问卷问题，以探索被调查者对某一观点或现象的态度，例如著名的李克特量表，该量表让被调查者对一组陈述语句在“非常同意”“同意”“不一定”“不同意”“非常不同意”五种回答中进行选择，分别记5、4、3、2、1分，研究者可以通过各题组的分数情况了解被调查者对问卷主题的态度强弱程度。另外，开放式问题与封闭式问题之间也各有优势，开放式问题能够给被调查者更多的自由，但也意味着最后收集上来的数据将更难处理；而封闭式问题则更容易进行后期的数据处理与分析，但在一定程度上限制了被调查者的回答空间，因此在设计封闭式问题时，研究者应尽可能列举出所有可能的回答（设置“其他：_____”

等类似的开放式选项是一种较为常见的解决方案），同时要保证每个答案之间应该是互斥的。

（2）问题的设置应该中肯、清晰、明确，并注意避免带有倾向性词语。问卷设计时使用的语句必须直截了当，不带感情色彩，在措辞上还必须使所有被调查者都对其有相同的理解，尽可能避免多重含义，因此应注意尽量不用复杂语句或带有引导性的语句，这样做是为了保证调查的信度。为了避免对被调查者的回答产生诱导，研究者不能在问题的表述中用任何可能流露主观情感倾向的语句，而要尽量使用中性语句来表述问题。

（3）问题应尽量简短。在问卷的设计过程中，研究者为了确保问题的准确性经常会设计长而复杂的问题，这并不值得提倡，因为被调查者一般并不愿意去仔细阅读、分析问题内容，尤其是问卷题量较多时。因此，问题的设计最好能够简明扼要，内容越短越好，方便被调查者快速阅读并给出答案。

总体而言，问卷法适合大样本的群体调查，收集的材料也可以运用统计方法进行处理分析，得出的结论具有普遍的意义。所以，问卷法也是管理心理学中最常用的方法之一。

2. 访谈法

访谈法是指研究者通过与被调查者面对面交谈来探究被调查者心理状态的研究方法。有的学者将访谈法分为三类：结构化访谈、无结构化访谈和半结构化访谈。这样划分的依据是研究者对访谈过程的控制程度。在结构化访谈中，研究者严格地控制访谈的走向和步骤，访谈的内容、问题的顺序及记录方式都已标准化，研究者也对所有的被调查者都按照同样的程序来操作。半结构化访谈指研究者对访谈有一定的控制，同时也允许被调查者积极参与。例如，研究者通常会先备有一个大致的访谈提纲，然后根据提纲向被调查者做相应的提示，并鼓励被调查者提出自己的问题，研究者可根据研究需要对访谈内容和程序做灵活的调整。无结构化访谈没有固定的访谈问题，研究者鼓励被调查者随意发表自己的看法。这种访谈的目的往往是想了解被调查者自身认为重要的问题、看待问题的角度及表述方式等。

访谈法简单易行，可以迅速地取得第一手资料，但访谈法得到的结果很容易受到研究者的个性特征（年龄、性别、文化程度或经验）的影响。所以，研究者要经过专门的严格训练，并且被调查者的口头回答很难即时提炼出有效、可靠的结论，因此一般不单独运用访谈法进行研究。

在运用访谈法进行调查研究时，研究者须遵循以下几条普适性、一般性的指导原则。

（1）注意自身的仪表举止。首先，研究者的服饰在保证整洁干净、衣着得体的同时，应与被调查者的风格相似，一名衣着华丽的研究者或许很难让贫困潦倒的被调查者产生共鸣，而随意邋遢的形象也很难取得具有较高地位被调查者的信任；其次，在访谈过程中研究者应尽力营造舒适愉悦的谈话氛围，寻找适宜的谈话节奏与方式，由于每位被调查者的风格、取向都相去甚远，一名优秀的研究者要能在最短时间内判断出被调查者喜欢的谈话氛围。

（2）熟记问卷内容和结构，访谈时必须严格遵照问卷的句式和用词。熟悉、牢记问卷内容是一名研究者的基本职责，问卷内容都是经过严密设计的，一些措辞或句式上的细微改变都可能影响被调查者的回答。

（3）完整、准确地记录访谈内容。访谈法的问卷构成多以开放式问题为主，完整、准确地记录被调查者的回答是相当重要的，切勿尝试凭自己的理解去总结归纳被调查者的具体回答，具体原因有如下两点：一方面，这有可能让被调查者的答案被研究者的个人倾向或理解干扰，难以分析出被调查者的真实态度倾向；另一方面，在访谈过程中，研究者是无法知晓应用何种标准去归纳总结被调查者的答案的，例如在询问对A大道交通状况的看法时，甲、乙两人都认为A大道过于拥挤，而甲希望通过车牌限号的方式来缓解交通压力，乙提出应通过拓宽道路的方式来缓解交通压力，如果研究者统一用“交通拥挤”来总结归纳甲、乙两人的回答，那在后期的分析过程中研究人员将难以发现甲、乙两人对“交通拥挤”这一现象的不同看法。

（4）适时地深入追问被调查者。追问是一位优秀的研究者必须具备的技能，当被调查者对问题给出模棱两可、表述模糊的回答时，研究者应适时地进行深入追问，以挖掘更多的访谈资料，但与此同时必须注意，研究者的追问内容必须保持绝对中立，不能影响后续问题的访谈。

问卷法和访谈法都有各自难以替代的优势，所以在很多研究中，两者通常被结合起来使用，以使调查结果更加客观、准确和深入。

三、心理测验（测量）法

心理测验法也是管理心理学常用的研究方法，基于组织诊断目的实施的组织内心理测验在当前应用非常广泛。心理测验（测量）法，是指采用标准化的心理测验量表或精密的测量仪器测量被调查者有关心理品质和行为的研究方法。

测验法需要用标准化的测量工具。量表是心理测验常用的研究工具。按测量的水平划分，心理量具大致有三类。第一，顺序量表。顺序量表所表示的数字不表明数量，它们只表示数字之间的大小顺序，所以数字之间不能做加减运算。第二，等距量表。等距量表不仅具备顺序量表的特征，更重要的是它所表示的量度之间的距离是相等的。

因此，等距量表表示的值可做加减运算。第三，比率量表。比率量表除了具备顺序量表和等距量表的特征外，还具有实际意义上的绝对零点。不等距不能做加减运算，没有绝对零点不能做乘除运算，因此，等距量表表示的值可做各种数学运算，是最高水平的量表。测量的种类很多，在管理心理学研究中用得比较多的有智能测量、人格测量、组织气氛测量、组织承诺测量、组织公平测量及工作价值测量等。

心理测验种类繁多，一般从功能和目的两方面进行区分。在功能方面，常见的心理测验分为能力测验、学绩测验和个性测验三方面。能力测验主要测量个体的实际能力或潜在能力；学绩测验是指对个体在阶段学习或训练后其知识、技能发展水平的测量；个性测验重点针对个体的气质、性格、态度、兴趣等特质进行测量评估。而从目的出发，心理测验可分为描述性测验、诊断性测验和预测性测验。描述性测验侧重通过测验来描述、说明某一现象、关系、行为或特征，如儿童的智力发展趋势；诊断性测验主要对个体或群体的某个问题进行测验；而预测性测验乃指通过测验结果来预测个体未来的行为表现或某个技能所能达到的水平。[①]

在管理心理学研究中，测验法经常被作为人员测评的一种工具。但测验量表的编制和使用都十分严格，测验者也需要经过专门训练。若使用稍有不慎，就会产生很大误差。所以，有些国家甚至对组织中人员测评量表的信度、效度系数都有明确的规定。

四、系统观察法

系统观察法是有目的、有计划、有重点地观察研究对象在一定条件下的言语、表情和反应，从而分析其心理活动和行为规律的一种研究方法。观察可以以眼睛、耳朵等感官为工具，也可以利用录音、录像、摄影等现代技术设备作为辅助。

采用这种方法时，一般要求观察者在自然条件下进行。观察者作为旁观者和中立者，不改变被观察者的日常生活条件，在完全自然、真实的条件下观察研究对象的行为，而且被观察者一般不知道自己正在被观察。当然，有时为了研究需要，研究者也可以适当地操纵和控制一些条件，但被观察者一般是不知情的。另外，观察者在观察的时候，可以直接参与被观察者的活动，也可以置身事外，以旁观者的身份进行观察。这可视研究需要而定。

系统观察与我们日常的观察不同，它必须选定特定的行为对象，并且定下量化指标。正确地实施系统观察有助于我们确定事物之间的

---

① 一帆. 心理测验法[J]. 教育测量与评价（理论版），2010（4）：25.

关系。

系统观察法在操作过程中需要注意以下几点：第一，要有明确的观察目的，有计划地按步骤进行；第二，取样要有代表性；第三，尽量在自然状态下进行观察，即使对环境有所控制，也要遵循客观、真实的原则。

因为系统观察法只对被观察者的表面现象进行观察和评估，所以往往会被人认为是肤浅和不够深入，因此在实际研究过程中它较少单独使用，而往往作为实验法和测验法等方法的有效补充。

五、个案研究法

个案研究法以某一典型个体、群体或组织为研究对象，进行深入、具体的研究，从中找出某种规律性的东西，进而推而广之。个案法能够快速地进入情景，所得到的信息也比较生动、细微和真实，所以它在管理心理学研究中具有特殊的地位，尤其擅长对组织中的微小层面进行全面的分析和探究。但个案研究难以精确，很容易受到主观因素的影响。另外，因研究样本的局限性，大幅限制了研究结果的普遍性和应用性，研究结论也难以进行重复验证。所以，个案研究要注意以下两点。第一，案例选择要慎重。要选择那些代表性强，对研究问题具有较强针对性的典型案例，极端的、特殊的案例不能选择，以保证研究结果的普遍意义。第二，个案研究的结果推理要慎重。要遵循实事求是的原则，遇到不同情况时要具体问题具体分析，不可主观臆断、以偏概全。

思考活动

1. 管理心理学最常用的研究方法有哪些？

2. 你认为哪种管理心理学的研究方法最有效？

扩展阅读

百利诊所是广东省一家著名医疗机构。诊所所长在一些管理书上看到西方“新工作周”的介绍，决定改变原来的5天/40小时工作制，实行4天/40小时工作制。6个月后他任命了一个5人小组来评价新工作制的优缺点以及员工的态度。评价组用了调查问卷和非正式访谈两种方法研究新工作制。问卷和访谈内容及结果如下。

(1) 你是否赞成新的工作制？

A. 赞成（12人）　　B. 反对（31人）

(2) 新工作制的问题（1~5分）：

A. 工作时间长，太疲劳　3.72

B. 打乱个人生活　4.58

C. 工作负担增加　4.14

D. 沟通问题增多　3.90

E. 回家太晚引起家庭问题　　　　3.87

(3) 新工作制的优点 (1~5分):

A. 员工士气增加　　　　　　　2.81

B. 缺勤减少　　　　　　　　　3.95

C. 闲暇增加　　　　　　　　　4.11

D. 交通费降低　　　　　　　　4.15

E. 时间浪费减少　　　　　　　2.70

(资料来源: http://www.docin.com.)

专题小结

研究方法是科学研究的钥匙。管理心理学的研究原则有客观性原则、系统性原则、创新性原则和人本化原则。比较常用的管理心理学的具体研究方法有以下几种:系统观察法、实验法、调查法、心理测验法、个案研究法。

思考与练习

一、填空题

1. 管理心理学是研究人的________、________和________的科学。

2. 管理心理学具有________、________、________的典型特征。

3. 管理心理学和心理学是________和________的关系。

4. 人际关系理论形成的重要标志是________实验。

5. 西方管理心理学发展可分为________、________、________三个阶段。

二、判断题

1. 管理心理学是研究组织中人的行为和心理规律的。(　　)

2. 个体心理和群体心理都是管理心理学的研究内容。(　　)

3. 管理心理学属于行为科学的一个分支。(　　)

4. 提高组织绩效是管理心理学研究的根本价值所在。(　　)

5. 系统观察法指的是观察者随意对研究对象进行言语、表情及反应进行观察,从而分析其心理活动和行为规律的一种方法。(　　)

三、辨析题

1. 管理心理学和组织行为学是一回事。

2. 实验法和调查法是管理心理学最重要的两种研究方法,两者没有明显的区别。

3. 实验法是管理心理学最好的研究方法。

四、简述题

1. 管理心理学与心理学的关系是怎样的？

2. 霍桑实验的过程是怎样的？得出了哪些重要的理论？你从中可以得到什么启示？

3. 21世纪，我国管理心理学发展面临哪些挑战？应该如何解决？

推荐书目与文章列表

[1] 徐联仓. 走出丛林的管理心理学[M]. 北京：北京师范大学出版社，2007.

[2] 斯蒂芬·P. 罗宾斯. 组织行为学[M]. 孙健敏，等译. 北京：中国人民大学出版社，2016.

[3] 莫雷，温忠麟，陈彩琦. 心理学研究方法[M]. 广州：广东高等教育出版社，2007.

[4] 戴健林，吴江霖. 社会心理学[M]. 广州：广东高等教育出版社，2007.

[5] 冉苒，苏宗荣. 管理心理学[M]. 2版. 北京：清华大学出版社，2018.

第二章
人性假说与激励理论

纵观西方管理心理学史，其管理思想的核心价值观是基于人性假说之上的，管理思想也是围绕人性假说的不断变化而不断发展演变的。本章首先梳理了管理心理学中几和主要的人性假说，然后简要述评了围绕管理心理学核心课题——激励．而构建的多个学派的激励理论；与其他同类著作有所不同，我们在介绍公平理论的时候，还延伸性地介绍了当代思想大家罗尔斯的程序公平理论的主要观点。

学完本章，你将能够：

1. 了解管理心理学中几种主要的人性假说；
2. 了解各主要学派的激励理论。

教学视频

专题一

人性假说

一、沙因的人性假说四分法

美国学者沙因（E. H. Schein）在1965年出版的《组织心理学》一书中，对人性假设做出了类型划分，包括“经济人”“社会人”“自我实现人”和“复杂人”四种类型。

（一）“经济人”

“经济人”（rational-Economic Man）也称“唯利人”或“实利人”，产生于20世纪30年代至50年代。这种假设起源于“享乐主义”哲学观和亚当·斯密关于劳动交换的经济理论。斯密在其巨著《国民财富的性质和原因的研究》中这样写道：“我们每天所需的食物和饮料，不是出自屠户、酿酒家和烙面师的恩惠，而是出于他们自利的打算。我们不说唤起他们利他心的话，而说唤起他们利己心的话，我们不说我们自己有需要，而说对他们有利。”[①]经济人的假设基于利己主义的人性观，认为人都是自私自利的，人一切行为的出发点和立足点都是基于追求自身的最大利益，工作的动机也是为了获得经济报酬。这一假设主要包括以下几点。

第一，人的工作动机是由经济性的刺激物诱发的，人总是追求最大的经济利益。

第二，经济诱因是在组织的控制下，所以人的本质是被动的，受组织的控制、驱使和操纵。

第三，感情是非理性的，组织必须严格加以防范，并设法控制个人的情感。

第四，组织的设计也要按照严格控制人的感情及其他无法预计的品质的方式来设计。

由于“经济人”假设部分内容不完全符合事实，一经提出便受到

专题导读

休谟说：“任何科学不论似乎与人性离得有多远，它们总是会通过这样或那样的途径回到人性。”麦克格雷戈认为，在每一项管理措施的背后，都必有某些关于人性的本质及人性行为的假定。古往今来，人性一直是哲学家们争论不休的问题，至今仍无定论。

人类思想史上关于人性的假说层出不穷，但真正在现实中产生巨大影响并为人们津津乐道的却不是那些哲学意义上的人性观，而是基于具体学科的人性假设（在本章中，假说、假设、假定通用），比如“经济人”“政治人”“道德人”“社会人”“文化人”等基于不同学科的不同假设。不过这些不在本书要讨论的范围之内，本书要关注的是管理心理学中的人性假设。人性假设作为管理者的一种人性观念，对其管理行为有着极重要的影响。不同的人性假设直接为各种不同的管理理论提供理论基础和前提。

① 亚当·斯密. 国民财富的性质与原因的研究（上卷）[M]. 郭大力，王亚南，译. 北京：商务印书馆，2004：14.

各方学者的挑战，部分国内学者也提出了许多质疑与批判，主要围绕以下两个方面。一方面是针对“经济人”假设中人的自利性。“经济人”假设人总是追求利益最大化的，却忽视了人性中的利他维度以及人的其他需求，如马斯洛需求层次理论强调个体的需求包含生理、安全、社交、尊重和自我实现五大维度。另一方面是针对“经济人”假设的完全理性预设。“经济人”假设强调“全知全能的理性”，认为人能够选择最佳的行动方案以谋取最大效益，并在组织管理中推崇工具主义思维，将人视为追求高效管理的工具，提倡程序化、标准化的管理模式，这一完全理想化、追求普适性的理论预设和实践模式引起了诸多学者的争议。

对此，部分西方经济学家在“经济人”假设的基础上进行修正和完善，提出了一些新的观点与理论，其中最具代表性的是贝克尔等经济学家基于新制度经济学所提出的“新经济人”假设。首先“新经济人”假设认为人是具有双重动机的，并不仅是追求经济利益，也渴望利他主义、意识形态等非经济利益；其次，“新经济人”假设指出由于信息不对称的原因，人在交易过程中往往会选择机会主义手段来为自己谋取最大利益；最后，“新经济人”假设强调人是有限理性的，只能在诸多条件的约束下去追求最大化效益，如环境的不确定性、信息的不完全性、自身认知水平的有限性等。①

（二）“社会人”

“社会人”（Social Man）也称为“社交人”。这种假设是建立在社会心理学家梅奥（G. E. Mayo）等人提出的人际关系学说基础之上的。在著名的“霍桑实验”后，梅奥在1933年出版的《工业文明的人性问题》一书中，提出了“社会人”假设的基本观点。①人是社会中的人，传统的认为人只是经济人的观点是片面的。影响人生产积极性的因素除了物质因素以外，还有社会因素。②生产效率的高低主要不取决于生产方法与工作条件，而是取决于员工的士气。③在组织中是存在着“非正式群体”的。④领导者要善于倾听员工的意见，加强与员工的沟通，重视职工情绪、感情和人际关系。沙因进一步把社会人的特征概括如下。

第一，社交需要是人类行为的基本激励因素，而人际关系则是形成人们身份感的基本要素。

第二，从工业革命中延续过来的机械化，使工作本身变得毫无意义，这些丧失的意义必须从工作中的社会关系里找回来。

---

① 马向荣.“经济人”假设的辨析与重构——兼论斯密悖论的破解[J]. 经济问题探索，2017（1）：163-168.

第三，人们对其所在群体的社会力的反应，远比对经济刺激物的诱因反应要强烈。

第四，员工对管理的反应程度，取决于主管者对下属的归属需要、被人接受的需要的满足程度。

相比“经济人”假设，“社会人”假设更加关注个体在社会方面和心理方面的需求，强调非正式组织在管理中的重要作用，提倡让员工参与管理，增强员工的归属感和集体荣誉感，进而调动员工的工作积极性，提高整体的生产效率。

（三）“自我实现人”

“自我实现人”（Self-actualizing Man）也叫“自动人”。这种假设产生于20世纪50年代，是由美国人本主义心理学家马斯洛（A.H. Maslow）等人提出的。马斯洛把人的需要分为生理需要（最低级的基本需要）、安全需要、爱与归属需要、自尊需要及最高层次的自我实现需要五个层次。由此沙因提出了“自我实现人”的假设，这一假设的要点有以下几点。

第一，人的动机是由多个层次的动机组成的一个系统。层次从低到高依次是生理需要、安全需要、爱与归属需要、自尊需要及最高层次的自我实现需要。当人的一个层次需要满足后，就会倾向于更高层次需要的满足。

第二，个人总是追求在工作中变得成熟起来。他们通过行使一定的自主权，采用长远观点来看问题，培养自己的专长和能力，并以较大的灵活性去适应环境，以使自己变得成熟。

第三，人主要是由自己来激励和控制的，外部施加的刺激物和控制对人很可能变成一种威胁，并把人降低到一种较不成熟的状态中。

第四，自我实现和组织绩效的提升并没有与生俱来的矛盾。如果能给予适当的机会，职工们是会自愿把他们的个人目标和组织的目标结合为一体的。

（四）“复杂人”

前三种人性假设虽各有其合理的一面，但都不能普遍适用于一切人，因为人是复杂的。不仅人与人之间的个性不一，即使同一个人，在不同年龄、不同时期、不同地点，也会有不同的表现。所以沙因最后提出了“复杂人”的假设，这一假设的基本观点如下。

第一，人类的需要是多种多样的，并且会随着人的发展阶段和整个生活处境而变化。每个人的需要层次的排列次序并不是固定不变的，会因人而异，因情景而异，因时间而异。

第二，人在同一时间内有各种需要和动机，它们会发生相互作用，并结合成统一整体，形成错综复杂的动机模式。所以人们必须决定自己要在什么样的层次上去理解人的激励。

第三，人在组织中的工作和生活条件是不断变化的，因此会不断产生新的需要和动机。也就是说，在人生活的某一特定时期，动机模式的形成是内部需要和外部环境相互作用的结果。

第四，一个人在不同单位或同一单位的不同部门工作，会产生不同的需要。

第五，由于人们的需要不同，能力各有差异，其对于不同的管理方式会有不同的反应。因此，没有一套适合于任何时代、任何组织和任何个人的普遍行之有效的管理方法。

最后沙因总结道，前三种人性假设在一定程度上是正确的，“它们都为认识组织怎样发挥其功能以及怎样管理组织等问题，提供了某种见解。可是，正如新出现的领域中常见的那样，每一种理论都会把复杂的现实过分简单化和过分一般化”。“复杂人”假设，就是为了弥补它们的缺陷，在充分考虑人性、工作性质、组织情境等管理过程本身固有的复杂性后，提出的一种权变和发展的观点。可见沙因本人还是倾向于“复杂人”的假设。

西方的人性假设是为其相应的管理措施服务的，中国传统人性观大多是基于善恶维度来讨论的，当然也有“性即天道”“性即理”之说。所以中国传统管理思想更侧重人本身。例如，儒家管理思想就十分重视人在管理过程中的地位，可以说人的管理和施行管理的人是其理论的核心，正所谓“天地之性人为贵”。儒家管理思想中的“仁”“德”“礼”就是基于其对人性或善，或恶的阐述之上的。人性本善才使“以德服人”“修己安人”成为可能；人性本恶才需要有“礼”和“义”；“性即天道”才要讲求“天人合一”。近年来，中国传统管理思想日益受到重视，一些思想运用了西方近代科学管理理论内容予以充实，形成了科学的、现代的中国式管理理论体系，焕发出了勃勃生机。例如，近年来出现的“中国式管理”“C管理模式”等就是其突出表现。

二、“X-Y理论”“Z理论”和“超Y理论”

除了沙因“四分”法外，也有人对人性假设的某一种或某几种类型进行了探讨，这里值得一提的是道格拉斯·麦克格雷戈（D. M. McGregor）的“X-Y理论”、威廉·大内（W. G. Ouchi）的“Z理论”以及摩尔斯（J. J. Morse）和洛斯奇（J. W. Lorsch）的“超Y理论”。这些所谓的“理论”与沙因的四种“人性假设”之间，都可以建立起某种或明或暗的一一对应关系。[①]

（一）“X-Y理论”

美国工业心理学家麦克格雷戈在他的《企业中的人性面》一文中，提出了“X理论”和“Y理论”。“X理论”的主要内容有以下几点。

第一，大多数人是懒惰的，他们尽可能地逃避工作。工作对于他们而言是一种负担，毫无享受可言，只要有机会，他们就尽可能地偷懒，逃避工作。

第二，大多数人都没有什么雄心壮志，也不喜欢负什么责任，而宁可让别人领导。他们缺乏自信心，把个人的安全看得很重要。

第三，大多数人的个人目标与组织目标都是矛盾的，为了达到组织目标，必须靠外力严加管制。组织必须用强迫、指挥、控制以及处罚、威胁等手段，使他们做出适当的努力去实现组织的目标。

第四，大多数人都是缺乏理智的，不能克制自己，很容易受别人影响，而且容易安于现状。

第五，大多数人都是为了满足基本的生理需要和安全需要，所以他们将选择那些在经济上能最大获利的事去做，而且他们只能看到眼前的利益，看不到长远的利益。

第六，人群大致分为两类，多数人符合上述假设，少数人能克制自己，这部分人应当负起管理的责任。

事实上，“X理论”也是基于“享乐主义”的哲学观，与沙因的“经济人”假设本质上是一样的。

麦克格雷戈批评了“X理论”对于人性的消极看法，随后，他提出了自己对于人性的新观念——“Y理论”。

不难看出，基于“X理论”所进行的管理方式是“胡萝卜加大棒”式管理，即在通过经济利益来激励员工努力工作的同时，依靠严格的监督手段和惩罚机制约束员工。麦克格雷戈指出，当时员工的行为方式和个体需求虽然与“X理论”的观点基本一致，但这并不是人性使然，而是现有的工业组织的性质、制度、管理思想等因素造成的；并且以“X理论”为基础的管理模式能够有效管理当时的员工群体，很大程度上是由于人们的生活水平普遍低下，对于生理和安全需求的渴望更为强烈，当人们的生活水平逐渐提高后，人们将不再仅仅满足于实现生理和安全需求，而是追逐更高级的需求，届时“胡萝卜加大

---

① 葛新斌．试析西方管理理论中“人性假设”的基本形态及其关系[J]．华南师范大学学报（社会科学版），1999（2）．

棒”式管理将难以发挥作用。[①]基于上述考量，麦克格雷戈在“X理论”的基础上，提出了“Y理论”人性假设，这一理论的要点如下。

第一，厌恶工作并不是普通的人性。工作可能是一种满足（人们自愿去做），也可能是一种惩罚（人们尽力逃避）。到底如何，依据控制条件而定，如果有好的环境和条件，运用体力和脑力工作也会像游戏和休息一样自然。

第二，外来的控制和惩罚的威胁不是促使人们努力达到组织目标的唯一手段。由于人们具有一种表现自己才能和发挥自己潜力的欲望，所以人能够实现自我指挥和自我控制。

第三，一般人在适当条件下，不但能够接受责任，而且会追求责任。逃避责任，缺乏抱负以及强调安全感，通常是基于经验的错觉，并不是人的本性。

第四，在人群中存在着高度的想象力、智力和解决组织中各类问题的创造性。通过训练，多数人都可以达到相当高的水平。

第五，在现代工业化社会条件下，普通人的智力只得到了部分的发挥。

麦克格雷戈主张“Y理论”，反对“X理论”。他的“Y理论”实际上是对“自我实现人”假设的概括。

（二）“Z理论”

日裔美籍学者威廉·大内在20世纪80年代初期提出了“Z理论”。其实这并非是一种人性假设，而主要是一种“比较组织理论”，其内容包括组织类型、结构、文化和工作方式等方面。在这一理论中，大内从对日美企业的不同文化背景、价值观念和管理模式的剖析入手，批判了美国企业仅重技术而忽视人的问题的弊端，提出“生产率与信任、微妙性、亲密性密切相关”的命题，显示了他对工作中人的社会需要的关心。大内认为：无论何种组织中的员工，都是“社会的人”，“如果缺少上述三点（信任、微妙性和亲密性），没有哪一个‘社会的人’能够获得成功”。[②]大内反复强调的“信任”“微妙性”和“亲密性”，表明了他对组织中人际关系协调的高度重视。“Z理论”重视人的尊严和价值，强调人际关系的和谐合作，本质是人际关系学派管理理论的运用和发展。[③]

所以，尽管大内并没有明确提出自己的人性假设，但就“Z理论”

---

① 道格拉斯·麦克格雷戈. 企业的人性面[M]. 韩卉，译. 北京：中国人民大学出版社，2008：229-230.

② 威廉·大内. Z理论——美国企业怎样迎接日本的挑战[M]. 孙耀君，等译. 北京：中国社会科学出版社，1984：3.

③ 钟克钊. 以人为中心的Z理论述评[J]. 学海，1992（4）：8.

的实质而言，它是以“社会人”假设作为自己的人性论基础的。“Z理论”为探讨人性假设提供了一个新的角度和方向，即所谓的人性，无论是“经济人”“社会人”，还是“复杂人”，都不是个体与生俱来的，也不仅仅受个体的需求和动机影响，也会受到来自文化环境的影响，风格迥异的组织文化或许才是差异化的根源。[①]

（三）“超Y理论”

“超Y理论”是由摩尔斯（J. J. Morse）和洛斯奇（J. W. Lorsch）提出的。这一理论从权变论的观点[②]提出：“X理论”并非一无是处，“Y理论”也不是普遍适用的，应该根据不同的情况，将任务、组织、人员做最佳的配合，以激励工作人员取得有效的工作绩效。这一理论的要点如下。

第一，人们带着各式各样的需要和动机来到工作单位中，但主要的需要是取得胜任感。胜任感指的是一个工作组织的成员，成功地掌握了周围的世界，其中包括所面对的任务而积累起来的满足感。

第二，尽管取得胜任感的动机人人都有，但不同的人可以用不同的方式来实现，这取决于这种需要同一个人的其他需要——如权力、独立、结构、成就和交往——的力量怎样相互作用。

第三，如果任务和组织相适合，胜任感的动机就可能得到实现。

第四，即使胜任感达到了满足，它仍继续起激励作用；一旦达到一个目标后，一个新的、更高的目标就会树立起来。

由此可见，“超Y理论”实则上是一种以“复杂人”假设为基础的权变管理理论。

三、基于各种人性假设的管理方式及评价

（1）沙因的“经济人”假设和麦克格雷戈的“X理论”相得益彰，彼此补充。基于这一假设的管理对策如下。

第一，管理工作只是少数人的事，与广大工人群众无关。工人的主要任务是听从管理者的指挥。

第二，人必须在强迫和控制之下才肯工作，管理上则要求由分权化回复到集权化。

第三，组织的一项基本管理原则称为“阶梯原则”（Scalar Princi-

---

① 龙晓琼，王合义，王明. 管理人性观向文化观的转变——对X理论、Y理论、超Y理论与Z理论的比较分析[J]. 东华理工大学学报（社会科学版），2012（4）：321-324.

② 权变理论是指在企业管理中要根据企业所处的内外条件随机应变，没有什么一成不变、普遍适用的管理理论和方法。“没有绝对最好的东西，一切随条件而定”，这句格言就是权变管理的核心思想。

ple)，即通过权威的运用以执行督导和控制。

第四，管理的重点要放在组织的绩效上，员工的感情需要和士气是次要的。

第五，经济性的奖酬是获取员工劳务和服从的第一手段。

基于“经济人”假设和“X理论”的管理方式，改变了当时放任自流的管理状态，加强了社会上对消除浪费和提高效率的关心，制订了精确的工作方法和完善的计算和监督制度，促进了科学管理体制的建立。时至今日，在一些中小企业中，这种管理方法仍然相当普遍。但是这种管理方式导致员工在组织中始终处于消极的、被动的地位，难以发挥其主动性和创造性；另外对员工的激励因素只限于经济刺激物，会导致多给钱多干，少给钱少干，不给钱不干的一切向钱看的消极后果。

(2) 作为一种比较组织理论，“Z理论”并非是一种人性假设，但是从中却可看出其对人际关系超乎寻常的重视态度，实际上它也是以“社会人”假设作为其人性假设的基础的。基于这一假设的管理对策如下。

第一，管理人员不应把注意力仅局限在完成生产任务上，而应把注意的重点放在关心人、满足人的需要上。

第二，管理人员不能只注意指挥、监督、计划、控制和组织等，而更应该重视职工之间的关系，培养和形成职工的归属感和整体感。

第三，在实行奖励时，提倡集体奖励制度，而不主张个人奖励制度。

第四，管理人员的职能也应有所转变，不应只限于计划、组织、领导和控制，更应该在职工和上级之间起到联络人的作用。一方面要倾听员工的心声和意见，了解其思想感情和需求；另一方面也要将上级的部署和意图及时有效地传达给员工。

第五，组织的管理方式也应由“阶梯原则”转为“参与管理”(Management by Participation)。

基于“社会人”假设的管理对策，重视员工的人际关系及感情需要，使员工在组织中的地位在名义上由被动转为主动，这在一定程度上克服了“经济人”假设的弊端，激发了员工的积极性，在一定程度上起到了缓和劳资矛盾的效果。

(3)“自我实现人”和“Y理论”的内涵基本上是一致的。基于这一假设的管理对策如下。

第一，管理的重点要加以改变。管理者要更多地考虑怎样才能使工作本身变得更有意义和更有挑战性，使员工能够充分挖掘自己的潜力，充分发挥自己的才能，进而达到自我实现。

第二，管理职能要改变。从“自我实现人”的假设出发，管理者的主要职能既不是生产的组织者，也不是人际关系的调节者，而只是一个起催化作用的媒介，其主要任务是如何为发挥人的才智创造条件，减少和消除员工自我实现过程中所遇到的障碍。

第三，奖励方式要改变。奖励的方式要分为外在奖励和内在奖励两种。外在奖励包括工资、晋升、良好的人际关系等；内在奖励是指人们在工作中能获得知识，增长才干，充分发挥自己的潜力，达到自我实现的最大满足感。从“自我实现人”的假设来看，内在奖励应该是第一位的。

第四，管理制度和方式要改变。基于这一假设，管理制度和方式也要相应地改变，总的要求就是应能使员工充分发挥自己的才能，达到自己所期望的成就。这就要求管理者实行民主和参与管理，给职工一定的自主权，参与组织决策的实施。

“自我实现人”的假设是在资本主义工业发展到高度机械化的背景下提出的。随着机械化生产的日益普及，工人被束缚在狭窄的工作范围内，每天重复单调的动作，不仅士气低落，更影响产品质量和产量的提高。基于“自我实现人”假设管理对策的提出，激发了士气，鼓舞了员工的积极性和创造性。但自我实现的人性观是否普遍适用尚存疑问，有些学者甚至声称这种人性假设根本就是错误的。[①]既然理论基础尚不确定，那么管理者运用建立在其基础之上的管理策略时就需要慎重。

第一，管理者要有权变的观点，即以现实的情景为基础做出可变的或灵活的行为反应。所以，管理者要学会于不同的情景灵活运用不同的组织、管理或领导方式。

第二，既然人的需要和动机都是不同的，那么管理者就要根据人的具体情况，采用灵活的管理措施。

第三，总体原则就是凡事要因人而异，因时而异，因事而异，不能千篇一律。

人性是复杂的，由此决定了人性假设也绝不会是单一的。在看到了各种假设的片面性以后，“复杂人”的假设被提了出来。应该看到“复杂人”的假设和权变理论含有辩证法的因素，它强调了根据不同情况、不同的人而采取灵活机动的管理措施，具有一定的现实意义。可是究竟在什么情况下用什么管理策略，则难以回答。这一理论强调了人与人之间的差异，却在某种程度上忽略了人的共同之处。从某种意义上来讲，这一理论无所不包，无所不容，却难以找到实质的内容。在经历了一系列的发展之后，好像一切又都回到了原点，这也是众多理论在发展过程中所面临的尴尬境地。

---

① 卢盛忠．管理心理学[M]．杭州：浙江教育出版社，1998：73．

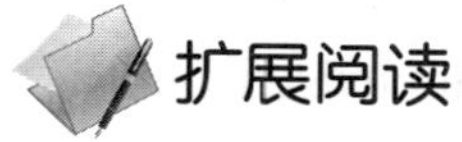

扩展阅读

规章制度是严点好，还是宽点好

某国有企业召开领导班子会议，研究规章制度建设问题。党支部书记提出，根据总公司的要求，要对本公司的规章制度进行全面修订，这次修订要求制度定得严一点还是宽一点，请同志们讨论一下，定个调子，让各部门根据这个调子对规章制度进行修订。对于规章制度是严点好还是宽点好，大家议论纷纷。有人认为规章制度就是要从严、从细，越严越细越能堵塞漏洞。有人认为，出问题就说这个制度有问题是不科学的，规章制度靠人来操作，关键是人的素质问题，高素质的人就是没有制度约束也不会出问题。制定制度要建立在对同事基本信任的基础上，并不是说制度越严越好，把什么都定得很死，不利于发挥责任人的作用。要给责任人一些负责的空间。对此，双方争执不下。

（资料来源：http://www.doc88.com/P-287504065801.html，2020-11-9.）

专题小结

管理心理学中人性假设可有两种划分方法。一种是沙因的四分法：“经济人”“社会人”“自我实现人”“复杂人”。另一种是麦克格雷戈的“X-Y理论”、大内的“Z理论”以及摩尔斯和洛斯奇的“超Y理论”。这四种“理论”与沙因的四种“人性假设”之间，都可以建立起某种或明或暗的一一对应关系。

专题二 激励理论

一、内容型激励理论

内容型激励理论又称需要理论，它着重研究人的需要与行为动机的对应关系，目的是通过满足个体的需要来激发相应的行为动机，使

思考活动

以人性假设理论为基础，谈谈你对人性假设理论在我国的本土化的理解和看法。

专题导读

自20世纪二三十年代以来，特别是第二次世界大战结束以后，管理学家、心理学家和社会学家们从不同的角度研究了如何激励员工的问题，并提出了许多激励理论。有关激励理论的成果十分丰富，形成了各种类型体系，按其所研究的侧重点及其与行为的关系，主要分为三大学派：内容型激励理论、过程型激励理论、行为矫正型激励理论。还有一类，一般被认为是上述三个学派理论的综合，称综合型激励理论，本书暂不做介绍。

这些理论从不同的侧面研究了人的行为动因和行为过程，但每一种理论都有其局限性，不可能用一种理论去解释所有行为的激励问题。管理者要想有效地激励员工，必须较全面地了解各种激励理论。

其为组织目标服务。其代表理论主要有：马斯洛的需要层次理论、奥德弗（C. Alderfer）的ERG理论、麦克利兰（D. C. McClelland）的成就需要理论、赫兹伯格（F. Herzberg）的“激励—保健”双因素理论。

（一）马斯洛的需要层次理论

1. 理论概述

人本主义心理学家马斯洛于1943年在其《人类动机理论》一书中提出的需要层次理论（Hierarchy of Needs Theory）认为，人类有五个层次的需要，即生理需要，包括饥饿、口渴、住宿及其他身体需要；安全需要，包括免受生理和心理伤害的保护及安全需要；社会需要，包括感情、归属、接纳和友谊的需要；尊重需要，包括内在尊重因素如自尊、自主和成就，外在尊重因素如地位、认可和关注；自我实现需要，一种追求个人能力极限的内驱力，包括成长、发挥自己的潜力和自我价值的实现。

马斯洛认为这五种需要像阶梯一样从低到高，按层次逐级递升，但这种次序不是完全固定的，是可以变化的，也有种种例外情况。他指出这五种需要按从低到高的顺序排列为：生理和安全需要属于低层次需要，这些需要通过外部条件就可以满足；社会、尊重和自我实现需要属于高层次需要，它们需要通过内部因素才能满足，而且一个人对尊重和自我实现的需要是无止境的。当这些需要中的任何一个得到基本的满足之后，下一个需要则成为主导需要。

2. 管理运用

从管理工作的角度看马斯洛的需要层次理论，每种基本需要都有与其对应的满足措施。比如，生理需要是人类维持生存最基本的需要，在管理工作中，适宜的工资、良好的工作环境和各种福利等都是满足这一层次需要的办法；安全需要则可通过劳动合同书、良好的退休金制度等来满足；社会需要主要体现的是人作为社会性动物的需要，管理者可以开展各种形式的非正式社交活动以促进员工之间的交往，或者鼓励员工参加各种团队活动以培养其团队意识和认同感等；尊重需要则可以通过设置各类工作职位、头衔及合理的晋升机制，给予社会荣誉和奖励等一系列承认员工的形式来满足；自我实现需要则通过给予员工充分发挥其潜能的机会，主动让其承担具有挑战性的工作，支持员工积极的设想，鼓励员工参与决策等方式来满足。表2-1是需要层次理论同管理措施密切结合的参考表。[①]

---

① 俞文钊. 管理心理学[M]. 大连：东北财经大学出版社，2004.

表2-1 需要层次理论同管理措施密切结合的参考表

需要的层次	诱因（追求的目标）	管理制度与措施
生理的需要	薪水、健康的工作环境、各种福利	身体保健（医疗设备）、工作时间（休息）、住宅设施、福利
安全的需要	职位的保障、意外的防止	雇用保证、退休金制度、健康保险制度、意外保险制度
归属与爱的需要	友谊（良好的人际关系）、团体的接纳、与组织的一致	协谈制度、利润分配制度、团体活动制度、互助金制度、娱乐制度、教育训练制度
尊重的需要	地位、名分、权力、责任、与他人薪水之相对高低	人事考核制度、晋升制度、表彰制度、奖金制度、选拔进修制度、委员会参与制度
自我实现的需要	能发展个人特长的组织环节，具有挑战性的工作	决策参与制度、提案制度、研究发展计划、劳资会议

3. 对需要层次理论的评价

马斯洛的需要层次理论受到广泛认可。该学说之所以能如此流行，得益于该理论在逻辑上能够被人直观地理解。然而，令人遗憾的是研究并没有普遍地证明其有效性。比如，没有充足证据支持马斯洛所列的需要结构按层次排列，或者马斯洛预测的一个需要得到满足后，会导致下一个更高层次的需要。但是马斯洛的需要层次理论，在一定程度上反映了人类行为和心理活动的共同规律。马斯洛从人的需要出发研究人的行为和探索人的激励，抓住了问题的关键；指出人的需要是由低级向高级不断发展的，这一趋势基本上是符合需要发展规律的。因此，需要层次理论对管理者如何有效地调动人的积极性有启发作用。

总体而言，马斯洛需要层次理论为人们提供了一种更为全面、更为人性化、更为积极的激励理论观点。①更为全面的观点。马斯洛主张个体行为是由多个需求引起的，研究个体的需求和驱动力应着眼于整体。②更为人性化的观点。马斯洛认为高层次的需求不仅仅源于本能，还受到人类思维（过去经历、社会规范等）所带来的影响，他是首先认识到这一点的人之一。③更为积极的观点。马斯洛强调组织管理应关注于满足需求而不是剥夺需求，并认为人会自然地接受激励以发挥自身潜能，而管理者应注意保持这种激励，因此马斯洛主张通过满足个体自我实现的需求来促进组织和个体的成功。①

（二）奥德弗的ERG理论

ERG理论的全称是生存（Existence）、关系（Relatedness）、成长（Growth）理论，取生存、关系、成长三个单词的首字母，故简称ERG理论。它是由耶鲁大学的奥德弗在重组马斯洛的需要层次理论使其与实证研究更加一致的基础上提出来的，经他修改的需要层次理论称为ERG理论。

1. 理论概述

奥德弗根据对工人进行的大量调查研究的结果，认为一个人的基本需要不是五种而是三种，即生存需要、关系需要和成长需要。

第一类，生存需要。生存需要关系到机体的生存，它包括衣、食、住以及工作组织为使其得到这些因素而提供的手段，如报酬、福利和安全条件等。这实际上相当于马斯洛理论的生理需要和安全需要。

第二类，关系需要。关系需要是指发展人际关系的需要。这一类需要与马斯洛理论的社会需要和尊重需要中的外在需要相对应，包括上下级之间、同级之间、个人与个人之间以及个人与组织群众之间的和谐关系。

第三类，成长需要。成长需要是指个体对于尊重和自我实现等方面的追求和需要，这种需要通过发展个人的潜力和才能得到满足，与马斯洛理论的尊重需要的内在部分和自我实现需要相对应，包括个人在事业、前途等方面的创造、发展与成长的努力。

除了用三种需要替代了五种需要以外，与马斯洛的需要层次理论不同的是，奥德弗的ERG理论还表明：人在同一时间可能有不止一种需要起作用；如果较高层次需要的满足受到抑制的话，那么人们对较低层次的需要渴望就会变得更加强烈。

马斯洛理论的需要层次是一种刚性的阶梯式上升结构，即认为较低层次的需要必须在较高层次的需要满足之前得到充分的满足，二者具有不可逆性。与此相反，ERG理论并不认为各类需要层次是刚性结构，比如，即使一个人的生存和关系需要尚未得到完全满足，他仍然可以为成长发展的需要工作，而且这三种需要可以同时起作用。

此外，ERG理论还提出了一种叫作“受挫－回归”的思想。马斯洛认为当一个人的某一层次需要尚未得到满足时，他可能会停留在这一需要层次上，直到获得满足为止。而ERG理论则认为，当一个人在

---

① 史蒂文·L. 麦克沙恩，玛丽·安·冯·格利诺. 组织行为学（英文版. 原书第7版）[M]. 吴培冠，张璐斐，译. 北京：机械工业出版社，2018：89.

某一更高等级的需要层次受挫时，那么作为替代，他的某一较低层次的需要可能会有所增加。例如，如果一个人的社会交往需要得不到满足，可能会增强他对得到更多金钱或更好的工作条件的愿望。与马斯洛需要层次理论相类似的是，ERG理论认为较低层次的需要满足之后，会引发出对更高层次需要的愿望。不同于需要层次理论的是，ERG理论认为多种需要可以同时作为激励因素而起作用，并且当满足较高层次需要的企图受挫时，会导致人们向较低层次需要的回归。因此，管理者的管理措施应该随着人的需要结构的变化而做出相应的改变，并根据每个人的不同需要制定出相应的管理策略。

2. 管理运用

奥德弗认为，作为组织管理者应该了解员工的真实需要，不同的需要会带来不同的结果。反之，不同的结果可能会满足他们的需要，也可能无法满足他们的需要。管理者既要控制下属的工作表现或工作行为，也要控制工作结果。如果管理者无法控制那些影响下属需要的结果，他就无法影响下属的行为方式。

3. 对ERG理论的评价

奥德弗的ERG理论在需要的分类上并不比马斯洛的理论更完善，对需要的解释也并未超出马斯洛需要理论的范围，但一般认为ERG理论很好地补充了马斯洛需要层次理论的不足，更全面地反映了社会现实。

（三）麦克利兰的成就需要理论

成就需要理论（Achievement Need Theory）是麦克利兰于20世纪50年代在一系列文章中提出的。[①]麦克利兰把人的高层次需要归纳为对权力、友谊和成就的需要。他对这三种需要，特别是成就需要做了深入的研究。

1. 理论概述

在麦克利兰的理论体系中，他认为人的社会需要主要有三种。

第一种是权力需要（Need for Power）。权力需要是指拥有影响力、权势和管理他人的期望。高权力需要者乐于支配他人，争取影响他人，并且倾向于获得声望和对他人的影响力，而不是获得有效的业绩。麦克利兰还将组织中管理者的权力区分为两种：一种是个人权力。追求个人权力的人表现出来的特征，是围绕个人需要行使权力，

① McClelland DC，Atkinson JW，Clark RA & Lowell EL. The Achievement Motive [M]. NY：Appleton-Century-Crofts，1953；McClelland DC. Power is the Great Motivation [M]. Harvard Business Review，1976：54（2），100-110；D. C. 麦克利兰. 成就欲望. 石含英，王荣祯，译. 世界管理经典著作精选[M]. 北京：企业管理出版社，1995：294-303.

在工作中需要及时的反馈和倾向于自己亲自操作。另一种是职位性权力。职位性权力要求管理者与组织的共同发展，自觉地接受约束，在体验权力行使的过程中得到满足。

第二种是友谊需要（Need for Affiliation）。在三种需要中，关于友谊需要的研究最少。高友谊需要的人力争获得友谊，他们喜欢合作的而不是竞争的环境，而且希望人与人之间有高度的相互理解。麦克利兰的友谊需要与马斯洛的社会需要和奥德弗的关系需要基本相同。

第三种是成就需要（Need for Achievement）。麦克利兰是全面、系统研究成就需要的第一人[①]。成就需要是指超越别人，在相关标准下取得成就及努力获得成功的驱动力。高成就需要的人强烈希望能将事情做得更好。他们寻求那种可通过找出问题解决方法来获得责任感的工作环境；他们乐意甚至热衷于接受挑战，往往为自己树立有一定难度而又不是高不可攀的目标；工作绩效上他们希望收到快速而清晰的反馈，以便进行方法调整。

麦克利兰强调具有高成就需求的人包含三个方面的主要特征。首先，高成就需求者热衷于设立挑战性目标，讨厌漫无目的、毫无挑战的工作任务，同时会理性地评估和分析自身能力范围，既不会心存侥幸、不自量力，也不愿意选择过于简单的任务；其次，高成就需求者崇尚依靠自身力量去解决问题或困难，在工作中相信自己的能力，敢于做出决断，愿意承担责任，享受通过自身奋斗和努力获得成功的过程；最后，高成就需求者渴望及时的反馈，相比需要长期努力才能获得成果的工作，他们更愿意从事短期内就能看出效果、能够立刻获得相关反馈信息的职业，以此了解自己在工作上的进展和个人的进步，从而获得成就感。

最早对成就动机进行探索的是莫雷（Murray，1938），他把人类的基本需要分为20种，其中首要的就是成就需要。他制定了主题统觉测验（TAT），通过分析被试根据图片所讲的故事，来判断被试的动机。但TAT的最大缺点是评分不够客观。麦克利兰和他的学生阿特金森（J. W. Atkinson）对TAT进行了修订，他认为人们在幻想性材料中会表现出他们占支配地位的动机，因为在一个人的动机和思想之间或多或少地会有一些直接联系。麦克利兰制定了八条评分规则，使评分信度系数达到0.90。尽管后来有不少批评，但他的TAT一直是测量成就动机的主要工具。其施测步骤简述如下：向被试（一般是个别测试）呈现4~6张图片，每展现一张图片，要求被试用4分钟的时间来编一个小故事，故事里要回答下述4个问题：这张图片表述的是什么事

① 戴健林，吴江霖. 社会心理学[M]. 广州：广东高等教育出版社，2007：124-131.

情？会造成什么结果？你有什么想法？事情会怎样发展？主试把被试在每个故事上的得分相加，得出总分。评分过程分成两步。第一步，分析基本内容，凡编写的故事包含了成就的意向，例如创造性地完成任务以及关心成就结果等内容，都可记+1分。第二步，再分析成就内容的次一级项目，例如情感表达、操作活动、目标期望、害怕失败等，凡编写的故事包含了对这些项目的反应，各记+1分。每个故事的最高分是11分。

麦克利兰探讨了成就动机与社会生活中最重大的问题——经济发展的关系。研究发现，高的成就动机水平可以预测将来的经济增长。这个发现也表明，成就动机水平影响经济增长，而不是经济增长影响成就动机水平。麦克利兰认为，一个组织如果拥有很多高成就需要的人，那么，公司就会发展快速。一个国家拥有这类人越多，就会越发达。除了对英国的调查研究外，在1961—1964年，麦克利兰还对当时欧洲的资本主义国家和社会主义国家的经济发展做了一系列对比研究，均发现一个国家的社会制度与经济发展关系不大，而一个国家成就动机的高低，才是影响经济发展的重要因素。

与此同时，麦克利兰在研究过程中还提出了一个观点：个体的需要是可以被强化或弱化的。他曾策划了一项成就激励研究，要求第一组参与者以未来成就为导向完成一份长达两年的详细成就计划，让参与者一直保持自己的成就激励方式，并在过程中通过不断强调参与者的成功经历等方式强化其成就激励，最终第一组参与者的企业规模和个人成就均远远大于其他参与者。

2. 管理运用

管理者应采取措施提高下属的成就需要，以提高组织的绩效。对于成就需要较高的员工，应安排其承担具有挑战性和一定风险的工作任务，给予一定的自主权；给其设定的目标应当是难度适中的，既不能太高也不能过低；应及时反馈其工作业绩，用表扬、奖赏、加薪、升职等方式来肯定其成就，以满足其成就需要，激发其工作热情。对于成就需要较低者，可安排一些常规的任务。成就需要不是与生俱来的，管理者应采取措施、提供机会，以不断培养和提高员工的成就需要。

3. 对成就需要理论的评价

成就需要理论对于我们把握管理人员的高层次需要具有积极的参考意义。

当然，麦克利兰的成就动机研究大部分属于相关研究，他既未回到也不可能回到过去的岁月甚至遥远的古代去测量和操纵当时人们的动机，也不能确定当时经济发展的原因。由此，他的研究也受到了很多非议。但是，我们能明显地感觉到，20世纪70年代末，中国人民渴望知识、追求成就已经是整个社会的主流风尚，以及后来我国的经济保持了高速发展。

（四）赫兹伯格的激励–保健双因素理论

1. 理论概述

激励–保健因素理论（Motivation–Hygiene Theory）是由美国行为科学家赫兹伯格提出的，又称双因素理论。[①]赫兹伯格等人于20世纪50年代后期曾采用“关键事件法”对200名工程师和会计师进行调查访问，根据对调查所得大量资料的分析，发现促使员工在工作中产生满意或良好感觉的因素与产生不满或厌恶感觉的因素是不同的。[②③]前者往往和工作内容本身联系在一起，后者则和工作环境或条件相联系。也就是说，满意因素和工作本身有关，不满意因素与工作环境有关。赫兹伯格还指出，产生工作不满意的因素与产生工作满意的因素是分开的、不同的。与传统观点不同，这两种因素不是互为正反的，满意的对立面不是不满意，也就是说，消除了工作中的不满意因素并不一定能让工作令人满意。赫兹伯格提出了二维连续体的存在：“满意”的对立面是“没有满意”，而“不满意”的对立面是“没有不满意”，见图2–1。

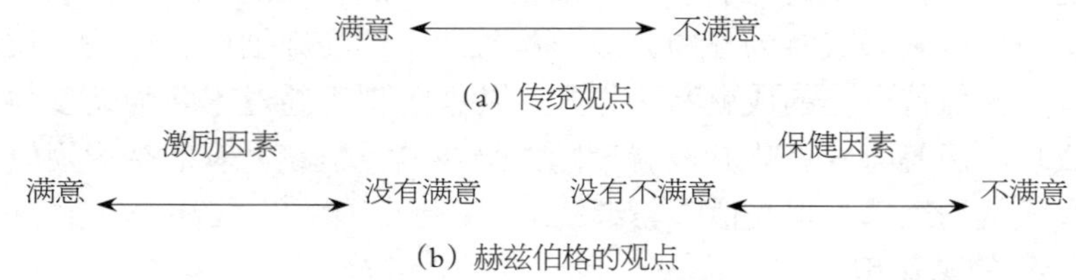

图2–1　满意—不满意观的对比

据此，他把影响员工积极性的因素划分为两类，即激励因素和保健因素。管理者若努力消除带来工作不满意的因素，可能会给组织带来安宁，而未必具有动机作用。这些因素只能安抚员工，不能激励员工。赫兹伯格将这些导致工作不满意感的外部因素称为保健因素（Hygiene Factors）。当它们得到充分改善时，人们便没有了不满意感，但是它们也不能带来满意。如果想在工作中激励人们，必须注重成就、认可、工作本身、责任和晋升等激励因素，这些内部因素才会增

---

① Herzberg F, Mausner B & Snyderman B. The Motivation to Work[M]. New York: John Wiley & Sons, 1959.

② D. S. 皮尤. 组织理论精粹[M]. 彭和平，杨小工，译. 北京：中国人民大学出版社，1990：329–347.

③ 德里克·弗雷赫兹伯格. 再论如何激励员工[M]. 北京：科学出版社，1968：304–320.

加员工的工作满意感。图2-2表明了赫兹伯格的双因素理论与马斯洛需要层次理论、奥德弗的ERG理论的关系。

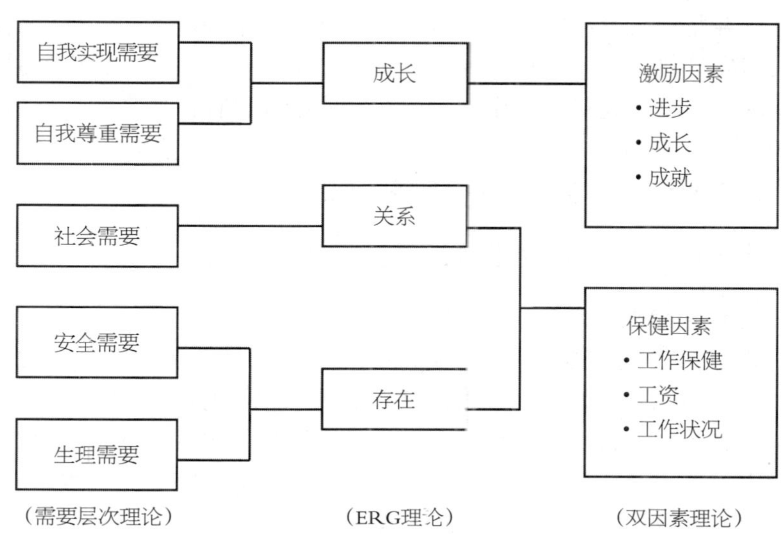

图2-2　双因素理论、需要层次理论以及ERG理论的关系

2. 管理运用

双因素理论最重要的启示在于它揭示出管理者必须充分注意工作本身对员工的价值和激励作用。双因素理论把传统激励方式注重奖金、工作条件等外在因素归为保健因素，强调管理者要从员工的工作本身上来想办法对员工进行激励。特别是在现代社会，随着各种物质生活水平的提高，人们越来越注重工作本身对自己生活和生命的价值和意义。因此，管理者一定要充分了解员工的需要，尽量丰富工作的内容，增加工作的趣味性和挑战性，有针对性地进行激励。

3. 对双因素理论的评价

双因素理论对我们分析高层管理人员和生产力水平较发达国家或地区雇员的需要，具有十分重要的参考价值。然而，在一些发展中国家，社会产品还不够富足，因此，对保健因素和激励因素的划分，就和西方发达国家有所不同。同时，赫兹伯格的研究样本只是针对工程师和会计师，显然不具有普遍性。某些保健因素不能对这些高级劳动者起到激励作用，但不等于对其他员工也如此，如果换一些样本，可能得出的保健因素和激励因素就会不一样。尽管如此，“双因素理论”自诞生以来还是有着相当的影响。

二、过程型激励理论

需要是动机形成的内在因素，而激励是一个过程，是一个由内在需要引发动机，动机推动行为，并指向一定目标的过程。过程型激励理论着重研究从动机的产生到采取行动的心理过程。典型的过程型激励理论包括弗洛姆（V. H. Vroom）的期望理论、亚当斯的公平理论、洛克（E. A. Locke）的目标设置理论、归因理论等。

（一）弗洛姆的期望理论

1. 理论概述

弗洛姆的期望理论（Expectancy Theory）认为，并非有何种需要，就会出现相应的行为。人们只有在预期的行为将会有助于实现某个具有吸引力的目标的情况下，才会被激励起来去做某些事情以实现其个人目标。个体的行为，受到激励水平高低的影响。激励水平取决于期望值和效价的乘积，用公式可表示为：

$$M = \sum VE$$

式中，M即激励力量（Motivation Force），是指个体所受激励的程度。

V即效价（Valence，其绝对值取值范围为0～1），是指个体对某一目标效用价值的判断，是指某一目标对于满足个体需要的价值。当个体认为某一目标对自己无意义时，效价为零；当个体认为某一目标对自己很重要时，效价为正值；当个体认为某一目标对自己不利时，效价为负值。只有在效价为正值时，才能对人起激励作用，个体才会为达到该目标而努力。效价越高，对人的激励作用也就越大。

E即期望值（Expectancy，取值范围为0～1），是指个体对自己通过努力达到某种目标的可能性大小的估计，即由主观估计得到的概率值。如果个体肯定某种行为不会获得预期目标，则概率为零；如果个体肯定某种行为一定会获得预期目标，则概率为1。

V和E的不同组合会产生不同的激励力量，V和E两者只要有一个为0，其激励力量即为0；V和E两者同时低时，激励力量低；V和E两者一低一高时，激励力量也低；只有V和E同时高时，激励力量才高，可以真正调动人们的工作积极性。

弗洛姆辩证地提出了在进行激励时要处理好以下三方面的关系。

（1）努力—绩效的关系：个体感到通过一定程度的努力可以达到某种工作绩效的可能性。人们总是希望通过一定的努力达到预期的目标，如果个体主观认为达到目标的概率很高，就会有信心，并激发出很强的工作积极性；反之，如果他认为目标太高，通过努力也不会有很好的绩效时，就失去了内在的动力，导致工作消极。

（2）绩效—报酬的关系：个体认为一定水平的绩效能在多大程度上带来所期望的结果。人总是希望取得成绩后能够得到报酬，当然这个报酬也是综合的，既包括物质上的，也包括精神上的。如果他认为取得绩效后能得到合理的报酬，就可能产生工作热情，否则就可能没有积极性。

（3）报酬—满足个体需要的关系：报酬满足个体需要的程度。人总是希望自己所获得的报酬能满足自己某方面的需要。然而由于人们在年龄、性别、资历和社会地位等方面都存在差异，所以他们对各种需要得到满足的程度就不同。这三方面关系可以用下面的关系表现出来，见图2-3。

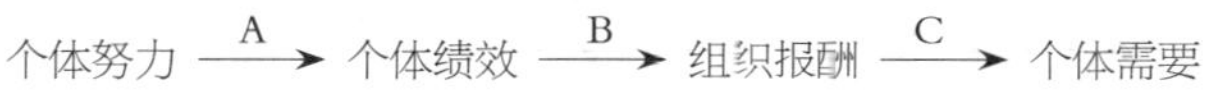

个体努力 —A→ 个体绩效 —B→ 组织报酬 —C→ 个体需要

其中：A＝努力—绩效的关系
B＝绩效—报酬的关系
C＝报酬—满足个体需要的关系

图2-3　简化的期望模式

2. 管理运用

期望理论对管理者有三方面的启示：一是管理者要调查了解不同员工的需要偏好，根据员工的需要设置报酬和奖励措施，也就是要提高效价V；二是管理者必须根据员工的能力和外部条件，给员工合理设置有一定难度又可以经过努力达到的目标，同时，要给员工创造一定的工作条件，提高他们对达到目标的信心；三是要建立有功必赏、奖惩分明的制度，提高绩效—报酬的关系。

3. 对弗洛姆期望理论的评价

弗洛姆期望理论对组织中个人行为和动机做了更深刻、更全面的理解，也为描述人类行为提供了新的有力工具。然而它对决定员工积极性的因素考虑得不够全面。其实，员工的个性特征会影响个体对期望值的判断，个人的角色感知可能会影响个体对外在性奖励的效价；当人的低层次需要得到满足后，在激励模式中应考虑员工对内在性奖酬的效价。

（二）公平理论

1. 亚当斯的公平理论

美国心理学家亚当斯提出的公平理论（Equity Theory）又称社会比较理论，该理论侧重研究工资报酬分配的公平性对职工的积极性，以及工作态度的影响。公平理论体现了社会要求利益分配合理化的倾向。

亚当斯认为，员工不是在真空的环境中工作，他们不仅关注通过自己劳动获得的报酬的绝对数目，也关注该数目与他人的比较。也就是说，员工的工作动机不仅受自己所得到的绝对报酬（实际收入）的影响，还受相对报酬（通过社会比较后的相对收入）的影响。相对报酬就是一种社会比较过程。员工总是要将自己所得的报酬和所做的贡献，与一个和自己条件相等的人的报酬和贡献进行比较，如果两者之间的比值相等，则为公平状态；如果两者不同，则会产生不公平状态，也就是说，他认为自己的报酬过低或过高。不公平感出现后，员工会试图采取行动来改变它，见表2-2。

表2-2 公平理论模式图

比率比较	员工的评价	结　果
$O_p/I_p<O_o/I_o$	不公平（报酬过低）	行为改变
$O_p/I_p=O_o/I_o$	公平	行为不变
$O_p/I_p>O_o/I_o$	不公平（报酬过高）	行为改变

注：O_p代表一个人对他自己所获报酬的感觉；O_o代表一个人对他人所获报酬的感觉；I_p代表一个人对他自己所做贡献的感觉；I_o代表一个人对他人所做贡献的感觉。

基于公平理论，员工感到不公平时，可能会采取以下几种做法：改变自我认知，通过自我解释达到自我安慰，如曲解自己的付出或所得；改变对他人的看法，如曲解他人的付出或所得；采取某种行为改变自己的付出或所得；采取某种行为改变他人的付出或所得；选择另一个参照对象进行比较；辞去现在的工作。

在公平理论中，我们需要考查的另一个问题是，员工在做比较时所选取的参照物，参照物是公平理论中一个重要的变量。参照物类型被分为三类，即“他人”“系统”“自己”。“他人”类型包括同一组织内从事类似工作的个体，也包括朋友、邻居或专业同行。人们通过在工作中听到的消息、报纸或杂志上看到的消息，将自己的收入与他人进行比较。“系统”类型是指组织的工资政策和程序以及对工资系统的管理。它涉及组织范围的工资政策，显性的和隐性的收入。“自己”类型指的是每个员工自己付出与所得的比率。该类型受诸如自己以前的工作或家庭其他成员收入状况等标准的影响。至于具体选择哪一种参照对象，与员工能得到的有关参照对象的信息以及他们对自己与参照对象的关系的感知有关。

在对亚当斯的公平理论进行探讨和研究的过程中，有部分学者发现不同个体对于公平的偏好或渴求程度是存在差异的，即所谓公平敏感性（Equity Sensitivity）。按公平敏感性可将个体分为三类：奉献型、公正型和自私型。奉献型个体对于自身所得回报过低有更高的容忍度，他们仍会希望能得到公平待遇，但并不介意比较对象在与自己投入相当的情况下获得更高的回报；公正型个体则符合公平理论模型，他们希望自己的回报与投入的比率能够和比较对象一致，当比率不同时他们会敏感地产生不公平感；自私型个体则希望在投入一致的情况下自己能够获得比别人更高的回报，甚至有时候难以接受别人的回报与投入的比率与自己一致。

2. 罗尔斯的公平理论

罗尔斯（J. Rawls）是美国当代著名哲学家、伦理学家和政治学家。在《正义论》中，罗尔斯将正义原则表述为：①每一个人对于一种平等的基本自由之完全适当体制都拥有不可剥夺的权利，而这种体制与适于所有人的同样自由体制是相容的；②社会和经济的不平等应该满足两个条件：第一，它们所从属的公职和职位应该在公平和机会平等条件下对所有人开放；第二，它们应该有利于社会之最不利成员的最大利益。

罗尔斯的正义两原则实际上也可以称为正义三原则，分别是平等的自由原则、公平的机会平等原则和差别原则。三条原则的优先性不尽相同，排列的次序依次为：平等的自由原则优先于公平的机会平等原则，公平的机会平等原则又优先于差别原则。罗尔斯实际上是对一个国家或一个组织的正义标准进行了规范：首先，这个国家或组织中的个体要具有最为广泛的平等的自由，这些自由可包括思想自由、言论自由、人身自由、财产自由、宗教信仰自由等，但这些自由也并非都是绝对的自由。自由相对于其他的社会价值（如收入和财富）是优先的，但自由相对于自由就无法谈论优先性，人与人之间的自由有时是会冲突的。例如每个人都有言论自由，那是否意味着一个人可以在任何地点和场合随便地发表言论呢？不是的，别人的权利就是你的行为界限。你确实拥有你的基本自由，但需要满足一个条件，即你的自由不能和别人的相冲突。所以，罗尔斯才说一个人平等的自由体制应该和其他人的自由体制是“相容的”[①]。其次，在社会价值的分配领域，罗尔斯又提出了两个原则：第一，所有职位和地位公平平等地向所有人开放，即每个人都应该拥有平等的机会获得权利，每个人在争取职位和地位的过程中应当是平等的；第二，社会可以接受收入和财富的不平等分配，这种不平等分配的原则应当是在任何时候都有利于社会的最不利者。

情况也只是罗尔斯在理想和现实两者之间的妥协和折中。这和传统西方功利主义的政治哲学传统观点大相径庭。事实上，罗尔斯整个

① 姚大志. 罗尔斯正义原则的问题和矛盾[J]. 社会科学战线，2009（9）.

正义论体系的建立就是基于对功利主义的彻底批判之上的。

功利主义在西方近代哲学、伦理学中占有相当重要的地位。功利主义的概念很难界定，但其核心思想是根据对人们幸福的影响来评价和判断行为、政策、决定和选择的正当性。功利主义关于正义的核心思想有以下三个方面：第一，功利主义认为的幸福来源，即基本善，是一个人对欲望的满足；第二，功利主义认为一个理性的人可以为了长远的较大利益而牺牲当前的较小利益，那么一个社会也能够如此；第三，功利主义判断社会公平和正义的标准不是看个人幸福的具体分配，而是看社会能否追求幸福的最大净余额，即是否满足“最大数人的最大幸福”，为了达到这个目标，即使牺牲少数人的暂时利益也是合理和正义的。

罗尔斯正义理论的正义三原则明显和上述三点针锋相对、水火不容。罗尔斯的正义论虽然具有些许的理想主义色彩，但体现了对人类自身的关心和重视，是人类社会为实现真正平等和自由的伟大尝试，体现了对社会中的每一个人（特别是最底层的人）的一种博大的人文关爱。但罗尔斯的正义原则在当前社会发展的阶段很可能无法真正落实，尤其是“差别原则”。比如，有甲、乙两个病人都需要同一支抗生素，甲只要注射这种抗生素，病就会痊愈，成为一个健康的人；乙则身患多种不治之症。那么这支抗生素应该给谁注射呢？按照罗尔斯的差别原则，应该先给乙注射。从这个层面上来讲，功利主义也有其合理之处。

罗尔斯正义理论当前最具现实意义的或许是机会的公正平等原则。在机会公平平等的条件下，职务和地位向所有人开放，体现了罗尔斯公平理论的重要内容——程序公平。相对于亚当斯的结果分配公平，罗尔斯更注重过程和制度的价值。在社会的差异性在很长一段时期内将会继续存在的情况下，程序的公平正义将具有更重要的价值和意义。

3. 理论运用

公平理论要求管理者在管理实践中充分贯彻公平的原则，减少员工的不公平感。第一，管理者要提高管理的透明度。管理活动的各项制度不论是在决策制定过程中，还是在执行过程中，都要注重提高组织成员的熟悉程度，避免暗箱操作和不透明操作。第二，要运用量化管理。管理者要注意在管理过程中将职工的付出按质和量进行量化评估，然后将评估结果同收入直接挂钩，从而增强职工的公平感。第三，注重民主管理。所谓民主管理是指在组织的各种管理制度和政策的制定和实施中，充分听取员工的心声，让员工不同程度地参与到组织管理中来，管理的民主化是使员工形成公平感的重要保障。

4. **对公平理论的评价**

公平理论揭示了人们公平心态的激励功能，把一个客观存在却不大为人们注意的问题纳入了科学研究领域。罗尔斯的程序公平思想也为我们的组织管理提供了重要的启示。但是这些理论还有待深入研究，其主要原因是：其一，公平可以消除人们的不满，但它似乎难以激励人们。因为公平感本身是一种心理平衡感，平衡而无冲突，就失去了动力。这在一些实验中可得到证明。其二，公平的主观色彩甚浓，因此实际上很难操作，也就难以利用。其三，有利于自己的不公平感也是激励人们的力量。因此公平的激励价值也许存在于尽量减少人们损己的不公平感而扩大人们利己的不公平感的策略之中。

（三）洛克的目标设置理论

目标设置理论（Goal-setting Theory）作为一种激励理论，最早来源于美国著名的管理学家德鲁克于20世纪50年代中期提出的目标管理理论（Management by Objective，MBO）。后来由洛克、沃迪奥（G. Ordiorne）、莱特汉姆（G. P. Latham）等人将该理论发展并运用于组织管理的各个层面，成为一种员工参与组织管理的激励技术。这种管理方法和技术对于西方组织管理的理论和实践都产生了深远的影响。

1. **理论概述**

该理论认为意图（表现为目标）是工作动力的主要源泉。我们有足够的信心认为，明确的目标可增进工作绩效，而困难的目标一旦被接受，将比设定容易实现的目标产生更高的工作绩效。①为了达到目标而工作的愿望是工作动机的主要源泉之一。有关目标设置的研究表明，设定明确的、难以达到的目标与设定笼统的目标如“尽最大努力”相比，能产生更好的结果。

目标设置理论中是否存在着一些权变因素呢？还是说具体而困难的目标总会带来更高的业绩？经过研究，人们发现有五个因素在目标和绩效之间起着协调作用。其一是目标认同，即目标承诺。目标设置理论的前提条件是个体对目标的承诺。假定员工对组织产生了认同感，那么，不管目标来自哪里，他都会坚持去达到这个目标，将组织目标内化为个人目标。其二是自我效能感（Self-Efficacy）。它是指个体在一定条件下，对于自己能否达到工作所要求的某种水平的信念。在困难情境中，高自我效能者比低自我效能者更会加倍努力迎接挑战。其三是反馈。反馈有助于个人将已完成的任务的进度和所期望的

① Lock EA. Toward a Theory of Task Motivation and Incentives[J]. Organizational Behavior and Human Performance，1968（3）：157-189.

目标进行比较，进而进行自我调控。但反馈的效果也不尽相同。自发的反馈，即员工可以监控自己的工作过程，比来自外部的反馈更具激励作用。其四是民族文化。目标设置理论还受到文化的限制。不同的国家，由于其历史文化的差异，对于目标设置理论的接受程度也不尽相同。其五是任务的严密性。工作任务安排得越周密，越有助于员工有效地分配自己的精力和努力，从而提高工作的效率。莱特汉姆等提出了目标设置理论的基本元素和高绩效循环（High Performance Cycle）模式，见图2-4①。

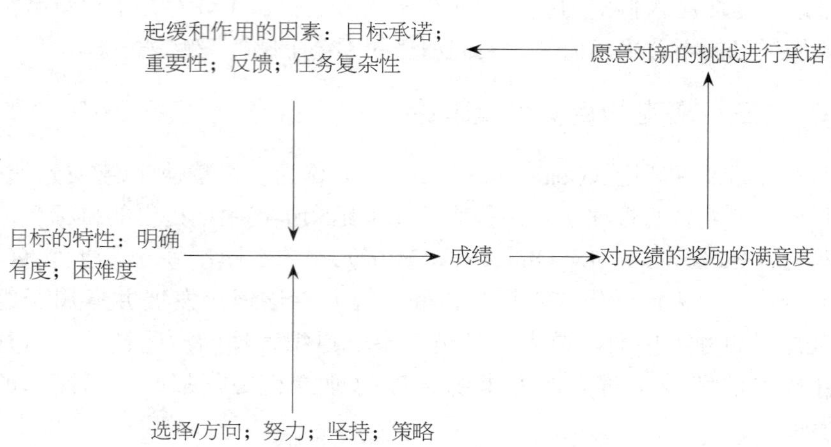

图2-4　目标设置理论的基本元素和高绩效循环模式

从图中可见，目标的特性（明确度、困难度）直接影响成绩；成绩影响个体的满意度；对成绩和奖励的满意度又会促使个体对新的挑战进行承诺。但目标和成绩之间的关系会受到目标承诺（Goal Commitment）、目标重要性、反馈、任务复杂性、努力、策略等的影响。

当人们承诺要达到某目标时，目标和成绩的关系最为密切。当目标很困难时，承诺显得最为重要，这是因为对个体来说困难的目标比容易的目标要求更多的努力。任务复杂性也会影响目标与成绩之间的关系。随着任务的复杂性增加，目标的作用依赖于任务完成者发现恰当的任务策略的能力。由于人们发现恰当任务策略的能力差异很大，所以目标设置的作用在复杂任务上比简单任务小。由于人们在复杂任务上比在简单任务上使用更多种多样的策略，所以任务策略与成绩的相关性通常比目标困难程度与成绩的相关性更高。

2. 管理运用

目标设置理论在组织管理中的应用主要是通过目标管理来实现的。在组织管理中，它给了我们以下启示。

---

① 杨秀君. 目标设置理论研究综述[J]. 心理科学，2004，27（1）.

（1）管理者要善于制定目标。企业的战略管理层要制定战略目标，各级管理部门要制定策略性目标，每个员工也要制定自己的工作目标。各级目标之间要相互衔接、相互服务，下级目标要以上级目标为基础，使它们成为一个目标体系。

（2）要给予员工一定的自主权。不管是在目标的制定过程中，还是在目标的实现过程中，管理者都要注意放权，给予员工适当的自主权。

（3）在进行目标管理的过程中，目标的设置显得尤为重要，具体而言，管理者所设定的目标应满足以下几个方面的要求。

① 目标的内容要具体明确。设立的目标内容应尽可能详尽、具体，要完成什么内容、何时完成、与谁共同完成，这些细节应尽可能涵盖。

② 目标的制定、执行和评估应尽量设有量化标准，从而为目标的执行和绩效的考评提供科学依据。

③ 目标的设置既要有挑战性，也要注意可完成性。有挑战性的目标能够引导员工激发潜能，努力奋斗，不断进步，但也要注意目标不能过于困难，否则容易消磨员工意志，使其丧失斗志。

④ 目标的范围应与员工的工作内容相关，且在其职责和能力范围之内。

⑤ 在完成目标的过程中，管理者应注意给予员工一定的反馈。目标的设立并不代表管理者可以做甩手掌柜，因为员工所受到的反馈多少一定程度上影响着目标的激励作用，并且有效的反馈内容能够帮助员工调整方向，避免做无用功，以提高其完成目标的积极性。

3. 对目标设置理论的评价

目标设置理论被发展并运用于组织管理的各个层面，成为一种员工参与组织管理的激励技术。这种管理方法和技术对于西方组织管理的理论和实践产生了深远的影响。

（四）归因理论

1. 理论概述

归因理论的最早提出者是美国社会心理学家海德（F. Heider），他的理论也被称为“恒常原则”理论。他认为人们都具有理解和控制环境这两种需要，而这两种需要得到满足的最根本手段就是了解人们行为的原因，并预测人们行为发生的方向和强度。一般情况下，人们的行为归因有两种：一种是环境归因，另一种是个人归因。换言之，行为结果是由个体和环境因素联合决定的。

对行为结果的原因知觉包括内部原因（努力、能力、个性、品质、动机、心情和态度等）和外部原因（任务难度、他人影响、运气机遇等），这些原因与其他心理过程相互作用，导致特定的情感体验、对未来的期望和选择行动。

在海德之后，美国心理学家布特（T. B. Botter）把人的归因分为两类：一类是内归因，这类归因者往往认为自己可以左右环境，失败或成功都是由于自己的内在原因造成的；另一类是外归因，这类归因者认为自己无力左右周围环境，失败或成功都是由于外界原因造成的。

美国心理学家韦纳（B. M. Weiner）在剖析了传统动机理论的基础上提出了认知动机理论，对行为结果的归因进行了系统的因素分析。韦纳的成败归因理论认为，人们对自己的成功和失败主要归结于四个方面的因素：一是努力的程度；二是能力的大小；三是任务的难度；四是运气和机会。这四种因素又可按照原因源、稳定性和可控性进一步分类：原因源包括行为的内因和外因；稳定性是指原因源是否具有持久性；可控性是指行为原因是否为行为者所驾驭。从原因源方面来看，努力和能力属于内因，而任务难度和机遇则属于外部原因；从稳定性来看，能力和任务难度属于稳定因素，努力与机遇则属于不稳定因素；从可控性来看，努力是可以控制的因素，而任务难度和机遇则超出个人控制的范围。人们把成功和失败归因于何种因素，对以后的工作态度和积极性有很大影响。例如，把成功归因于内部原因，会使人感到满意和自豪，而归因于外部原因，会使人感到幸运和感激；把失败归因于稳定因素，会降低以后工作的积极性，而归因于不稳定因素，可能提高以后工作的积极性等。总之，运用归因理论来增强人们的积极性对取得成就行为有一定作用，特别是对科研人员的作用更明显，见图2-5。

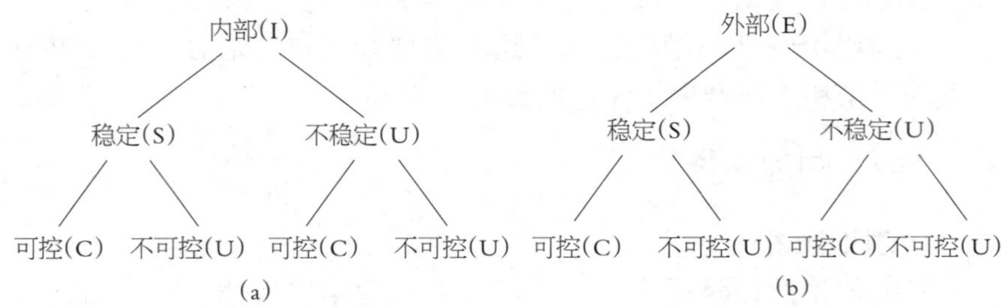

图2-5 韦纳归因理论三维度八因素示意图

2. 管理运用

行为的原因是多种多样的，不同的归因不仅会对过去的行为产生不同的认识和理解，还会影响人们对未来行为的预期，以及行为倾向和抱负水平。管理者要根据不同员工对于成败归因取向的不同，因人而异地做好员工的思想工作，帮助员工正确归因，这对于调动员工工作的积极性具有十分重要的作用。同时，管理者还应有目的、有系统地对员工的工作行为进行归因，这对于量才录用、合理分工、人尽其才、人尽其用，提高管理绩效具有重要的作用。

总之，对行为的归因一定要在大量信息资料的基础上进行，避免仓促草率、主观臆断。在自我归因时，避免过分强调客观因素或障碍；对他人行为归因时，则需避免一味求全责备，过分强调主观因素。

3. 对归因理论的评价

对归因理论的某些批评认为，归因理论只不过是一些常识罢了，是我们共同的思维方式的一部分，这种思维方式是关于社会生活世界的，而不是关于科学知识的。尽管如此，归因理论的一个重要目标是要将所知道的常识系统化，并将其置于一个与各种社会现象相关联的概念框架中去。一直以来，许多研究结果都支持归因机制，并且有效地预测了未来绩效。

三、行为矫正型激励理论

行为矫正型激励理论又称改造型激励理论，也称强化理论，它重点阐释如何改造和转化人的行为，如何使人的心理和行为由消极转变为积极，以有益于组织运作和发展。

（一）理论概述

新行为主义学派代表人物斯金纳（B. F. Skinner）认为，人或动物为了达到某种目的，会采取一定的行为作用于环境。当这种行为的后果对他有利时，这种行为就会在以后重复出现；反之，这种行为就会逐渐减弱或消失。人们可以用这种正强化或负强化的办法来影响行为的后果，从而修正其行为。这就是强化理论。斯金纳所倡导的强化理论是以学习的强化原则为基础的关于理解和修正人的行为的一种学说。所谓强化，在心理学上的定义是指增强某种刺激与有机体某种反应之间的联系。相应地，其在管理学上的定义是通过不断改变环境的刺激因素以达到增强、减弱或消除某种行为的过程。强化可分为正强化和负强化：正强化就是奖励那些组织上需要的行为，从而加强这种行为；负强化就是惩罚那些与组织不兼容的行为，从而削弱这种行为。正强化的方法包括发放奖金、对成绩的认可、表扬、改善工作条件和人际关系、安排担任挑战性的工作、给予学习和成长的机会等；负强化的方法包括批评、处分、降级等，有时不给予奖励或少给奖励也是一种负强化。

（二）管理运用

强化理论认为，有效利用或改变组织内外环境诱因，对员工行为进行强化，是调动员工的工作热情、提高工作绩效的有效方法。在管理实践中，必须遵循以下基本原则。

第一，应以正强化方式为主。在企业中设置鼓舞人心的安全生产目标，是一种正强化方法，强化应始终以有利于组织目标体系的行为的发生和目标的实现为宗旨。

第二，采用负强化（尤其是惩罚）手段要慎重。在运用负强化时，应尊重事实，讲究方式方法，处罚依据准确、公正，这样可尽量消除其副作用。

第三，注意强化的时效性。在强化过程中，必须及时反馈，及时强化。

第四，因人制宜，采用不同的强化方式。在运用强化手段时，应根据员工的个性特征及需要层次，采取不同的有效强化方式。

（三）对强化理论的评价

通过强化，无疑可以对人的行为产生重大影响，因此作为一种激励方式，强化理论有着广泛的追随者。但强化理论建立在行为主义观点上，仅仅关注当人们采取某种行为时所产生的结果，忽视了人的内在心理状态。尽管如此，强化理论提供了一种如何控制行为的分析方法，它仍然是激励理论的一个重要分支。

扩展阅读

思考活动

1. 用本章所学理论分析下述案例中公司目前存在的问题以及原因。
2. 试运用相关激励理论分析应从哪些方面着手解决下述案例中的问题。

中小企业发展的瓶颈

广州顺发科技发展有限公司（以下简称公司）始建于1994年。公司两位创立者原先在另一家公司从事个人计算机营销工作，由于与该公司管理者的经营理念出现分歧，于是决定自己创办公司。

公司创办之初非常艰难，没有资金，就四处向亲朋好友借钱，最终筹借了4万元钱；没有场地，就从别的公司的营业场所中租了一张桌子，作为自己的营业场所；没有现成的客户，就从他们原先认识的朋友中打听介绍。整个公司就两个人，所有推销、搬运、验货、送货等工作都是两人亲自来干，辛苦自不必说。

公司刚开始主要经营打印机，当时卖一台打印机的利润相当可观，一年下来，经营情况很不错。第二年，租了一个门市，他们招了一名员工帮助进货，业务量开始有起色。由于对整个市场发展行情把握得比较好，公司发展速度很快。当年做得比较好的是PG公司的外设产品，于是他们决定招聘一个在PG公司个人计算机和服务器产品方面有丰富经验的人加入公司。为了吸引对方的加盟，他们提出了加盟者与公司之间对所经营的个人计算机和服务器产品毛利二八分成的分配方式，并于1996年4月开始代理PG公司的个人计算机和服务器产品。

1997年是公司稳定发展的一年，微机和外设的销售量都有了明显的增长，人员增加了不少，公司也有了自己的独立门市，并有点PG专卖店的味道了。1998年又是一个转折点，公司办公区从临街门市搬到写字楼，又吸收了一名合作者加盟，任销售部经理，公司也与他毛利润二八分成。这样，整个公司的经营分成门市和写字楼两个相对独立的部分，各有一名合伙人负责，权责分明。

尽管公司发展比较顺利，但随着公司业务的不断发展，他们发现在公司经营中存在不少问题：各个部门之间各行其是，除去加盟者之外，其他员工的士气和热情不高，公司除了物质上的刺激外，再无其他能够调动员工积极性的办法。但公司在物质刺激方面的余地已经不大，因为利润率已经很薄了，这是IT产业中硬件销售业的总体态势。其实，即使是那些平均利润率比较高的行业中的小公司也存在相同的问题。公司领导者常常为这类事情头疼不已。

专题小结

基于人性假设的激励理论主要分为四大类：内容型激励理论、过程型激励理论、行为矫正型激励理论和综合型激励理论（本书不做介绍）。内容激励理论包括：马斯洛的需要层次理论、奥德弗的ERG理论、麦克利兰的成就需要理论、赫兹伯格的“激励—保健”双因素理论。过程激励理论包括：弗洛姆的期望理论、亚当斯的公平理论、洛克的目标设置理论、归因理论。行为矫正型激励理论以斯金纳的强化理论为典型代表。

思考与练习

一、填空题

1. ________是建立在社会心理学家梅奥等人提出的人际关系学说基础之上的。

2. 自我实现人理论把人的需要分为五个层次：________、________、________、________、________。

3. 奥德弗的ERG理论指的是________、________、________三种需要。

4. 双因素理论指的是________和________两种因素。

5. 归因理论的最早提出者是美国社会心理学家________，他的理论也被称为________理论。

二、判断题

1. 管理理论是以不同的人性假设为基础的。（　　）

2. 马斯洛是“社会人”理论的主要代表人物。（　　）

3. 超Y理论是一种权变管理理论。（　　）

4. 马斯洛的需要层次理论已经被证明有普遍的有效性。（　　）

三、辨析题

1. 双因素理论、马斯洛需要层次理论以及ERG理论三者是完全不同的。

2. 罗尔斯正义论引起了学术界的巨大反响和争论，相比功利主义，罗尔斯的正义论具有广泛的适用性和现实意义。

3. 人是复杂的，所以人性也是复杂的。

4. Y理论比起X理论具有很大的优越性，所以企业应当以Y理论为基础制定管理策略。

四、简述题

1. 简述“社会人”的特征。

2. 韦纳归因理论的主要内容有哪些?

推荐书目与文章列表

[1] 休谟. 人性论[M]. 关文运，译. 北京：商务印书馆，2005.
[2] 王海明. 人性论[M]. 北京：商务印书馆，2005.
[3] 沙因. 组织心理学[M]. 余凯成，等译. 北京：经济管理出版社，1987.
[4] 戴健林，吴江霖. 社会心理学[M]. 广州：广东高等教育出版社，2007.
[5] 陈国海. 管理心理学[M]. 北京：清华大学出版社，2017.
[6] Maslow AH. Motivation and Personality [M]. 3rd Ed. Boston：Addison-Wesley，1987.

第三章

挫折、应激与压力管理

在心理学上，挫折通常是指个人在某种动机推动下所要达到的目标行为受到无法克服的障碍而产生的紧张状态和情绪反应。这种紧张的情绪状态引起机体做出的适应和应对的过程就是应激。当应激状态使人感到紧张、焦虑并产生应激反应时就会出现我们心理学上所说的压力。对挫折、应激与压力的研究，能够更好地把握个体行为的规律，改变个体的行为，使其朝着积极意义的方向转化。

从某种意义上来说，管理心理学关注员工在组织中的挫折、应激与压力等可能阻碍其积极性发挥的课题，是为了从另一个方向更好地了解员工的心理和行为，从而为更好地调动员工积极性、提升管理效率提供理论和实践上的指导。

学完本章，你将能够：

1. 了解挫折的概念以及产生挫折的原因；
2. 了解挫折的防卫机制，提高挫折的承受能力；
3. 了解应激的含义，更好地把握应激源；
4. 熟知应激的中介因素，提高应激管理的技巧；
5. 了解压力的含义，更好地分析压力源；
6. 掌握压力管理的手段，能缓解压力或消除和利用压力提高组织的工作效率。

教学视频

挫折及其管理

专题导读

人们都希望自己的生活中能够多些快乐少些痛苦，多些顺利少些挫折，可是命运似乎总爱捉弄人、折磨人，总是给人以更多的失落、痛苦和挫折。那么，究竟什么是挫折？挫折是如何产生的？人在受挫后会有怎样的心理和行为反应？怎样应对生活或者工作中遇到的挫折？或许大家心中都存在着这样的疑虑。别急，接下来我们就一同了解一下挫折及其管理方面的内容。

一、挫折概述

（一）挫折的含义

在心理学上，挫折（frustration）是指一种情绪状态，如受挫、沮丧、失意、紧张，更准确地来说，它是指个体在从事有计划、有目的的活动中遇到阻碍或干扰，导致个人动机不能够实现、个人需要得不到满足时所产生的消极情绪反应。[①]

挫折包含三个互相关联的内容。一是挫折情境。它是由通向目标的道路上碰到的不能克服且不能跨越的障碍，并且主观知觉这些客观障碍的存在而形成的。从根本上来说，它是使我们的动机不能得到满足的内外障碍或困难等因素，如身体有疾病、工作受到阻滞、遭受自然灾害等。二是挫折认知。它指的是人们对挫折情境的知觉、认识和评价。三是挫折反应。它是指由于自身的需要、动机不能满足而产生的情绪和行为反应，即感受到了挫折并产生相应的情绪和行为，如愤怒、焦虑、紧张、逃避或攻击等。[②]

简单地来说，挫折就是有目的的行为受到了限制。仔细分析这一定义，不难看出，它有两个方面的含义。首先，挫折是一种客观的条件和状态，这种条件和状态阻挠了个体预设目标的实现或干扰了正当进行的工作。其次，它是指由于目标受阻而引起的内在消极情绪状态，即通常所说的“欲求不满”。然而由于每个人的心理发展层次、认识问题的方法、成功的标准是不同的，对挫折的感受也不同。如果人们在通向目标的道路上遇到了障碍，那么就会产生以下三种情况。

（1）改变行为，绕过障碍，另择一条路径，达到目的。

---

① Eissa G，Lester SW. Supervisor role overload and frustration as antecedents of abusive supervision：The moderating role of supervisor personality[J]. Journal of Organizational Behavior，2017 (3)：307-326.

② 罗秋荣. 浅析职工挫折心理产生机制及干预管理[J]. 大众科技，2013，15 (7)：206-209.

（2）如果障碍不可逾越，可以改变目标，从而改变行为的方向。

（3）在障碍面前无路可走，不能达到目标。在这种情况下，人们就会产生挫折感。

挫折有正面效应，但在本讲内容中，我们一般是就其负面效应来进行讨论的。

（二）挫折产生的原因

形成挫折的原因是多方面的，有的是由外因引起的，有的是由内因引起的，有的由内外因共同作用造成的。但总的来说，不外乎客观因素和主观因素。

1. 导致挫折产生的一般因素

挫折是人未能达到目标的结果，从人的目标的确立到行为的实施，受多种因素的影响。因此，挫折的成因也是多方面的，包括客观因素和主观因素。

1）客观因素

客观因素引起的挫折，也叫环境起因挫折，是指自然环境和社会环境的影响。

自然环境主要是指个人能力无法克服的自然因素，如天灾、人祸、衰老、病死等。人和自然是适应和改造的关系，一方面人适应自然环境，另一方面人又改造自然环境。随着人们对自然认识的不断深化和改造自然能力的不断加强，在产生挫折的因素中自然环境的影响会越来越小。

社会环境因素主要是指个人在社会生活中所遭到的政治、经济、道德、宗教、风俗习惯、人际关系等人为因素的限制，由此造成的挫折情况比较复杂，造成挫折的影响也比自然因素大。比如，人际关系不太协调，工作岗位不能使人们充分发挥才能，教育方法不当，管理方法不妥，具体政策失误，物理环境不良等，都可能成为产生挫折的原因。

2）主观因素

主观因素引起的挫折，叫个人起因的挫折。这里又可分为个人生理和心理上的条件与需要发生冲突两种情况。

个人生理因素是指个人具有的智力、能力、容貌、身材以及某些生理上的缺陷所带来的限制。这种缺陷导致不能胜任某种工作、工作中遭到失败等。例如，一个高度近视的人不能成为飞行员。

心理上的原因更为复杂。例如，需要的冲突因素也是造成挫折的原因。这是指个人在日常生活中，经常产生两个或两个以上的需要，这时又很难决定哪一个需要是最强烈的需要，因而产生难以决策的心理状态。同样，当个人欲望和集体需要发生冲突、理想和现实发生冲突、集体中的相互协作与竞争发生冲突时，都可能造成挫折。

一个人在心理上是否体验到挫折，是同他的抱负水平密切相关的。抱负水平是指一个人对自己所需达到的目标规定的标准。一个人的自我评价、期望水平经常是造成挫折的重要原因。如果一个人的自我评价太高，期望水平经常超出了个人的实际水平，就会目空一切，自不量力，追求一些根本无法实现的目标，这就必然会造成挫折。尤其是自我要求是完美主义的人感受到的挫折感会更强。完美主义是指个人的不切实际和僵化的期望，并且争取和期待完美，包括以自我为中心的完美主义、其他导向的完美主义和社会规定的完美主义。研究表明，完美主义可能与各种心理障碍如抑郁症、自杀意念和神经性厌食症有联系。完美主义者也往往过度评价他们的挫败感，任何失败都会延伸到自己身上。完美主义者如果没有完成一项任务，很容易将自己认定为完全失败。因此，由于对自我评估无价值和挫败的极端思想，完美主义者可能会感受到极强的挫折感。①

2. 产生挫折的组织原因

造成个体挫折的原因除了上述一般性的因素外，还有下列几种属于组织特有的重要原因。

1）组织的管理方式

传统的组织理论多采用X理论，用权威、控制、惩罚等方式管理员工，形成组织目标和个人动机间的严重冲突，计件工资制使职工在金钱需要和社会需要的冲突中进行选择。阿吉里斯（C. Argyris）认为，现代社会精神病的主要原因就是组织的管理环境不良，阻碍了个人的需要和人格的发展。

2）组织内的人际关系

组织内上司与部属间的沟通关系如属单轨方式，即职工没有机会向上级反映自己意见的机会，则影响其人际关系，缺乏信赖，产生不满的情绪，甚至仇视的态度。过分强调竞争和责任的人际关系，会造成不必要的紧张气氛，有害于心理健康。

3）工作性质

工作对个人的心理具有两种重要的意义：①表现个人才能和价值，获得自我实现的满足；②使个人在团体中表现自己，提高个人社会地位。但工作性质如果不符合个人的兴趣及能力，就容易成为心理上的负担，分权的不当，大材小用或小材大用，都将构成个人的挫折。

4）工作环境

如果工作场地的通风、照明、噪声、安全、卫生等实质环境不理

---

① 崔文静，刘兵，李嫄. 职场挫折感研究述评与展望[J]. 领导科学，2019（6）：116-118.

想，不但直接影响职工的身体健康，也会引起他们情绪上的不满。特别是当工作的性质已属单调乏味时，如果实质环境的设计又缺少变化，那么人们将面临类似感觉丧失的心理状态。

5）工作角色

由工作角色引发的问题包括角色模糊、角色超载和角色冲突三个方面。首先，当存在角色模糊问题时，员工不能明确组织工作任务，不知道如何完成组织工作要求，不利于工作目标的达成，导致挫折感产生。其次，角色超载被认为是一种耗费资源的高要求事件，包括无法跟上工作要求，导致负责人产生负面情绪。员工有时会感到不知所措，工作负担过重。最后，个体或组织在面对两种及以上相互矛盾的角色期望时，就会产生角色冲突。角色冲突可能导致几个方面的工作都不能完成，或者其中一个方面的工作受到严重影响，或者在角色冲突下给员工带来较大压力。①

6）工作任务

控制论认为，目标应该有层次性地进行自我调节，以便有效发挥作用。低层次的目标应该是非常具体的（设置闹钟），中层次的目标应该是中等抽象的（准时），高层次的目标应该是最简单的（成为一名好员工）。在高层次目标不能确定的情况下，员工的行为相对分散，并且自我反馈能力较差。相比之下，拥有中层次目标和低层次目标的员工则可能获得更大的满足感和执行力。因此，高层次目标能更好地调节他们对挫折的反应，低层次目标能够缓解挫折感。②

7）其他

工作与休息时间安排不当、强迫加班、恶性延长时间、工资偏低、不公平的晋升制度等，都足以影响职工的情绪。

（三）挫折容忍力

人经常会遇到挫折，但人们对挫折的反应往往不同，这是由于不同的人对挫折的适应能力不同，这种对挫折的适应能力叫挫折容忍力。

不仅各人的容忍力有所不同，而且对同一个人来说，对待不同问题的容忍力也不相同。挫折容忍力的强弱与以下因素有关。

（1）生理因素。一个身体健康、发育正常、意志坚强的人比一个体弱多病、生理上有缺陷而又意志薄弱的人的容忍力强。

（2）具有正确的人生观、远大的理想、坚强的意志的人对挫折的容忍力强。

（3）社会经验多、阅历丰富、生活中历尽艰辛的人比一帆风顺、

---

①② 崔文静，刘兵，李媛. 职场挫折感研究述评与展望[J]. 领导科学，2019（6）：116-118.

缺乏锻炼的人容忍力强。容忍力是可以通过锻炼和学习获得的。如果一个从小娇生惯养的人，平时很少遇到挫折或遇到挫折就回避，那么他的挫折容忍力必然很弱。

（4）对挫折的知觉判断。由于每个人的思想境界不同、经验不同，即使客观的挫折相同，挫折对个人的影响或造成的结果也不同。

（5）对预见中的挫折与对未预见的挫折的容忍力不一样。对预见中的挫折，人有精神准备，比较容易对待；对突发的、随机的挫折，人往往缺乏思想准备，其容忍力就可能弱。

心理卫生学的研究表明，人对挫折的容忍力受遗传、生理条件、挫折感受程度、认识与判断水平的影响。神经活动类型属弱型或强而不平衡型的人，一般容忍力差。如果遭受的挫折过多，也会影响以后的发展及挫折容忍力的提高，容易形成自卑、怯懦等不健康的心理特性。挫折容忍力还与个人对挫折的主观判断有关，对挫折的情境人们可以有不同的判断。同样的情境，有人可能认为是遭遇了严重的挫折，而其他人可能认为是小事一桩。

根据理性情绪行为疗法（REBT），挫折本身不能给人们造成心理上的干扰，这种干扰来自人们对挫折的感知，包括权利、情绪、不舒适和成就四个方面的不容忍性。首先，权利不容忍性反映了愿望必须被满足的信念，一旦不能满足个体就会认为不公平且不能忍受。其次，情绪不容忍性反映了由挫折引起的情绪困扰是不能容忍的，个体情绪不容忍性越高，越容易产生挫折感。再次，不舒适不容忍性反映了对舒适生活的要求，当这种感觉较强烈时，个体忍受短期不适的可能性较低。最后，成就不容忍性反映了对成就的严格要求和高标准性，个体对于标准越高的任务，越有可能完成。①

一般说来，有两种人对挫折的容忍力较强：一种是在生活道路上遇到过种种挫折，在同挫折的斗争中，提高了自己应对逆境、战胜困难、摆脱挫折情境的能力的人；另一种是从小受过良好的家庭和学校教育，而且受到一定的社会训练，学会了各种处理挫折技巧的人。

二、挫折的心理与行为反应

人受挫后会产生高度的紧张，为了消除这种紧张状态，人会产生各种各样的反应。

---

① 崔文静，刘兵，李嫄．职场挫折感研究述评与展望[J]．领导科学，2019（6）：116-118.

（一）人受挫后的情绪和行为反应

人们在遭受挫折之后，都会做出相应的反应。由于挫折的性质及人们对挫折的容忍力不同，人们在遭受挫折后的行为表现也不尽相同。受挫折后的行为表现主要有以下几种。

1. 攻击

美国耶鲁大学心理学家多拉德（J. Dollard）和米勒（N. E. Miller）曾提出过著名的“挫折—攻击假说”，认为攻击是挫折的结果，挫折的存在一定会引起攻击的产生，由攻击的产生可推断挫折的存在。

攻击可分为以下两种。

（1）直接攻击：个体在遭受挫折后，引起愤怒的情绪，对构成挫折的人或物立即做直接的攻击。

（2）转向攻击：个体在遭受挫折后，把愤怒的情绪发泄到同构成挫折不相干的人或物上去。

人们受到挫折后，往往在思想上产生强烈的“委屈感”。在行动上，表现为向引起挫折的人或物进行攻击。比如，一个人受到同事无端的谴责，他可能会“以牙还牙”，怒目而视，反唇相讥，表现为直接的攻击。他也可能表现为转向攻击，把愤怒情绪发泄到其他人或物上去，即迁怒于人或物。

2. 倒退

挫折—倒退理论认为，个体在遭遇挫折后，不应该或不完全表现出攻击行为，还应该有退缩的行为表现。虽然攻击行为被认为是最普遍的遭遇挫折的结果，但是长时间处于挫折状态，员工的消极怠工行为可能转变为组织偏差以及反工作行为。也就是说，相较于攻击行为的研究后果，实践中存在对于组织危害较小的倒退行为，员工可能在工作表现上越来越差，甚至消极怠工。在没有措施干预的情况下，员工的挫折感往往会一直持续下去，最终给组织带来不利的后果。①

所谓倒退，是指人们受到挫折时表现出一种与自己的年龄、身份很不相称的幼稚行为，有时也可称“退化”或“回归”。例如，一个领导因自身受到某种挫折而对下级大发脾气，或为一点小事而暴跳如雷，粗暴地对待别人。

倒退的另一种表现是受暗示性。受暗示性最经常的表现是人们在受挫折后会盲目地相信别人，盲目地执行某个人的指示。

倒退现象还表现为人们在受到挫折后不能控制自己的情绪，盲目地追随某个领导人，缺乏责任心，无理取闹，毫无理由地担心，轻信

---

① 崔文静，刘兵，李嫄. 职场挫折感研究述评与展望[J]. 领导科学，2019（6）：116–118.

谣言等。

3. **焦虑**

即使一个充满自信的人，如果一而再、再而三地受到挫折和失败，也会慢慢失去信心，对某些情况产生茫然，进而在情绪上出现不稳定、忧虑、焦急的现象，同时在生理上出现头昏、冒冷汗、心悸、脸色苍白等反应。这种表现就是焦虑。

4. **冷漠**

个人对引起挫折的对象无法攻击，又无适当的替罪羊可以攻击时，便将其愤怒的情绪压抑下去，在表面上表现出一种冷淡、无动于衷的态度，失去喜怒哀乐的表情。例如第二次世界大战期间，被纳粹送入集中营的俘虏们，最初多表现为愤怒、反抗并企图逃亡，但等到发觉一切都无望时，他们的情绪反而不再激动，而以冷漠的态度对付鞭笞、饥饿、疾病、奴役甚至死亡的威胁。

5. **固执**

挫折—固执理论基于实验室研究提出。将受过训练和没有受过训练的实验鼠做比较后发现，受过训练的实验鼠在遇到障碍时能够成功避开，没有受过训练的实验鼠大多实施错误的固执行为。挫折—固执的行为结果可以被看作遭受挫折感后一段时间内的行为反应，在没有外界干扰和挫折持续存在的情况下，大多数员工可能表现为继续执行错误行为。

6. **回避**

回避行为是指对工作目标的回避。虽然没有明确的理论指出挫折—回避的后果，但是在研究中逐渐发现回避类似移情的作用，是个人面对挫折问题行为反应的重要方面。挫折是由工作目标不能达成导致的挫折感，因此，回避行为放弃导致挫折产生的工作目标，转而追求其他工作目标：一方面，可以削弱原有工作目标带来的挫折感；另一方面，在其他目标方面的成就能够带来自信，削弱挫折感。

7. **离开**

离开是指员工在遭受挫折后的离职行为或者离职意愿。大量研究表明，离职行为是员工遭遇职场挫折、辱虐、欺凌等行为后所产生的严重后果。离职行为是完全切断挫折来源的一种方式，也就是放弃对原有目标的追求，这能够有效缓解员工的挫折感。①

（二）挫折的自我防卫机制

什么是心理自我防卫机制？人要生存，就不免遭受挫折，产生各

---

① 崔文静，刘兵，李嫄. 职场挫折感研究述评与展望[J]. 领导科学，2019（6）：116-118.

种各样的内心冲突，特别是在实现某种目的的动机十分强烈时，这些妨碍需要满足的冲突，会引起强烈的焦虑情绪。焦虑是一种使人强烈紧张、不安、烦恼、恐惧的有害情绪体验，它会严重影响人的心理功能的充分发挥，危害人的心理健康。为了避免痛苦的焦虑体验，避免这种有害情绪对我们的心理造成进一步的伤害，在潜意识中人们就会自然地运用某种歪曲、夸大、补偿、否认、升华等方法来平息内心焦虑，继续维持自我同外部世界的满意关系，这是一种恢复情绪平衡与稳定的自我保护倾向。①

挫折的自我防卫机制，是指人们为了应付心理压力或挫折，适应环境而使用的一种精神上的自我保护机制，也是个体维护身心健康不可缺少的独特的心理过程。人们利用这一机制去认识环境，选择和决定与环境相适应的行为，减轻由于心理压力或挫折而引起的紧张不安、焦虑和痛苦，以谋求自我安全，恢复心理平衡，避免行为失常。各人从其生活经验中寻其惯用的一套，成为其性格的一部分。常见的自我防卫机制有下列几种。

1. **替代机制**

替代机制是指当个人对某一对象所持有的动机、感情与态度若不为社会所接受，或自忖将遇到困难时，将此种感情与态度转向其他对象以取代之的行为方式。它主要包括两种方式，其一是升华方式，指个人将不为社会所接受的动机或欲望加以改变并以较高境界表现出来以符合社会标准的心理过程。例如，一个人在生活中遇到挫折后往往会在事业上取得突出的成就。其二是补偿方式，即一个人在一种活动范围中遭受了挫折，就从另一种活动范围中谋求成功，以求得补偿。例如，一个有生理缺陷的人，他可能发奋学习一门技术，以期出人头地。补偿方式按其深度又可分为一般补偿方式与过度补偿方式。一般补偿方式是以某一方面的成功来弥补另一方面的失败，在性质上是名副其实的替代。而过度补偿方式并不是完全意义上的替代。它指的是个体否认自己的失败或者某一方面的缺点，并进而加倍努力企图予以克服，结果所得到的成就反而超过了一般正常的程度。这说明补偿方式是个人通过自身的努力去扬长避短，克服不利条件，从而战胜挫折的过程。由此可见，运用替代机制既能使受挫者的欲望获得满足，又能有益于社会，有益于他人，是人们在适应环境的活动中最有积极意义的建设性防卫机制。

2. **幽默机制**

当一个人身处困境或尴尬局面时，通过含蓄、双关、俏皮的语

① 谈玲妹．正确认识学生心理自我防卫机制[J]．中国职业技术教育，2004（14）：24-26.

言，可以渡过难关或解脱困境。因为幽默是通过委婉曲折的方式来表达人们的思想的。这种表达方式不仅能避开冲突的锋芒，比较容易为另一方所接受，也能引发喜悦和快乐，创造一种轻松愉快的氛围，从而缓解紧张情绪和心理冲突。因此，幽默是一种积极而高尚的心理防卫机制。但幽默作为一种精神现象，是与人的智慧和心理成熟程度联系在一起的。它以笑为载体，却蕴藏着严肃的思考和真诚的情愫，人格比较成熟的人才可以在适当的场合，运用适当的幽默，打破窘境，改变困难局面。从医学的角度来说，幽默是有益于心身健康的。

3. **合理化机制**

合理化机制是指在个人无法达成其追求的目标，或其表现出的行为不符合社会的价值标准时，给自己找出适当的理由来解释，以减轻痛苦的心理防卫机制。这种理由虽然未必是真正的理由，而且在第三者看来往往是不合乎逻辑的，但其本人却能以此来说服自己，感到心安理得。在日常生活中，合理化机制是人们在自觉或不自觉中应用最多的一种防卫方式。在实际应用中，合理化机制的表现方式很多，也很复杂，可将其归纳为四类。一是个人好恶，是指即使自身所作所为违背了自己的愿望，却以个人的好恶为理由来掩饰过错而维护其自尊。所谓“酸葡萄”与“甜柠檬”作用，就是属于这种防卫方式。二是怨天尤人，是指把自己的过失归于自身以外的原因或推卸责任，以减轻内疚的一种适应环境的防卫方式。例如，楚霸王把战败的责任归咎于天。三是事实需要，即把自己所作所为的不合理尽量解释为客观上的需要，目的在于使别人觉得自己有“不得不”的苦衷，以此获得别人的谅解，又可以保持自己的自尊。四是援例，是指引用典故以佐证自己行为的合理性，以减轻自己因为过失而出现的罪疚感。这些理由虽然具有自欺欺人的味道，但能使个人的性情保持安宁，具有一定的减轻心理紧张和痛苦的作用。

4. **表同机制**

表同机制是指个人在现实生活中无法获得成功或满足时，将自己比拟成理想中的成功者，模仿他的言谈举止及穿着等，借此从心理上分享别人成功后的欢乐，以减轻个人因挫折而产生的焦虑，并维护个人自尊的心理防卫方式。例如，有人把自己和在某项事业中获得成功的人物或有名气的单位联系在一起，从而求得一些间接的光荣，借此来减轻挫折的不利影响。表同机制的另一种表现是个人为了迎合提供需要满足的保护者，如父母、师长、主管等，在思想及行为上模仿他们，将自己与他们视为一体，照着他们的希望行动，以便减少挫折。一般来说，表同机制所表同的对象是自己崇拜的偶像，其所具有的人格品质往往是自己所短缺的。因而，在特定的时间和环境内使用表同机制，具有激发个人向上的积极作用，使本人有可能获得成功。

5. 逃避机制

逃避机制是指个人不敢面对自己预感的挫折情景，而逃到比较安全的地方的心理防卫机制。它包括三种形式，一是逃向另一现实。例如，回避自己没有把握的工作，而埋头于与工作无关的嗜好或娱乐，以排除心理上的焦虑。二是逃向幻想世界。从现实的困境中撤退，而逃到幻想的自由世界，如此不但能避免痛苦，还可以使许多欲望获得满足。幻想偶尔为之，确能减轻紧张与不安，也能带来某些希望，但超过一定程度，则幻想与现实无法分清，反添适应现实的困难。三是逃向生理疾病。例如，学生害怕考试失败，竟在考试当天发烧，或士兵在战争时患战争神经症以及神经性视盲、神经性失声等。在此需要特别说明的是，个人借生理上某种机能的障碍可以避免困难，这种疾病的产生往往是无意识的，与假病不同。

6. 退行机制

退行机制是指个人遇到挫折时，不采用已经习得的成人方式，而是用与自己年龄或身份地位不相称的早期简单而又幼稚的方式去应付挫折，以便取得别人的怜悯和同情，避开现实中的问题和烦恼。退行机制在日常生活中比较常见，比如一个领导因自身受到某种挫折而对下级大发脾气，或为一点小事而暴跳如雷，粗暴地对待别人；再如，某个成人因受挫折而大哭大闹，提出各种各样的不合理要求，行为方式与他在幼年时一样，这些就是退行的现象。退行机制的另一种表现是受暗示性。受暗示性最经常的表现是人们在受挫折后会盲目地相信别人，盲目地执行某个人的指示。

7. 压抑机制

把一些不能为社会所接受或会引起内心痛苦的思想、欲望、感情或行为尽量抑制或排除在意识之外，以保持心境的安宁，这就是压抑的心理防卫机制。一般来说，压抑的结果虽可减轻主体的某些焦虑，而获得暂时的心理安全感，但被压制的欲望并不因此而消失，而是深埋于个体的潜意识里，一有机会便会萌发。所以，压抑情绪并不能真正解决问题，如果多次压抑，超过挫折容忍力，可能导致心理失常或心理疾病，影响个人性格的健全。

8. 反向机制

一般情况下，个人的行为方向与其动机方向是一致的。但是，在进行自我防卫时，为了不使自己的动机被别人识破，故意采取相反的、虚假的行为表现加以掩饰，此时他的外显行为与其内在的真实动机完全相反，故称为反向机制。个人在受挫时采用反向心理防卫机制是由于个人内心的某种欲望或动机为社会道德规范或国家法制所不容，假如真实表现出来，可能引起不良后果或受到惩罚，所以采取反向行为，以示自己没有这种不良欲望或动机。反向机制能自行控制社会所不允许的欲望，有利于个人适应环境，但如果过分控制自己，做违心的表演，则既浪费精力，又有害健康，还可能为众人所厌弃。

三、挫折管理

人生在世，不可能一帆风顺，现实生活充满各种矛盾，随时都可能受到挫折。在管理工作中，一方面，应尽量消除引起职工挫折的环境，避免使职工受到不应有的挫折；另一方面，当职工受到挫折时，应尽量减小挫折引起的不良影响，提高职工对挫折的容忍力。

（一）预防策略

1. 设法消除产生挫折的原因

对于自然因素，有些是不可避免的，但有些还是可以采取措施加以预防的，如准确地进行地震预防、暴雨预报以及台风警报等。尤其是生产过程中的因素，更可以预防，如厂房加固、机器防护、原材料合理堆放、照明、通风、工作的丰富化、轮换、治理污染等。对于社会因素，要尽量引导职工适应环境，加强法制观念、个人修养和挫折容忍力。对于生理因素，要考虑个人的生理特点，使有生理缺陷的人受到尊重，不受歧视。

2. 创造良好的工作环境

受挫者的不良情绪是在一定情境下发生的，如工作压力过大、人际关系不和谐等。这就要求领导者对员工工作环境进行多方位考虑，如在工作分配上“依才定岗”，使员工各尽所能，才有所用；及时了解员工之间的人际问题，善于疏导，使员工之间建立良好的人际关系。[①]加强员工差异管理，使职工相互信任、相互支持、相互尊重，建立“同是一家人”的情感。尤其要注意改善领导与下属、管理者与被管理者的关系，发挥集体智慧，建立平等关系。人际关系紧张、互相猜忌、彼此记恨、形成心理负担是造成挫折的重要原因。

3. 改善管理制度和管理方法

如适当调整组织机构和制度，取消有碍发挥职工积极性的不合理的管理制度，改善人事劳动制度和工资奖励制度，实行参与制、授权制和建议制等，不使职工有受到严格监督和控制的感觉。许多受挫的事实证明，挫折之所以发生，是因为组织内部管理体制存在问题。管理体制不介入，领导方式有偏差，不仅会使员工产生挫折，也容易使组织中的矛盾激化。好的管理方式能够提高员工的挫折容忍力。在工

---

① 罗秋荣. 浅析职工挫折心理产生机制及干预管理[J]. 大众科技，2013，15（7）：206-209.

作评定时，领导者可以采用横向评定与纵向评定相结合的方法，这样既能使员工看到自己的进步，增强自信心，又能让员工明白自己与他人的差距，激发不断发展和完善的欲望，从而减小采用单一的横向比较给员工带来的挫折感。①

（二）调治策略

1. 采取宽容的态度

对受挫折者的攻击行为采取宽容的态度是很重要的。对于正在遭受挫折的人，我们需要关心、照顾他们。员工在受挫时的行为可能具有破坏性、攻击性。金无足赤，人无完人，只要不涉及原则，领导者都应当对其进行帮助，使其从抑郁、愤怒、不满的情绪中解脱出来，而不能对其反击、讽刺、挖苦。领导者应满腔热情地关心、帮助其分析受挫的原因，使他们冷静地对待挫折。②采用冷淡歧视，以行政手段施加压力，只会使矛盾更加激化，甚至把受挫折者推上绝路，唯有关怀和温暖的开导、劝慰才能帮助他们恢复心理平衡。

2. 提高认识，分清是非

宽容的态度并不等于不分是非、一味迁就。相反，唯有帮助受挫折者提高了认识、分清了是非，才能使其战胜挫折。个人应注意到：①要认识到挫折是不可避免的，当遭遇挫折时，不要自己去强化不良的感受；②多采用积极的、建设性的防卫行为，少采用消极的防卫行为，避免破坏性的防卫行为。

3. 改变情境

改变引起挫折的情境也是应付挫折的有效方法之一。对于犯错误的人要创造一种情境，使他们感到集体的温暖，感到自己不会受到集体的排斥，感受到自己是集体的一个成员。此外，最好把受挫折者调离造成他不幸的环境，免得他触景生悲。在企业中，对管理人员进行人际关系处理的相关训练，也可以避免造成使职工受挫折的情境。

4. 精神发泄法

精神发泄法是一种心理治疗方法，就是要创造一种环境或采取某种方式，使受挫折者自由表达其受压抑的情感，使其紧张和愤怒得以宣泄。人们在受到挫折后心理失去了平衡，经常是以紧张情绪反应代替理智行为，只有使他们这种紧张情绪发泄出来，才能恢复理智状态，达到心理平衡。精神发泄法主要有以下三种途径。

一是空地宣泄法。受挫者可到空旷无人的地方自由地表达自己的不满情绪。

---

①② 罗秋荣. 浅析职工挫折心理产生机制及干预管理[J]. 大众科技，2013，15（7）：206-209.

二是写信宣泄法。通过写信受挫者可以把内心的不满情绪尽情地表达出来，然后把信寄给自己，过一段时间再看自己的“宣泄信”，可能会开怀大笑，将怨恨之情一扫而光。

三是设立宣泄室。有条件的单位可以设立宣泄室，让受挫的员工到宣泄室内尽情地表达自己的消极情绪。典型的宣泄室有哈哈镜室、自由宣泄室、荣誉室、阅览室和咨询室。哈哈镜室可以让员工先笑一笑，并让他们明白：看待事物有多个不同的角度；自由宣泄室是让员工自由表达消极情绪的地方，员工可以在这里自由表达自己的不满情绪；荣誉室摆满了组织历年的荣誉奖品，让员工认识到集体荣誉感和归宿感；阅览室里的各种书籍，可以让员工在阅读中平缓和消除心中的抑郁；咨询室里和蔼可亲的心理咨询师将倾听职工的抱怨，然后进行咨询，帮助员工排除消极情绪，让他们将信心和激情再次投入工作中去。①

日本一家电气公司设立了“情绪发泄控制室”，在公司的墙上挂着公司老板和蔼微笑的照片，室内放置着橡皮做的人形，旁边架子上有各种棍子，有消极情绪的员工可以进去用棍子或拳头痛打人形靶，以发泄自己的气愤。精神发泄还可以采取其他的形式，如写申述信、个别谈心、让他们在一定的会议上发表意见，领导和同事耐心听取他们的意见，并对正确的方面给予充分的肯定。

5. 心理治疗

心理治疗又称精神治疗，是指应用心理学的理论与方法治疗病人心理疾病的过程。它通常以医学心理学的各种理论体系为指导，以良好的医患关系为桥梁，应用各种心理学技术包括医护人员的言语、表情、行动或某些仪器以及一定的训练程序，改善病人的心理条件，增强抗病能力，从而消除心身症状，重新保持个体与环境之间的平衡，达到治疗的目的。

思考活动

1. 你使用过以下哪种挫折调治策略？效果如何？

☐ 采取宽容的态度
☐ 提高认识，分清是非
☐ 改变情境
☐ 精神发泄法
☐ 心理治疗

2. 结合自己的实际，谈谈在实际生活中遇到挫折后的情绪反应。

扩展阅读

怎样跌得有尊严

在中国台湾有一则新闻：一个国三的学生在学校的厕所里，将一个塑胶袋套在自己头上，自杀了。

读到这样的新闻，我总不忍去读细节。掩上报纸，走出门，灰蒙蒙的天，下着细雨。雨已经连下了三天，这个十五岁的孩子，人生最

① 罗秋荣. 浅析职工挫折心理产生机制及干预管理[J]. 大众科技，2013，15（7）：206-209.

后的三天，所看见的是一个灰蒙蒙、湿淋淋、寒气沁人的世界。

在那三天中，有没有哪一个人的名字被他写进笔记本里，他曾经一度动念想去和对方痛哭一场？有没有某一个电话号码被他输入手机，他曾经一度犹疑要不要拨那个电话去说一说自己的害怕？

那天早上，十五岁的他决绝地出门之前，桌上有没有早点？厨房里有没有声音？从家门到校门的一路上，有没有一句轻柔的话、一个温暖的眼神，使他留恋，使他动摇？

我想说的是，在我们整个成长的过程里，谁教过我们怎么去面对痛苦、挫折、失败？它不在我们的家庭教育里，它不在小学、中学、大学的教科书或课程里，它更不在我们的大众传播里。家庭教育、学校教育、社会教育只教我们如何去追求卓越，从砍樱桃树的华盛顿，悬梁刺股的孙敬、苏秦到平地起高楼的比尔·盖茨，都是成功的典范。即使谈到失败，目的也只是要你绝地反攻，再度追求出人头地，譬如越王勾践的卧薪尝胆，洗雪耻辱，譬如那个战败的国王看见蜘蛛如何结网，不屈不挠。我们拼命地学习如何成功冲刺一百米，但是没有人教过我们：你跌倒时，怎么跌得有尊严；你的膝盖破得血肉模糊时，怎么清洗伤口、怎么包扎；你痛得无法忍受时，用什么样的表情去面对别人；你一头栽下时，怎么治疗内心淌血的伤口，怎么获得心灵深层的平静；心像玻璃一样碎了一地时，你怎么收拾？

谁教过我们，在跌倒时，怎样的勇敢才真正有用？怎样的智慧才能渡过难关？跌倒，怎样可以变成行远的力量？失败，为什么往往是人生的修行？何以跌倒过的人，更深刻、更真诚？

我们没有学过。

如果这个社会曾经给那个十五岁的孩子上过这样的课程，他留恋我们，以及我们头上的蓝天的机会是不是会多一点？

现在绊倒了。你的修行开始。在你与世隔绝的修行室外，有很多人希望捎给你一句轻柔的话、一个温暖的眼神、一个结实的拥抱，可是修行的路总是孤独的，因为智慧必然来自孤独。

（资料来源：http://wenku.baidu.com/view/e2c66d8383d049649b6658d8.html. 2020-12-18.）

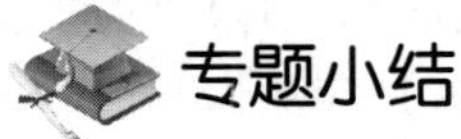

专题小结

挫折通常是指个人在某种动机推动下所要达到的目标行为受到无法克服的障碍而产生的紧张状态和情绪反应。产生挫折的原因有客观因素和主观因素。个人在受挫后，会表现出愤怒的攻击、不安、冷漠、退化等情绪上的反应。个人应该学会自我防卫机制，尽量调和或不受挫折的侵害。预防挫折应该消除产生挫折的原因，改善人群关系，培养良好的社会适应性，并改善管理制度和管理方式。精神发泄法是创造一种环境，使受挫折的人可以自由表达他受压抑的情感，促使其恢复理智状态，达到心理平衡的一种心理治疗方法。

专题二 应激及其心理调适

专题导读

土耳其地震时，一名妇女为了保护自己的孩子，硬是用身体顶住了一面一吨多重的水泥墙，而且坚持了许多天，直到被人发现才昏迷过去，这位伟大的母亲在地震时的表现其实就是应激反应。那么，你可能会问：究竟什么是应激？人们常见的应激源有哪些？如何调适应激？接下来我们就一同了解一下应激及其调适方面的内容。

一、应激概述

应激（Stress）的研究最早始于20世纪三四十年代的医学领域，其创始人是加拿大著名生理学家塞里（H. Selye）。塞里在其早期著作中把这种现象称为一般适应综合征（General Adaptation Syndrome，GAS）。大约10年后，他才在他的著作中提出应激这一概念。他最初认为，应激是指人或动物有机体对环境刺激的一种生物学反应现象，可由加在机体上的许多不同需求引起，并且是非特异性的。塞里之后，许多心理学家、生理学家对应激的定义又重新进行了界定。拉泽鲁斯（R. S. Lazarus）认为，应激是指环境或内部的需要超出个体或社会系统或机体组织系统的适应能力。贝尔（T. A. Beehr）认为，应激是某一情境使人产生特殊的生理或心理需要，由此发生的不平常的或出人意料的反应。我国学者陈宜张认为，应激是机体受到强烈刺激或有害刺激以后产生的非特异性反应。据统计，目前应激的定义大约有300多种。根据过程模型，应激可以被定义为：个体在应激源作用下，通过认知、应对、社会支持和个性特征等中介因素的影响或调节，最终以心理、生理反应表现出来的作用“过程”。根据系统模型，应激可以被定义为：个体的生活事件、认知评价、应对方式、社会支持、人格特征和心身反应等生物、心理、社会多因素构成相互作用的动态平衡“系统”，当由于某种原因导致系统失衡时，就是应激。[①]随着研究的深入，现代应激理论认为，应激是个体面临或察觉（认知、评价）到环境变化（应激源）对机体有威胁或挑战时做出的适应和应对的过程。这个过程主要有以下三个阶段。

① 高峰，王芳. 心理应激理论在大学生心理健康促进中的应用[J]. 北华航天工业学院学报，2018，28（3）：60-62.

（1）警戒反应（动员）阶段：有机体无论在什么时候收到任何一个紧张刺激都会引起躯体内部的生理变化，体内环境平衡的变化和内脏机能的变化，即生物有机体自身会动员起来进行适应性的防御反应。

（2）抵抗阶段（抵御反应期）：有机体在肾上腺素分泌增加以后，就会出现心律和呼吸加快、血压升高、血糖含量增加等变化，这样能充分动员体内的潜能应付环境变化刺激的威胁。

（3）衰竭阶段（适应性疾病反应期）：紧张刺激所致的威胁继续存在或躯体仍然像存在着威胁那样进行反应，抵御就会持续下去，于是机体的适应能力可能耗尽，最后出现崩溃，导致疾病发生。

二、应激源和应激感受性

（一）应激源及其分类

应激源是指能引起全身性适应综合征或局限性适应综合征的各种因素的总称。应激源主要是人们在生活的社会与自然环境中所经历的各种生活事件、突然的创伤性体验、慢性紧张等，它可以是躯体的、生理的和社会文化因素的。任何来自于环境、社会、工作、生活的躯体、精神、心理刺激物等均能使个体处于躯体或心理上的应激。

对于应激源，不同的学者有不同的分类方法。根据来源不同，可将其分为以下三类。

（1）外部物质环境：包括自然环境和人为环境两类因素。属于自然环境变化的有寒冷、酷热、潮湿、强光等，可以引起冻伤、中暑等反应。属于人为因素的有大气、水、食物及射线、噪声等方面的污染，严重时可引起疾病甚至残废。

（2）个体的内环境：内、外环境的区分是人为的。内环境的许多问题常来自外环境，如营养缺乏、感觉剥夺、刺激过量等。机体内部各种必要物质的产生和平衡失调，如内分泌激素增加，酶和血液成分的改变，既可以是应激源，也可以是应激反应的一部分。

（3）心理社会环境：大量证据表明，心理社会因素可以引起全身性适应综合征，具有应激性。尤其是亲人的病故或意外事故，经常是重大的应激源，因为在悲伤过程中往往会伴有明显的躯体症状。研究表明，在配偶死亡一年中，丧偶者的死亡率比同年龄其他人要高出很多。

此外，按不同环境因素，也可将应激源分为以下三大类。

（1）环境应激源（Environmental Stressor）：作用于人的肉体、直接产生刺激作用的刺激物，包括自然环境应激源和社会文化性应激源。自然环境应激源是指各种特殊环境、理化和生物学刺激物；社会文化性应激源包括个人生活中的重要事件、日常琐事、重大社会变故、文化冲突等因素。

（2）职业性应激源（Occupational Stressor）：特指与工作有关的应激源，它的产生经常是由于个体与工作岗位要求不相匹配。职业性应激主要来自以下四个方面：①工作者本身；②工作条件；③工作性质；④组织方面。

（3）心理性应激源（Mental Stressor）：发端于个体头脑内的事件，比如不切实际的预测、凶事预感、心理冲突和挫折等。

（二）应激的中介因素

应激的中介因素主要有三个方面，分别是认知评价、社会支持及人格因素。

1. 认知评价

认知评价是指个体从自己的角度出发对遇到的生活事件的性质、程度和可能的危害情况做出估计。对事件的认知评价直接影响个体的应对活动和心身反应，因而是生活事件是否会造成个体应激反应的关键中介因素之一。个体对生活事件的认知评价过程分为两步：①初级评价，即个体在某一事件发生时立即通过认知活动判断是否与自己有利害关系；②次级评价，即在得到有关系的判断后，个体会立即对个人的能力做出估计。伴随次级评价，个体会同时进行相应的应对活动，如果次级评价事件是可以改变的，采用的往往是问题关注应对；如果评价是不可改变的，则常采用情绪关注应对。

2. 社会支持

社会支持是指个体与社会各方面包括亲属、朋友、同事、伙伴等社会中人以及家庭、单位、党团、工会等组织在精神和物质上的联系程度。社会支持具有减轻应激的作用，是应激过程中个体可利用的外部资源。研究证实，社会支持与应激事件引起的身心反应成负相关，说明社会支持对健康具有保护性作用，并且可以降低身心疾病的发生和促进疾病的治疗。

3. 人格因素

在应激作用过程中，个性与各种应激因素存在广泛的联系，个性通过与各种因素间的相互作用，最终影响应激身心反应的性质和程度，并与个体的健康和疾病相联系。例如，个性可以影响个体对生活事件的感知；影响认知评价和态度等，最终影响应激反应的形成。

（三）应激感受性

工作应激源只是造成工作应激的客观条件，它们是否带来应激或造成的应激水平有多高，还与遭遇它们的个体的应激感受性有关。个人在经历过创伤性事件后，部分个体会逐渐恢复，部分个体却可能陷入其中，发生这种现象主要是因为个体之间的应激感受性具有一定的差异性。①

应激感受性是指个体对应激源或应激事件的敏感程度。个体对特定事件的应激感受性主要受以下四个因素的影响。

1. 人对情境的知觉

员工对应激事件的知觉可能影响他如何体验应激事件。

2. 个性差异

个体在动机、态度、个性和能力方面的差异也会影响工作应激的体验和对应激事件的反应强度与方式。

3. 过去的经历

一个人在特定环境中感受到的应激程度依赖于他对该环境的熟悉程度或该环境与他所经历过的环境的相似程度。经验或阅历可以降低一个人的应激感受性，培训或训练也可以使新员工尽快地适应新环境，降低应激感受性。

4. 社会支持

一个人在遇到应激事件时，实际得到的社会支持或得到的社会支持的可能性大小，将会影响他的应激感受性。面对同样的应激源，孤立无援的个体显然要比受到多方援助的个体承受的压力更大。

典型案例

北京房山暴雨灾区32人出现严重心理应激反应

一场61年不遇的特大暴雨后，被“冲断”的道路已恢复通车、冲垮的房屋也正在重建，但亲历者心灵上的创伤该如何修复？昨天，记者从北京市卫生局获悉，“7·21”特大自然灾害发生后，本市启动一级心理援助预案，对房山区进行了全面筛查，共发现32名亲历暴雨后产生严重心理应激反应者。以下介绍的是32名严重心理应激反应者之一，孙建国。

原本健谈的孙建国蔫了，快60岁的他从没想过一场大雨会差点让他丧命。

7月21日中午，孙建国下班回家，虽然下着雨，但他仍像往常一样决定步行回在半山腰的家。

① 陈悦. 运用心理训练提高大学生心理应激承受能力的研究[J]. 心理月刊，2019，14(21)：62.

当家的屋顶近在眼前时，不知从何而来的一股强劲水流瞬间淹到了他的腰部，孙建国还没来得及反应，一个趔趄被裹入湍急的水流中，向下游冲去。

翻滚、呼救、拼命想抓住个固定物，孙建国的挣扎和努力并未见效，几十秒的时间他被洪水冲到了300米外的山脚下。孙建国感到从未有过的恐惧。

就在洪水即将流入河道的几十米处，他被一双有力的手从水流中拽住、拖出水面、再拖到岸边。

意外被救并没有让孙建国体味到生还的喜悦，相反，脑海中不断闪现的灾难画面却让他变得沉默寡言，看人的眼神也变得呆愣，看到电视里播放的大雨新闻，六旬的他会突然掩面哭泣起来。

他的变化引起了村干部的注意，当安定医院心理危机救援队员抵达村子时，孙建国被作为重点筛查对象之一。

（资料来源：京华时报，2012-08-02.）

从上述案例中我们可以了解到，当事人过度地把一些思绪关注在片断性的创伤画面上，包括他被水一下冲倒、他怎么在水里上下起伏，那种感受和心理不适，水面的汹涌等他看到的场景。参与救援的心理医生引导他去发现这些事件中的积极元素，包括他在水里面上下起伏过程中虽然体会到了害怕，但在这个过程中他是沉着的、冷静的、镇定的。建立起以倾听为主的关系后，心理医生“对症下药”开始治疗。“你在水里是冷静的，还一直寻找固定的物体让自己漂浮起来，一直在坚持着，这些做法都很勇敢，而且被救以后得到了领导和老乡们的关心问候以及家人的支持”，在种种充满“正能量”且能起到温暖内心的积极资源的植入下，孙建国暗淡了多日的眼睛里有了些光彩。

（四）应激与身体健康

过度应激的后果包括愤怒、焦虑、抑郁、较低的自尊、较差的智力功能等。在组织情境中，过度应激经常导致不按时上班、缺勤、消极怠工、离职等行为，严重的还可能表现为破坏或盗窃公司物品等，从而降低个人的工作绩效，阻碍组织目标的实现。

在低应激条件下，员工的警觉性低，缺乏挑战性刺激，处于麻木不仁的状态，不能发挥他们最好的水平；在高应激条件下，员工唤醒水平过高，环境太具有威胁性，他们处于疲于应付状态，也不能尽力于工作。

过低和过高的应激都不能使员工达到最佳的绩效水平，只有在适度的应激水平上，员工的绩效才达到最高。

当人们长期处于应激状态而无力自拔时，他们的精神就会被拖垮，出现各种各样的心理症状。一般而言，需要与人经常打交道的职业（策划员、业务员等）产生的应激频率和强度较高，最容易产生工作倦怠。

三、应激管理

应激管理就是个人或组织采取策略和方法来应付和处理应激问题的过程。当个人或组织感到应激可能或已经威胁自己的身心健康和正常工作效率时，应激就成了需要管理的问题。

（一）应激管理策略

1. 消除应激源

（1）授权给员工，减少来自上司的压力造成的应激。

（2）通过更加有效地选拔和安置员工，使他们的能力与工作要求相匹配，这样就可以降低与工作相关的应激。

（3）改善工作环境中的噪音和安全隐患。

（4）员工自身的努力。

2. 远离应激源

（1）永久性地远离应激源，如把员工调换到更适合他的工作岗位上。

（2）暂时远离应激源，如实施集体放松、休假等。

3. 改变对应激的知觉

（1）改变对情境的知觉，降低应激水平，主要是要增强个体的自我效能感和自尊，强化自我，以至于不再把工作的挑战看成一种威胁。

（2）积极的自我暗示。

4. 控制应激后果

（1）健身运动。

（2）放松和冥想。

一般的放松程序如下。

① 选择舒适的位置。

② 闭上眼睛。

③ 放松肌肉。

④ 监视你的呼吸。

⑤ 当思维浮现时，保持积极态度。

⑥ 持续一段时间（如20分钟）。

5. 接受社会支持

接受来自上级、同事、家庭、朋友和其他人的支持是一种更加有效的应激管理策略。社会支持可以给员工提供情感或信息上的帮助，缓解其应激感受。

（1）社会支持可以让员工觉得他们自己是有价值的。

（2）社会支持可以提供信供息帮助员工去解释、理解甚至消除应激源。

（3）来自他人的情感支持可以直接缓解员工的应激体验。

6. 进行心理训练

（1）自我放松训练：放松练习能够对全身心进行调整，使其达到轻松、舒服的状态，增强自我情绪控制能力，缓解高度应激状态。情绪与个体的身体状况具有密切的联系，一些负面的情绪，如紧张、恐惧、焦虑等，会带来生理上的心跳加快、呼吸急促。因此，可以通过调整个体的生理状态进行情绪上的调节。例如，找到自己感觉比较舒适的姿势坐好，集中精神，暗示自己不断放松，再配上轻音乐，可以达到良好的放松效果，能够消除不良情绪，提高情绪智力水平。

（2）自我暗示训练：心理暗示是指不断地运用语言施加所希望产生的影响，从而达到某种目的。心理暗示对人的行为会产生一定的影响。积极的自我暗示能够调动人的潜能，给人提供较强的能量。所以为了提高人的应激承受能力，应经常对自己做积极的心理暗示，例如“我能”“我行”“我一定成功”等暗示性语言，会增强自我效能感。

（3）转移训练：人的大脑皮层在受刺激时会建立兴奋区域，可以再另外建一个兴奋区域来削弱或者抵消。转移训练法就是用另外有趣的事情来吸引自己的注意力，消除原来的紧张情绪，转移训练法适合在高度应激状况下开展。

（4）生物反馈：通过对现代生理科学仪器的运用来掌握个体生理或者病理信息，对患者进行意识训练以及心理训练。生物反馈法有利于消除不良情绪，如过度紧张、焦虑以及恐惧等，同时还可以提高自信心。这种方法适合运用在个体心理应激过强的状态下。

（5）自我强化训练：其原理是只重复得到奖励的行为。因此，员工在运用自我强化训练方法时，如果可以在做出适当的行为后，就给予自己奖励，反之则给予惩罚，这种受到奖励的行为就会反复出现，得到不断地强化。这种自我强化训练方法，可以使得员工养成良好的行为习惯，并及时摒弃不良的行为习惯。①

（二）拉译鲁斯应激应对策略

拉译鲁斯在《心理应激与应对过程》中将人类的应激应对方法分为以下两大类。

---

① 黄兴芹．大学生心理健康教育与生命教育融合的实现途径研究[J]．心理月刊，2019，14（19）：56.

第一类是情绪集中性应对，是指以调整人对应激源的情绪反应为目的的应对。进行调整需要通过人的行为，如饮酒、寻求社会支持和通过认知策略否认让人不愉快的事实。当人们认为他们不能改变应激性情境时，倾向于依赖情绪集中性应对方式。这种方式改变个体对应激事件的反应，但不影响应激源，称为情绪集中性应对（Emotion-Focused Coping）或减轻法，如：①防御机制（Defense Mechanisms）。防御机制是弗洛伊德精神分析学说的核心成分之一，弗洛伊德将防御机制视为逃避攻击性趋力引起的焦虑及其他负性情感。②重新评价情境（Reappraising the Situation）或认知性再评价（Cognitive Reappraisal）。集中思考积极方面可以分散对消极面的注意；积极的评价产生积极的情绪状态；增加个体对威胁情境的控制能力。③减轻紧张（Tension Reduction），包括镇静剂的应用；体力锻炼（Physical Exercise）是一项减轻应激的有效技术；松弛反应（Relaxation Response）或称为深度松弛（Deep Relaxation）是生理唤起连续体的一端，它包含松弛（Progressive Relaxation）、催眠、冥想（Meditation）和气功。

第二类是问题集中性应对，是指以减少应激源的需求或增加应对的资源为目的的应对，比如学习新的技巧。当人们认为他们能够改变应激性情境时，倾向于用问题集中性应对方式。这种方式是直接指向应激源的，因此称为问题集中性应对（Problem-Focused Coping），如事先应对和寻求社会支持。①事先应对（Anticipatory Coping），包括获得信息；建立一种行动规划；自我监控。②寻求社会支持，包括给予信息及指导；给予关怀、影响和教育；提供鼓励与保证。

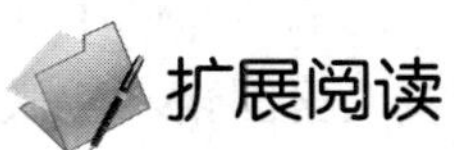

扩展阅读

出现心理应激时

长期超负荷运转、工作压力太大已成为当前精英人士的健康杀手。精英人士在身体超负荷运转的同时会出现心理应激反应，及时了解心理超负的预警信号，在心理应激反应出现的早期及时减压，才不至于引发一系列严重的身体疾患。

心理专家指出，人的心理应激反应可以分为三个时期：警戒期、抵抗期和衰竭期。不注意警戒信号而一直与外界压力长期抗衡，会进入抵抗期。此时人就会处于亚健康状态。若不及时休息，则会进入衰竭期。

进入衰竭期后，人们往往会出现抑郁、焦虑、失眠等心理症状，而在生理上则会出现高血压、溃疡、心脏疾病，甚至出现猝死。

如果出现心理预警信号，首先可以进行体育锻炼，这是减轻应激压力的基础工作；其次可以进行松弛训练，即在放松、安静的环境下

思考活动

1. 应激感受性受哪几个因素的影响？

☐ 人对情境的知觉

☐ 个性差异

☐ 过去经历

☐ 社会支持

2. 结合自己的实际，谈谈在实际生活中常见的应激源有哪些。

达到心理平静的状态；如果前两者都没有效果，则要到医院进行心理咨询和药物治疗。

心理专家特别提醒，工作繁忙的人群在选择休息方式时，要注意休闲放松，而不是越玩越累。

心理应激预警信号有以下几点。

（1）感觉过敏，轻微声响也会受到惊吓。

（2）容易为小事喋喋不休，吵闹。

（3）做事轻率，社会活动减少，讲话口吃，词不达意。

（4）注意力难集中、差错多。

（5）小动作增多，表现不自然，神色慌张，笑容勉强。

（6）全身倦怠，尿意频频。

（7）心跳手颤，面肌抽搐。

（8）食欲不振，连续抽烟。

（9）难入睡。

（10）头部胀痛，颈腰疼痛。

（资料来源：http://www.wangxiao.cn/xl/fudao/7956263702.html，2021-5-11.）

专题小结

应激是个体在面临或察觉（认知、评价）到环境变化（应激源）对机体有威胁或挑战时做出的适应和应对的过程。这个过程有三个阶段：警戒、抵抗、衰竭。人们常见的应激源有很多，按照来源的不同分为外部物质环境、个体的内环境、心理社会环境。影响应激的中介因素主要有三个方面，分别是认知评价、社会支持及人格因素。应激管理的策略有消除应激源、远离应激源、改变对应激的知觉、控制应激后果、接受社会支持等。

专题三

压力管理

一、压力概述

随着产业的变迁与社会结构的急剧改变，在现今讲求速度与效率的社会中，人们对于工作产生了前所未有的不确定性，工作压力也随着生活步调的加快及变化而持续增加。工作压力可能源自工作、非工作与个人因素，其反应也有正面及负面两种。适量的工作压力可发挥员工潜力，增加工作绩效；而过量的工作压力则会影响员工的生理、心理以及行为，不但会对个人及组织产生负面影响，也会造成经济损失。

压力是由于外界对个体的要求大于个体的能力或超出个体的资源拥有范围时，个体在自我适应和应对刺激过程中造成的一种失衡状态。简单地说，即个体的能力或资源不足以满足环境对其的要求，就会引发压力。①

拉泽鲁斯和福尔克曼（Folkman，1984）认为，压力（Stress）是在人们认为重要的机会或威胁出现时，因担心可能无法有效处理该事件而产生的感受。洪永靖（2003）认为，压力是个体面临环境改变之不确定威胁所产生的主观焦虑；而个体如何知觉与评估压力，则间接影响其如何因应压力进而适应改变。达夫特（R. L. Daft）和诺埃（R. A. Noe）则认为，压力意指个人在面对外界对于个人身心的刺激时，由于事情的结果相当重要，而个人因难以控制或感到不确定而产生生理和情绪上的反应。心理学中说的压力，是指人的内心冲突和与其相伴随的强烈情绪体验。普遍被认可的定义为，压力是心理压力源和心理压力反应共同构成的一种认知和行为体验过程。有机个体因为对周围环境事物和自身认知能力上不平衡的缺陷，从而在面对工作和生活时，产生一系列诸如兴奋、焦虑、困惑和紧张等身心上的应激反应。②本专题所讲的压力主要是指员工的心理压力。

专题导读

人在追求社会目标和实现个人抱负的过程中，由于主客观条件的种种限制，会不可避免地遇到各种心理压力，引起各种大大小小的心理冲突。然而，对待压力的态度、方法不同，会产生不同的结果。那么，你可能会问：究竟什么是压力？人们常见的压力源有哪些？如何进行压力管理？接下来我们将一同了解一下压力管理方面的内容。

二、压力源

压力源主要是指当内部环境发生改变时，任何能刺激人体产生压力反应的因素，或任何对个体的适应能力进行挑战的因素，又称应激源或紧张源。压力源作用的大小、对机体影响的因素有很多，主要为以下几点：性质、频率、强度、数量、持续时间、影响范围、可预测性等。

压力源可分为以下几类。

一是生物性压力源。直接拦阻和粉碎个体生存与种族延续的事件均在这组。包括躯体疾病的伤口或饥饿、睡眠掠夺、性剥夺、噪声、

---

① 杨婉晨，李妍. 论员工工作压力的产生及管理[J]. 读与写（教育教学刊），2017，14（6）：67-68.

② 朱润川. 建设银行C支行员工工作压力管理研究[D]. 南宁：广西大学，2019.

温度变化等。

二是精神性压力源。直接拦阻和毁坏个体健康精神需求的内涵事件和外在事件均在这组。主要包括错误的认知结构、德行冲突、个体不良经验及持久存在的生活经历造成的不良的个性心理特点。

三是社会环境性压力源。直接拦阻和损坏个体社会需求的事件均在这组。大致分为两个方面：一种是纯社会性的，如重要人际关系肢解、重大社会变化、家庭持续冲突、被禁锢、战役等；另一种则是由自身状况造成的人际适应问题等。①

压力管理研究的目的是采取有效的策略来缓解压力，但是要想缓解压力，必须首先找到压力的根源，然后才能对症下药。不同的文化、国家、职业、时期，工作压力的来源有所差别。工作压力是多种因素共同作用的结果，这些因素主要来自个体、组织两个层面。

（一）组织中的个体影响因素

1. 知觉特征

知觉是选择、组织、理解信息的重要心理过程。知觉的理解性受个体的个性、动机、态度、价值观、经历等多种因素的影响，因此不同的个体对同一事物的感知存在差异。某个压力源对一个人来说可能是有压力的，而对另一个人来说则可能不构成压力。也就是说，受个体知觉的理解性影响，同样一件事情，不同的个体会有不同的理解和体验。

2. 个体期望

个体的期望与压力感受成正比。对同一事物的期望程度不同，个体感受压力的程度也不同。个体的适应性与工作压力成反比，个体的适应性越强，压力感受越弱。组织中的新员工往往会面对高期望与现实之间的落差，差距越大，个体感受到的压力越大。适应性较差的新员工心理压力更大。

3. 过去的经历

个体过去的经历对压力产生强化作用。个体是否感到工作压力的存在与该个体是否有过相关的紧张经历有关，负面的强化会加剧压力。一名员工曾有过被解雇的经历，就会非常小心地对待现有的工作。相反，个体成功的经历能使其在面对工作压力时充满信心。

4. 社会支持

是否能够得到他人的支持直接影响个体对工作压力的体验。例如，在具有压力的环境中与一个善于支持、鼓励的同事一起工作有助于员工减小压力。相反，与关系紧张的同事共事可能使人焦虑，加大工作压力。

---

① 张玥. 云南省K企业员工工作压力及应对措施研究[D]. 昆明：昆明理工大学，2019.

5. **个性差异**

由于个性不同，个体对压力的感受也不尽相同。除此之外，员工的动机、态度、能力等，也会对工作压力产生一定的影响。例如，对待相同程度的压力，脆弱的人感觉压力很大，总是关注现实中的负面因素，而刚强的人则把压力当作挑战与机会，迎难而上，有“我的命运我做主”的勇气与魄力；再如，如果员工认为自身对外在环境的控制程度较高，那么他就较少感觉到压力；反之，如果他很少或者没有这种控制的感觉，他将经历更多的焦虑，进而产生较大的工作压力。①

有研究表明，性格对于工作压力有着重要的影响。当大家提到A型性格的人时，通常会用这些词汇来描述他们：充满积极性，竞争力强，没有耐心，好胜心强烈，强势，做任何事都有紧迫感等。B型性格人群则拥有与其不同的行为方式，这类人生活节奏较为放松，从不着急，缺乏野性和竞争力，很有耐心等。因此，拥有A型性格的人在日常生活中喜好竞争，做事较有紧迫感。有研究指出，A型性格的人的个体行为与心脏循环系统疾病之间存在相关性（Moreno，1986）。20世纪70年代，心理学家对于不同个体对于工作压力的反应进行过一项实验，研究表明，A型性格的人，时常表现出一种强烈的竞争意识，缺乏耐心，渴望成功，躁动，对时间有紧迫感，对责任有强烈要求（Cooper，2000）。在这种情况下，A型性格的个体通常会在工作中表现出对下属及同事的不满。因此，该性格的人在生活中可能会经历更多的压力，会比B型性格的人有更高的压力所导致各种疾病的风险的可能性（Dembroski，1978）。②

（二）组织中工作压力的来源

毫无疑问，组织中个体的工作压力与组织行为密不可分。工作场所中的压力来源多种多样，概括起来，工作压力主要来自工作量、工作条件、职业发展、组织内部的人际关系、工作与其他角色的冲突等因素。压力源作用于个体，个体的认知、个性差异、经历以及受到的支持等因素就会共同发生作用，使得个体产生这样或那样的压力。

1. **组织结构**

组织结构反映了各个部门之间的隶属关系与协作关系。在组织中，各个部门、各个职位承担着不同的工作任务，这些任务是相互关联的。在完成任务时，形成了多个任务群体与个体，所以上下级之

---

① 赵慧英. 员工工作压力成因分析及应对策略[J]. 管理观察，2017（34）：46-47.

② 杨婉晨，李妍. 论员工工作压力的产生及管理[J]. 读与写（教育教学刊），2017，14（6）：67-68.

间、协作部门之间、个体之间会不可避免地发生纵向与横向冲突，工作压力就这样产生了。

组织中的每一个岗位都代表着一定的责任与权力。权力的争夺是工作压力的另一个来源。组织中资源的使用直接影响个体绩效。资源的限制使员工不能将技能、能力与积极性转化为高动力。因此，组织中的资源常常是部门、个体间争夺的对象，在争夺中经常伴有冲突发生。掌握资源的部门，如人力资源管理部、财务部、设备供应部等经常与其他部门发生冲突。资源的争夺实际上是权力争夺的翻版，组织中的冲突是工作压力的根源。

组织变革是组织压力的来源之一。面对全球性的竞争，组织必须在变革与发展中求生存，许多组织准备裁员。美国管理学会的一项调查表明，1000个接受调查的组织里有40%准备以减员方式压缩劳动队伍。不少已经尝试大幅度地裁员。以IBM为例，它的雇员从1992年的33.44万人减至目前的22.5万人，大约裁员1/3。组织的变革与大量的裁员给组织带来了很大的不确定性，使员工忧心忡忡，担心自己的前途。这种不确定性会涣散组织的内聚力，降低工作满意度。

2. 工作量

变革中的组织大规模的裁员不仅给濒临解雇的员工带来冲击，留守员工也由于工作量加大而产生压力。所有关于工作压力的研究结果都显示，工作量过大是压力来源之一。当然，工作量不足也会使员工产生压力，难以满足员工自我实现的心理需求。工作复杂程度是一个与工作量相关的因素。工作复杂程度过高或过低都会导致压力的产生。过于简单的工作使人觉得枯燥，过于复杂的工作会使人疲惫，两种结果都会导致负面压力。

3. 工作条件

显然，工作条件简陋，如温度过高或噪声过大等是工作压力的来源之一，这些因素也可以降低工作绩效。长期熬夜、频繁地出差或每天长途往返上下班或工作时间过长、工作中受到不必要的打搅和监视更容易使人产生压力。

4. 工作任务与员工不相匹配

工作任务与员工不相匹配主要有三种表现形式：第一种表现为员工的实际能力素质与其所承担的工作任务不匹配，若员工不能通过努力提升自身的能力素质，那将长期处于不能胜任工作的高压状态，从而对其工作积极性和自信心产生极大打击；第二种表现为“工作任务超载”，即同一时间段内分配给员工过多的工作任务，导致员工没有足够的时间、精力和能力去完成工作，就会导致员工疲惫不堪，疲于奔命，从而产生较大的工作压力；第三种表现为“工作任务欠载”，即分配给员工的工作较少或工作较为枯燥单调，员工无法通过工作实现个人价值或者职业发展目标，从而产生焦虑及惰性心理，甚至会出现“失业恐惧”现象。

5. 角色冲突与角色模糊

作为管理者担负着两项重任，一是完成组织目标，二是满足员工需要。同时将两个任务完成得令人满意不是一件容易的事，这经常使得管理者处于角色冲突之中。

组织中的员工有自我实现的需要，希望通过完成组织目标获得满足，与此同时，员工还有归属的需要，而非正式组织提供了满足员工归属需要的功能。非正式组织的目标常常与组织目标存在差距和冲突，这种状况往往使员工陷入角色冲突之中。

角色模糊是指员工不清楚所分配的工作内容和相应的责任，组织中的新员工在需要融入组织时往往因为感到角色模糊而产生巨大的压力。此外，对员工委以重任又不授予决策权，使得工作难以开展，也会使员工因角色模糊陷入压力之中。

6. 职业发展

20世纪末至21世纪初，组织变革的特点是扁平化，服务性组织迅猛发展，这种变革的特点，使得组织中层管理职位变少。晋升困难或受挫，对于高权力动机的个体无疑是巨大的压力。服务性组织可以提供的发展空间有限，对于高成就动机的员工的压力不言而喻。组织的重组与裁员不断挑战员工的自信，员工对自己能否够胜任新的工作、工作的保证与对新环境的适应感到信心不足，因而产生巨大的压力。

7. 组织内部的人际关系

组织内部的不良人际关系是导致工作压力产生的源头，也是造成工作流动的因素之一。社会的发展要求组织同时具有经济和社会双重功能，良好的组织氛围是组织生活中重要的一部分，它有助于完成组织目标。

组织中的个体不可避免地要与同事或客户接触，这可以给他们带来快乐，但也可能成为人际冲突的来源。人际关系方面的因素所带来的压力可分为：①与同事之间：由于缺乏沟通、相互间的信任以及在困境中情绪上的支持而引起的冲突，有时也存在于员工间为获得更好职位或工作环境的竞争；②与上级之间：压力通常来自直系上级和与奖惩有直接关系的人，另外，有时压力也产生于上级的领导方式，比如，在一个管理十分严苛的领导手下工作，员工通常会有更多压力；③与用户或客户之间：这种压力经常发生在服务行业中，尤其是要解决与人相关的问题，如执业医师，调解人员等。[①]

① 杨婉晨，李妍. 论员工工作压力的产生及管理[J]. 读与写（教育教学刊），2017，14（6）：67-68.

8. **工作与其他角色的冲突**

个体不仅属于组织中的一员，还在社会环境中扮演着多种角色。这些角色经常与工作角色形成冲突，从而导致压力的产生。员工要在组织中成长，追求职业发展的目标，经常需要超时工作，因而生活变得单调而乏味，同时减少了与家人相处的时间，这就使得员工陷入巨大的压力之中。

9. **企业人力资源管理等方面的规章制度过于严苛**

不少企业为了片面强调管理制度的严肃性与规范性，制定了许多过于严苛的人力资源管理等方面的规章制度，如迟到一次罚款200元，迟到、早退3次解除劳动关系，工作时间不允许接听私人电话，年度绩效考核末位淘汰等，这些政策会在无形当中给员工造成极大的心理负担，使他们在工作中产生紧张、恐惧和焦虑的情绪，进而产生极大的工作压力。①

（三）其他因素

除了来自工作环境的压力源以外，还存在着一些与工作无关的压力源。例如，意外或重大疾病，经济无保障，还有家庭事件，如离异，伴侣及家人身患重大疾病或死亡等，这些都会影响个体的心理并使其产生压力。②

三、压力管理

组织管理压力的策略包括：找出并消除工作压力的来源；帮助员工调整对压力的认知；帮助员工有效地应对压力带来的影响，具体的方法就是加强组织中工作压力的个体调控、加强组织层面对工作压力的管理。

（一）组织中工作压力的个体调控

1. **降低员工的期望**

工作压力是一种主观感受，个体的期望过高往往是造成工作压力的原因。组织中的员工，特别是组织中的新员工往往对组织抱有不切实际的期望，期望与现实之间的落差会导致压力的产生。帮助员工适当地降低期望，树立可以达到的目标以减轻工作压力，是组织不可推诿的责任。

2. **提高员工的适应性**

提高适应性可以减低工作压力。组织应该将培养员工的适应性作

①② 赵慧英. 员工工作压力成因分析及应对策略[J]. 管理观察，2017（34）：46-47.

为人才培养的内容之一。知识与实际能力的转换、沟通与人际交往能力以及抗挫折能力的培养都是提高员工适应性的基本内容。

3. 改变员工的认知

帮助员工减轻工作压力，最重要的一项工作就是帮助员工改变对工作压力的不良认知，帮助员工树立自信，正确地认识工作压力、面对挑战，变被动应对压力为主动挑战自我。

（二）工作压力的组织层面管理

组织层面的工作压力管理应该本着以人为本的原则，注重员工职业发展，为其提供心理支持。通常情况下，企业或组织应当在压力形成的初期采取适当措施，预防或有效阻止压力的产生。为预防产生压力，首先应当通过科学的方法测量潜在的或已存在的压力源，评估其危险等级，通过组织内部的改变，寻找并制定有效的方法应对压力。这些改变可以包含：领导方式、职位设计、工作环境、工作时间、新技术的应用等。①

1. 结构重组与工作再设计，提供职业发展的平台

组织中的管理者应该善于发现和解决组织结构和工作设计中的问题，进行工作再设计，尽量避免不必要的冲突来源。职业发展的受挫，是工作压力的根源之一，组织应该提供职业发展的平台，加强员工职业发展的管理，帮助员工实现职业发展规划，从多种角度使员工感受到成功带来的喜悦。

2. 改变工作量和完成时间，避免超负荷工作

实行目标管理，与员工共同商讨、制定组织目标以及完成阶段性目标的计划与方案。与此同时，让员工有更多的参与机会，特别是参与对其有影响的改革规划；激励员工成为组织中的主人，最大限度地调动员工的工作积极性。

3. 消除组织中的不确定因素

分清责任、澄清角色，执行新员工的岗前培训计划，让员工了解组织目标以及如何完成组织目标，明确员工组织任务以及所承担的责任。在分配任务的同时，让员工承担相应的责任。

4. 增加沟通渠道，提供社会支持

降低工作压力的重要举措之一就是为有工作压力的员工提供心理支持和工作援助，使员工感受到组织的温暖与力量，走出压力带来的阴影。沟通可以降低或缓解工作压力带来的影响。健康的组织应该提供多种沟通渠道，以使员工的压力有释放的出口。

---

① 杨婉晨，李妍. 论员工工作压力的产生及管理[J]. 读与写（教育教学刊），2017，14（6）：67-68.

5. 改变有形的工作环境，创造和谐的组织氛围

培养员工的团队合作精神，彻底避免工作设计给员工带来的压力。高内聚力和组织认同感，可以降低个体由于压力带来的不良影响，所以组织应该努力提高组织的内聚力和组织认同感，以减弱工作压力带来的影响。

6. 明确工作岗位职责及工作任务

企业应根据自身发展情况，建立科学合理的动态岗位职责分工及岗位说明书体系，明确每个岗位的上岗条件及工作职责，并通过科学测算等方式合理确定工作岗位的任务定额。根据员工自身的工作能力及素质条件匹配与其相适应的工作岗位，并为其设置适度的工作目标，从而避免出现因对员工工作岗位职责约定不明确或者工作任务与员工不相匹配而产生员工工作压力问题。①

7. 制定公平、合理的企业规章制度

如今，“以人为本”的管理理念已经逐渐成为现代企业管理和企业文化建设的主导思想。企业应该充分考虑员工的诉求及实际情况，有的放矢地制定一些较为人性化的规章制度，确保员工有合理的休息、休假、薪酬、考核和晋升等权利，实行“以人为本”的企业管理理念，为员工创建一个和谐的工作氛围，将员工从严苛的规章制度束缚中解放出来，缓解他们因“制度恐惧症”所造成的工作压力。②

（三）EAP的理论与实践

“员工援助计划”，英文为Employee Assistance Programs，简称EAP，是由组织为员工专门安排的一套系统的、持久的福利与支撑项目。EAP最早起源于20世纪初，最开始由专业人员协助企业，为员工提供诊断、咨询及指导服务，及时发现、处理和解决员工所面临的与工作相关的心理与行为问题。在我国，EAP的引进比较晚。总体来说，国内早期与EAP相关的活动多是由企业自行组织实施，或是与医院互助开展。③

1. EAP的概念和分类

EAP是企业为员工设置的一套系统的、长期的福利与支持项目。它通过专业人员对组织的诊断、建议和对员工及其家属的指导、培训和咨询，帮助员工解决自我及其家庭成员的各种心理和行为问题，从而提高员工在企业中的工作绩效。完整的EAP可以分成三个部分，见图3-1。

---

①② 赵慧英. 员工工作压力成因分析及应对策略[J]. 管理观察，2017（34）：46-47.

③ 张玥. 云南省K企业员工工作压力及应对措施研究[D]. 昆明：昆明理工大学，2019.

第一部分	第二部分	第三部分
针对造成问题的外部压力源，即减少或消除不适当的管理和环境因素	处理压力所造成的反应，即缓解情绪、行为及生理等方面的症状	改变个体自身的弱点，即改变不合理的信念、行为模式和生活方式等

图3-1　完整EAP结构图

2. EAP的实施程序

EAP可通过如下程序来实施。

（1）把脉与诊治。

（2）宣传与推广。

（3）改善环境。

（4）全员培训。

（5）心理咨询。

3. 实施EAP的意义

（1）维持员工的身心健康，减少企业医疗保健费用的支出，降低离职、缺勤率，节省招聘费用，从而降低成本。

（2）培养员工积极健康的生活方式，提高员工的满意度，提升劳动生产率。

（3）有助于建立“以人为本”的积极健康的企业文化。

在下面的案例中，我们将会看到，企业如何利用EPA服务，维持员工的身心健康，提高员工的满意度。

典型案例

王先生今年46岁，任职于某公司部门经理，大学文化程度，性格内向，工作认真，责任心强，做事有点过分追求完美。他的儿子今年上高一，从小就比较听话，由于王先生对他的要求一直比较高，因此学习成绩一直很好，总受到夸奖，但由于体弱而缺乏运动，所以体育课成绩较差，性格也比较内向。进入重点高中后，随着学习难度的加深和频繁地测验，曾因几次测验的失败受挫，觉得不光彩而闷闷不乐、自卑乃至抑郁，以至于发展为拒绝上学，为此王先生动用了一切关系进行劝说，但都无济于事。只要他儿子听到劝其上学，就会暴跳如雷，他与妻子都已竭尽全力，但毫无办法唤起他复学。面临此境，他增加了吸烟的量、失眠、工作力不从心以致发生差错，严重影响了工作情绪。王先生在陈述中还提到，由于孩子从小患有支气管哮喘，家人过分地呵护、关注和溺爱，使其形成自我中心的个性，凡事基本上均能得到满足，这致使他面对失败受挫无法应对。

王先生的个案主要是为儿子拒学感到烦恼和困惑，至于带来工作上的影响是次要的，也就是说，儿子的问题解决了，父亲的工作影响也会迎刃而解。可是，孩子拒学是由于不能应对受挫和对受挫情境认知评价的不合理导致的，所以提高孩子的受挫能力和改变其不合理的认知是关键。

EAP的咨询专家针对王先生的情况进行了分析，并对王先生做了一个月（共计4次）的心理咨询。首先通过运用以人为中心的咨询方法与其建立起良好的咨访关系，让王先生可以安心、放心地说出心中的困惑。然后咨询师帮助父母及孩子了解青春期的心理特征并协助亲子沟通，紧接着逐步提高孩子的自信与自尊，同时降低父母的期望值。最后帮助王先生的儿子改变不合理的认知，使其自己意识到问题的所在，并积极找寻解决的方法，努力与父母进行沟通。一个月后从反馈来看，孩子已经能够很好地适应学校的环境，而王先生也已经安心地工作，再也不会心神不定了。

（资料来源：http://wenku.baidu.com/view/4bbcb6e981c758f5f61f6768.html.）

对于员工来说，想要他们发挥最大的工作效率就不得不关注他们的内心生活，一个人的情绪是非常微妙的，如果企业可以真正关心员工的内心，为他们解决内心的烦恼，那么员工势必会毫无后顾之忧地为企业发挥自己的才能。EAP就是企业与员工之间的一座桥梁。在物质发达的今天，企业也应该敏锐地发现员工精神生活上的需要，在考虑如何加速企业发展的时候，不妨接触一下EAP，它绝对是企业发展路上不可缺少的好帮手。

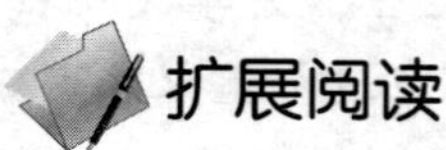

扩展阅读

面对压力要积极维护心理健康

任何人都有压力，压力是人生历程中无法避免的心理现象。每个人都要始终面对生存、发展、健康三大任务，就是三大压力源。在许多人眼里，压力是影响人生幸福的潜在诱因，其实这只是从压力的负面影响来讲的。如果人的一生没有任何压力，也许人生就没有那么多的跌宕起伏，平淡无奇到没有多少值得回味和留念的东西。

当前的"压力山大""高压锅"现象，既有社会方面的原因，需要完善各项社会保障政策来为人们减压；也有个人心态方面的原因，需要提升个人心理健康水平来应对。比如，现在社会上有一种心态，就是希望"早得"、害怕"晚到"，所谓"赶早不赶晚"。正因为希望"早得"、害怕"晚到"，很多人便格外强调机会，特别注重现实利益的获得。这种心态很容易造成整个社会的焦灼不安，谁都担心落在后面。许多时候，这种焦灼不安比压力本身更可怕。因此，在压力客观存在的情况下要追求幸福人生，需要积极维护心理健康，正确认识压力，努力缓解压力。

一是保持积极乐观心态。具有乐观心态的人往往将人生的感受与人的生存状态区别开来，认为人生是一种积极体验，是一种愉快的心理感受，人可以通过自己的精神力量去调节自己的心理感受，尽量使其处于最佳状态。自信、投入、自觉，是拥有乐观心态的人重要的特质。譬如，一个人有了自觉，就可能少受环境和条件的限制，在面对压力时找到生活的突破口。

二是保持平静淡定心态。面对压力时，一个人如果能平静地反复思考、明察原因，就能很快稳定情绪。科学研究表明，"入静状态"能使那些由于过度紧张、兴奋引起的脑细胞机能紊乱恢复正常。如果面对压力时处于心烦意乱状态，就别指望能理性思考问题，而只会使歪曲的事实和虚构的想象乘虚而入。

三是保持知足隐忍心态。我国传统文化强调隐忍克制，其外在表现是一种被动的知足，实质是对生存环境的一种主动适应。盲目知足以逃避压力并不可取，但欲望滔天、自加压力更不可取。

这里需要特别指出的是，面对压力，一个人应该尽量克服孤独抑郁心态。孤独抑郁是面对过大压力时一种常见的心理状态。孤独感有两种情况，一种是因为客观条件的限制，长期脱离人群的"有形"孤独；另一种是身处人群之中，但内心世界却与生活格格不入而造成的"无形"孤独。第二种孤独感是十分有害的。抑郁是一种很复杂的情绪，是痛苦、愤怒、焦虑、悲哀、自责、羞愧、冷漠等情绪复合的结果。抑郁是一种广泛的负面情绪，又是一种特殊的正常情绪。不过，抑郁超过正常界限就会得抑郁症，成了病态心理。

克服孤独抑郁心态，需要积极调节情绪和心理。其一，善于运用理智的力量。决定情绪的是人的认知。有一句名言说得好："人受困扰，不是由于发生的事实，而是由于对事实的观念。"其二，适度宣泄情绪。压抑不是处理负面情绪的好办法，面对压力要让情绪有适当的宣泄机会，适度的宣泄可以把心中的不快释放出来，并且有可能找

思考活动

1. 组织行为中工作压力的来源有哪些？

□ 组织结构

□ 工作量

□ 工作条件

□ 角色冲突与角色模糊

□ 职业发展

2. 结合自己的实际，谈谈EPA在实际生活中的应用。

到解决问题的办法。其三，心理换位，增强同理心。有些情绪是由于自己抱怨别人引发的。其实这是缺乏换位思考能力，心理学上称为缺乏同理心。遇事应该多站在对方的立场，仔细考虑对方的想法、理由、处境和难处，这样就会给予对方谅解和同情，也能为自己减轻压力。

（资料来源：http://hb.people.com.cn/n/2013/0224/c192237-18203136.html，2021-1-20.）

专题小结

压力，是指人的内心冲突和与其相伴随的强烈情绪体验。工作压力是多种因素共同作用的结果，这些因素主要来自个体、组织两个层面。组织管理压力的策略包括：找出并消除工作压力的来源；帮助员工调整对压力的认知；帮助员工有效地应对压力带来的影响，具体的方法就是加强组织中工作压力的个体调控、加强组织层面对工作压力的管理。

思考与练习

一、填空题

1. 客观因素引起的挫折，也叫环境起因挫折，这是指________和________的影响。

2. 受挫折后的行为表现主要有________、________、________和________。

3. 应激的三个阶段是________、________和________。

4. 工作压力主要来自________、________、________、________、________等因素。

5. 组织管理压力的策略包括：________、________、________和________。

二、判断题

1. 不仅各人的容忍力有所不同，而且对同一个人来说，对待不同问题的容忍力也不相同。（　　）

2. 某个成人因受挫折而大哭大闹，提出各种各样的不合理要求，行为方式与他在幼年时一样，这些就是反向的现象。（　　）

3. 任何来自环境、社会、工作、生活的躯体、精神、心理刺激物等均能使个体处于躯体或心理上的应激。（　　）

4. 个体的适应性与工作压力成正比。（　　）

5. 组织层面的工作压力管理应该本着以人为本的原则，注重员

工职业发展，提供心理支持。（　　）

三、简答题

1. 挫折产生的原因有哪些？
2. 影响挫折容忍力的因素有哪些？
3. 工作压力产生的原因有哪些？
4. 工作压力的管理策略有哪些？

四、论述题

1. 如何管理挫折？
2. 组织压力的来源有哪些？如何针对这些来源进行压力管理？

推荐书目与文章列表

[1] 雪莉·珊贝利. 挫折[M]. 缪静玖，译. 哈尔滨：哈尔滨出版社，2003.
[2] 邱鸿钟，等. 应激与心理危机干预[M]. 广州：暨南大学出版社，2008.
[3] Burns JK. 应激的成因与世界文化[M]. 杨凤池，译. 长春：吉林科学技术出版社，2000.
[4] 罗秋荣. 浅析职工挫折心理产生机制及干预管理[J]. 大众科技，2013，15（7）.
[5] 崔文静，刘兵，李嫄. 职场挫折感研究述评与展望[J]. 领导科学，2019（6）.
[6] 赵慧英. 员工工作压力成因分析及应对策略[J]. 管理观察，2017（34）.

第四章

能力与人格

世界上没有完全相同的两个人，即使同卵双胞胎也不是完全相同的两个人。上述所说的异同，除了肉眼一眼就能够分辨出的外形上的异同，更重要的是一个人行为特点与心理特征的异同。心理特征是指人们在认知、情绪和意志活动中形成的那些稳固而经常出现的特性，主要包括能力和人格等个体心理特征，它表现出人与人之间的心理差异。现代管理的核心是以人为本，因此，管理必须以人为中心。个体行为与心理的差异研究是管理心理学在个体管理中的重要理论研究领域。只有了解个体的差异，才能做到人尽其才，发挥每个员工的最大效能。

本章通过阐述能力与人格的基本内涵与相关理论，分析个体之间能力与人格的差异，介绍能力与人格的测定工具，以便帮助读者更好地把握个体之间的心理差异。

学完本章，你将能够：

1. 理解能力与人格的基本内涵；
2. 陈述个体之间能力与人格的差异；
3. 采用相应测量工具测定个体的能力与人格；
4. 在管理过程中灵活运用能力与人格的相关知识。

教学视频

专题一 能力与能力差异

专题导读

能力是我们在日常生活、工作过程中经常接触到的一个词。例如，有人能言善辩、有人口舌笨拙；有人显示了突出的管理能力，有人则具有出众的绘画能力。这么熟悉的一个词，它的定义究竟是什么呢？如何系统了解个体能力差异，在管理过程中最大限度地让员工发挥效益？本专题将与您一同了解能力与能力的差异。

一、能力的一般概念

（一）能力的定义

能力是一种使活动顺利完成的心理特征，直接影响活动的效率。它不仅指个体现有的完成某项任务的知识、技能，也指个体具有的潜力和可能性。

能力不是与生俱来的，而是在遗传素质的基础上，在社会实践活动中逐渐形成和发展起来的。在理解能力的概念时，需要注意以下两点。

第一，能力总是和人完成一定的活动联系在一起的，离开了具体活动，既不能表现人的能力，也不能发展人的能力。

第二，能力只是提供了完成任务的条件，能力强并不一定能完成任务。要完成任务，需要结合主客观条件。

（二）能力、知识与技能

能力、知识与技能三者是相互区别又有联系的。

知识是主体和环境或思维与客体互动而导致的主体知觉建构，知识不是客体的副本，也不是由主体决定的先验意识。知识的本质是信息在人脑中的表征。①它指导着个体的实践活动，是能力结构中不可缺少的组成成分。技能是在练习基础上形成的、按某些规则或操作程序顺利完成某种智慧任务或身体协调任务的能力。它直接控制活动的动作程序的执行，是能力结构的基本组成成分。②

能力和知识、技能的性质不同，但存在相互影响、相互促进的关系：一方面，一个人的能力是在掌握知识、技能的过程中提高的；另一方面，知识、技能的掌握又以一定的能力为前提，能力在一定程度上制约知识、技能掌握的深度、广度、难度和速度。一般来说，掌握

① 皮连生. 教育心理学[M]. 上海：上海教育出版社，2011.
② 车文博. 当代西方心理学新词典[M]. 长春：吉林人民出版社，2001.

知识、技能较快，而培养某种能力较慢。[①]

二、能力的种类

能力的类型多种多样，可以根据不同的标准来划分，目前被心理学界广泛接受的有以下几种。

（一）一般能力和特殊能力

1. 一般能力

根据能力使用的普遍性，可将能力划分为一般能力和特殊能力。一般能力是指任何活动都要求具备的能力，如观察力、记忆力、抽象概括力、想象力、创造力等。平时我们所说的智力就是指一般能力。一般能力主要包括以下几点。

（1）思维能力：对事物进行分析、综合、抽象和概括的能力，在一般能力中起核心作用。

（2）观察能力：对事物进行全面细致的审视的能力，主要指知觉能力。

（3）语言能力：个体描述客观事物的语言表达能力。

（4）想象能力：包括再造想象和创造想象，它往往可以升华为特殊能力。

（5）记忆能力：个体积累经验、知识、技能，形成个性心理的重要心理条件。

（6）操作能力：通过人的各种器官，主要是手、脚、脑等并用，进行人机协调，完成操作活动的能力。[②]

2. 特殊能力

特殊能力是指在专业活动中表现出来的能力，例如画家的色彩鉴别力。个体从事任何一项专业活动既需要一般能力，也需要特殊能力。

一般能力与特殊能力相互联系形成辩证统一的有机整体。一方面，个体从事某种职业或专业活动时，一般能力在特殊方面的独特发展，就成为特殊能力的组成部分，例如记忆力属于一般能力范畴，但话务员在业务工作中，经过刻苦训练，能记住两千个电话号码，这种记忆能力就变成了专业技术方面的特殊能力了。另一方面，在特殊能力得到发展的同时，一般能力也不断提高。这种事例也不胜枚举，具备特殊能力的数学家、科学家、哲学家和音乐家，他们的一般能力也会较快地发展，而普遍地高于平常人。

---

① 张德，等. 组织行为学[M]. 北京：高等教育出版社，2019.

② 彭聃龄. 普通心理学[M]. 北京：北京师范大学出版社，2019.

（二）模仿能力和创造能力

根据能力表现出来的创造性成分的多少，能力可分为模仿能力和创造能力。模仿能力是通过观察别人的行为、活动来学习各种知识，然后以相同的方式做出反应的能力。它表现出的创造性成分较少，也称再造能力。创造能力是指产生新思想和新产品的能力，它提出解决问题的新方式、新途径、新理念。模仿是创造的前提与基础。

（三）认知能力、操作能力和社交能力

根据能力的应用的不同，可以把能力划分为认知能力、操作能力、社交能力。认知能力是指人脑加工、储存和提取信息的能力，也即智力，如观察能力、记忆能力等。操作能力是指人们操作自己的肢体以完成各项活动的能力，如劳动能力、体育运动能力等。人们通过认知能力积累一定的知识和经验，逐渐形成和发展自身的操作能力；操作能力的发展也能促进认知能力的发展。社交能力是指人们在社会交往活动中所表现出来的能力，如组织管理能力、处理意外事故的能力等。社交能力中包含认知能力和操作能力。

（四）流体能力和晶体能力

根据在人的一生中发展趋势以及能力和先天素质、社会文化因素的关系的不同，能力可分为流体能力和晶体能力。流体能力是指人在认识事物和解决问题的过程中表现出来的基本能力，它主要取决于个人的先天素质。晶体能力是通过掌握社会文化经验而获得的能力，也称文化知识能力，如词汇概念、言语理解、常识等以记忆储存的信息为基础的能力，[①]它主要取决于后天的学习。流体能力和晶体能力的发展与年龄有密切的关系，见图4-1。[②]

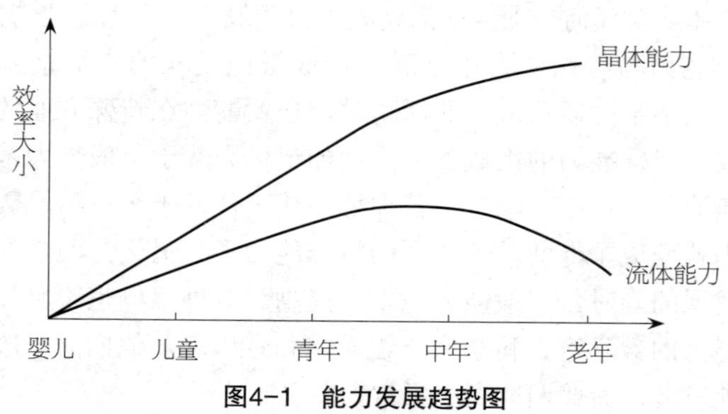

图4-1 能力发展趋势图

① 彭聃龄．普通心理学[M]．北京：北京师范大学出版社，2019.

② 林崇德，杨治良，黄希庭．心理学大辞典[M]．上海：上海教育出版社，2003.

三、能力的结构

能力的结构问题是现代心理学中一个非常重要的研究课题，分析能力结构的因素对于深入理解能力的本质，合理设计、进行能力测量，科学地拟订能力培养的原则，都有重要的意义。[①]能力的结构有很多种不同的学说。依据是否以心理测量学为基础、是否采用因素分析法等科学方法，可把有关能力理论分为传统能力结构理论和新能力结构观。

（一）传统能力结构理论

20世纪六七十年代之前的理论大多以能力测验工具，采用因素分析等统计方法，探索能力的个体差异以及差异产生的原因，我们称其为传统的能力结构理论。主要包括斯皮尔曼（C. E. Spearman）的二因素说、瑟斯顿（L. L. Thurstone）的群因素说、吉尔福德（J. P. Guilford）的智力三维结构模型理论等。

1. 二因素说

斯皮尔曼根据人们完成智力作业时成绩的相关程度提出了能力的二因素说。他认为，能力由一般因素（G）和特殊因素（S）组成。一般因素是人的基本心理潜能，主要决定一个人能力的高低；特殊因素是保证人们完成某些特定的作业或活动所必需的。由许多特殊因素和某种一般因素组合起来就构成了人的智力。两个任务之所以相关，是因为它们之间有共同的因素G，而S则是造成其不同的因素（见图4-2）。

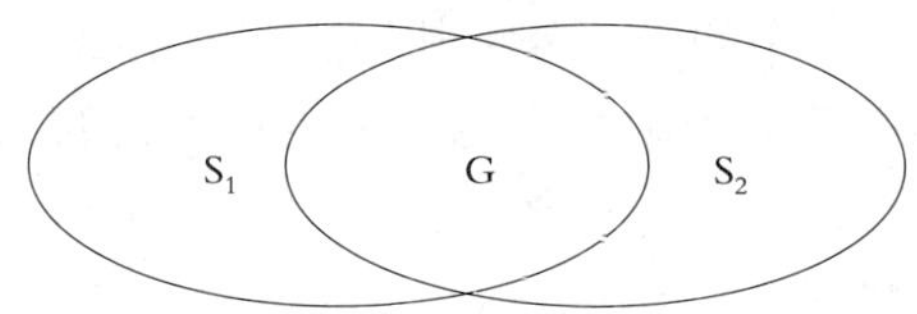

图4-2 能力二因素模型

2. 群因素说

瑟斯顿采用自己设计的因素分析方法提出了群因素说。他认为，大多数人的智力可以分解为7种原始因素：计算、言语流畅、词语理解、记忆、推理、空间知觉和知觉速度。各因素组合构成独特的智力结构，体现特有的能力水平。

3. 智力三维结构模型理论

吉尔福德于1959年提出了智力三维结构模型理论。他认为，每一

---

① 胡玉龙. 普通心理学[M]. 北京：人民教育出版社，2002.

种智力因素都包含操作、材料内容和产品三个方面，每一个方面又是由一系列有关因素组成的。操作包括认知、记忆、发散思维、聚合思维、评价五个因素。材料内容包括图形、符号、语义、行为四个因素。产品包括单元、类别、关系、系统、转换、蕴含六个因素（见图4-3）。每一个方面中的一个小因素和另外两个方面的任意两个小因素结合，代表一种智力因素。例如，对符号进行转换的记忆操作，构成一个智力因素。

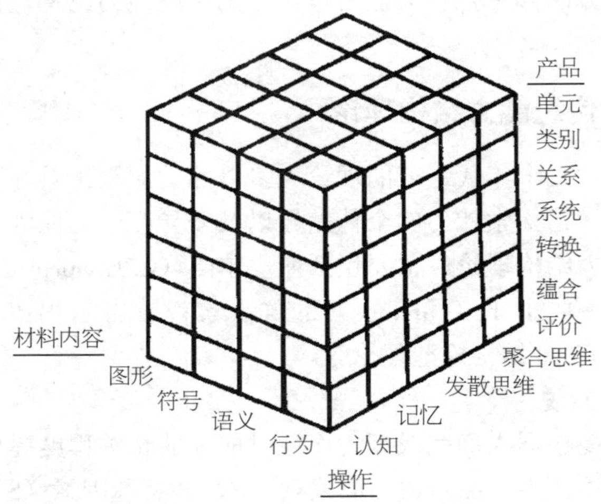

图4-3　智力三维结构模型

（二）新能力结构观

20世纪80年代以后，有关能力结构的新理论不断涌现出来。新能力结构观不采取从整个智力中分析其构成因素的做法，转而从广阔的视野去探讨人类心理能力中究竟包含多少种不同智力。[①]其中典型的有多元智力理论、三元智力理论。

1. 多元智力理论

美国心理学家加德纳（H. Gardener）认为，智力的内涵是多元的，它由七种相对独立的智力成分构成。这七种智力分别是语言智力、音乐智力、逻辑数理智力、空间智力、身体运动智力、内省智力、人际智力（见表4-1）[②]。这七种智力各自独立，是同一种智力的不同成分。1995年，加德纳经研究提出了第八种智力——自然观察智力。

---

① 张春兴. 现代心理学[M]. 上海：上海人民出版社，1994.

② 黄希庭. 心理学导论[M]. 北京：人民教育出版社，2007.

表4-1 加德纳提出的八种智力

智力类型	反映这种智力的任务
语言智力	读书，写文章、小说或诗歌，理解口头言语
逻辑数理智力	解决数学问题，结算支票本，解决数学证明，逻辑思维
空间智力	导航，分辨方向，认识环境
音乐智力	唱歌，谱曲，乐器表演，欣赏音乐片段的结构
身体运动智力	跳舞，打篮球，跑步，投掷标枪
人际智力	与他人的联系，比如我们试图理解他人的行为、动机或情感，与他人进行互动、和睦相处
内省智力	理解自己，反省、认同、接纳自我，选择生活方向
自然观察智力	理解自然界中的各种模式

大脑生理学的研究证明，大脑皮层中有与多种不同智力相对应的专门的区域来负责不同的智力。如果大脑皮层的某一特定区域受到伤害，某种特定的智力就会消失。这种特定智力的消失不会对其他的各种智力产生影响。

2. 三元智力理论

美国心理学家斯滕伯格（R. J. Sternberg）在1985年提出了三元智力理论，该理论强调了在问题解决中认知过程的重要性。他认为智力可分为：成分智力、经验智力和情境智力，它们代表了智力操作的不同方面。①

成分智力是指个体在问题情境中，运用知识分析资料，经由思考、判断、推理以达到问题解决的能力。经验智力是指个体运用经验实现目标的能力。情境智力是指个体有目的地适应环境、改造环境和选择新环境的能力。

此理论得到了对大脑前额叶受损病人的研究结果的支持。例如有一位物理学家，因意外导致前额叶受损，痊愈后他能按指示程序进行工作（如开车），但缺乏适应环境的能力。②

四、能力的差异分析

能力的差异，既指人与人之间的差异，也指团体之间的差异；不仅表现在量上，而且表现在质上。主要的能力差异有以下几个方面。

① Sternberg RJ. Beyond IQ：A Triarchic Theory of Human Intelligence[J]. New York：Cambridge University Press，1985（10）.

② 黄希庭. 心理学导论[M]. 北京：人民教育出版社，2007.

（一）能力发展水平的差异

不同个体因其先天遗传与后天环境的条件不同，很容易造成能力发展水平上的差异。智力的发展水平差异是能力发展水平差异的典型。智力发展水平有高有低，但从总体上来看，其个体差异呈正态分布，见图4-4。

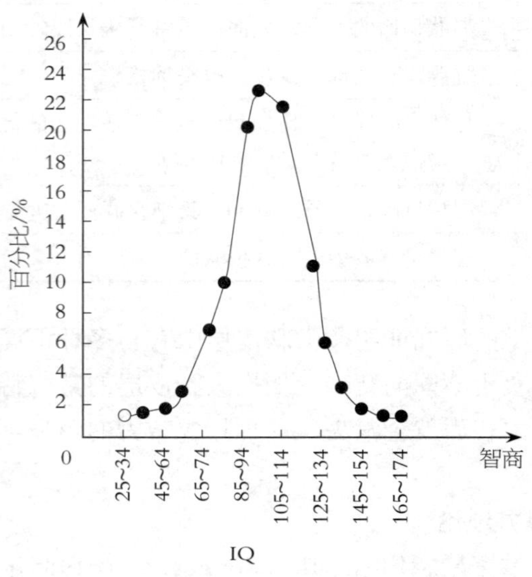

图4-4　智力分布图

大多数人的智力属于中等水平，拥有高智商与低智商的人属于少数（见表4-2）[①]。

表4-2　智商在人口中的分布

智商（IQ）	等级	推理统计分布百分数/%	理论分布百分数/%
140及以上	极优秀	1.3	0.38
120~139	优秀	11.3	8.80
110~119	中上	18.1	15.96
90~109	中等	46.5	49.72
80~89	中下	14.5	15.96
70~79	临界	5.6	6.90
70以下	智力不足	2.9	2.28

① 彭聃龄. 普通心理学［M］. 北京：北京师范大学出版社，2019.

（二）能力类型的差异

不同的人在能力类型上所表现出来的差异也是很大的，主要表现在认识过程中心理品质的不同，包括知觉方面、记忆方面、言语和思维方面。

知觉方面的差异有三种类型：综合型，即知觉具有概括性和整体性，但分析能力较弱；分析型，即知觉具有强的分析能力，对细节感知清晰，但整体性较差；分析综合型，兼具上述两种类型的特点。

根据人们怎样记忆材料，可将记忆分为：视觉型记忆、听觉型记忆、运动型记忆、抽象型记忆、形象型记忆、综合型记忆。

言语和思维能力方面，有的人属于生动的言语类型或形象思维类型；有的人属于逻辑比较严密的言语类型或抽象思维类型；还有的是居于两者之间的混合型。

人的特殊能力类型差异也十分明显。有的人有较高的音乐、美术等艺术型才能；有的人则有突出的天文、化学等思维型才能。以不同层次的管理人员为例，业务技术能力、人际能力、管理能力的要求与差异也较为明显（见表4-3）。①

表4-3　管理层次与能力要求的差异　　单位：%

层　　次	业务技术能力	人际能力	管理能力
高层管理者	18	35	47
中层管理者	27	42	31
下层管理者	47	35	18

（三）能力发展的年龄差异

能力的差异不仅体现在量与质上，还体现在发展时间的早晚上。人在各个年龄阶段，其能力发展水平不一；同一个年龄阶段的不同个体，其能力发展水平也不同。

在能力未被发挥或表现出来之前，它只是一种潜能。这种潜能，各人开发的时间不同。有些人很小就表现出非常聪明（早慧）；有的人到了中年甚至老年才创造出成果（大器晚成）。

人们的能力表现虽存在早与晚的差异，但就大多数人来说，出成就的最佳年龄在25~40岁。在同一个人身上，不同能力的成熟与衰退时间与速度也有很大的差异，见表4-4。

① 程正方. 管理心理学[M]. 北京：高等教育出版社，2011.

表4-4　不同能力的成熟与衰退的年龄

能　　力	年　　龄				
	10~17岁	18~29岁	30~49岁	50~69岁	70~80岁
知觉	100	95	93	76	46
记忆	95	100	92	83	55
比较判断	72	100	100	87	69
动作反应速度	88	100	97	92	71

（四）能力的性别差异

不仅个体之间的能力有差异，团体之间的能力发展水平也呈现出一定的差异。研究表明，男性和女性的智力存在如下三种差异。

（1）分布差异：虽都呈正态分布，但男性智力分布较散，智力较高和较低的人数都多于女性；女性智力分布则相对集中在中间部分。

（2）阶段差异：普瑞森（L. W. Pressey）通过研究表明，14岁以前女性智力发展水平优于男性，16岁以后男性智力发展水平优于女性。

（3）结构差异：男性与女性在智力结构上存在着一定的差异。男性在空间能力、数学能力上优于女性，女性在语言能力上比男性有优势。[①]

五、能力差异与管理

人与人之间有如此多的能力差异，要想员工能够人尽其才、才尽其用，提高管理绩效，管理者就必须充分了解企业员工的能力状态，根据员工的能力差异进行更有效的管理。

（一）运用正确的方法，认识和评价个体的能力

准确了解员工的能力差异有利于管理者合理利用人才，提高工作绩效。认识与评价个体能力的方法多种多样。常用的职业适宜性测试主要包括生理功能和心理功能方面的测试。生理功能方面的测试可以利用各种生理检测仪器或器械，发现并排除具有某种生理缺陷者和健康状况不良者。心理功能方面可以用仪器或器械进行测试，也可用问卷量表进行测试，如智力量表。

---

① Maccoby EE，Jacklin CN. The Psychology of Sex Differences［M］. Palo Alto:Stanford University Press，1974.

（二）在人员选拔时量才录用、合理聘用

企业招聘并不是一味地寻求条件最优者。在人员选拔时，管理者需要事先确定招聘岗位的岗位特征，明确所招聘的岗位需要的能力条件。如果所录用人员的能力低于岗位需求，那么就会影响工作效率，打击员工的自信心与工作积极性。如果所录用人员的能力远高于岗位需求，那么就可能会造成员工的低工作满意度，使员工感到才华无处施展。因此，只有在人员选拔时量才录用、合理聘用，才能做到既提高效率，又不浪费人才。

（三）根据能力差异合理分配岗位

现代管理者必须认识到每个员工的能力有大小，人格有差异，只有把员工安排在最适合的岗位上，他才能最大限度地发挥自己的潜力。在分工的过程中，管理者还需注意做到能力互补，充分发挥每个成员的能力特长，采用协调与优化的方法，扬长避短，聚集团体优势，实现个体所不能达到的目标。

（四）根据员工的能力差异实施有效的职业培训

现代科学技术发展迅猛，新知识、新技术不断涌现。一个企业要想在日益激烈的竞争中求得生存与发展，就必须不断地对员工实施有效的职业培训，进行知识技术更新，提高员工的工作能力，以促进企业效益的提高。要想提高职业培训的效果，就必须根据员工的能力差异进行合理设计与安排，贯彻因材施教的原则。

（五）发挥人的能力

每个个体的心理特征中，都有积极因素和消极因素，关键是领导者（用人者）如何对待它。如果只盯住一个人的消极面就不能识别人的长处，就发挥不出他的能力，所以，用人的关键是发挥所用之人的能力，就是用人所长、避其所短；全面了解人的能力特点，不拘一格，用人之长，择优选拔。

任何组织活动，无论是具体的作业工作，还是管理活动，都是通过人来实现的。靠人去工作，主要是靠人的能力去工作。管理者应力求使每个人的能力得到充分发挥，做到这一点，在其他条件基本具备的情况下，事业就能蒸蒸日上，无往而不胜。

思考活动

1. 能力与才能、天才之间的区别是什么？

2. 如何根据能力的差异来对销售人员和技术工人进行管理？

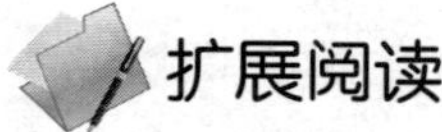

扩展阅读

能力胜任素质模型构建案例分析

在企业的日常管理活动中，我们经常遇到这样的问题：

应该以怎样的标准去招募新员工？

员工的薪酬应该如何制定？绩效应该如何考核？

员工的培养提升应该怎样更有针对性地进行？

企业如何帮助员工进行职业生涯规划？

员工的晋降级应该参照怎样的标准？

……

类似的问题很多，而胜任力素质模型就是能解决这些问题的一把钥匙。

在人力资源管理范畴内，胜任力是驱动个体产生优秀工作绩效的各种个性特征的集合，是把某职位中表现优异者和表现平平者区别开来的个体潜在的、较为持久的行为特征，是一种未来导向的工作行为。

胜任力模型概念自20世纪70年代初开始兴起于美国，于80年代在管理界逐渐成为一个时髦的概念。许多世界著名的公司，如AT&T和IBM，国内企业如华为和中集集团都建立了胜任力模型，并贯彻到了组织的人力资源管理体系中。

模型的最大功用就是化繁为简，易于操作。目前，湖北中部人才交流有限公司开发的胜任力模型主要有三种模式：基于岗位、基于组织整体价值与核心能力和基于行业关键成功因素（KSFs）。其中以基于岗位的胜任力模型的开发模式最为常见，其应用性和可操作性较强，而且易于被组织接受和开发。

为了让每一项能力素质都易于理解，我们采用人才测评技术及根据关键行为事件中发生的行为，归纳总结出每一项能力素质所对应的维度、行为标准和负向行为表现，会发现有一些能力素质在不同的事件、不同的场合都会有所体现，而有一些则只在某些事件或场合才会出现。当我们统计出所有能力出现的频次，会得出一些对我们完成任务特别重要且必须具备的能力素质，我们将这些能力素质称为核心能力素质。将这些核心能力素质整合起来，我们就搭建起了该岗位的能力素质模型的框架。

能力素质模型的建立，可以为一个公司的招聘和雇佣提供标准，也可以为员工个人的发展指明方向，它是公司绩效和薪酬管理的基础，也能为员工晋降级提供参考依据。

一、项目背景

目前，我国化工行业市场营销中普遍存在以下问题：市场类人才流失率高、基本素质参差不齐、对公司没有归属感、缺乏基本服务营销技能、只能做服务或者只能做影响，同时，企业对员工的考核评价不够完善、缺乏系统化的激励和晋升机制等，这导致客户服务质量波动大、影响客户对企业的感知，也无法有效提升企业经营效益。

武汉某化工集团公司创建于2000年年底，投资8000余万元，致力于打造化肥行业的“百年老店”，力争在5年内把公司建设成为集硫酸、磷化工、精细化工为一体的湖北地区同行业中较大规模和较强经济实力的大型化工企业。公司现有员工1000余人，为满足企业迅猛发展过程中的市场需求，该集团公司特聘湖北中部人才交流有限公司人才测评专家提供方法指导与技术支持，通过构建市场类员工胜任力模型，招聘、培养和锻造一支既善于营销又长于服务的新型市场类人才队伍。

二、实施流程

根据该集团公司发展战略目标和公司文化取向，本项目具体实施步骤如下。

1. BEI（关键行为事件）访谈

关键行为事件访谈主要关注当前的优秀人员所具备的素质特点，并以他们为标杆来建立素质模型，从而能够确保素质模型的效果、质量和现实适用性。

2. 界定关键岗位胜任等级与权重

根据关键岗位筛选出的核心能力，遵循胜任力层级不重叠、能区分、易理解的建模原则，通过访谈与问卷调研方式，收集关键岗位不同层面主管对该岗位胜任力等级的要求，最后由公司及专家小组讨论确定，最大限度地提高胜任力模型的准确性和可行性。

3. 全员培训与宣导

通过部门小组的方式进行全员培训和宣导，以现场解释每项能力的定义、行为标准，现场模仿进行能力素质模型的应用，现场模拟竞赛等方式，完成员工最常用的模型应用方式，以及主管对员工能力行为评价的理解。

4. 基于胜任力模型的员工能力评价与认证

以市场类员工岗位胜任力模型为基础，利用信度、效度较高的评价中心技术依据测评对象、资源条件（包括多重职业能力倾向测试、综合知识结构测试、心理测试、公文筐作业测试、无领导小组讨论、半结构化面试、360度评价等）等对市场类员工的岗位胜任力进行分级划分。

5. 员工岗位胜任力短板提升设计与实施

在市场类员工岗位胜任力评估的基础上，按照能力素质模型制订有针对性的员工能力短板提升方案并实施培训。立足于目前员工队伍的能力素质现状，根据问题点出现频次的统计分析、访谈中出现较多的共性问题，按照紧迫程度进行排序等，结合前期访谈和调研成果来编写培训案例，基于共性短板和发展要求来设计有针对性的培训规划。同时将岗位胜任力项目作为重点，提升内容、提升能力作为未来规划，确定中期培训以及长期培训的课程规划和辅导内容。按照“发现—梦想—设计—实施”的员工个人职业生涯成长路径实施培训课程并跟进实施效果，定期进行信息回访，通过意识—技能—能力—模式进行行为的检验与改进，着力于建立员工岗位胜任力提升的长效机制，持续关注员工成长。

三、模型应用

基于胜任力的市场类员工人力资源管理，就是对员工的胜任力资源进行合理利用和有效开发。一个公司的胜任力模型就是一个公司的人才标准，它影响公司的招聘、培训、职业发展、绩效甚至薪酬等重要人事决策，并最终影响企业的绩效。

1. 建立基于胜任力的职务分析

基于胜任力的职务分析是以胜任力为基本框架，通过对优秀市场类员工的关键特征和组织环境与组织变量的两方面分析来确定岗位胜任要求和组织的核心胜任力，是一种人员导向的职务分析方法。通过这种方法确定的职务要求一方面能够满足组织当前对市场类岗位的要求，另一方面也适应了组织发展的需要。即按照组织未来发展的要求来重构岗位职责和工作任务，确认职务要求，科学地调配“人”与“岗”，做到“人”与“岗”的最佳匹配。

2. 建立基于胜任力的人员选拔

基于胜任力的市场类员工选拔，依据的是该工作岗位的优异绩效以及能取得此优异绩效的人所具备的胜任特征和行为。根据岗位胜任力模型，对员工的价值观，以及过去所表现出来的能力高低进行判断，并与岗位胜任力标准对照，预测应聘者在该应聘岗位的未来表现，做出相应的选用决策。这样做的根据是，处于胜任特征结构中表层的知识和技能相对易于改进和发展，通过培训就可以获得；而处于胜任特征结构中底层的核心动机和人格特质则难于评估和改进，所以它是最具有选拔经济价值的；位于胜任特征结构中部的社会角色和自我概念决定了人的态度和价值观，对其改进和发展虽然需要一定的时间，具有一定的困难，但还是可以通过培训或曾经有过的成功经历来改善。这样不仅为组织成功选聘人才，也为有效降低人员流失率做好铺垫。

3. 建立基于胜任力的激励机制

基于胜任力分析而设计的激励机制要求企业与员工之间的关系是

以劳动契约和心灵契约为双重纽带的战略伙伴关系，使员工与企业共同成长和发展，形成企业与员工双赢的局面，包括建立合理、公正的绩效管理体系，建立与知识型员工的需求相配合的价值管理体系两大方面的内容。

4. 建立基于胜任力的培训机制

培训是人力资源开发的核心，准确把握培训需求，是实现高质量、高效率培训的前提。而“什么地方需要培训”“员工需要哪些培训”等问题是首先需要解决的，即培训内容是培训需求分析的关键。市场类员工胜任力模型的构建过程不但可以评定各层次市场类员工现有的能力水平和素质现状，并且这些信息是量化的，有可比性，这种差距就是培训的内容和目标所在。发现员工的能力素质短板，对症下药，有针对性地设计培训内容和培训课程。

5. 建立基于胜任力的评估机制

对目标的完成、绩效的提高和能力的评估，可以帮助市场类员工完成目标，完善自我，以及了解自身在公司中的事业发展机会。对能力的评估通常包括：员工的服务营销能力和素质优劣势；员工的潜在能力和发展趋势；员工需要什么样的能力和经验才能满足岗位所明确的条件；要采取何种培训才能弥补员二经验和能力的不足。通过使用评价中心等方式，对员工的能力素质进行评估，以充分了解员工的能力状态，分析妨碍员工获得更好绩效的能力障碍，以及员工的事业目标和他们的愿望。根据这些信息，为员工制定出绩效和能力发展目标及行动步骤，从而在工作中不断改变自身的行为，取得个人和公司期望的绩效成果。

6. 建立以能力为基础的薪酬体系

随着经济知识化、信息化，以及组织结构弹性化和扁平化，工作小组或团队成为组织结构的基本单位。同一个工作团队的员工彼此之间没有很清晰的职责划分，大家共同协作，共同对团队绩效负责。“无边界工作”“无边界组织”成为组织追求的目标，工作说明书由原来细致地规范岗位任务和职责，转变为只规定岗位的工作性质、任务以及任职者的能力和技术。相应地，薪酬体系也经历了以职位为基础到以个人能力为基础的变化，其中宽带薪酬体系就反映了以个人能力为基础的薪酬设计思想；同样，对具有不同能力结构的公司员工可以设计不同的薪酬结构。

四、项目效果

湖北中部人才交流有限公司与太平人寿各相关部门紧密配合，项目组成功开发了市场类胜任素质模型。员工岗位胜任力模型的构建与应用，帮助该集团公司建立和完善了能力、行为、业绩三位一体的员工认证与评估体系，优化与规范日常管理制度，促进了公司营销队伍的持续发展，为市场业绩的提升夯实基础；同时对于各级管理者而言，能够深入了解员工的能力素质短板，可以有效地指导员工制定职业发展规划，安排发展机会和提供支持；对员工个人而言，能够深刻洞悉自我能力素质短板，通过技能规范、行为改善、理念更新，确立目标和职业生涯规划，实现个人成长提升。

胜任力管理作为人力资源管理的内核，与组织内的职位、绩效、薪酬等内容紧密结合，也是人力资源管理中选、育、用、留各模块的核心和基础。湖北中部人才交流有限公司将继续与中国优秀的通信运营商并肩，探索并实践有效的企业人力资源管理解决方案。

在我们对该集团公司入职市场岗位员工的跟踪分析中了解到：模型应用后招到的市场部员工在上岗前的培训中就已经表现出比以往突出的市场拓展能力，上岗后的绩效优秀率也提高近10个百分点，此成果得到了该集团公司高层与相关部门的一致好评。

（资料来源：中部人才网，2009-12-24/2021-1-21.）

专题小结

能力是一种使活动顺利完成的心理特征，直接影响活动的效率。根据不同的标准，可将能力划分为一般能力和特殊能力、模仿能力和创造能力等。传统能力结构理论包括二因素说、群因素说、智力三维结构模型理论等，而新能力结构规则从智力的种类出发来理解能力的结构，其中典型的有多元智力理论、三元智力理论。能力的差异包括发展水平、类型、年龄、性别几个方面的差异。要在管理过程中最大限度地让员工发挥效益，需要运用正确的方法来认识和评价个体的能力，在人员选拔时量才录用、合理聘用，根据能力差异合理分配岗位，此外还需根据员工的能力差异实施有效的职业培训。

专题二

人格与组织行为

一、人格的一般概念

你是否注意到，身边有些人开朗，有些人内向；有些人言行泼辣，有些人性情温和？这些属于什么差异呢？为什么会产生这些差异？

（一）人格的定义

人格一词是对英文Personality的翻译，英文Personality又源于拉丁文Persona，字面的意思是指面具和脸谱之类。例如，我国京剧中的脸谱，生、旦、净、末、丑各种角色都有相应的花色图案，用夸张的手法表现剧中人的人格特征。一旦演员戴上此脸谱，其言谈举止将根据所扮演角色的特点来演绎。

心理学沿用此含义，将人格定义为：那些在个体身上使人的行为比较稳定的、相对持久的特质、倾向或特性模式。[①]每一个人都有其独特的人格。

（二）人格的特征

人格具有丰富的内涵特征，要更好地理解人格，就要掌握它的几个特征。

1. 整体性（统一性）

人格是由多种成分构成的一个有机整体，具有内在统一的一致性，受自我意识的调控。人格统一性是心理健康的重要指标。当一个人的人格结构在各方面彼此和谐统一时，他的人格就是健康的；否则，可能会出现适应困难，甚至出现人格分裂。[②]

2. 稳定性和可变性

人格具有稳定性。在行为中偶然发生的、一时性的心理特征不能称为人格。人格比较稳定少变，总以重复性、持续性、必然性的面貌出现。但人格的稳定性只是相对的，不是绝对的，随着生理的成熟和环境的改变，人格也可能产生或多或少的变化。

3. 独特性

一个人的人格是在遗传、成熟和环境、教育等先天与后天因素的交互作用下形成的。不同的遗传、生存及教育环境，造就了形形色色的心理特点。人与人没有完全一样的人格特点。世界上没有相同的两个人，在先天遗传与后天环境的相互作用下，就算是同卵双胞胎也各具自己的人格特点。

专题导读

在“以人为本”的现代管理理念下，组织管理要更加重视管理的人性化。只有充分了解组织成员，才可能做到合理用人，提高管理效率，提升工作效益。人格是造成个体行为差异的另一个心理特征。人格究竟会对个体的行为产生怎样的影响？又会对工作绩效产生什么样的作用？本专题将与您一起了解。

---

① 杰斯·费斯特，格雷戈里·J.弗斯特. 人格理论[M]. 李茹，傅文青，译. 北京：人民卫生出版社，2005.

② 武光路，李剑锋. 大学生心理危机的预防与干预[M]. 北京：国防工业出版社，2016.

4. 功能性

人格会对一个人的生活、工作方式造成影响，甚至会影响一个人的命运。这就是人格的作用，它具有功能性质。例如，当面对挫折与失败时，坚强者能发奋拼搏，懦弱者会一蹶不振。这就是人格功能的表现。

5. 生物制约性和社会制约性

人既是生物实体，又是社会实体。人与生俱来的生物特性是种族发展和遗传的产物。科学实验证明，高级神经活动类型影响人格形成，但不能把人格视为先天决定、人的头脑中固有的东西。人格就其本质来说是社会的。人们来到社会上，就处于各种复杂的社会关系中，时时刻刻受到社会各种意识形态和教育的影响，受到一定的政治关系的强大作用，受到社会中各种关系的制约。

二、人格的结构

人格是一个复杂的结构系统，主要包括气质、性格、认知风格、自我调控系统等。

（一）气质

气质表现出人的心理和行为动力的特征，它可以表述为“行为风格”。在日常生活中，我们常把气质称为“性情、脾气”。气质是天生的，一个人的气质，具有极大的稳定性和独特性。

气质有很多特征，按这些特征的不同组合，可以把人的气质分为不同的类型。心理学家们从各自的视角出发，提出了不同的气质类型学说，其中最典型性并沿用至今的是体液学说。

罗马医生盖仑（C. Galenus）将气质类型分为四种：多血质（血液占优势）、胆汁质（黄胆汁占优势）、黏液质（黏液占优势）、抑郁质（黑胆汁占优势）。各种气质类型的心理与行为特点详见表4-5。

表4-5 体液学说中不同气质类型的心理与行为特点

气质类型	心理和行为特点
多血质	热情外向，活泼好动，反应迅速；思维、动作敏捷；容易接受新鲜事物；情绪容易外露，情感变化快而不持久
胆汁质	精力充沛，反应迅速；情绪有时激烈、冲动、难以控制，很外向
黏液质	内向沉着，动作迟缓；情绪稳定且不易外露、情感反应慢而持久
抑郁质	敏感多疑，行动迟缓；多愁善感，优柔寡断；明显内向

气质无好坏之分，但对人的实践活动有一定的影响。它通过影响

人的行为风格，来影响人的工作方式与工作效率。因此，管理者要注意以下几点。

（1）在职业的选择或岗位分配过程中扬长避短，合理匹配，提高工作效率。

（2）使不同气质类型的组织成员形成互补与协调的关系。

（3）认识气质差异，关注员工健康。

（4）根据气质的差异，采取灵活的管理办法。

（二）性格

性格是表现在人的态度和行为方式中独特而稳定的心理特征的总和，也就是一个人对现实稳定的态度和习惯化了的行为方式。

人具有多种多样的性格特征。每个人的性格就是这些特征构成的完整的心理结构。构成性格的特征可以依据态度体系、情绪、意志、理智等来划分。

性格的类型是指一类人身上所共有的性格特征的独特结合。荣格（C. G. Jung）于1913年提出把人的性格分为内向型或外向型。1921年，他又发展了这一类型学说。他认为，人的性格中有内向和外向两种态度类型，有思维、情感、感觉、直觉四种机能类型。将态度类型与机能类型结合起来得到八种性格机能类型。各种类型的性格特征详见表4-6。

表4-6　八种性格机能类型

性格类型	性格特征
外倾情感型	思维压抑，情感外露，善交际，寻求与外界和谐
内倾情感型	思维压抑，感觉敏锐并不外露，对别人的意见和感情不关心
外倾思维型	情感压抑，按固定规则行事，客观冷静，积极思考
内倾思维型	情感压抑，沉溺于玄想，冷漠，固执
外倾感觉型	寻求享乐，追求刺激，感觉来自外部世界，情感浅薄
内倾感觉型	被动、安静，艺术性强，远离外部客观世界，沉浸在自己的主观感觉世界之中
外倾直觉型	凭预感做决定，力图从客观世界中发现多种可能性，不能坚持，富有创造性
内倾直觉型	不关心外界事物，脱离实际，力图从精神世界中发现各种可能性，善幻想，观点新颖

每个人也能同时运用四种心理机能，只不过各人的侧重点不同。不同性格特征的人完成同一件工作的方式与效率可能不同。因

此，管理者要了解下属性格的共同性和典型性，以便进行差异化管理。

（1）性格与人际关系。良好的人际关系有利于个人的成长和组织目标的实现。不同性格特征的人在人际交往过程中表现不一样。

（2）性格与工作绩效。工作绩效不仅受能力的影响，而且受个体性格的影响。研究表明，精力充沛、愉快、可以信赖、情绪稳定、文雅幽默是影响工作绩效高低的主要因素。

（3）性格与工作匹配。不同性格类型的人在能发挥其性格优势的工作岗位上更容易取得成就。

（三）认知风格

认知风格是指个体在认知的过程中所偏爱的信息加工方式。它具有稳定性与独特性。认知风格种类繁多，从20世纪40年代开始，不同的研究者提出了不同的认知风格理论，并从单一的划分维度发展到多维度综合理论。[①]例如，场独立型和场依存型、冲动型和沉思型、同时型和继时型、发散型和辐合型。

1. 场独立型和场依存型

美国著名心理学家威特金（H. Witkin）在研究成人知觉时发现，人们对知觉信息进行感知和抽象时存在个体差异，于是将这种差异区分为场独立和场依存。这里的“场”指的是周围环境，它能不同程度地影响个体的感知。场独立型的认知风格表现为个体不易受外来因素影响和干扰，能够独立对事物做出判断；场依存型的认知风格表现在个体较多地依赖自己所处的周围环境。

2. 冲动型和沉思型

冲动—沉思型认知风格又称为概念化速度，是卡根（J. Kagan）等人于1964年提出的，是指在不确定条件下个体做出决定有速度上的差异。这一认知风格类型可以通过匹配相似图形测试（MFFT）加以评定。冲动型的认知风格特点是反应快，但精确性差。沉思型的认知风格特点是反应慢，但精确性好。

3. 同时型和继时型

达斯（J. P. Das）等人根据脑功能的研究，区分了同时型与继时型两种认知风格。他们认为，左脑优势的个体表现出继时型的加工风格，而右脑优势的个体表现出同时型的加工风格。同时型认知风格的特点是在解决问题时采取宽视野的风格，同时考虑多种假设，并兼顾解决问题的各种可能性。其解决问题的风格是发散式的。许多数学操

---

① 沃建中，闻莉，周少贤. 认知风格理论研究的进展[J]. 心理与行为研究，2004(4)：597-602.

作，空间问题的操作都要依赖同时型加工方式。继时型认知风格的特点是在解决问题时能一步一步地分析问题，每一个步骤只考虑一种假设或一种属性，提出的假设在时间上有明显的前后顺序，第一个假设成立后再检验第二个假设，解决问题的过程像链条一样，一环扣一环，直到找到问题的答案。

4. 发散型和辐合型

发散型认知风格是指个体在解决问题过程中常表现出发散思维的特征；辐合型认知风格则表现出辐合思维的特征。辐合型个体思维严谨，有条不紊，概括能力强，善于抓住事物的本质属性；发散型个体采用搜索策略，能把各种有关的图式联结起来，呈现出创造性的思维特点。

认知风格是一种习惯化的认知模式，可以经由训练来改变。

（四）自我调控系统

自我调控系统是人格中的内控系统或自控系统，由自我认知、自我体验和自我控制（或自我调节）三个子系统构成，其作用是对人格的各种成分进行调控，保持人格的完整、统一、和谐。

1. 自我认知

自我认知是对自己的洞察和理解，包括自我观察和自我评价。

2. 自我体验

自我体验是伴随自我认知而产生的内心体验，是自我意识在情感上的表现，包括自豪、羞愧、内疚等。它可以使自我认知转化为信念，进而指导一个人的言行；还能伴随自我评价，激励适当行为，抑制不适当行为。

3. 自我调节

自我调节是自我意识在行为上的表现，是实现自我意识调节的最后环节。它包括自我检查、自我监督、自我控制等。

自我检查是主体在头脑中将自己的活动结果与活动目的加以比较、对照的过程。自我监督是一个人以内在的行为准则对自己的言行实行监督的过程。自我控制是主体对自身心理与行为的主动掌握。

在管理中要多促进员工自我调控系统的发展，以节省管理成本，提高管理效率。

@ 有兴趣的读者如果想更多地了解这个问题，可以观看心理学经典电影《心灵捕手》，也许会对此有更深的体会。

三、人格理论

人格理论是人格心理学家用于描述或解释人的人格心理现象的一套正规的假设系统或参考框架。不同的心理学家，在不同的社会历史条件、个体知识、人格特质的基础上提出了不同的人格理论。

（一）心理动力学理论

强大的内在驱力塑造人格并引发行为，这种观点在所有心理动力学的人格理论中都是一致的。心理动力学理论对人格理论的发展、精神治疗领域乃至整个社会的观念都产生了极其重要的影响。下面主要介绍弗洛伊德的人格结构理论和荣格的人格理论。

1. 弗洛伊德的人格结构理论

弗洛伊德对人格理论所做的贡献是巨大的。弗洛伊德把人格结构分为三个层次：本我、自我、超我。

本我位于人格结构的最底层，是人先天的本能、欲望所组成的系统，包括各种生理需要。它寻求直接的满足，不计行为后果，遵循快乐原则。

自我位于人格结构的中间层次，是从本我中随着个体的成长和社会化逐步发展起来的。它在本我和超我之间起着调节的作用。它以合理的方式来满足本我的要求，遵循现实原则。

超我位于人格结构的最高层次，是道德化了的自我。它遵循道德原则与理想原则，起着抑制本我冲动、对自我进行监控以及追求完美境界的作用。

人格结构中的三个层次相互交织，形成一个有机的整体。三个领域没有明显的界线。它们各行其是，分别代表着人格的某一方面：本我是生物本能我，自我是心理社会我，超我是道德理想我。它们各自追求不同的目标，本我追求快乐，自我追求现实，超我追求完美。当三者处于协调状态时，人格表现出一种健康的状况。

2. 荣格的人格理论

荣格认为，人格的类型是由内倾和外倾这两种基本态度以及思维、情感、感觉、直觉四种独立机能组织而成的。此理论与前述性格类型学说类似，此处不做赘述。

（二）人格特质理论

人格特质理论的主要代表人物是美国心理学家奥尔波特（G. W.

Allport）和卡特尔（R. B. Cattell）。特质理论认为，特质是持久的品质或特征，这些品质或特征使个体在各种情况下的行为具有一致性。[①]特质是决定个体行为的基本特性，是人格的有效组成元素，也是测评人格所常用的基本单位。

1. 奥尔波特的人格特质理论

奥尔波特最早提出了人格特质学说。他认为，人格包括个人特质和共同特质两种。个人特质为个体所独有，代表个人的行为倾向；共同特质是同一文化形态下人们所具有的一般共同特征。依据其在生活中的作用，个人特质又可以分为三种：首要特质、中心特质、次要特质。首要特质是一个人最典型、最有概括性的特质，影响人各方面的行为；中心特质是构成个体独立性的几个重要特质，每个人有5~10个；次要特质是个体一些不太重要的特质，这些特质只有在特殊的情况下才会表现出来。

2. 卡特尔的人格特质理论

卡特尔认为奥尔波特提出的人格特质太多，因此在奥尔波特的观点基础上，采用因素分析法，提出了新的人格特质理论。他把人格特质分为四个层次。第一层是个别特质和共同特质；第二层是表面特质和根源特质；第三层是体质特质和环境特质；第四层是动力特质、能力特质和气质特质（见图4-5）。表面特质是从外部行为就能直接观察到的，它不是特质的本质；根源特质是一个人的根本特征，是指那些相互联系而以相同原因为基础的行为特质。

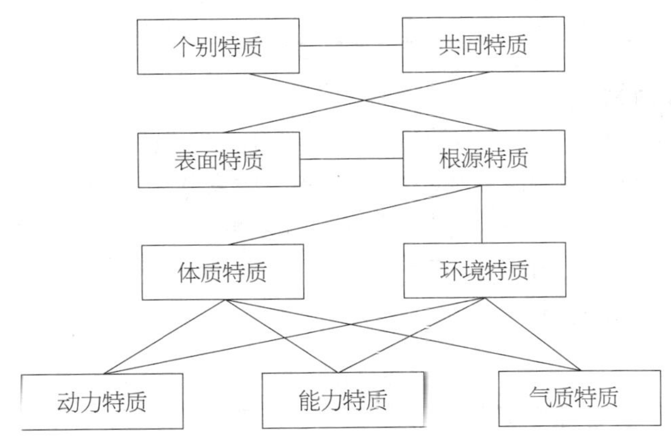

图4-5 卡特尔的特质结构网络

经研究，卡特尔找出了16种相互独立的根源特质（见表4-7），设计了卡特尔16种人格因素量表（16PF），利用此量表可判断一个人的

① 理查德·格里格，菲利普·津巴多. 心理学与生活[M]. 王垒，王甦，等译. 北京：人民邮电出版社，2016.

行为反应。每个人身上都具备这16种人格因素，只不过表现程度上存在差异，所以造成了个体人格的差异。

表4-7　卡特尔16种人格因素高分者与低分者的不同特征

人格因素	低分者特征	高分者特征
A乐群性	缄默孤独	乐群外向
B聪慧性	迟钝、学识浅薄	聪慧、富有才识
C稳定性	情绪激动	情绪稳定
E恃强性	谦逊顺从	好强固执
F兴奋性	严肃审慎	轻松兴奋
G有恒性	权宜敷衍	有恒负责
H敢为性	畏怯退缩	冒险敢为
I敏感性	理智、着重实际	敏感、感情用事
L怀疑性	信赖随和	怀疑、刚愎
M幻想性	现实、合乎成规	幻想、狂放不羁
N世故性	坦白直率、天真	精明能干、世故
O忧虑性	安详沉着、有自信心	忧虑抑郁、烦恼多端
Q1 激进性	保守、服从传统	自由、批评激进
Q2 独立性	依赖、随群从众	自立、当机立断
Q3 自律性	矛盾冲突、不明大体	知己知彼、自律尊严
Q4 紧张性	心平气和	紧张困扰

3. 五因素模型

塔佩斯等运用词汇学的方法对卡特尔的特质变量进行了再分析，发现了五个相对稳定的因素。之后许多学者进一步验证了“五种特质”的模型，众多研究者在人格究竟有多少个特质上逐渐达成了比较一致的共识，从而形成了著名的五因素模型（Five-Factor Model，FFM），又称大五模型（见表4-8）。

表4-8　五因素模型

因　素	特　征
外倾性	健谈的、精力充沛的、果断的
宜人性	有同情心的、善良的、亲切的
尽责性	有组织的、负责的、谨慎的
神经质或情绪稳定性	稳定的、冷静的、满足的
开放性	有创造性的、聪明的、开放的

遗传学的研究表明，几乎所有的人格特质都受到遗传因素的影响。[①]使用不同测量工具的研究会得到相同的结果。这些数据证明了一个普遍结论：遗传对人格有较大的影响。

（三）人格类型理论

人格的类型理论通过对这些不同类型人格的描述来了解个体的心理差异。人格类型理论主要包括单一类型人格理论、对立类型人格理论。

1. 单一类型人格理论

这一理论依据一群人有无某一项特殊的人格特征来划分个体的人格类型。其主要代表人物为美国心理学家弗兰克·法利（Frank Farley），他提出了T型人格的概念。

T型人格指的是一种爱冒险、寻刺激的人格特征。它又可以分为T+型和T−型。T+型人格具有健康、积极、创造性和建设性的冒险思想或行为特征，如攀岩、对新科学技术的探索等；T−型人格消极、病态，具有破坏性的冒险思想或行为特征，如吸毒、暴力犯罪等。

2. 对立类型人格理论

这一理论是指人格一般包含了相互对立的两种类型，两个相反的方面。例如，福利曼和罗斯曼（Friedman & Rosenman）提出的A−B型人格，荣格提出的内—外向型人格。

1）A−B型人格

A型人格的主要心理与行为特征是：性情急躁，缺乏耐性。但这一类人往往成就欲较高，有上进心和苦干精神，认真负责，有竞争意识，动作敏捷，办事匆忙，生活常处于紧张状态。

B型人格的主要心理和行为特征是：性情温和，举止稳当。这一类人对工作和生活的满足感强，喜欢慢节奏的生活。

2）内—外向型人格

内—外向型人格主要按照个体的心理倾向来划分人格的类型。

内向型人格具有偏重自我剖析，情感不易表露，做事谨慎，深思熟虑等特点。这一类人爱独处，交往面窄，有时会难以适应环境的变化。

外向型人格具有情感外露，热情开朗，独立自主，当机立断等特点。这一类人较善于交往，注重外部世界，比较容易适应外界环境的变化。

---

① Bouchard TJ Jr，Loehlin JC. Genes，evolution，and personality［J］. Behavior Genetics，2001（31）：243−273.

四、人格与组织行为

个体的人格特点与环境相互作用，共同决定一个人的行为。个体的行为影响组织目标的实现，与组织的生存与发展密切相关。掌握个体人格特征相关知识，可以加大对员工行为的预测与干涉，以提高工作绩效，促进组织的和谐发展。下面主要介绍几种与工作绩效相关的人格特质及其对个体行为与组织行为的影响。

（一）主动性

主动性是一种稳定的主动行为倾向，它促使个体确立明确的行动目标并持之以恒直至实现。贝特曼和克朗特（Bateman & Crant，1993）经研究发现，主动性与五因素人格类型中的尽责性、外向性正向相关，认为主动性人格属于一种人格特质。[①]主动性因素对工作绩效有着积极的影响，能够显著预测个体的工作绩效。[②]有研究者考察了一个团队中领导者的主动性人格对团队绩效的影响，结果表明，领导者的主动性人格与团队绩效呈显著的正相关关系。主动性人格正向影响领导信任与员工态度和行为间的关系。[③]

（二）控制点

控制点，也叫控制观。它是指每个人对自己的行为方式和行为结果的责任的认识和定向，分内控型和外控型两种，前者是指把责任归于个体的一些内在原因，后者则是指把责任归于个体自身以外的因素。

有学者经实证研究发现，外控型的人工作压力比内控型的人大，因为其不易通过自己的努力去调整心态。外控型的人工作满意度比内控型的人要低，因为它容易把工作中遇到的困难归结于组织，因而会产生一些不满的情绪。[④]研究发现，内控型人格比外控型人格更容易自我设定具有挑战性的目标，面对困难时仍坚持对目标的追寻。[⑤]

---

① Bateman TS，Crant JM. The proactive component of organizational behavior：A measure and correlates[J]. Journal of Organizational Behavior，1993，14（2）：103-118.

② Thompson JA. Proactive personality and job performance：A social capital perspective[J]. Journal of Applied Psychology，2005，90（5）：1011-1017.

③ 范恒，张怡凡. 主动的员工发挥创造力吗？知识探索的中介作用与信任领导的调节作用[J]. 中国人力资源开发，2017（10）：64-75.

④ 蒋莹. 个体控制点、工作压力及工作满意度的关系[J]. 经济管理，2006（21）.

⑤ 姜农娟，邓冬梅，蒋莹. 创新型科技人才心理授权对个体创新行为的影响：控制点的调节作用[J]. 科技与经济，2017（10）：76.

（三）自尊

自尊是通过社会比较形成的，是个体对自己的价值、自我接纳进行自我评价的结果。

自尊与人格特质联系密切，外显自尊与中国人格结构中的“自我指向”的人格特点关系紧密。[①]自尊与焦虑呈负相关。自尊心弱的人容易导致焦虑，而自尊心强的人则反之。[②]自尊心强的人相信自己拥有成功所必需的大多数能力，更喜欢挑战新工作；而自尊心弱的人对外界的影响更加敏感，需要从他人那里得到积极的评估，较容易管理。自尊心强的人工作表现会更好，对工作的满意度也会较自尊心弱的人高。

自尊会受到情境的影响，成功能够增加个体的自尊感，失败则会降低个体的自尊感。

（四）自我监控

自我监控是指个体对自身的心理、行为主动进行调整，以达到预期目标的过程。它是一种人格特质。自我监控力强的人，可以根据外部环境因素来调整自己的心理与行为，表现出较高的适应性。

（五）马基雅维利主义

马基雅维利（Machiavelli）是意大利政治家和历史学家，以主张为达目的可以不择手段而著称于世，马基雅维利主义（Machiavellianism）也因此成为权术和谋略的代名词。作为一种人格特质，马基雅维利主义的标志性行为是愤世嫉俗，无视道德，冷酷无情，擅长欺骗与操纵。[③]它通常分为高马基雅维利主义和低马基雅维利主义。这两类个体在行为特征上存在的差异归纳总结如表4-9所示。[④]高马基雅维利主义者比低马基雅维利主义者更愿意操纵别人，赢得利益更多，更难被别人说服，他们更多的是说服别人。多数研究者认为，马基雅维利主义人格在认知上体现了以消极的态度看待人性的特点；行为上体现了以目标决定手段，不吝采用任何方式达成目的的特点；情感上体现了冷漠和无道德感的特点。[⑤]由于马基雅维利主义与反生产行为有

---

① 周帆，王登峰. 人格特质与外显自尊和内隐自尊的关系[J]. 心理学报，2005，37（1）.

② 李伟. 焦虑与外显自尊和内隐自尊的关系述评[J]. 齐齐哈尔大学学报，2008（7）.

③ 耿耀国，常国胜，李丽，等. 马基雅维利主义人格特质研究述评[J]. 中国临床心理学杂志，2014，22（5）：816-820.

④ 赵君，廖建桥. 马基雅维利主义研究综述[J]. 华东经济管理，2013（4）：145-148.

⑤ 郭远兵，黄朝云，等. 马基雅维利主义人格及其相关研究[J]. 中华行为医学与脑科杂志，2011（11）.

正相关关系，马基雅维利主义者更容易在工作中从事反生产行为，危害组织和其他员工。[①]

表4-9 马基雅维利主义的行为特征

高马基雅维利主义	低马基雅维利主义
抵制社会影响	易受他人意见影响
隐藏个人罪恶	显露内心的罪恶
有争议立即改变态度	坚持己见
拒绝承认	立即坦诚承认
阐述事实时具有较高的说服力	阐述事实时缺乏说服力
怀疑他人的动机	在表面上接受他人的动机
情境分析	对情境进行大量的假设
不接受互惠主义	接受互惠主义
对他人可能行为的判断持保留态度	相信他人应该以“确定”的方式行动
能够随情境改变策略	局限自己的行为
说别人喜欢听的话	说实话
对他人的信息很敏感	对他人的影响很敏感
如果他人不能报复则尽可能多地剥削	不愿意去剥削他人
绝不明显地操控别人	操控别人时往往很明显
不容易脆弱到恳求屈从、合作或改变态度	以社会所期望的方式去反映
偏爱变动的环境	寻求稳定的环境

推荐书籍：《君主论》，马基雅维利著。

学习人格的相关知识，可以帮助个体在生活、工作的过程中，更好地认识自己、认识他人，为在生活或管理过程中更好地预测他人行为，调整自我打下基础。在这个过程中需要注意以下几个方面。

（1）运用科学的方法来评定个体的人格特征，这样才能保证认识的准确性。

（2）对个体人格特征的认识要全面，这样才能全面认识人才。

（3）在择业或用人过程中，要认真分析岗位特征，最终达到人职匹配。

（4）管理过程中，要依据员工的人格特征进行有针对性的差异管理，以取得更高的管理效率。

① 黄攸立，梁超. 马基雅维利主义人格特质对反生产行为的影响研究——工作满意度的中介作用[J]. 西北工业大学学报（社会科学版），2014，34（3）：54-59.

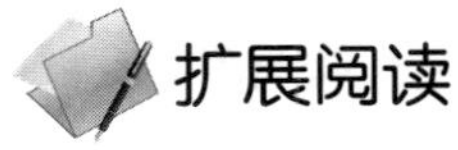

扩展阅读

与职业相关的三种人格理论如下。

帕森斯的特质因素理论

帕森斯的特质因素理论又称帕森斯的人职匹配理论。弗兰克·帕森斯认为，每个人都有自己独特的人格模式，每种人格模式的个人都有与其相适应的职业类型。所谓“特质”就是指个人的人格特征，包括能力倾向、兴趣、价值观和性格等；而所谓“因素”则是指在工作上要取得成功所必须具备的条件或资格。

帕森斯特质因素理论较强的可操作性，使之被人们广为采用，近百年来经久不衰。其具体步骤如下。

第一步是探究个人，即评价求职者的生理和心理特点（特质）。

第二步是分析各种职业对人的要求（因素），并向求职者提供有关的职业信息，如职业描述、工作条件、薪水等。

第三步是人职匹配，即整合个人和工作领域的信息，这是特性因素理论的核心。

在职业指导过程中，他提出了职业设计的三要素模式：其一，清楚地了解自己，包括性向、能力、兴趣、自身局限和其他特质等资料，以便做到特性匹配，即不同的人去适合自己的“活”；其二，了解各种职业必备的条件及所需的知识，在不同工作岗位上所占有的优势、不足和补偿、机会、前途，以便做到因素匹配，即要知道某类的活适合什么样的人；其三，上述两者的平衡，即指导人员在了解求职者的特性和职业的各项指标的基础上，帮助求职者进行比较分析，以便选择一种适合其个人特点又有可能得到并能在职业上取得成功的职业。

毫无疑问，特性因素理论为人们的职业设计提供了最基本的原则，我们可以使用它在实际中为他人解决职业规划发展的问题。

（资料来源：http://wenku. baidu. com/view/c05b1c1a59eef8c75fbfb33b. html, 2021-2-20.）

MBTI 人格类型理论

MBTI理论认为，一个人的个性可以从四个角度进行分析，用字母代表如下。

驱动力的来源：外向E—内向I。

接收信息的方式：感觉S—直觉N。

决策的方式：思维T—情感F。

思考活动

1. 什么样的人格特点会提高团队的业绩？什么样的人格特点会阻碍团队业绩的发展？

2. 一个团队是由具有相似人格特征的个体组合在一起更好，还是由不同特征的个体组合在一起更好？

对待不确定性的态度：判断J—知觉P。

上述四维八极构成了16种不同的心理类型，如表4-10所示。

表4-10　不同的心理类型

英文简称	类　型	英文简称	类　型
ISTJ	内倾感觉思维判断	ISFJ	内倾感觉情感判断
INFJ	内倾直觉情感判断	INTJ	内倾直觉思维判断
ISTP	内倾感觉思维知觉	ISFP	内倾感觉情感知觉
INFP	内倾直觉情感知觉	INTP	内倾直觉思维知觉
ESTP	外倾感觉思维知觉	ESFP	外倾感觉情感知觉
ENFP	外倾直觉情感知觉	ENTP	外倾直觉思维知觉
ESTJ	外倾感觉思维判断	ESFJ	外倾感觉情感判断
ENFJ	外倾直觉情感判断	ENTJ	外倾知觉思维判断

MBTI 人格类型理论在全球范围得到了广泛的运用，公司利用它进行招聘选拔、人岗匹配、组织诊断、改善团队沟通及人际关系；职业人士利用它进行职业定位、职业生涯规划。

（资料来源：http://baike.baidu.com/view/283444.html，2021-2-21.）

霍兰德职业兴趣理论

约翰·霍兰德（John Holland）于1959年提出了职业兴趣理论。他认为人的人格类型、兴趣与职业密切相关，兴趣是人们活动的巨大动力，凡是具有职业兴趣的职业，都可以提高人们的积极性，促使人们积极地、愉快地从事该职业，且职业兴趣与人格之间存在很高的相关性。他把人格分为社会型、企业型、常规型、现实型、调研型和艺术型六种类型。

1. 社会型（S）

共同特征：喜欢与人交往、不断结交新的朋友、善言谈、愿意教导别人；关心社会问题、渴望发挥自己的社会作用；寻求广泛的人际关系，比较看重社会义务和社会道德。

典型职业：喜欢要求与人打交道的工作，能够不断结交新的朋友，从事提供信息、启迪、帮助、培训、开发或治疗等事务，并具备相应能力，如教育工作者（教师、教育行政人员）、社会工作者（咨询人员、公关人员）。

2. 企业型（E）

共同特征：追求权力、权威和物质财富，具有领导才能；喜欢竞争、敢冒风险、有野心、有抱负；为人务实，习惯以利益得失、权利、地位、金钱等来衡量做事的价值，做事有较强的目的性。

典型职业：喜欢要求具备经营、管理、劝服、监督和领导才能，以实现机构、政治、社会及经济目标的工作，并具备相应的能力，如项目经理、销售人员、营销管理人员、政府官员、企业领导、法官、律师。

3. 常规型（C）

共同特征：尊重权威和规章制度，喜欢按计划办事，细心、有条理，习惯接受他人的指挥和领导，自己不谋求领导职务；喜欢关注实际和细节情况，通常较为谨慎和保守，缺乏创造性，不喜欢冒险和竞争，富有自我牺牲精神。

典型职业：喜欢要求注意细节、精确度高、有系统、有条理，具有记录、归档、据特定要求或程序组织数据和文字信息的职业，并具备相应能力，如秘书、办公室人员、记事员、会计、行政助理、图书馆管理员、出纳员、打字员、投资分析员。

4. 现实型（R）

共同特征：愿意使用工具从事操作性工作，动手能力强，做事手脚灵活，动作协调；偏好于具体任务，不善言辞，做事保守，较为谦虚；缺乏社交能力，通常喜欢独立做事。

典型职业：喜欢使用工具、机器，需要基本操作技能的工作；对要求具备机械方面才能、体力或从事与物件、机器、工具、运动器材、植物、动物相关的职业有兴趣，并具备相应能力，如技术性职业（计算机硬件人员、摄影师、制图员、机械装配工）、技能性职业（木匠、厨师、技工、修理工、农民、一般劳动）。

5. 形容型（I）

共同特征：思想家而非实干家，抽象思维能力强，求知欲强，肯动脑，善思考，不愿动手；喜欢独立的和富有创造性的工作；知识渊博，有学识才能，不善于领导他人；考虑问题理性，做事喜欢精确，喜欢逻辑分析和推理，不断探讨未知的领域。

典型职业：喜欢抽象的、分析的、独立的定向任务，要求具备智力或分析才能，并将其用于观察、估测、衡量、形成理论、最终解决问题的工作，并具备相应的能力，如科学研究人员、教师、工程师、计算机编程人员、医生、系统分析员。

6. 艺术型（A）

共同特征：有创造力，乐于创造新颖、与众不同的成果，渴望表现自己的个性，实现自身的价值；做事理想化，追求完美，不重实际；具有一定的艺术才能和个性；善于表达、怀旧、心态较为复杂。

典型职业：喜欢的工作要求具备艺术修养、创造力、表达能力和直觉，并将其用于语言、行为、声音、颜色和形式的审美、思索和感受，具备相应的能力；不善于事务性工作，如艺术方面职业（演员、导演、艺术设计师、雕刻家、建筑师、摄影家、广告制作人）、音乐方面职业（歌唱家、作曲家、乐队指挥）、文学方面职业（小说家、诗人、剧作家）。

然而，大多数人都并非只有一种性向（比如，一个人的性向中很可能同时包含着社会性向、实际性向和研究性向这三种）。霍兰德认为，这些性向越相似，相容性越强，则一个人在选择职业时所面临的内在冲突和犹豫越少。为了帮助描述这种情况，霍兰德建议将这六种性向分别放在一个正六边形的每一角。

员工的工作满意度与流动倾向性，取决于个体的人格特点与职业环境的匹配程度。当人格和职业相匹配时，会产生最高的满意度和最低的流动率。例如，社会型的个体应该从事社会型的工作，社会型的工作对现实型的人则可能不合适。这一模型的关键在于：①个体之间在人格方面存在着本质差异；②个体具有不同的类型；③当工作环境与人格类型协调一致时，会产生更高的工作满意度和更低的离职可能性。

（资料来源：http：//baike.baidu.com/view/1508701.html，2021-2-22.）

专题小结

人格是指在个体身上使人的行为比较稳定的、相对持久的特质、倾向或特性模式。它具有整体性、稳定性、独立性、功能性、自然性和社会性统一的特征，主要包括气质、性格、认知风格、自我调控等。不同的心理学家，在不同的社会历史条件、个体知识、人格特质的基础上提出了不同的人格理论。主要的人格理论包括精神动力理论、人格特质理论、人格类型理论三类。个体的人格特点与环境相互作用，共同决定了一个人的行为。个体的行为影响组织目标的实现，与组织的生存与发展密切相关。

能力与人格的测定

一、能力的测定

根据能力的分类，可将能力测验分为一般能力测验（智力测验）、特殊能力测验。

（一）一般能力测验（智力测验）

智力是能力结构的主要组成部分，测量人的智力，对选拔人才有重要的意义。智力测量方法有行动观察法、作品分析法、个案调查法、智力测验法。其中智力测验是量化的方法，具有科学性与精确性。下面介绍的智力测验是：斯坦福–比纳量表、韦克斯勒量表。

1. 斯坦福–比纳量表

斯坦福–比纳量表是一种年龄量表。它以年龄作为测量智力的标尺，规定某个年龄应该达到的智力水平。1905年，法国心理学家比纳和西蒙编制了第一个智力测验——“比纳–西蒙量表”。该量表包括30个题，从易到难排列，以通过题数的多少作为鉴别智力高低的标准，着重测量个体的判断、理解、推理等高级心理过程。后经多次修改，最后经推孟（L. Terman）教授修改过的测验量表共有100多个项目，分为20个年龄组。其最大特点是引入智力商数（IQ，简称智商）的概念。所谓智商，就是心理年龄（MA）与实际年龄（CA）之比，也称比率智商，是比较人的聪明程度的相对指标。

心理年龄，又称智力年龄，是指通过测验显示受测者的智力发展水平。例如，一个8岁的孩子如果只能通过6岁组的全部测验项目，那么说明他的智力年龄只有6岁。

下面以6岁组为例，列举斯坦福–比纳量表内容（见表4–11）。

表4–11　斯坦福–比纳量表（6岁组）

年龄组	测验题目
6岁组	1. 词汇：在45个词中正确解释6个。 2. 区分：说出两物的不同点。 3. 图画补缺：指出图画中物体缺少的部分。 4. 数概念：从一堆积木中取出需要的块数。 5. 类比：类似于“夏天热，冬天……”这样的题目。 6. 迷津：用铅笔画出最短通路。 备用：看图讲故事

因为比率智商有一个明显的缺点：人的实际年龄是不断增大的，但智力年龄却发展到一定时间阶段就稳定在同一水平上，这样，采用比率智商来表示一个人的智力水平，那么其智商到达一定程度后将逐年下降。这与人的智力发展实际情况不符。因此，1960年修订本的一个重大改变是以100为平均数、16为标准差的离差智商代替了比率智商，表示的是个人在一定年龄组内所占的相对位置。现在智力测验所指的智商，都是离差智商。

专题导读

能力与人格的差异导致了个体之间的主要差异。在管理过程中，要了解个体之间的差异，除了了解相关的理论知识之外，还需掌握一定的测量工具，这样才能以更科学的方法来测定个体的能力与人格特征，保证信息的客观性与准确性，将能力与人格以数量化的方法精确地表示出来。本专题将为您介绍能力与人格的主要测定工具。

2. **韦克斯勒量表**

斯坦福-比纳量表是对个体智力状况的综合测量，只能给人一个相当笼统的概念。但智力并不是一种单一的能力，它包含各种结构成分。在同一个人身上，智力的各个成分可能有不同的发展水平。为了更真实地反映一个人的智力水平，韦克斯勒（D. Wechsler）于1955年编制出了韦克斯勒智力量表。韦氏智力量表包含言语测验和操作测验两个部分，分别测定个体的言语能力和操作能力。言语测验包含词汇、领悟、算术、相似性、数字广度、知识六个部分；操作测验包含数字符号、图画填充、木块图、图片排列、图形拼凑五个部分。韦克斯勒智力量表测验可以同时提供总智商分数、言语智商分数、操作智商分数以及十几个分测验的分数，能够较好地反映智力的整体情况和各个侧面的具体情况。

（二）特殊能力测验

特殊能力测验可以测定个体从事某种专业活动的能力。在现今分工越来越细的社会环境下，对特殊能力的了解必不可少。例如测定一个人的机械操作能力、音乐能力等。特殊能力的测定要建立在对特殊能力的结构有正确理解的基础之上。

1. **机械能力测验**

机械能力测验用于测量人们对机械原理和理解以及判断空间形象的速度与准确性。比较著名的有本纳特机械理解测验（BMCT）、SRA机械概念测验和明尼苏达机械能力测验。

本纳特机械理解测验适用于高中生、工业与机械的应征者和在职者以及想进职业学校的人。它测量一个人对实际情境中的机械关系和物理定律的理解能力。测验题目包括一些有关这种关系和定律应用的图画和问题，见图4-6。①

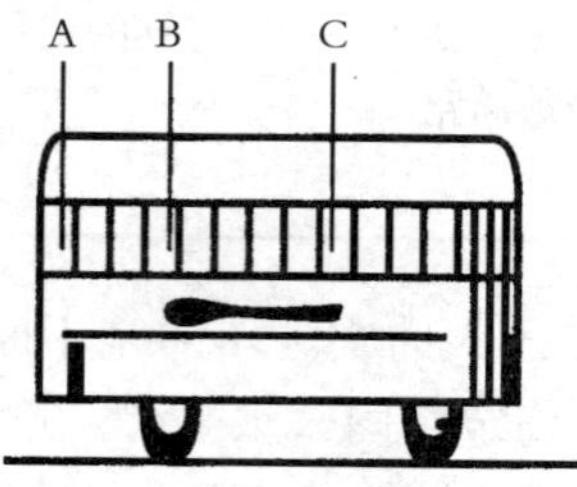
A
B
C
Y：A、B、C 三个座位哪个坐
起来更平稳些？

图4-6　本纳特机械理解测验题例

SRA机械概念测验包括三个分测验：机械关系、机械工具及使用、空间关系。主要适用于机械操作员、机器维修员和其他机械操作

① 彭凯平. 心理测验原理与实践[M]. 北京：华夏出版社，1989.

学员的机械概念能力的测定。

明尼苏达机械能力测验是由明尼苏达机械拼合测验、明尼苏达空间关系测验、明尼苏达书面形状测验三者构成的。第一个是工作样本测验，要求被试拼排随机排放的机械物体，测量动作敏捷性、空间知觉和机械理解，后两种测验为空间知觉测验。

2. 文书能力测验

文书能力测验主要分为一般文书能力测验、计算机程序编制和操作能力的测验。

一般文书能力测验有明尼苏达文书测验和一般文书测验两种。明尼苏达文书测验主要用于选拔职员、检验员和其他要求知觉能力和操纵符号能力的职业人员。测验分两部分：数字比较和姓名比较，要求被试检查200对数字和200对姓名的匹配正误。一般文书测验主要对文书速度和准确性、数字能力、言语流畅性进行测定。

计算机程序编制和操作能力可以采用以下两个量表来进行测定：计算机程序员能力倾向成套测验，包括5个分测验：言语意义、推理、字母系列、数字能力和制图能力，主要用于评估和选择学习计算机课程的申请者；计算机操作能力倾向测验，包括序列再认、格式检查、逻辑思维三个分测验，主要用来评估在学习计算机操作时重要的能力倾向。

3. 艺术能力测验

1）音乐能力测验

一般音乐能力测验主要由西肖尔音乐才能测验（Seashore Measures of Musical Talents）、温格音乐能力标准化测验（The Wing Standardized Tests of Musical Intelligence）、音乐能力倾向测验（MAP）。

西肖尔音乐才能测验是最早的音乐能力测定工具，主要采用有意义的音乐选段为刺激材料。该测验的刺激材料以唱片或磁带形式呈现，每一项目共有两个音或两个音阶，测量被试音乐能力的六个要素：①辨别音调的高低；②辨别音强的高低；③辨别节拍；④辨别时间的长短；⑤辨别音色或音质；⑥对音调的记忆。

温格音乐能力标准化测验用于选拔适合深造的音乐人才，适用于8岁以上儿童。它主要采用钢琴曲的有意义的内容为测验材料，测验内容包括：和弦分析、音高变化、记忆、节奏重音、和声、强度、短句、总体评价。

音乐能力倾向测验是测量音乐能力倾向的标准测验之一，测验包括七个元素：旋律、和声、节拍、速度、短句、平衡、风格，主要测量三种基本音乐因素：音乐表达、听知觉和音乐情感动觉。

2）美术能力测验

美术能力测验包括艺术鉴赏和知觉测验及艺术操作能力测验。

艺术鉴赏和知觉测验主要运用的测定工具有：梅尔艺术鉴赏测验（Meier Art Judgement Test）和格雷夫斯图案判断测验（Graves Design Judgement Test）。梅尔艺术鉴赏测验主要测量学生的审美能力，分为艺术判断和审美知觉两个分测验。格雷夫斯图案判断测验主要用来判断个体的美术欣赏力和美术创作能力。

艺术操作能力一般用洪恩艺术能力倾向问卷（The Horn Art Aptitude Inventory）来进行测定，适用于大、中学生和成人。测验包括三部分：素描画，要求被试画出常见物体的素描，以判断被试作品的线条品质与画面布置的技能；随意画，测量被试用指定的图形画成简单的抽象图案的能力；想象画，给被试12张卡片，每张卡片上印有几根线条，被试根据这些线条画成一幅草图，由这些草图来评判被试的想象力和作画技巧。

4. 专业能力倾向测验

专业能力倾向测验可用于选拔那些合适的人员接受专业训练，如普通医学、牙医、护理、法律、商业工程、神学、建筑等专科学校的学生，就需要接受这种测验。这种测验的编制，一般是针对各种专业人才，分析其所必需的各种能力特质并编成测验。同时，已有研究表明，这些测验的预测效度比一般的智力或学业能力倾向测验高。

二、人格的测定

不同的人格理论采用不同的方法来对人格进行测定，因此，人格测量的方法有很多。人格测验主要分为客观性测验和投射性测验两类。客观性测验主要是指自陈式人格问卷（又称结构化人格测验），用编制的一系列问题调查表，让被试按照一定的要求选择符合实际情况的答案，做出反应；投射性测验是利用一些模糊的无明确结构和固定意义的刺激，观察被试的反应，从而反映出个体潜意识之中的思想、情感、欲望、动机等。下面主要介绍几种较为常见的测量方法。

（一）自陈式量表

自陈式量表是让被试按自己的意见，对自己的人格特质进行评价的一种方法。自陈式量表通常都由一系列问题组成，一个问题陈述一种行为，要求被试按照自己的真实情形回答。最常见的自陈式人格量表有明尼苏达多相人格测验（MMPI）、卡特尔16PF量表（16PF）、艾森克人格问卷（EPQ）、爱德华个人兴趣量表（EPPS）等。

1. 明尼苏达多相人格测验（MMPI）

明尼苏达多相人格测验20世纪40年代初由美国明尼苏达大学的心理学家哈什伟和精神科医生麦金利（Hathaway & Mckinley）编制而

成。它可以用来测试正常人的人格，也可以用来区分正常人和精神疾病患者。

明尼苏达多相人格测验包括566个自我陈述形式的题目，题目内容涉及的范围很广，包括身体各方面的情况，精神状态以及家庭、婚姻、宗教、政治、法律、社会等26个方面。

MMPI包括10个临床量表：疑病（Hs）、抑郁（D）、癔症（Hy）、精神病态（Pd）、男性化—女性化（Mf）、妄想狂（Pa）、精神衰弱（Pt）、精神分裂（Sc）、轻躁狂（Ma）、社会内向（Si）；4个效度量表，包括疑问（Q）、说谎（L）、诈病（F）、校正（K），用于鉴别不同的应试态度和反应倾向。下面列举几个题目以助理解。

（1）我喜欢看机械方面的杂志：A. 是　　B. 否

（2）我的胃口很好：A. 是　　B. 否

（3）我早上起来的时候，多半觉得睡眠充足，头脑清醒：A. 是　B. 否

2. 卡特尔16PF量表（16PF）

卡特尔根据自己的特质人格理论，编制了16种人格因素测验。该测验是评估16岁以上个体人格特征最普遍使用的工具之一，可适用于各类人员。在人事管理中，它能够预测被试的工作稳定性、工作效率、压力承受能力等。

测验共有187道题目，都是有关个人的兴趣和态度等问题，最后将每种性格所得分数相加为各自的原始分，再将原始分转换成标准分，据此绘制出人格测验轮廓图，即可概括了解16种人格特质的状况：（A）乐群性、（B）慧聪性、（C）情绪稳定性、（E）好强性、（F）兴奋性、（G）有恒性、（H）敢为性、（I）敏感性、（L）怀疑性、（M）幻想性、（N）世故性、（O）忧虑性、（Q1）激进性、（Q2）独立性、（Q3）自律性、（Q4）紧张性。这些因素的不同组合构成了一个人不同于其他人的独特个性。

3. 艾森克人格问卷（EPQ）

艾森克根据自己的人格理论，编制了艾森克人格问卷（EPQ）。问卷分为成人版和儿童版，分别适用于16岁以上成人和7～15岁儿童，是目前医学、司法、教育和心理咨询等领域应用最为广泛的问卷之一。

艾森克人格问卷包括4个量表：E—内外向；N—神经质，又称情绪性；P—精神质，又称倔强、讲求实际；L—谎造或自身隐蔽。人们在E、N、P三方面的不同倾向和不同表现程度，便构成了不同的人格特征。L则是效度量表，用于测谎。

4. 爱德华个人兴趣量表（EPPS）

爱德华个人兴趣量表（Edwards Personal Preference Scheduk，EPPS）是由美国心理学家爱德华1959年基于默里（H. A. Murry）的人

类需要理论而编制的。该量表共有15个分量表，分别测量自责、成就、接近他人、攻击、自主、求变、关注他人、支配、执着、表现、异性恋、内省、养育、求秩序和帮助他人这15种需要和动机。每个分量表15题，共225个题目。[①]EPPS的主要功能是通过被试对题目的反应，评定他在15种需要上相对于一般人的强弱程度，然后绘出人格剖面图，一个人15项人格的定位状况便一目了然。

此外还有很多著名的人格测验，如瑟斯顿气质量表、库德职业兴趣测验（KVPR）等。

（二）投射性测验

投射测验是以弗洛伊德精神分析的人格理论为依据建构的。投射测验把对反应的范围不做预先的规定，参与者可以自由作答。[②]投射测验一般由若干个意义模糊的刺激组成，被试可任加解释，使自己的动机、态度、感情以及性格等在不知不觉中反映出来，然后由主试对其反应加以分析，可以推论出若干人格特性。最著名的投射测验有罗夏墨迹测验（Rorschack Inkblot Test）与主题统觉测验（Thematic Apperception Test）。

1. 罗夏墨迹测验

罗夏墨迹测验是最著名的投射性人格测验，其设计者为罗夏（H. Rorschach）。它通过向被试呈现标准化的由墨迹偶然形成的模样刺激图版，让被试自由地观看并说出由此所联想到的东西，然后将这些反应用符号进行分类记录和分析，进而对被试的各种人格特征进行诊断。

测验是由10张经过精心制作的墨迹图构成的。其中5张为黑白图片，墨迹深浅不一，2张主要是黑白图片，加了红色斑点，3张为彩色图片。这10张图片都是对称图形，且毫无意义（见图4–7）。

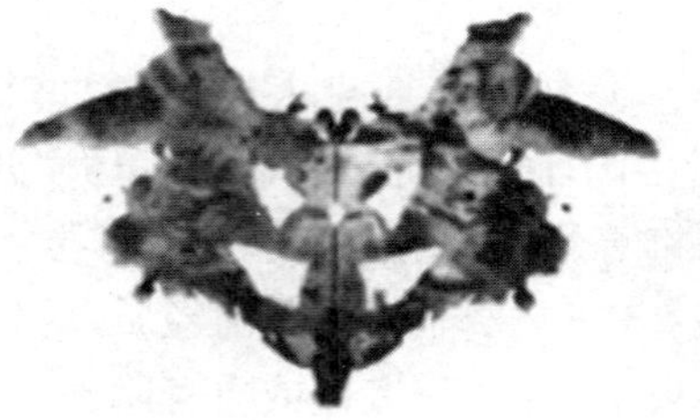
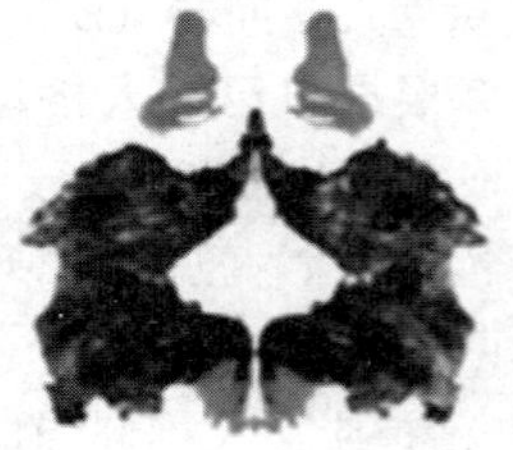

图4–7　罗夏墨迹测验墨迹图

① 林崇德. 心理学大辞典[M]. 上海：上海教育出版社，2003.

② 理查德·格里格，菲利普·津巴多. 心理学与生活[M]. 王垒，王甦，等译. 北京：人民邮电出版社，2016.

主试通过有顺序地向被试出示这些图片，以简单的说明（如这看上去像什么？）进行引导，记录其回答以及相关信息（时间、动作等）。

根据被试四个方面的反应来计分：①定位反应：是整体（W）、大部分（D）或者是小部分（d）；②定性反应：是形状（F）、颜色（C）或运动（M）；③内容反应：是动物（A）、是人（H），或是身体的某部分（Hd）；④独创反应：是独创（O），或从众（P）。

2. 主题统觉测验（TAT）

主题统觉测验与罗夏墨迹测验齐名，得到广泛的使用，是由墨瑞与摩根（Murray & Morgan）于1935年编制的，对于了解被试与其父母的关系及障碍尤为有用，适用于各种年龄和不同种族。测验由30张黑白图片组成（见图4-8）。根据被试的年龄、性别采用其中20张进行测试。主试要求被试根据图片讲故事，然后根据一套规则对TAT故事进行系统的评分，从而对被试的人格做出评估。被试在编故事的过程中，会把自己内心的活动投射到故事中去。主试通过分析故事的内容（情节、心理背景等）和形式（如长度、种类等）来分析被试的人格。

以上人格测验方法各有其优缺点。由于人格问题本身极其复杂，对其本质的认识还在不断深化之中，因此对人格要做出客观的、科学的评估非常困难。现在的人格测验方法很多，大多是对人格的某一方面的特质进行评估，由于评估带有主观性，所以评估者所依据的标准的客观程度如何成了关键。因此，要正确认识和评估一个人的人格特征，用多种测验方法来进行系统评估不失为有效途径。

图4-8 主题统觉测验图片

思考活动

1. 请思考投射性测验的优点与不足。

2. 阐述斯坦福-比纳智力量表、韦克斯勒智力量表的区别。

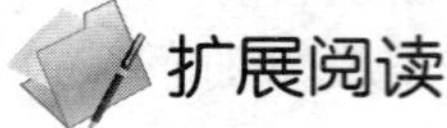

人格测量工具的选择

在人员选拔过程中，我们经常需要用到人格测量工具，一个是用于选拔，另一个是用于开发自己的甄选工具。时下，有众多的人格测量工具开发商和代理商均摆出各种数据声称自己的人格测量工具是最好的，网上也流行着大量的免费工具。那么，我们应该如何来选择合适的人格测量工具呢?

1. 谨慎使用免费测量工具

一个心理测量工具需要收集大量的样本并经过长时间的开发，这中间会有大量的投入，除非这个研究有其他的资金来源，否则开发者必定要通过销售所开发的心理测量工具来收回成本和获利。而免费测量工具中除了少量是由于开发商的市场策略给予试用外，大部分或者是没有通过严谨验证的工具，或者是处于研发过程中利用免费使用来收集样本，也就是说使用者在当白老鼠。由此可见，如果在人员选拔中使用了信度和效度很低的心理测量工具，不仅得不到想要的结果，甚至适得其反。

2. 选择成熟的拥有版权或者授权的工具

在选择工具时首先要考察开发者的资质，专家团队良好的学术背景是必需的，还要了解开发工具的理论基础是什么。其次慎用盗版，某些国外的心理测量工具在国内很泛滥，有很多开发商美其名曰本土化，然而试用之后会发现质量参差不齐，再一了解，绝大多数并没有取得授权，也就是盗版。盗版的计算机系统如果出问题只会影响一时的使用，但盗版的心理测量工具却可能影响一个人的一生。

3. 根据自己企业需要测量的因素和测量的目的来选择

每个测量工具都有自己的理论基础，测量的维度也是不同的，同样一个名称的维度，在不同的工具里其内涵可能会有差别。我们在选择时，需要考虑影响自己企业绩效的维度是什么，而这个工具是不是相对于其他工具更能够清晰地区分。因为要测量的维度不同，某一个工具会非常适合于一家企业，但对另一家企业来说却会是另一个工具更加适合，也或者我们需要组合使用不同的测量工具，这都是可能的。

4. 重视测量结果的解读

虽然现在的测量工具都尽量使报告更加详细，以便受测人能够理解结果，但是没有受过专业训练的受测者仍然不可能完全明了，甚至会出现误读，或者做出“唯一选择”的判断和理解；同时这个世界上没有一个测量工具是能够做到完全准确的，另外测量结果的误差也会受到测量过程的影响，在测量过程中要非常重视对过程的控制。在获得测量结果报告时，在尽可能的条件下，让受过专业训练的人士来进行解读并且帮助受测者验证结果是最佳的选择。

（资料来源：http：//www.chinatat.com/new/179_247/2010_3_19_xu7973103241191301024080.shtml，2021-03-19.）

专题小结

能力的测定可以通过一般能力测验和特殊能力测验两种方式来进行。比较常用的一般能力测验主要有斯坦福-比纳智力量表、韦克斯勒智力量表。比较常用的特殊能力测验主要有机械能力测验、文书能力测验、艺术能力测验、专业能力倾向测验等。不同的人格理论采用不同的方法来对人格进行测定，因此，人格测量的方法很多。人格测验主要分为自陈式测验和投射性测验两类。最常见的自陈式人格问卷有明尼苏达多相人格测验、卡特尔16PF量表、艾森克人格问卷等；最著名的投射测验有罗夏墨迹测验与主题统觉测验。

思考与练习

一、填空题

1. 能力是一种使活动顺利完成的心理特征，直接影响活动的__________。

2. 按心理活动的某种倾向性划分，可将性格划分为________和________。

3. 人格是指那些在个体身上使人的行为比较________、相对__________特质、倾向或特性模式。

4. 能力发展水平的差异主要体现在________、________、能力发展的年龄差异以及________。

二、判断题

1. 能力是与生俱来的。（　　）

2. 流体能力的发展与年龄有关，晶体能力则能随着人的成长而一直发展。（　　）

3. 人类智力发展水平的总体分布为两头大，中间小。（　　）

4. 影响人格发展的因素主要是遗传与环境。（　　）

5. 荣格认为，人格的类型是由思维、情感、感觉、直觉四种独立机能组织而成的。（　　）

三、简答题

1. 简述能力二因素说的内容。

2. 能力发展的年龄差异是指什么？

3. 简述人格特质理论的观点与代表理论。

4. 简述弗洛伊德的人格结构理论。

四、论述题

1. 如何在管理中过程中运用能力的性别差异？

2. 如何根据性格差异来进行管理？

推荐书目与文章列表

[1] 程正方. 管理心理学[M]. 北京：高等教育出版社，2011.

[2] 楚风. 性格与人际关系[M]. 北京：中国纺织出版社，2006.

[3] 彭聃龄. 普通心理学[M]. 北京：北京师范大学出版社，2019.

[4] 戴健林，吴江霖. 心理学概论[M]. 广州：广东高等教育出版社，2009.

[5] 杰斯・费斯特，格雷戈里・J. 费斯特. 人格理论[M]. 李茹，傅文青，译. 北京：人民卫生出版社，2005.

[6] 黄希庭. 心理学导论[M]. 北京：人民教育出版社，2007.

[7] 理查德・格里格，菲利普・津巴多. 心理学与生活[M]. 王垒，王甦，等译. 北京：人民邮电出版社，2016.

[8] 张德，等. 组织行为学[M]. 北京：高等教育出版社，2019.

第五章 价值观、态度与组织承诺

个体在社会环境和教育的影响下，逐渐形成了对社会生活的总体性评价，这个评判标准就是价值观；个体对外界的刺激和自身需要有了明确的认知和判断，对万事万物产生一种稳定的情感与行为反应倾向，这表现为态度；组织承诺是组织成员对其所在组织表现出的态度和行为，它在某种意义上是员工价值观与态度综合表现出来的结果。正是因为有了个体对事物是否有意义、重要与否的评判，才会有个体态度的产生，态度源于价值观，又表达价值观，可以说价值观是态度的核心；而组织承诺反映了员工对组织的认同度，组织承诺的高低受态度、价值观的影响和制约。对价值观、态度和组织承诺的研究，有助于管理者从价值观和态度两个层面，了解员工的认知、情感和行为，使得组织愿景、组织文化、组织制度的设定与员工的个性倾向结合起来，使员工更好地融入组织，提升员工对组织的忠诚度，使组织更好地管理员工，提升组织绩效。

学完本章，你将能够：

1. 了解价值观的含义及特征；
2. 掌握测量个人价值观的方法；
3. 理解价值观在管理中的作用；
4. 了解态度的含义及其测量方法；
5. 了解工作满意度对员工行为的影响；
6. 了解组织承诺是如何形成的；
7. 了解组织承诺对组织管理的意义。

教学视频

价值观

生活中，人们在判断是非善恶、好坏美丑时，内心都有一个标准，这个标准就是我们对身边事物的价值衡量。事物对人有无意义和意义大小，受个人需要、兴趣、信念和世界观等个性倾向的制约，并受个人价值观的支配。本专题我们了解价值观的内涵及其在管理中的作用，探究价值观在日常生活及组织管理中如何影响我们的行为等问题。

一、价值观和价值体系

（一）价值观及其特征

1. 价值观的内涵

价值观，就是人们对客观事物是否有用及有用程度的评价。这个定义包含判断的成分，反映出个体对于正确和错误、好与坏、可取或不可取的看法与观念。[①]面对同一个事物，甲认为它有价值，而乙认为它没有价值，甲、乙对该事物表现出来的差异，就是价值观差异引起的。价值观包括内容和强度两种属性。内容属性指的是某种行为模式或存在状态是否重要；强度属性界定的是它有多重要。

价值观一旦形成，是相对稳定持久的。个体会自觉或不自觉地时时以自己的价值观来判断事物的意义。由于价值观不同，人对事物的认识会有很大的差异。价值观也会影响人对事物的需要，进而影响对行为的调节。但价值观并非绝对一成不变的。当人们处在某种新的环境，其行为必须符合新的情境要求时，人们经常会对旧的价值观提出疑问，对可能不再适合的部分进行修正，经过反复比较，导致价值观的变化。[②]

2. 价值观的特征

（1）主体性：价值主体对客观世界和自身的认识是有差异的，这就导致不同的价值主体有不同的价值观。价值观通过主体特有的个性化立场、态度、取向、志趣表现出来，带有浓厚的主观性和情感化色彩。

（2）制约性：价值观是对人类自身的制约力量，对人的行为具有内在的规约性，人能否自觉地追求和遵循理性，能否使个人的意识冲

---

① 斯蒂芬·P. 罗宾斯. 组织行为学[M]. 16版. 孙健敏，等译. 北京：中国人民大学出版社，2016.

② 张德. 组织行为学[M]. 北京：高等教育出版社，2019.

动自发地趋从理性，需要价值观的内在约束。中国人的“慎独”，就是表达了要重视自我意识处于相对自由状态下的自我控制和约束。

（3）可变性：价值观是人们思想认识的深层基础，一旦形成就具有一定的持久性和稳定性。但随着周围环境的变化，所接受知识的更新和生活阅历的剧增，人的价值观会逐渐发生变化，可能朝好的方向转变，也可能朝坏的方向转变。

（4）社会历史性：处于不同历史时代、不同社会生活环境里的人们，其价值观是不同的。①

（二）价值体系及其形成

1. 价值体系的构成要素②

价值体系有广义和狭义之分，广义的价值体系是指一个民族乃至一个国家所拥有的价值信念、信仰、生活观念的总和；而狭义的价值体系是指当某个人对各种事物和行为的意义及需要程度做出自己的评价和判断时，这些评价和判断之间的主次、轻重和排列次序。不同的价值观在价值体系中占据着不同的位置，其中居于核心地位的价值观对价值体系的影响最大。本书中主要指狭义的价值体系，是由各个生活领域的多种价值观构成的，它是逐渐形成和建立起来，但一旦形成之后，它又具有相对稳定性。

价值体系的构成要素包括以下几个方面。

（1）信念：价值体系是有情感的人所追求的，表现为有明确的人生信念。

（2）选择：价值体系的基本特征是两极性，表现为好与坏、善与恶、美与丑、公正与不公正等。

（3）稳定：价值体系是高度概括化的观念结构，它是超越特殊情境的一般抽象物。

（4）指导：价值体系对行为有指向作用，它指导行为的选择并进行价值评估。

（5）社会制约：价值体系的形成受一定社会经济条件的影响和制约。

（6）观念的一致：人的价值系统包含多种因素，如审美价值观、道德价值观、经济价值观等，这些因素之间是相互联系、相互影响的有机整体。

2. 价值体系的形成

在价值体系的形成过程中，一个人的成长环境、父母的教养模

① 黄希庭. 心理学导论[M]. 北京：人民教育出版社，2015.

② 守维卫. 价值观——心理学的新认知[J]. 西南师范大学学报，1996（2）.

式、学校的教育体系、社会传播媒介氛围等因素都起着重要的影响作用，其中个人所处的社会生产方式及其所处的经济地位对价值体系的形成具有决定性的制约作用。价值体系就是个体在这些因素的影响下，通过模仿、认同和内化，以及来自他人和自我的强化和抑制，所获得的关于行为模式或人生追求的可取性信念。这个形成过程当然不是一蹴而就的，而是贯穿整个生命过程，正如罗基彻在研究美国社会的人的价值的发展与变化中所指出的，价值的发展跨越整个生命过程的。

对某一价值体系的形成和发展而言，存在着多元价值观并存状态，多元价值观之间的并存、交合和斗争，是价值体系发展的内部表现。价值体系会根据环境的需要和环境的压力，在中心性上重新排列，形成一个整体的价值倾向，从而指导行为。例如，做父母的总认为他们对自己的每一个孩子的爱都是绝对的、没有差别的，然而在具体的情况下，父母总是不由自主地对某些孩子有偏心，尤其是生病的、受挫折或能力较差的孩子。有学者认为个体价值观发展变化经历四个阶段：①形成初期，是个体生理发展的幼儿期和儿童期。②萌芽期，青年早期（初中阶段）的个体价值观开始萌芽。③形成和稳定期，进入青年中期（高中阶段）以后，个体的价值观逐渐形成，大学期间或者工作过程中趋于稳定。④成熟期，在这个时期个体因为生活和职业都比较稳定，个体的价值观也相对稳定和成熟。[①]在这个过程中，报刊、电视和互联网等宣传舆论，以及父母、老师、朋友和英雄人物的观点和行为，会对一个人的价值观产生不可忽视的影响。然而，价值体系一旦形成，就构成了一个人的价值观秩序，它以理性的形式制约个人的价值观，具有相对的稳定性和持久性，对行为起到长期的指导作用。

二、价值观的分类

价值观是一个多维度、多层次的心理倾向系统，可以根据不同的标准对价值观进行分类。

（一）斯普兰格的价值观分类

德国心理学家斯普兰格（E. Sprange）根据社会文化生活方式把人的价值观分为以下六类。

（1）理性价值观，以知识和真理为中心，强调通过理性批判的方式发现真理。

---

① 张进辅. 现代青年心理学[M]. 重庆：重庆出版社，2005.

（2）唯美价值观，以形式和谐为中心，强调审美和对美的追求。

（3）政治性价值观，以权力、地位为中心，强调权力的获取和影响力。

（4）社会性价值观，以群体、他人为中心，强调人与人之间友好、博爱。

（5）经济价值观，以有效、实惠为中心，强调功利性和实务性，追求经济利益。

（6）宗教性价值观，以信仰、教义为中心，强调经验的一致性及对宇宙和自身的了解。

当然，没有哪个人是绝对属于某一种类型的。一个人并不是只具有一种类型的价值观。实际上，六种类型在不同的人身上有着不同的配置。根据奥尔波特（G. W. Allport）等人的调查，这六种价值观在美国社会中起中心作用，但哪些最为主要在看法上有分歧，在美国以第三种、第五种居多。他们还发现不同职业的人对这六种价值观的重视程度不同，形成了不同的优先顺序，反映了不同的价值体系。

（二）罗克齐的"价值调查表"

"价值调查表"是罗克齐（Rokeach，1973）编制的，他认为个体的价值可划分为两大类。一类是工具性或手段性价值，另一类是终极性或目标性价值。工具性价值反映个体在做人方式即道德和能力上可取性的考虑和判断，如与人为善、宽宏大量、勇敢、智慧等，就属于工具性价值。终极性价值是个体关于人生追求的目标的可取性的信念，这种考虑可以以自我为中心，也可以以社会为中心。成就、自由属于以个人为中心的追求目标，世界和平、平等、成熟的爱是以社会为中心的追求的目标。终极性价值引导个体不惜花费毕生精力去追求。施测时，让被试按其对自身的重要性对两类价值系统分别排列顺序，将最重要的排在第1位，次重要的排在第2位，依此类推，最不重要的排在第18位。该量表可测得不同价值在不同的人心目中所处的相对位置，或相对重要程度。

罗克齐认为，每个人所持的价值的数目相对一致而且数目不多，这些价值在个体心目中的重要性呈不同的等级。人与人的差异关键在价值体系中每条价值的重要性排列模式。他列举出18条工具性价值和18条终极性价值。

1. 18条工具性价值

（1）雄心勃勃（工作努力、有抱负）

（2）宽宏大量（坦率）

（3）有能力（能胜任、有效率）

（4）高兴的（无忧无虑、欢乐的）

（5）勇敢的（坚持自己的信仰）
（6）清洁的（清洁、整齐）
（7）仁慈（愿意原谅别人）
（8）乐于助人（为他人的福利而工作）
（9）诚实的（诚恳、说真话的）
（10）富于想象力（有创造力、敢干）
（11）独立的（依靠自己、自信）
（12）有理智（有智慧、有思考力）
（13）有逻辑的（一致、有推理能力）
（14）有爱的（充满情感、温柔）
（15）顺从（尽职、尊重人的）
（16）有礼貌的（谦恭的、举止庄重的）
（17）负责的（可以信任、可以依赖）
（18）自律的（能自我克制、自我约束）

2. 18条终极性价值

（1）舒适的生活（富裕的生活）
（2）激动人心的生活（富于刺激性的积极的生活 ）
（3）成就感（一种永恒的贡献）
（4）自由（独立，自由选择）
（5）幸福（满意）
（6）内心的和谐（摆脱内心的冲突）
（7）快乐（愉快的闲暇生活）
（8）心灵或精神的拯救（追求心灵或精神的拯救，永恒的生命）
（9）自我感觉良好（自尊）
（10）智慧（对生活成熟的理解）
（11）和平的世界（没有战争和冲突）
（12）美的世界（自然美和艺术美）
（13）平等（兄弟般关系，对所有人均等的机会）
（14）家庭安全（照料所爱的家人）
（15）成熟的爱（精神上的以及两性间的亲密）
（16）国家的安全（免受外来攻击）
（17）社会承认（得到社会尊敬和赞誉）
（18）真挚的友谊（亲密的友谊）

工具性价值和终极性价值彼此相联系，工具性价值是个体为了完成终极性价值而作为行为模式的价值，终极性价值是个体终身追求的价值。罗基彻的这种研究是把各种价值观放在整个系统中进行考察的，体现了价值观的系统性和整体性。

当前，有关中国人的价值观的内涵和测量，学术界思想十分活跃。关于当代中国人价值观的结构和特点，金盛华等（2009）通过《中国人价值观问卷》的编制和调查，得出了当代中国人价值观结构的八个因素力。[①]焦丽颖等（2019）为了探究中国人善恶人格的结构和内涵，研究基于人格的词汇学假设，从现代汉语词典和开放式问卷调查获得的人格词汇中挑选善与恶的人格词，通过探索性因素分析和验证性因素分析，最终得到27个善人格言与28个恶人格言。[②]

三、价值观在管理中的作用

价值观不仅影响个人行为，还影响群体和整个组织的行为，进而影响组织的经济效益、社会效益及社会形象等方面。不同的价值观外显出不同的行为，比如有人注重工作成就，有人看重金钱报酬，也有人重视地位权力，这就是因为他们的价值观不同。人的行为方式的变革取决于价值观念的变革，为了保证员工个人行为符合组织发展的目标，构建本组织内部共同的价值观显得尤为重要。在某种意义上，组织的生存其实就是价值观的维系，以及大家对价值观的认同。价值观是把所有员工联系到一起的精神纽带，是组织生存、发展的内在动力，是组织行为规范制定的基础。

首先，价值观是指导人们行为的准则。价值观告诉我们哪些信仰、态度和行为值得我们去支持、反对或改变。由于人们的价值观不同，在同一种客观条件下，对待同一种事物，就会产生完全不同的行为。作为组织的管理者，应该认识到员工之间价值观念的差异性，和员工一起塑造本组织内部共同的价值观，形成一种文化氛围，从而对员工产生一种内在的规范性约束，形成对员工的精神约束激励机制，最终达到提高工作绩效的目的。另外，管理者还可以在共同价值观的基础上，建立一套与之相对应的奖惩制度，与价值观一起规范员工的行为，达到提高组织绩效的目的。正如海尔前总裁张瑞敏所说：企业发展的灵魂是企业文化，而企业文化最核心的内容就是价值观。有什么样的价值观，就有什么样的制度文化和规章制度，这又保证了物质文化的不断增长。

其次，价值观具有动机功能。组织内部共同的价值观能够把员工的个人目标和企业的组织目标结合起来，使得全体员工具有共同的目标，使其把企业目标的实现作为个人自觉努力的内在动力，同时通过

① 金盛华，郑建君，辛志勇．当代中国人价值观的结构与特点[J]．心理学报，2009（41）：1000-1014.

② 焦丽颖，杨颖，许燕，等．中国人的善与恶：人格结构与内涵[J]．心理学报，2019，51（10）：1128-1142.

这种氛围和意识，引导和激励员工对企业忠诚，从而激发员工的内在积极性。员工接受、认同并奉行企业价值观之后，一方面在为企业工作，另一方面也在为自己的理想、价值观的实现而努力，从而产生一种成就感、充实感，这有助于员工积极性和创造性的发挥。[①]例如，“信息就是资源”“顾客就是上帝”“效率就是生命”等价值观念一旦为更多的人所接受，就会激发出员工巨大的创造力，大幅度提高组织管理绩效，更好地实现企业的管理目标。

再次，价值观具有协调上下级关系的作用。企业的价值观对企业中的所有人都提出了相应的责任和义务，在共同的价值观面前人人平等，从最普通的员工到高层的领导者，无一例外地在企业价值观的指导下完成各自的责任和义务。因此，它能够帮助个体进行选择，化解冲突，使群体做出最全面的决策，有利于建立平等协调的人际关系，消除权利、责任、义务不均衡而造成的离心现象。

最后，价值观还可以作为招聘录用新员工、提升新的管理者的标准之一。企业要考核他们的价值观是否与企业的共同价值观一致，因为只有个人的价值观与企业的价值观相适应，才能最充分地发挥他们的聪明才智。在美国通用电气公司（GE），认同GE价值观被看成头等大事，甚至新员工参加培训后决定是否录用都看他是否能够接受公司的价值观，能否认同和融入GE文化——对此，总裁韦尔奇的观点是，“如果你不能认同该价值观，那么你就不属于通用电气”。

一个成功的管理者，必须重视人的价值观的稳定性和可变性及其对经营管理方式和管理目标实现的影响。一方面使经营管理方式和目标适应人们普遍存在的价值观的变化，另一方面要随时应对变化中的环境，树立、培植和推行新的管理的价值观，并严守自己推行的这种价值观，采取适当的行为。正如IBM公司的董事长兼总经理小托马斯·沃森（Thomas J. Watson）在他所著的《一个企业和它的信念》一书中回顾他父亲创建公司几十年成功的历史时所指出，“第一，任何组织要生存和取得成功，必须有一套健全的信念，作为企业一切政策和行动的出发点；第二，一个企业在其生命过程中，为了适应不断改变的世界，必须准备改变自己的一切，但不能改变自己的信念。”

随着经济全球化所导致的企业内外部环境的变化，中国企业面临众多难以取舍的企业矛盾：做强与做大、专业化与多元化、本土化与全球化、激进与保守、变革与稳定、企业利益与社会利益、物质激励与精神激励、开放与封闭……无论是国有企业、民营企业，还是外资企业，都要从上述矛盾中做出选择，这其中无一不是本土新旧文化以及中西管理文化的冲突、价值观的碰撞，企业应不断对企业价值观进

---

① 俞文钊. 管理心理学[M]. 大连：东北财经大学出版社，2000：96-97.

行发展和创新，确立新的企业价值观，使企业紧跟时代的脚步。为此，我们要在吸纳西方管理文明的基础上，立足国情和本企业发展，形成以中华文化为大本大源的企业核心价值观。

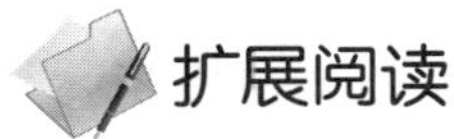

扩展阅读

如何用价值观引导成功

全球最大的消费品公司宝洁（Procter & Gamble）2009年年末宣布了一项快速启动增长引擎的全新业务战略。它的出发点令人吃惊，几乎是有悖直觉的——从公司价值观和使命感入手。这项战略的意思似乎是，只要直指内心，关注人的需求，财源自会滚滚而来。

2009年7月1日上任的新CEO麦睿博（Bob McDonald）正在推广宝洁“以使命为动力的增长”战略，目的是“在全球更多地区，更加全面地接触和改善更多消费者的生活”。2009年9月10日，在一场分析师电话会议上，麦睿博解释了此项战略的财务意义。他说，这其实就是简单的算术。比如，现在有70亿的消费者，每人每年平均花14美元购买宝洁的产品，那么，如果你能想办法满足他们的需求，让他们在今后五年里每年多花2美元（这还是负担得起的），宝洁的业务就能实现飞速增长。

宝洁巴西公司（P&G Brazil）早就采用了这种做法。10年前，宝洁的业务濒临绝境；员工甚至担心公司会倒闭。人口增长速度最快的群体是低收入消费者，但宝洁的全球高端产品并不适合他们。坚守公司使命和价值观的本地团队觉得，他们没能改善当地人的生活，因为一些家庭不是在使用廉价的劣质产品，就是干脆什么都不用。例如，他们仍然用手洗尿布，这种繁重而单调的劳动让一些家庭成员没法出去工作。于是，团队成员和这些家庭一起生活，仔细分析宝洁的每道流程，进而开发出一些他们称为“basico”（在葡萄牙语中是“基本”的意思）的创新型产品。团队成员认为，他们不仅是在为公司创造利润，也是在造福于世界。正是这种强烈的使命感，推动各个职能部门之间以及公司和客户之间实现了空前紧密的合作，而对于客户来说，这种兴奋感也让他们沉醉不已。

只要领导人能意识到价值观的日益重要，任何企业都可以因地制宜地发挥这种战略。为了满足新一代员工的需求，在服务不足的市场上寻找创新机会，赢得公众的尊敬，并获得政府的优惠待遇，将价值观融入领导理念至关重要。

（资料来源：https://wiki.mbalib.com/wiki/%E4%BB%B7%E5%80%BC%E8%A7%82，2021-3-20.）

思考活动

价值体系有哪些构成要素？

专题小结

人们在特定的社会现实和自然现实中，受一定社会文化和规范的影响和制约，逐渐形成的对人、事、物的认知和评价，认为某人、某事、某物是极有价值，颇有价值，或没有价值的，这种支配着人的行为、态度、观点、信念、理想的内心尺度就是价值观。

专题二

态度与态度测量

专题导读

企业作为一个社会系统，对员工的行为具有一定的规范和准则的要求。员工对组织目标、组织规范和准则的态度，对工作的满意度，对于员工的行为是否能遵循组织的要求有着重要的影响。个体的态度差异是个体差异的一个重要表现形式，它是一种相对稳定的对待特定的人、群体、观念、组织或事件的认知、情感和行为倾向性，它反映出个体的背景和经验。本专题将通过态度和工作满意度的分析，来帮助管理者运用态度形成及其改变的规律服务于管理实践，提高管理的有效性。

一、态度概述

（一）态度的概念

1. 态度的定义

态度是个体针对物体、人物和事件的评价性陈述，这种陈述可以是正面的，也可以是负面的，它反映了一个人对某一对象的内心感受。比如，“我喜欢我的工作”就是在表达对工作的态度。

态度具有指向性，态度必须有态度主体（态度持有者）和态度客体（态度对象）。比如，某人对所从事工作的态度、领导对群众的态度、员工对经理的态度等。[①]

态度具有复杂性。如果你询问人们对宗教或者自身所在组织的态度，你也许会得到一个很简单的答案，但这些答案背后的原因或许颇为复杂。为了全面理解态度，我们必须从态度的基本组成成分入手。[②]

2. 态度的构成

态度是一种综合性的心理反应倾向，这一点可以通过考查态度的结构，即态度的组成成分来理解。态度包括认知成分、情感成分和意

① 张德. 组织行为学[M]. 北京：高等教育出版社，2019.

② 斯蒂芬·P. 罗宾斯. 组织行为学[M]. 16版. 孙健敏，等译. 北京：中国人民大学出版社，2016.

向成分三个组成部分。

（1）认知成分。态度的认知成分是指个体对某一对象的认识和评价。其中最重要的因素是人的信念和信仰，以及人在社会实践中获得的社会价值，如真与假、善与恶、是与非等。

（2）情感成分。态度的情感成分是指个体对态度对象的情感体验，即对态度对象的情绪或感情体验。通常好的评价产生喜欢的情感，坏的评价产生厌恶的情感。

（3）意向成分。态度的意向成分是指个体对态度对象的反应倾向，即个体准备以一定的方式行动的倾向，如想亲近或想远离、想占有或想放弃等。

把态度看成是由认知成分、情感成分和意向成分三部分组成的，有助于理解态度的复杂性和态度与行为的潜在关系。

3. 态度的特征

作为一种重要的心理现象，态度一般具有以下特征。

（1）社会性。人的态度不是天生的，而是在成长的过程中形成的，这是它与本能反应的本质区别。虽然人的本能行为也有倾向，但这是与生俱来、非学即会的。而所有的态度都是在后天的社会实践中，通过与社会各种条件的相互作用而逐渐形成并发展起来的。

（2）对象性。态度必须针对一个特定的对象，这个对象可能是具体的，也可能是某种状态或观念等。在谈到某一态度时，必须同时提出态度的对象，如对奖惩制度的态度、对社会上不正之风的态度、对战争的态度、对宗教的态度等。所以，态度反映了主体与客体之间的对应关系。

（3）稳定性。态度的形成需要一定的时间，而一旦形成之后又是相对稳定且不易改变的。一些稳定程度高的态度会作为性格中的重要成分进入人的个性，从而对人的行为产生更加广泛和持久的影响。但态度的稳定性又是相对的，它会随着社会环境的变化而发生改变。

（4）内隐性。态度是一种内在的结构，是一种内在的心理体验。它潜藏在人的内心深处，一部分将通过人的行为表现出来，却不一定非要表现出来。

（5）价值性。态度是有一定价值的，良好的态度是一种精神财富，会帮助人们在生活中取得成功，比如“态度决定一切”。

4. 态度的功能

（1）动机功能。态度对行为的方向性和对象的选择性的调节作用能驱使人们迈向或偏离某种对象，并选择相应的行为模式。例如，在日常生活中，人们总是乐于接近对自己持有肯定态度的人，若对一个人持否定态度甚至反感，就不愿意来往。

（2）认知功能。指态度对信息的接收、理解与组织作用。一般而言，人对抱有积极态度的事物容易接受，感知也清晰，而对抱有消极态度的事物则不易接受，感知模糊，有时甚至给予歪曲，这说明态度对信息具有“过滤”作用。

（3）情绪功能。态度会导致不同情绪体验。人们对事物的态度不一样，所产生的情绪体验也不相同。一般来说，与态度相一致的行为会带来满足、愉快、喜爱、敬佩等内心体验；与态度不相一致的行为则会带来不满意、不愉快、厌恶、憎恨等内心体验。

（二）态度的形成和改变

态度的形成与改变是一个人社会化的重要方面。一个婴儿在刚刚生下来的时候，只是一个生物的个体，一个自然的人，在成人的照料下发育长大，成为一个社会的人。在他的成长过程中，家庭、学校和周围环境的影响，使他逐渐掌握了一定的价值观念，形成了对周围世界的种种态度。当然，随着生活和环境的变化，其对待事物的态度也会发生相应的变化。

1. 影响态度形成的因素

态度是个体在后天的社会环境中通过学习而逐渐形成的。影响和决定态度产生和发展的因素很多，但归纳起来主要有主客观两方面的因素。

1）主观因素

第一，个人欲望的满足程度。态度的形成往往与个人的欲望有着密切的关系。例如，热情而周到的服务会给人们留下好印象，进而对服务者所属的企业和组织产生较高的评价，以提高美誉度。而冷淡的服务会使人产生挫折和不公正的感觉，将会直接影响人们对工作、企业和组织的看法，这与态度中的情感成分相联系，同欲望的满足直接相关。

第二，知识。人们对于某一事物的态度的形成与对该知识的知晓程度呈正比。比如，一个人阅读过某种科技著作，了解到原子武器爆破力的杀伤性，就会产生对原子武器的一种正或负的态度。

第三，个体因素。一个人的经验往往与其态度的形成有着密切的联系。一是价值观的影响，人们的价值观是态度形成的重要基础，价值观是一个人对客观事物的意义和重要性的总评价。每个人对各种事物的评价，如对自由、平等、博爱、诚实和自尊的评价，在心中都有轻重主次之分，这种主观的排列构成个人的价值观体系，它是决定人们态度与行为的心理基础。二是个体经验，一个人的经验往往与其态度的形成有着密切的联系，生活实践证明，很多态度是由于经验的积累与分化而慢慢形成的。例如，湖南人喜欢吃辣椒、山东人喜欢吃大葱的习惯，就是由于长期的经验而形成的一种习惯性态度。

2）客观因素

第一，活动范围及交往对象。一个人的态度总是在一定活动中形成和发展起来的。在人们各种各样的活动中，有利于活动进行并被人们认同的态度会得到不断强化，变得日益牢固。同时，态度的形成也与人们的交往对象有关，即所谓的“近朱者赤，近墨者黑”。

第二，团体。由于态度是个体在后天社会环境的影响下形成的，所以团体对个人态度的形成具有较大的影响。当个体加入某一团体之后，对所属团体的认可感使其愿意遵循团体的规范，形成与团体一致的态度。

第三，偶发性经验。一般来说，人的态度是在经验的积累、知识的吸收和信息的沟通中形成的，但在许多情境中，一次戏剧性的经验或偶发性的事件，就形成了人的某种态度。比如，一个小孩第一次吃鱼时就被鱼刺卡了喉咙，他在以后很长时间里可能不再吃鱼或不喜欢吃鱼。

2. 态度的形成过程

1961年，凯尔曼（H. C. Kelman）提出了著名的态度改变的三阶段理论，该理论认为态度形成与变化过程有三个阶段，即顺从、同化和内化。

第一，顺从。顺从阶段的个体没有深刻的认知和情感，比较表面化，行为受外部条件控制。例如，在领导的监督下，员工会认真卖力地工作；当领导离开时，会立刻停下手中的工作。

第二，同化。自愿接受和认同某种观点、信念的阶段，有较少的情绪、情感加入，它不是外界压力和条件下的态度。

第三，内化。将所接受的信念纳入自己的价值体系，成为人格的一部分，一种态度到了内化阶段才是稳固的。

3. 态度改变理论

态度改变理论，是指寻求态度改变规律的理论。①社会心理学家提出了许多理论来解释态度的形成与变化，如平衡理论、认知失调理论、参与改变理论、预言实现理论、学习理论、诱因理论等。下面主要介绍比较著名的平衡理论、认知失调理论和参与改变理论。

1）平衡理论

心理学家海德（F. Heider）于1958年提出了态度转变的平衡理论。海德认为，我们的认知对象包括世界上各种人、事、物、概念等，这些对象有的互不相关，有的互相联结。海德将构成一体的两个对象的关系，称为单元（unit）关系，而把对个体认知对象的感情和评价（喜恶、赞成、反对），称为情绪（sentiment）。

---

① 林崇德. 心理学大辞典［M］. 上海：上海教育出版社，2003.

海德认为个体对单元内两个对象的态度一般是趋向一致的。例如，一个人喜欢某明星A，则对A的穿着也很欣赏，甚至去模仿；一个人讨厌B，则觉得B的朋友也不好。这样，当对一个单元内两个对象的看法一致时，其认知系统呈平衡状态，当对两个对象有相反看法时，就产生不平衡状态。这种不平衡将引起个体心理紧张，产生不满意（焦虑）的情绪。

平衡理论简单而直观地描述了通过改变认知从而改变态度的方法，说明在现实中有多种改变不平衡状态的途径，所以平衡理论成为解释态度改变的重要理论之一。不过在实际工作中，某些不平衡状态不一定引起压力，迫使人去改变认知，恢复平衡。例如，A喜欢B，而B喜欢喝酒，A则讨厌喝酒。这是一种不平衡状态。A并不一定因为喜欢B，而非要让B也戒酒，也不一定因为B喜欢喝酒，A就一定要改变对B的喜欢。

2）认知失调理论

认知失调理论最早由费斯廷格（Festinger，1957）提出来，是研究人的态度变化过程的社会心理学理论。他认为，每个人的心理空间中包含多种多样的认知因素，比如观念、信仰、价值观、态度等许多方面。随着当前社会活动的内容不同，各种认知因素之间会存在三种关系，即协调、失调和不相关。当认知元素处于失调状态时，人们可以通过改变或者增加新的认知元素来调整这种状态，达到认知协调。[①]

费斯廷格认为，认知元素之间的矛盾和失调会造成心理上的不愉快和紧张，人们就会产生一种内驱力，驱使自己采取某种行动以减轻或消除这种不协调。认知元素之间的不协调强度越大，则人们想要减弱或消除不协调的动机越强烈。例如，公司总裁杜某坚信企业不应该污染空气和水，但是如果将该公司的废弃物排入当地的河流中（假设这种行为尚无关法律）能使公司获得很大收益，杜某该怎么办？显然杜某面临高度的认知失调。因为河水对当地人民的生活极为重要，杜某无法忽略这种不一致。他可能采用下述途径处理面临的困境。

第一种是改变行为，停止污染河流。

第二种是认为这种不协调的行为毕竟不重要，以此来减少不协调的程度（“处在管理者的位置上，我不得不考虑企业生存问题，等公司发展了，我们会努力治理污染”）。

第三种是杜某改变态度（“污染河流没什么错”）。

第四种是寻找其他因素来平衡不协调因素（“我们生产的产品的社会效益要大于污染造成的损失”）。

---

① 高凯. 基于态度改变理论的大学生人际冲突解决策略[J]. 辽宁工业大学学报（社会科学版），2009，11（4）：90-93.

3）参与改变理论

参与改变理论是勒温（Lewin，1940）于20世纪40年代提出的一种态度改变理论。该理论强调个体在参与群体的活动中改变态度。该理论来源于他的一项实验研究。他在群体动力学的研究中发现，个体在群体中的活动可以分为主动型和被动型两大类：主动型的人主动介入群体活动，他们参与政策的制定，参与权力的推行，自觉遵守群体规范等；被动型的人则被动地介入群体活动，他们服从权威，服从别人制定的政策，遵守群体规定等。

为了研究个体在群体中的活动对改变态度的影响，他做了一个美国家庭主妇对食用动物内脏的态度转变的著名实验。实验中，他把一批家庭主妇分为两组：一组为控制组，一为实验组。对控制组被试，勒温用演讲的方式，亲自讲解动物内脏的营养价值、烹调方法、口味等，要求她们改变对食用内脏的厌恶态度，并把动物内脏作为日常食品。而对于实验组被试，勒温则组织她们开展讨论，共同议论动物内脏的营养价值、烹调方法和口味等，并且分析使用动物内脏做菜可能遇到的困难，如丈夫不喜欢吃的问题、清洁问题等，最后由营养专家指导每个人亲自试验烹煮。实验结果发现，控制组只有3%的人采用动物内脏做菜，实验组则有32%的人采用。

由此可见，由于实验组的被试是主动参与群体活动的，她们在讨论中自己提出某些难题，又亲自解决这些难题，因而态度的改变非常明显，速度也比较快。而控制组的被试由于被动地参与群体活动，很少把演讲的内容与自己相联系，因而其态度也就难以改变。基于这一实验，勒温提出了“参与改变理论”，认为个体态度的改变依赖他在群体中参与活动的方式。后来，这个理论在管理中得到广泛的应用，也取得了一定的成效。

二、态度与行为的关系

在态度领域，任何一位学者都不曾忽视对态度与行为关系的探讨。态度是个体内部的心理准备状态，它对个人的反应具有指导性或动力性的影响，因此如果能确切了解某种态度，就可能预测与该态度相应的行为。

（一）态度的构成与行为的关系

态度是由多方面因素构成的，包括强度、成分、方向等，它们与行为之间有着复杂的关系。

1. 态度强度与行为的关系

态度表达可能是正向的，也可能是负向的。如果某两个人的判断完全相同，但是他们的“强—弱”程度可能不同，则可以说这两个人态度相同，而态度强度不同。而同样的态度，强度大的更容易引起相应的行为。

态度强度的影响因素很多，其中归纳得比较全面并且普遍被接受的是七因素说。[①]影响态度强度的七个因素是：①重要性；②可接受性；③坚实的知识；④细节的呈现；⑤确定性强，记忆容易提取；⑥评价的极端性；⑦不冲突。如果这些强度够强烈，则会引发一定的行为，并且相应的行为不易改变。这些态度强度对行为的作用是不一样的。

态度的强度不仅直接与行为相关联，也可以作为态度的方向性和行为之间的中介，态度越强烈，行为出现的可能性就越大。

2. 态度成分与行为的关系

关于态度的研究，还有关于其成分的说法，即认知成分和情感成分。有的研究认为态度的认知成分和情感成分是各自独立的，有的则认为态度的这两种成分是交叉影响的。因此，关于态度的这两种成分与行为关系的研究也是错综复杂的。法雷等人（Farley & Stasson，2003）的研究是这两种成分分别对行为产生影响，情感指导下比认知指导下的态度与行为的相关性高。[②]而施来歇尔等人（Schleicher，Watt & Greguras，2004）的研究则针对态度的情感成分与认知成分一致性对行为的影响，其研究结果是态度的情感成分和认知成分一致性作为态度（工作满意度）和行为（工作绩效）的中介变量，当态度的情感与认知成分一致的时候，工作满意度与行为的相关程度高；而当态度的认知和情感成分不一致时，态度和行为就不一致。这也解释了为什么很多时候态度与行为不一致，当态度的认知和情感成分发生矛盾时，是不能用来解释接下来的行为的。

3. 行为对态度的影响

态度与行为之间的关系不仅表现为态度对行为的影响，行为反过来也影响与态度的关系，成为预测态度与行为关系的因素之一。在态度与行为的关系上，实际的情况经常是：人们先有某种行动（无论主动还是被动），长期行为下来，形成自然而然的习惯后，真正改变了态度。施来歇尔对新升迁为“领班”和“工会代表”的工人的实验表明，其角色转变后工作态度发生了变化。显然，新角色要求新行为，而新行为的确引发了新态度的出现。诸多实证研究都发现，亲历行为

---

① Bizer GY，Krosnick JA. Exploring the Structure of Strength-Related Attitude Feature：The Relation Between Attitude Importance and Attitude Accessibility[J]. Journal of Personality and Social Psychology，2001，81（4）：566-587.

② Farley SD，Stasson MF. Relative Influences of Affect and Cognition on Behavior：Are Feelings or Beliefs More Related to Blood Donation Intentions?[J]. Experimental Psychology，2003，50（1）：55-62.

改变着先前的认知、感受和意向，尤其是当个人意识到自己对行为负有责任并且打算用这种态度指导其行为时。

（二）工作满意度与员工行为的关系

工作满意度作为一种态度存在，是指人们体验到的一种愉悦的或积极的情绪状态，这种情绪状态是人们通过对自己的工作或工作经验进行评价而产生的。

1. 工作满意度的概念及其影响因素

1）工作满意度的概念

当人们谈及员工态度时，通常指的是工作满意度。工作满意度是指个人对他所从事的工作的一般态度。工作满意度高的人可能对工作持积极的态度；对工作不满意的人可能对工作持消极的态度。

2）影响工作满意度的因素

第一，富有挑战性的工作。富有挑战性的工作为员工提供机会施展才能和技术，有一定难度、有一定的自主权和承担责任的工作易使员工获得心理满足。缺乏挑战性的工作易使人厌倦，但是挑战性过强，则易使员工产生挫折感。因此，对于中度挑战性的工作，多数员工都将感到满意。

第二，公平的报酬和晋升政策。员工把薪酬、晋升看作管理者对他们对组织贡献的评价，晋升为员工提供了成长机会、社会地位，当员工感到薪酬、晋升公正地建立在绩效、技能基础上时，满意度会提高。

第三，支持性的工作环境。员工对工作环境的关心，既是为了个人舒适，也是为了更好地完成工作。研究证明，员工希望安全的、舒适的工作环境。太热、太暗、噪声、污染等直接威胁员工的生理、心理健康。员工也希望获得职业、疾病、养老保险等基本生活保障；大多数员工希望工作场所离家较近、设备现代化。

第四，融洽的人际关系。对许多员工来说，工作还意味着对社会交往的满足。因而，友好和谐的同事关系，也会提高人们对工作的满意度。研究发现，与上级的人事关系更是一个决定性因素。如果直接主管是一个善解人意、友好公正、喜欢倾听员工意见的人，那么，员工的满意度会提高。

第五，个人特征与工作的匹配。当个性及个人的知识技能与工作相适应时，人们更容易获得工作上的成功、取得成绩，而事业的成功会大幅提高人的满意度。

2. 工作满意度与员工行为的关系

许多公司都在想方设法提高员工的工作满意度，有些公司（如富士施乐、北电网络、美国最大的百货零售商Sears）甚至把主管人员的奖金和员工的满意度联系起来。工作满意度确实影响员工的组织行为，但其影响力究竟有多大呢？下面着重从两个方面进行分析。

1）工作满意度与员工离职率

当员工对工作不满意时，他们会尽量逃避和远离工作，这种现象叫作离职。员工离职的主要形式有两种：缺勤和跳槽。员工通过逃避或放弃现有工作来表示对工作的不满。

那么，员工对工作越不满意，他们就越可能缺勤吗？研究发现，情况并非如此。员工不满意程度与缺勤率之间的相关程度并不高。这表明，工作不满意可能只是影响员工缺勤率的众多因素之一。例如，一方面，即使人们真的不喜欢他们的工作，但如果他们认为工作对于维持自己的生计或完成一个重大项目有重要意义，那么他们也可能不会选择缺勤；另一方面，一些员工可能非常不喜欢他们的工作，但他们只是在工作中偷懒或消极怠工，以表示自己的不满，而不是选择缺勤。

员工离职的另一种极端形式是跳槽。员工对工作的满意度越低，他们考虑辞职的可能性就越大，同时付诸实施的可能性也越大。但研究发现，员工不满意与跳槽意向之间有较高的相关性，而与实际的跳槽行为之间却只有中等偏下的相关性。很多员工的个人因素，如职业经验、经济状况等让其难以最终做出跳槽的决定。一些研究表明，员工的经济状况以及找到一份可以接受的新工作的可能性是影响员工跳槽的重要因素。由此，研究者们推测，失业率对于员工工作满意度及员工流动率之间的关系有一定的预测作用。在失业率低的条件下，工作满意度和员工流动率的相关程度要高一些。这是因为，当失业率低时，人们认识到他们还有很多其他的工作机会，于是当对目前工作不满意时，倾向于辞职去寻找另一份工作。相反，高失业率限制了员工选择其他工作的机会，他们宁愿保持原有的工作，尽管他们或许对这份工作很不满意。因此，失业率越高，工作满意度和员工流动率的相关性越低。

2）工作满意度与员工工作绩效

工作满意度高的员工可能是高效的员工。曾有研究者认为工作满意度与工作绩效之间的关系只是管理学中的一则谣言，但一个针对300项研究进行的元分析表明，这两者具有很强的相关性。从组织而不是个体的角度，同样可以发现满意度与绩效之间存在关系的证据。罗宾斯（Stephen P. Robbins）为组织收集满意度与生产率方面的整体数据时发现，员工满意度高的组织比员工满意度低的组织更高效。

三、态度测量

态度测量是在20世纪20年代中期开始的。这是一项非常复杂和困难的工作，除了要考虑态度的特征、态度的方向和态度的强度以外，还要考虑与态度相联结的情感的强度，态度的双向性、重要性和内隐性，认知的复杂度，表现在行为的程度，以及与其他态度的关联度、灵活性和意识化的程度等。

（一）态度测量概述

态度的测量即对人们的外显行为和内隐的心理倾向进行观察、记录并据此进行间接推断的过程。

（二）态度测量的方法

从瑟斯顿（Thurstone，1928）提出第一个态度测量量表以来，态度测量技术已经有了很大的发展，如今的态度测量技术主要表现为两方面：外显直接测量和内隐间接测量，下面着重介绍一些常用的测量方法。

1. 量表法

量表法又称自我评断法，是运用根据一定的测量、统计原理而编制的态度量表来测评个体所持态度的一种方法。被人们广泛运用的态度量表有等距量表、总加量表和语义分化量表。

1）等距量表

这种量表为瑟斯顿在1929年首创，以后曾一度被广泛使用。编制这种量表时，编制者首先要收集有关所测问题、事物的各种态度的表述语。例如，关于妇女解放的问题，“妇女解放是社会进步的标志”“妇女未必非和男子一样不可”等这样一些包含一定观点、看法的语句即是态度的表述语。表述语的收集一般是编制者从有关的报刊上摘录，也可直接找人谈话将其观点、看法记录下来。这样做的目的在于保证收集到的态度表述语是客观、真实的。

2）总加量表

总加量表为李克特（Likert，1932）创制。编制者首先编写关于某一问题或事物的一系列态度表述语，每句态度表述语之后附有一个五种等级选项。通常每一量表所容纳的态度表述语为20句以上。被试填完答案后，将其每句得分加在一起即为测量所得分数。被试得分意义则要参照量表中所有态度表述语的分数总和情况来定。①

总加量表的最大优点是其编制过程较为简单，分数的评定也简单易行，因此为人们广泛采用，以至于在一般的调查访问中经常采用这种形式来编制问卷。

3）语义分化量表

语义分化量表由奥斯古德和苏西于1957年创制。原用于测量某一

① 中国人民大学心理研究所. 社会心理学[M]. 北京：中国人民大学出版社，2013.

概念或事物本身对人们所具有的意义，这种意义并不完全是由该概念或事物本身的语词含义所决定的，而是根据人们所具有的经验或对比的理解来决定的。奥斯古德和苏西根据语义分化的测量，使用因素分析法分析出各种概念或事物对人们产生意义的三个维度，即评价维度、潜能维度和活动维度。实际测量时，研究者要求被试在一个七点量表上评断自己对某事物的看法。

2. 自我报告法

1964年，泰勒（J. B. Taylor）等人创造了这一方法。这种方法非常简单，只在一个简单的问题后面附等级评定量表。例如，“一般地，你觉得犹太人怎么样?”这个问题后附等级评定量表，从“很讨人喜欢”到“很不讨人喜欢”分三个等级，被试只需在量表上确定态度即可。

3. 行为观察法

1964年，由库克（S. W. Cook）等人提出。例如，在有残疾人参加的讨论中，通过观察其他人所选择的位置与这位残疾人的距离，可以判断他们对这个残疾人的态度。

德夫连（Deflear，1958）在研究中让被试看许多幻灯片，之后问被试是否愿意与一异性黑人签协议，表示自己愿意与他（她）合影并登报公开发表。有人根本不愿意，有人同意合影但不同意公开发表，也有人表示都可以。从这些行为反应，研究者可以看出被试对黑人的态度。

4. 投射技术

该技术是心理学研究中常用的一种技术，早在20世纪30年代，它就已经成为心理学家了解他人内心世界的重要手段。在投射技术中最有代表性的当数主题统觉测验（Thematic Apperception Test，TAT），这种方法通过让人们用看过的图画编故事的形式来测量人们的内在心理状态，比如对成就动机的研究就经常使用这种方法。①

5. 客观任务的完成

这种技术是让被试去做具体的工作，从他所做的工作分析其态度。赫维茨（Horwits，1938）在一项研究中将各色人种、各种性别的人的照片给被试看，要求被试看完后指出哪些照片是属于一类的。由被试的反应可以看出他们对不同人种和不同性别的人的态度。

6. 问卷与访问

这是舆论测验最常用的方法。通过制定与调查目的相关的一系列问题，按照一定的规律排列成问卷由被试回答，最后通过问卷分析来看被试的态度。访问时直接与被试交流，通过结构化或非结构化的问题，或者自由交流来判断被试的态度。

---

① 侯玉波. 社会心理学[M]. 北京：北京大学出版社，2018.

7. 生理测量法

态度是有一定的生理基础的。例如，赖金（Rankin，1955）以皮肤电反应（G. S. R）为指标研究白人被试对白人主试和黑人主试的态度。研究表明，有偏见的白人被试对白人主试的皮肤电反应和对黑人主试的皮肤电反应是很不相同的。但这种生理上的指标并无一定的方向性，不能根据生理反应的变化判断个体的态度中所包含的情感是愉快的还是不愉快的，也不能判断其态度是赞成还是反对。生理测量法只能提供一个参照的依据。

8. 内隐联想测验（IAT）

1998年，格林沃德（G. Greenwald）等人首次提出了内隐联想测验，它是通过一种计算机化的分类任务来测量两类词——概念词（如白人、黑人）与属性词（如聪明、愚蠢）之间的自动化联结的紧密程度。其基本原理是当概念词和属性词与内隐态度的相容程度越高，联结越紧密时，辨别归类加工的自动化程度就越高，反应时就越短；而在不相容条件下，认知冲突越严重，反应时就越长。基本过程是呈现一组属性词，让被试尽快地进行辨别归类（即归于某一种概念词）并按键反应，反应时被自动地记录下来。内隐联想测验善于预测那些不受控制或很少受控制的自主行为或微妙行为。①

（三）态度测量在管理中的运用

在组织背景下，管理人员想要了解的大多数态度都是员工们所体验的态度。如果能具体陈述有关态度的问题，管理者可以获得足够的信息，这对制定与员工有关的决策具有相当的指导意义。但是管理者如何获得员工态度的信息呢？最普遍的方法是使用态度调查给员工们呈现出一系列成熟问题（见表5-3）。理想情况是这样的，针对管理层希望了解的具体信息而专门设计这些项目。把个人问卷中对每一个条目回答的分数相加可以得到一个人的态度分数，以这些分数为基础还可以得到工作群体、部门、整个组织的平均数。

表5-3 态度调查表示例

使用下面的评价标准回答每一个问题 5=非常同意 4=同意 3=不确定 2=不同意 1=强烈反对	
问 题	分 数
1. 这家公司是非常好的工作场所	

① Banse R，Seise J，Zerbes N. Implicit attitudes toward homosexuality：reliability，validity，and control ability of the IAT[J]. Zeitschrift fur Experimental Psychology，2001（48）：145-160.

续表

问　题	分　数
2. 如果我努力的话，我可以在这家公司里出类拔萃	
3. 这家公司的薪酬水平比去其他公司有竞争力	
4. 员工晋升很公平	
5. 我了解公司提供的各种福利待遇	
6. 我的工作能充分发挥我的能力	
7. 我的工作具有挑战性，但负担不重	
8. 我相信并信任上级	
9. 我可以随时将我的想法告诉我的上级	
10. 我知道我的上级对我的期望	

定期使用态度调查能够为管理者提供关于员工如何感觉他们的工作环境有价值的反馈信息。与对知觉的讨论一致，管理层认为客观公平的政策和实践可能被大多数员工或其中一部分员工认为是不公正的。这些误解会导致对组织和工作的消极态度，这对管理层是十分重要的。因为员工的行为建立在他们知觉的基础上，而不是建立在事实之上。请记住，即使管理层有客观的事实表明一个员工的薪水已相当高了，但是如果员工觉得自己薪水太低，还是会辞职的，这与他因为薪水确实太低而辞职的情况是一样的。定期使用态度调查能够提醒管理层关注潜在问题，并且及早了解员工的意图，以便采取行动，防止出现消极的影响。

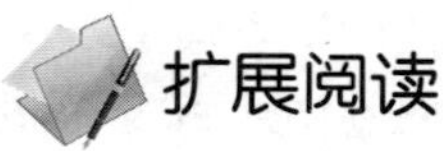

扩展阅读

改变态度的方法

思考活动

工作满意度的影响因素有哪些？

人们态度的改变，主要取决于内在原因，例如，生理状态的某些变化，心理上的某些愿望和要求等。但是并不意味着态度的改变可以忽视外在因素的影响，有时外在因素在推动态度的改变上，往往能够起到重要的作用。在管理工作中，改变人们态度的方法，主要有以下几种。

一、积极参加实践活动

心理学研究表明，要改变一个人的态度，最好能够引导他积极参加有关实践活动，或是在活动中扮演一定的角色，或是在活动中让他发挥自己的主动性。这些都有利于个人态度的转变。例如，心理学家费斯廷格在研究美国白人对黑人的态度时，曾设置了不同的情境。第一种情境是把一批虽然住得很近，但是彼此不相往来的白人和黑人组织在一起做纸牌游戏；第二种情境是让白人和黑人共同观看别人玩纸牌；第三种情境是双方同处一室，但并不组织共同活动。研究结果发现，由于情境不同，白人对黑人显示出友好态度的人数比例分别是66.7%、42.9%、11.1%，这说明参加活动越积极，则态度的转变越明显。

布鲁奇在大学生中做过一个有趣的实验。被试原先都不相信天主教。实验者要求他们写出“支持天主教”的文章，把他们分成A、B、C、D 四个组。A组被告知写文章可以自由选择材料，B组被告知必须按规定写，不可自由选择材料，C组被告知要着重考虑文章的内容，D组被告知要着重考虑文章的结构和语法。文章写好后，接着调查他们对天主教的态度，结果发现，A组和C组的被试更多地转变了原来的态度，而另外两组的变化则不大。

上述这些实验都说明，积极地参加有关实践活动，能推动一个人态度的转变，其原因在于某种特定的环境气氛能够使人们受到感染。因为情境中的各种因素，能够对人们的情感产生综合性的影响，其间往往有一种无形的力量推动参加者产生某种感情上的共鸣。因此，经常听到人们这样说，对那些持消极态度的人，与其口头劝说，不如带他们到现场去转一转。这就是说，一个人经过自己亲身体验，往往容易使态度发生改变。

二、组织规定

组织的规章制度、公约、法规，一般地说，可以有效地改变人们的态度。心理学家勒温曾经为此做了这样一个实验，实验的对象是刚生过孩子住医院的产妇，当她们离院回家时，被要求给婴儿喂鱼肝油和橘子汁。实验者把产妇分成A、B两组，A组为控制组，B组为实验组。A组是通过医生的劝说，告知产妇为了婴儿的健康，每天应该给孩子喂鱼肝油和橘子汁；B组则是医院给大家规定，回去以后必须给孩子吃上述食品。一个月以后进行检查，发现B组的产妇几乎全部照办，而A组的产妇只有部分人接受了医生的个别劝告。这说明，组织规定比个别说服更有助于转变人们的态度。

但是，这并不是说，我们可以由此不再重视思想政治工作。我们认为，实验所揭示的结果并不说明实验本身与思想政治工作是矛盾的，因为转变人们的态度所采取的途径可以是多样的，如果把多种途径结合起来，则效果会更好。单纯地依靠说服动员就想达到态度的改变，往往是十分困难的。所以，有必要通过国家、团体和组织做出某些规定，使这些规定在客观上带有法令和准法令性质，并使它逐步成为人们的行为规范，使其知道怎样做是对的，怎样做是不对的。对的便会得到社会、团体和组织的肯定，不对的便会受到社会、团体和组织的批评和否定，这种规定促使人们产生服从感。当然服从只是态度改变的最初阶段，它可能是被迫的，也可能是自觉的。因此，在国家规定和组织约法之后，还必须进行必要的宣传和说服动员，以期造成社会和组织的一致舆论。心理学家认为，舆论的作用在于它能够使人们的道德行为迅速地发生定向反应，在心理上激起情感波动和思想反响，从而使人们调整自己的行为，改变自己的态度。

三、逐步提出要求

心理学研究表明，要改变一个人的态度，首先必须了解他原来的态度立场，然后估计一下两者的差距是否悬殊，若差距过大，反而会发生反作用，如果逐步提出要求，不断缩小差距，则人们比较容易接受，所以要改变人们的态度，不能操之过急，最好逐步提出要求。

态度立场的差距对于态度的转变是十分重要的因素。因此，我们可以应用这一原理，处理日常生活中某些常见的事情。例如，一个人突然听到亲人的不幸（死亡），会由于一时思想准备不足而受不了刺激，于是，可以采取逐渐增加信息的办法，以免发生意外。但是必须指出，态度立场并不是唯一的因素，因为一个人态度的最后转变，还要看其自身的心理状态，如果个人迫切要求改变现状，则差距虽大，也能改变原来的态度。也有一些情况，由于不改变态度将直接损害个人的切身利益，这时，虽然态度立场的差距极大，也会不得已而改变态度。

四、利用睡眠者效应

睡眠者效应是在40年前的一个研究中发现的。在这个研究中，一组美国士兵观看了一个爱国主义的电影。在看完影片5天后，态度有少量改变，9周后，与未看影片的控制组士兵相比，这一组的士兵表现出更多倾向于肯定的态度。显而易见，5天和9周之间，产生了某种东西而导致了态度的改变。

为解释睡眠者效应，研究人员开始研究消息来源的可信度。由于士兵们认为最初观看的信息是值得怀疑的，他们不相信美国军队，对于美军的信息持有偏见。这些信息最初只有很低的可信度，因而，他们倾向于对电影的信息打了折扣，然而，几个星期过去了，这个消息的来源已被忘记而消息的内容还被保存着。这个解释就是后来闻名于世的“折扣心理假设”，这个假设建立在这样一种说法的基础上：我们储存信息内容的方式与信息源的方式不同，而且我们回忆这些信息时，成功的程度也会有所区别。

在态度改变的诸因素中，信息的可信度是一个重要的相关因素，可信度高的信息源容易引起人的态度改变，但可信度低的信息源在一定程度上也能说服并改变人的态度。在我们宣传自己的主张或向人提出建议时，如果我们自身还缺少让人信任的条件，如果别人对我们怀有偏见，不妨利用睡眠者效应，让时间冲淡各种不利因素对你的宣传或建议的影响。

（资料来源：https://wiki.mbalib.com/wiki/%E6%80%81%E5%BA%A6，2021-2-11.）

专题小结

态度是个体对客观对象的一种心理倾向，这种倾向包括认知倾向、情感倾向和行为倾向三种因素，任何一种心理倾向如果包含上述三种因素都可以称为态度。态度具有以下几个特征：社会性、对象性、稳定性、内隐性、价值性。

专题三 组织承诺

专题导读

组织承诺是管理心理学的一个重要概念，也是人力资源领域中的热点研究对象，以其对员工的离职和工作上的退缩行为的良好预测而受到重视。组织承诺对于企业防范人才流失具有重要的意义。本专题将主要介绍组织承诺的基本概念、相关理论发展、影响组织承诺的前因变量及研究组织承诺的重要性。

一、组织承诺的内涵

（一）组织承诺的概念

组织承诺描述了员工对特定的组织及其目标的认同程度，以及希望继续作为组织成员的意愿。大多数研究都集中在员工对组织的情感依恋以及对其价值观的认同上，并将这两点视为衡量员工组织承诺的“黄金标准”。①

（二）组织承诺的理论发展

自从贝克（Becker）提出了组织承诺的理论后，由于其在预测员工的离职和退缩行为方面有着比较显著的效果，所以一直备受关注。组织承诺的理论发展经历了从一维到多维的变化。

---

① Solinger，Omar N，Van Otffen，Woody，Roe，Robert A. Beyond the Three-Component Model of Organizational Commitment[J]. Journal of Applied Psychology，2008，70-83.

贝克一开始提出的单边投入理论（Side-Bet Theory）认为，员工与组织之间是一种基于经济交换基础上的契约关系。随着员工对组织“单方面投入”的增加，即员工对组织在时间、精力甚至金钱上投入的增加，一旦离开组织就会遭受很大的经济损失，所以他们不得不继续留在现在的组织中。不过，此时贝克的理论只是描述了这种心理状态，对于具体会影响员工心理的因素及测量并没有进行全面的研究。

随着之后比较多的研究关注，逐渐有布坎南（D. Buchanan）和波特（L. W. Porter）提出了“感情承诺”，韦纳（B. Weiner）提出了“规范承诺”的雏形，这些研究对于组织承诺有了较深一步的探讨。但是可以看到，此时的理论都是单因素的，只是对于组织承诺的定义各有不同的侧重点，只是从不同的角度揭示了组织承诺的某一方面的内容。

直到1984年，梅耶（J. P. Meyer）与艾伦（Allen）提出了组织承诺的两因素理论，并编制了OCQ测量量表；1990年又提出了组织承诺的三因素理论，组织承诺的研究才逐渐开始向多维度发展。

我国学者从20世纪90年代开始涉足组织承诺领域的研究。结合中国的国情，他们对于组织承诺也提出了各自的看法。

张玮等以组织文化为自变量，组织承诺为因变量，员工职业成长为中介变量，讨论组织文化对组织承诺的影响机制。研究发现，员工导向文化正向影响组织承诺，结果导向文化负向影响组织承诺。①

王润娜等以51家企业及其328名员工为样本，对工作价值观和离职倾向的关系以及人力资源系统的作用进行了研究。研究发现，组织承诺在工作价值观对离职倾向的影响中起部分中介作用。②

二、组织承诺的形成

对于组织承诺的认识，有两种较为流行的观点：一是行为说；二是态度说。③

行为说主要关心个人怎样认同某种特定行为，是哪些情景性的因素使行为不易改变，它们又是怎样影响与行为一致的态度的形成的。例如，萨兰尼克（G. R. Salancik）认为，组织承诺是“个人对某一特定组织的依赖并依此表现出来的相应的行为”。他进一步指出了组织承诺的四条行为标准：①行为的清晰性，这些行为是否明确、可见；

---

① 张玮，刘延平. 组织文化对组织承诺的影响研究——职业成长的中介作用检验[J]. 管理评论，2015，27（8）：117-126.

② 王润娜，王丹，王筱桐. 工作价值观对员工组织承诺和离职倾向影响研究[J]. 中国物价，2020（4）：59-62.

③ 刘小平. 企业员工的组织归属感及形成研究[J]. 管理百科，2002（6）.

②行为的持久性，这些行为是持久的还是短暂的；③行为的自愿性，这些行为是发自内心的还是由于外界诱惑或其他外在压力被迫而为之的；④行为的公开性，别人是否知道该行为以及谁知道该行为。

态度说主要关心个人是怎样培养出对组织价值观的坚定信念，又是怎样产生出为组织的利益而努力的意愿的，以及如何培养个人形成想留在企业而不愿离开的意愿等。“当个人的身份与企业联系在一起”或“当个体目标与企业目标越来越整合和匹配”时，承诺就产生了。这种承诺体现了个体与企业的一种交换关系，即个体认同某个特定的企业及其目标，并希望维持企业成员的身份、帮助企业实现目标，以换取相应的奖励和报酬。

（一）影响组织承诺的因素

影响组织承诺的前因变量可大致分为三类：员工的个体特征变量、员工的工作特征变量和员工所在组织的特征变量。

1. 员工的个体特征变量

（1）性别、婚姻状况。有关研究显示，女性员工的感情承诺高于男性员工，而男性员工的继续承诺高于女性员工。格伦斯基（Grusky，1966）认为，女性员工的组织承诺高于男性员工，是因为女性员工寻找工作的机会比男性员工困难，因此她们比较珍惜工作机会。另有研究显示，已婚者的继续承诺会高于未婚者，这说明家庭的经济压力会使得员工在考虑企业时比较在乎离开创业的经济风险。

（2）年龄。年龄差异更多的是影响着员工的继续承诺。组织承诺与年龄、资历的关系与人们对离职的研究发现是相当一致的，即工作年限越短，员工的流动率越高。据一项来自美国的研究报告分析，在所给定的任一批同年龄组的员工中，有2/3到3/4辞职人员发生在工作刚开始的前三年之内；其中超过半数的辞职人员仅在工作满一年后便决定辞职。这是因为年轻员工对所在企业的依附性不强，自身适应性强，有更多进入新工作岗位的机会。另外，年轻人更换工作的成本较年长者低。一个人在企业内工作的时间越长，其社会联系的纽带越强，与之相应的离开企业的社会交往损失就越大。

（3）学历。在国内外的研究中，组织承诺与教育程度的负相关性是一致的。即教育程度越高，承诺越低。这可能是学历越高工作机会越多；也可能是学历越高对企业的要求也越高，对企业所提供的条件和待遇不容易感到满足，不容易产生归属感。

（4）户口。户口是中国特有的人口学特征变量，是传统计划经济的产物。在传统的计划经济下，户口起到了控制居住和就业的作用。有关研究显示，农村户口员工的感情承诺高于城镇户口员工的承诺，而城市户口员工的继续承诺高于农村户口员工的承诺。同时，本地员工的感情承诺和继续承诺都高于外地员工的承诺。[①]

2. 员工的工作特征变量

（1）职位。有关研究显示，中高层管理者的感情承诺高于基层管理者的感情承诺，而操作员工的感情承诺高于一般行政人员的感情承诺。但是，在继续承诺上，中层管理者的承诺高于高层管理者。

（2）工龄。员工的工龄对于感情承诺的影响有一个反复的过程。通常认为，在任职初期员工的感情承诺是随之增加的，但渐渐地员工会出现职业倦怠，虽然在这个阶段继续承诺是上升的，但是会导致感情承诺快速下降，不过在任职的最后阶段，即员工在组织的时间越来越长，感情承诺又会快速回升。

（3）离职次数。离职次数少的员工比离职次数多的员工感情承诺相对要高，而没有离过职的员工继续承诺更高。

（4）晋升概率。员工晋升概率越大，对组织的感情承诺就越高，而继续承诺越低。

3. 员工所在组织的特征变量

（1）组织文化。组织文化能显著影响员工的感情承诺。组织文化一致性越高，则成员的组织承诺也越高，组织的和谐，以及组织成员具有共识并共同信守组织规范，可以提高组织成员的组织承诺水平。

（2）管理机制。员工的感情承诺会随着人力资源管理战略在员工身上的投资而增加；承诺型的人力资源管理实践会产生高水平的员工感情承诺。

（3）领导关系。领导对下属的关怀越多，沟通越频繁，则越能提高成员的组织承诺。不少研究表明，个人在组织中越是感到温暖、支持、工作明确，对组织的归属感越强。

（二）组织承诺的测量

组织承诺自1960年提出以后受到学术界的广泛关注，国内外组织承诺的测量量表多达十几种，组织承诺的测量由二维度发展到五维度。目前，组织承诺的量表中应用最多的主要有三种：Mowday的组织承诺量表、Meyer和Allen的组织承诺量表以及我国学者凌文辁开发的中国职工组织承诺量表。

1. Mowday的组织承诺量表

最早的组织承诺量表是由Mowday在1979年开发的。Mowday认为，组织承诺是一维的，因此该量表的优点是它比较简洁，使用起来很方便。但是该量表也存在一些问题，量表中的一些结果变量有重叠，因

---

① 崔勋. 员工个人特性对组织承诺与离职意愿的影响研究[J]. 南开管理评论，2003（4）.

此很多学者对该量表能否准确地测量组织承诺产生了怀疑。

2. Meyer和Allen的组织承诺量表

Meyer和Allen开发的组织承诺量表是目前组织承诺量表中使用较为广泛的。他们起初提出了组织承诺的二维模型。随着研究的深入，他们发现规范承诺也是组织承诺的一种，因此提出了组织承诺的三因素模型。该量表没有考虑文化因素对组织承诺的影响，因此使用该量表测量特定文化背景下的组织承诺时，测量的信度和效度可能会较低。

3. 中国职工组织承诺量表

我国学者凌文辁为了能更准确地测量中国员工的组织承诺情况，开发了符合我国情况的组织承诺量表，并将组织承诺分为情感承诺、规范承诺、经济承诺、机会承诺以及理想承诺五个维度。量表中的有些维度与Meyer和Allen的组织承诺量表的三个维度类似。该量表的优点在于它比其他量表更贴近中国的情况，但也存在一些问题，即机会承诺和理想承诺可能与经济承诺有一定的交叉和重叠。

三、组织承诺研究对于管理的意义

（一）研究组织承诺的重要性

组织承诺是连接组织成员与所在组织的纽带，是预测组织成员忠诚度的良好指标。波特等在研究了组织承诺与工作满意度、双级评定（包括上级、同级）以及提升等关系时发现，组织承诺指标是预测员工离职率的较好指标。他指出，承诺高的员工有如下三种明显的表现：①信赖并且乐于接受组织目标与价值观；②对组织的各项工作乐于投入尽可能多的精力；③对能够成为该组织的成员充满了自豪感。而且，员工承诺越高，离职率越低；承诺越低，离职率越高。

菲佛（Pfeffer，1998）也提出了同样的论点，那些追求高投入、高绩效和高承诺管理实践的公司，已经在长期内形成了高经济回报。菲佛识别出的七类管理实践，如雇佣保障、选拔录用、自我管理团队和决策、高权变绩效薪酬、员工培训、降低地位差异以及信息共享，会引起与高经济回报相关联的组织结果（组织学习和技能开发、创新、客户服务生产率、成本降低和柔性）。菲佛认为，以人为本的策略是竞争优势的来源，因为与技术、成本和新产品开发不同，它很难模仿。[①]

（二）不同文化差异下的组织承诺

国内目前研究不同文化下员工的组织承诺的形成时，主要以国有

① Pfeffer J. The Human Equation[M]. Boston：Harvard Business School Press，1998.

企业、合资企业及外资企业为比较对象。

国有企业管理者的感情承诺和规范承诺要高于一般员工，因为管理者地位的优越感和对企业的支配感要高于一般员工；再者，大部分国企管理人员不是由外部直接引进的，而是企业逐步培养起来的，回报的意识更强。

在合资企业背景下，一般员工的感情承诺要高于管理人员，但对于继续承诺，管理人员要高于一般员工。

在外资企业里，管理人员和一般员工的感情承诺高低与在国企中正好相反，说明管理文化背景对组织承诺有一定的影响。

国内学者在对国有企业和外资企业员工的组织承诺比较研究中发现，对国有企业员工而言，他们更多的是考虑继续留在企业可以得到什么，而不是考虑自己离开后会损失什么。[①]

这种观念差异反映了文化间的差异。之所以有这种差异是因为在西方文化背景下，人们避免不确定性的倾向较低，衡量经济效益的参照时间较短，调换工作比较容易；而在中国文化背景下，人们避免不确定性的倾向较高，计算各种经济效益所使用的参照时间较长，轻易不调换工作。另外，西方体制也为离职提供了较多的机会，很多福利待遇可以用经济报酬计算，员工对自己工作的控制度较强；而我国目前各方面的限制比较多，很多福利待遇没法用金钱计算，员工对自己工作的控制度较低。因此，我国员工对于经济回报、生活便利、组织认同感、自我实现这些因素更为重视。而目前国内劳动力市场上出现的人才冗余的情况，也使得员工在考虑离职时，不得不评估自己是否有可靠的替代工作机会。那些拥有通用技能的员工，替代工作机会较多，继续承诺水平将较低；而那些拥有较强专有性特征技能或拥有的技能在劳动力市场上供过于求的员工，替代工作机会较少，因此继续承诺水平较高。

霍夫斯坦德（Geert Hofstede）[②]认为，两种文化精神的价值取向差别表现在：从对组织的感知来看，中国人视组织为一个家庭，并期望受到一个家庭成员般的照顾，而西方则视组织为中性的，仅在成员的个人生活中存在有限的组织期望；中国人服从组织是建立在伦理基础上的，而西方则是建立在经济基础之上的；中国雇员以忠诚和顺从回报保护他们利益的组织，而西方雇员留在组织只是表明交换关系是相对确定的；中国主要从整体角度，主观评估他人及其表现，晋升往

① 刘小平，王重鸣. 中西方文化背景下的组织承诺及其形成[J]. 外国经济与管理，2002（1）.

② Hofstede G. Culture's Consequences：International Differences in Work-Related Values[M]. Beverly Hills，Ca：Sage，1980：34-98.

往采用内部提拔，西方则往往客观、规范、标准化地评估他人，并采用公开化、竞争性的方法提升员工；中国更加强调群体和团队工作，而西方更加注重个人表现和专门知识。

不过目前随着中国经济环境的逐渐多元化和员工的学历水平整体上升，中国员工的价值观正由群体本位取向逐渐向个体本位演变，知识型员工也变成一群比较特殊的群体对象。所以在企业管理中，需要注意依据不同的文化差异，也要关注员工目前的价值观走向。

（三）企业如何管理组织承诺走向

企业应该采取措施来控制员工的组织承诺走向，以促进团队发展。对于管理者而言，了解员工的组织承诺对于制定政策和改进管理至关重要。沃森·怀亚特公司的一份对美国7500名员工的调查显示，拥有高承诺员工的公司三年内对股东的总体回报要远大于员工承诺水平低的公司，可见员工对组织的承诺对于公司发展是极为关键的因素。①中国的管理者应当在本国的文化背景下采取有效措施控制员工的组织承诺走向。

1. 以人为本

中国文化重视经验中的情感体验成分，为了赢得员工的感情承诺，需要使员工在工作实践中体会到组织的关心和爱护。因此，管理者要从员工的需要出发，悉心设计对员工的各项政策，营造适宜的工作环境，为员工能高度投入并努力达成组织目标创造条件。对员工的每一份付出，公司都要给予积极的肯定，并通过公平的分配和晋升系统给予他们回报。

2. 提供完善的职业发展与培训

企业要做好员工职业生涯管理，建立组织内部职业生涯发展体系。为员工的发展提供更多的培训和晋升空间，这对于知识型员工尤为重要。因为知识型员工更注重个体人力资本的积累与持续学习，通过“干中学”进行自我开发，因此更看重诸如晋升、培训等内在报酬。

3. 信任管理

要赢得员工的感情和忠诚必须给予员工信任。管理者要通过诚实与公开的沟通，与员工建立相互信赖的关系，给予员工归属感，不是通过严厉的规则而是通过教育培训来降低组织不期望行为的发生。

---

① Whitener EM. Do “high commitment’ human resource practices affect employee commitment?A cross-level analysis using hierarchical linear Modeling[J]. Journal of Management，2001（27）：515-535.

思考活动

1. 如何改变一个人的价值观？

2. 一个人态度的改变与哪些因素有关？

3. 态度测量的方法有哪些？这些方法各自的优缺点是什么？

4. 中西方文化背景下，员工的组织承诺在感情承诺、规范承诺和继续承诺这三个维度上有哪些不同？为什么会有这种差异？

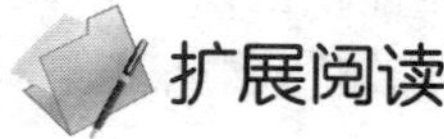

扩展阅读

中国员工组织承诺对管理者的启示

对管理者而言，了解员工的组织承诺对于制定政策和改进管理至关重要。沃森·怀亚特公司的一份对美国7500名员工的调查显示，拥有高承诺员工的公司三年内对股东的总体回报（112%）要远大于员工承诺水平低的公司（76%）。可见员工对组织的承诺对于公司是何等重要。那么，如何提高中国员工的组织承诺呢？有如下管理建议：

（1）中国文化重视经验中的情感体验成分，为了赢得员工的感情承诺，需要员工在工作实践中体会到组织的关心和厚待。因此，管理者要从员工的需要出发，悉心设计对员工的各项政策，营造适宜的工作环境，为员工能高度投入并努力达成组织目标创造条件。对员工的每一份付出，公司都要给予积极的肯定，并通过公平的分配和晋升系统给予回报。

（2）做好员工职业生涯管理，建立组织内部职业生涯发展体系。为员工的发展提供更多的培训和晋升空间，满足员工的理想承诺要求，建立员工的工作愿景，帮助员工自我实现。

（3）信任管理。要赢得员工的感情和忠诚必须给予员工信任。管理者要通过诚实与公开的沟通，与员工建立相互信赖的关系，给予员工归属感，不是通过严厉的规则而是通过教育培训来降低组织不期望行为的发生，从而消除雇佣不稳定因素对组织承诺的消极影响。

（4）通过应用“中国员工组织承诺问卷”对员工的组织承诺进行调查，了解员工的承诺状态和水平。每一位员工的组织承诺中都有五种承诺因子，但是他们各自的水平是不同的，只有一种或两种承诺因子占主导地位。其中以经济和机会承诺为主导的员工离职率较高。对于这类员工，可以根据他们的绩效表现和组织需要，采取有针对性的措施来挽留其中所需人才，而机会承诺者可让其自然流失。因为保持一定比率的人才流动率，对公司也是必要的。而当组织内员工总体承诺水平较低时，意味着高度人才流失的危险，要求管理者高度警觉和反省，并调整管理措施。

（资料来源：MBA智库，http://wiki.mbalib.com，2021-3-15.）

专题小结

人们在特定的社会现实和自然现实中，受一定社会文化和规范的影响和制约，逐渐形成对人、事、物的认知和评价，认为某人、某事、某物是极有价值，颇有价值，或没有价值的，这种支配着人的行为、态度、观点、信念、理想的内心尺度就是所谓的价值观。态度是个体对客观对象的一种心理倾向，这种倾向包括认知倾向、情感倾向和行为倾向三种因素，任何一种心理倾向如果包含上述三种因素都可以称为态度。组织承诺一般是指个体认同并参与一个组织的强度。它不同于个人与组织签订的工作任务和职业角色方面的合同，而是一种"心理合同"或"心理契约"。在组织承诺里，个体确定了与组织连接的角度和程度，特别是规定了那些正式合同无法规定的职业角色外的行为。高组织承诺的员工对组织有非常强的认同感和归属感。

思考与练习

一、填空题

1. 价值观的特征有________、________、________和________。

2. 态度的特征有________、________、________、________和________。

3. 态度包括________、________和________三个组成部分。

4. 态度的功能有三种，________、________和________。

二、判断题

1. 态度必须针对一个特定的对象，这个对象可能是具体的，也可能是某种状态或观念等。(　　)

2. 组织承诺通常是指员工对特定的组织及其目标的认同程度，以及希望继续成为组织成员的意愿。(　　)

3. 价值观是不可变的。(　　)

4. 人的态度是在成长中形成的。(　　)

三、简答题

1. 价值观是如何影响管理行为的?

2. 影响工作满意度的因素有哪些?

四、论述题

1. 观察周围的人的行为和态度，概括出中国人行为背后的价值支撑点是什么?

2. 如何在中国的文化环境下，提高员工的组织承诺?

推荐书目与文章列表

[1] 金盛华，郑建君，辛志勇. 当代中国人价值观的结构与特点[J]. 心理学报，2009 (1).

[2] 张乐. 态度形成的理论与实践[J]. 华东师范大学学报，2008 (6).

[3] 刘小平，王重鸣. 中西方文化背景下的组织承诺及其形成[J]. 外国经济与管理，2002（1）.
[4] 袁贵仁. 价值观的理论与实践[M]. 6版. 北京：北京师范大学出版社，2006.
[5] 斯蒂芬·P. 罗宾斯. 组织行为学[M]. 16版. 孙健敏，等译. 北京：中国人民大学出版社，2016.
[6] 侯玉波. 社会心理学[M]. 北京：北京大学出版社，2018.

第六章

群体心理与团队管理

马克思曾经说过：“人的本质并不是单个人所固有的抽象物。在其现实性上，它是一切社会关系的总和。”这句话揭示了人的根本属性——人是具有社会性的动物。任何人都不可能脱离群体而独立地生活，他总是生活在一定的社会群体之中，与他人发生这样或那样的关系。群体的形态、群体的心理特征、群体的规范等，对群体的每个成员的心理和行为都会产生明显或潜在的影响；反过来，群体成员也影响着群体的发展。因此，群体是管理心理学的一个重要研究课题。而作为群体的一种特殊形式——团队，在当今的组织管理中受到了越来越多的关注。

本章首先阐述了群体的基本内涵和类型；其次分析了群体对个体心理及行为的种种影响；最后围绕团队的基本定义、团队与群体的区别以及团队的功能等问题，讨论团队建设的途径与技巧。

学完本章，你将能够：

1. 了解群体的基本内涵及发展；
2. 阐述群体的基本类型；
3. 了解群体的功能及其对个体心理与行为的影响；
4. 解释团队的基本含义，了解团队与群体的联系和区别；
5. 分析团队成为21世纪企业的主要组织形式的原因；
6. 了解组织管理中团队建设的途径与技巧。

教学视频

专题一

群体的概念和分类

专题导读

管理心理学除了研究个体外，还关注群体。而群体不同于个体，有着其自身的规律和特点。由于群体在组织管理中具有特殊地位，对群体加以了解有助于我们更好地理解群体中的人的行为与心理状态，也有利于我们管理好一个组织。

一、群体的基本内涵

人具有社会属性。大凡社会中的个体都处于一定的组织之中。而群体则是构成组织的基础。可以这么说，若干个个体形成群体，群体又构成了组织。群体在个体与组织间起着衔接作用。

群体一词在不同学科中有着不同的定义。即便在同一学科中，关注的角度不同，其定义的侧重点也会有所不同。罗宾斯（S. P. Robbins）在《管理学》一书中指出，群体是“两个或两个以上相互作用、相互依赖的个体，为了实现特定的目标而组合在一起的集合体”。《当代西方心理学新词典》中对“群体”的解释是：一群人为同一个目标在共同活动和相互作用中形成的结合体。国内学者俞文钊在《管理心理学》一书中指出，群体可定义为“两个或两个以上相互交流的个体的组合，他们之间有一种固定的关系模式，分享共同的目标，并且把他们自己看作一个群体”。从这些概念出发，可以得出群体的基础是社会交互性、稳定性，共同的兴趣或目标，以及对群体的认可性。

结合国内外的相关定义，我们认为，群体是为实现某个特定目标，由两个或两个以上在行为上相互作用、心理上相互依赖的个体组合而成的集合体。

从上述定义中我们不难发现群体有三个重要特征。

（1）人数不少于两个。群体的人数至少为两个，假如只有一个便不能成为群体——仅仅是个体而已。

（2）共同目标。成员出于某种特定目标才会集合在一起。因此，目标是群体存在的前提。需要指出的是，这种目标是要被成员认同的。缺少了共同目标，群体便失去了存在的意义。

（3）相互作用和相互依赖。成员在心理上相互依赖，在行为上相互作用。例如，购物中心的顾客、地铁上的乘客与图书馆中的读者，都不能称为群体，因为这些偶然聚集在一起的人群没有心理上的归属感与行为上的相互作用。

二、群体的类型

群体的种类有很多，依据不同的划分标准，群体可以有不同的分类。

（一）假设群体与实际群体

按照群体是否实际存在，可分为假设群体与实际群体。

假设群体，是指人为划分出来而实际上并不存在的群体。假设群体的出现是出于统计与研究的方便和需要，所以假设群体又称统计群体。如青年群体、老年群体等，这些群体内的成员并没有实际的必然联系。实际群体是实际上存在的群体。该群体内的成员因为某个特定的目标而联系在一起，相互作用，相互依赖。

（二）大群体与小群体

依据规模大小，群体有大群体与小群体之分。大群体指的是规模大的群体，小群体是指规模小的群体。规模的大与小是个相对概念，如一个班级对班级小组来说是个大群体，但对一个年级组而言却是个小群体。总体而言，小群体规模小，群体内部成员间有较多直接面对面的联系，而大群体里的成员间较多以间接方式联系。

在完成某项特定任务时，群体的规模大占优势还是规模小更有利？其实大群体与小群体在完成任务时各有其优势。对于简单的工作任务，小群体更有效率，而面对复杂困难的任务时，大群体的表现更突出；大群体以其成员数量优势使得在有关搜集信息的工作方面更有优势，小群体在处理信息达成共识抑或利用信息服务于生产方面往往有更好的效果。

（三）共同作用群体、协作群体和协调群体

这三大类群体的划分依据是群体内部成员工作相互依靠的程度。群体中每个成员工作任务的完成在很大程度上依赖群体的共同努力的群体便是共同作用群体。群体中每个成员的工作任务由成员个人独立完成，群体成员的关系是建立在分工基础上的协作关系，群体的工作目标通过分工来完成的群体便是协作群体。为了调节群体成员在观念、思想上存在的冲突或为了提供某种解决问题的机会和条件而形成的群体就是协调群体。

（四）正式群体与非正式群体

按照程序正式与否，群体可分为正式群体与非正式群体。正式群

体指的是为完成特定目标而建立的官方组织机构。正式群体有完整的规章制度，明确的上下级关系与职责权限。比如，学校中的班级、医院中的科室、企业中的车间等都是正式群体。

非正式群体是一种以情感、喜好与地域等为基础自发形成的群体。它没有正式的规章制度，也没有正式的组织结构，其领导人是自发产生的，所以非正式群体不具有固定的形式。同时，有些时候，人们因为有共同的兴趣而形成的非正式群体也常被称作友谊群体，如同乡会、经常结伴踢足球的球友都属于友谊群体。

因此，非正式群体主要具有如下特征。

（1）自发性。非正式群体的形成在一定程度上具有自发性。

（2）成员的交叉性。每个成员都性格各异，兴趣爱好也各不相同，在工作中的体验感受丰富多彩，因此单个成员可能同时参加几个不同的非正式群体，进而使非正式群体成员具有交叉性。

（3）排他性和不稳定性。非正式群体因群体结构而造成群体内部成员之间交往密切，互帮互助，团结友好，关系较本群体外的成员更加亲密，与本群体外的成员的关系较为淡漠疏远，甚至排斥，具有排他性。另外，非正式群体又有相对不稳定性，群体很可能会分化、瓦解，以至于重新组合。当群体成员的看法、意见发生矛盾和分歧并且调解无效时，也会产生新的非正式群体。

正式群体与非正式群体的提出源自著名的“霍桑实验”。梅奥等人通过研究发现，在工厂中除正式组织外，还存在着非正式组织——一些企业职工由于共同的感情，自然形成行为准则和惯例。非正式群体建立在成员的情感、态度等基础之上，它的存在是一种客观现象。

那么，作为一名组织领导者，应该如何面对来自非正式群体的挑战？其实，非正式群体的作用不能一概而论。按照非正式群体与组织目标是否违背，对组织所起作用的不同可分为四类：①积极型，此类非正式群体与组织目标一致，对组织发展起积极作用；②中间型，作为中间型的非正式群体与组织时而目标一致，时而不一致，对正式群体没有明显的消极作用或者积极作用；③消极型，这类非正式群体违背组织目标，对组织和正式群体所起的作用是消极的；④破坏型，非正式群体已违背法律，对组织甚至社会构成危害。此外，还有学者从特殊的维度对企业中的非正式群体进行分类。双S立体文化模型从团结性和社交性两个维度，将企业文化分为不同类型，每一种类型的文化都存在积极和消极的影响。参考该模型，可以从社交性和一致性的维度，将企业中的非正式群体分为涣散型、娱乐型、自我型、乐观型。①

① 曾雪薇. 如何利用非正式组织优化企业的生产和管理[J]. 全国流通经济，2019（8）：72-73.

非正式群体的作用是双面的，既有积极方面也有消极方面，因此，管理者要客观对待非正式群体，同时要积极利用非正式群体，使之符合正式群体发展目标从而促进正式群体的发展。组织领导者可以通过以下四种途径来发挥非正式组织的积极作用。

（1）多与非正式群体交流。管理者应从成员的工作和生活等细微之处着手，了解成员更多的状况，并获取相应的信息。同时应对非正式群体表示关切，进行有成效的沟通，积极宣传组织中的主流文化，并了解非正式群体成员的想法和各方面状况，进而使得沟通反馈形成闭环，降低正式群体与非正式群体之间发生隔阂与摩擦的概率，达到劲往一处使的效果。另外，管理者还需多与非正式小组的负责人交流，并在必要时充分理解、参与和支持非正式小组的有益活动。

（2）运用社会舆论进行评价和引导。首先可以利用组织所拥有的传播媒介和活动对非正式群体的成员有针对性、有计划地进行指导，促进非正式组织与正式组织达到心往一处想的效果；然后为非正式群体的成员提供交流互动的机会与场所，比如，文艺晚会、圆桌会议和聚餐等，耳濡目染，使其观点与组织的想法逐渐靠近。

（3）对不同类型的非正式群体采取不同的措施。通过对组织的态度和影响的不同，可将其划分为四类：积极型、中间型、消极型和破坏型。管理者应该坚持“鼓励积极型，转变中间型，限制消极型，破坏破坏型”的总的管理原则，对不同类型的非正式群体采取不同的管理和对策。

（4）组织内部气氛不应过于严肃紧张。允许出现错误不意味着挑战或推翻制度，而是让每一位组织成员都能感受到制度的人性化。如果管理者与组织成员能够将心比心，换位思考，决策的执行力会比简单粗暴的命令效率更高。我们需要注意的是，正式群体的层级使得决策能够上传下达，而非正式群体的存在可以让员工在轻松愉悦的环境中学习交流，二者相互配合，往往事半功倍。

除以上分类之外，按照成员互动关系特征可以分为初级群体和次级群体；按照对社会的作用可以分为积极群体和消极群体；依据群体发展水平与成员之间的关系可以分为松散群体，联合群体和集体，等等。

思考活动

1. 请根据本章内容探讨网络互动游戏的玩家所构成的集合体是否属于群体。

2. 非正式群体对组织能起到哪些作用？如何在管理中合理引导非正式群体？

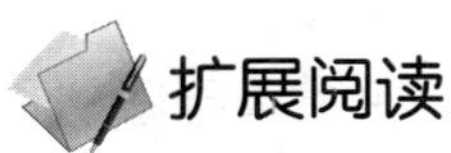

扩展阅读

群体的发展阶段

从专题一中我们不难发现，群体有多种类型。在这些类型繁杂的群体中是否有相同的产生与发展的轨迹？接下来将介绍有关群体产生与发展的模型。

一、五阶段模型

自20世纪60年代以来，人们大多认为群体的发展主要经过五大阶段，即形成阶段、震荡阶段、规范化阶段、执行任务阶段和结束阶段。

（1）形成阶段。群体刚形成初期还不稳定，伴随而来的是诸多问题：群体的目标是什么，谁可以作为领导。因而在此阶段以权力与权威的关系以及人际关系为重。比如，成员间彼此加深了解，确定领导者，探索群体规则制度等。当成员接受群体，开始主动将自己视为该群体的一员时，该阶段便结束。

（2）震荡阶段。这个阶段矛盾与冲突凸显，成员抵制群体的束缚，成员摆脱对领导者的依赖，甚至抵制领导者。成员间不信任，充满敌意。这个阶段群体需花大量时间和精力来解决这些问题。假如冲突得到解决，群体便会进入规范阶段。

（3）规范化阶段。规范化阶段群体凝聚力加强。个体对群体的认同感更加强烈，成员间彼此信任与亲密并就问题的解决寻求共同认可的方式。当成员就共同关心的问题与行为达成共识时，该阶段即结束。

（4）执行任务阶段。执行任务期间，群体结构的重要性已被成员熟知并接受。成员的关注点发生转变，从尝试互相理解转变为完成当下的任务。该阶段的群体已具有相应的结构、目的和角色，并已经做好万全准备去完成任务。随着群体完成阶段性的任务，其本身也将逐渐获得组织中其他部门和团体的认可。

（5）结束阶段。执行任务阶段对于长期的工作群体是最后的发展阶段，而结束阶段是对临时性的工作群体而言的，因其能完成的任务有限。该阶段中，群体的临时性导致成员的关注点在于如何收尾，并准备解散，绩效高低与否已经不那么重要了。

五个阶段模型具有这样一个假设前提：在前四个阶段的发展过程中，群体成员往往充满激情，干劲十足，工作效率也较高。尽管通常来讲该假设是正确的，但实际群体因素比模型情况要复杂，因此这里值得进行深入地研究和探讨。

二、平衡—间断模型

该模型认为群体发展呈现出两个主要阶段：第一阶段，群体确定目标并沿着目标平稳前进。当第一阶段结束时，群体会发生转变。群体成员必须对此种情况做出响应，采取行动做出变革。历经转变之后，群体发展到了第二阶段。此时，群体如同在第一阶段开始那样平稳前进。第二阶段的最后，群体加快速度完成任务。平衡—间断模型强调群体在发展中会经历一个短暂的变革期。也正是由于变革期的存在，使得群体在完成任务达成目标方面实现飞跃。

（资料来源：朱国定. 组织行为学[M]. 上海：华东理工大学出版社，2007.）

专题小结

群体是管理心理学的一个重要研究内容。群体是指为实现某个特定目标，由两个或两个以上在行为上相互作用，心理上相互依赖的个体组合而成的集合体。依据不同的标准，可以将群体划分为不同的类型。按照群体是否实际存在，可分为假设群体与实际群体；依据群体的规模大小，可分为大群体与小群体；按照群体形成方式，可分为正式群体与非正式群体，等等。

专题二

群体对个体心理与行为的影响

一、群体对个体心理的影响

> **专题导读**
>
> 通过上一专题的学习，我们对群体的含义与类型有所了解。我们知道群体作为组织的组成部分有着极其重要的意义。群体能整合组织力量，完成组织的任务。那么，作为个人与组织中介的群体对群体中的个体有什么影响呢？这一专题我们将从个体心理及行为两方面探讨群体对个体的影响。

群体生活保障了人类心理的健康发展。处于群体中的个体心理自然受到来自群体的影响，其影响主要表现在以下几方面。

1. 促使群体成员产生强烈的归属感与认同感

群体环境不同于社会环境，它减少了诸多不确定性，使得成员减少了不安与焦虑。与此同时，群体通过各种精神与物质的载体，巩固成员的认同感。

2. 促使群体成员相互竞争与相互激励

群体需要完成组织赋予的任务，而群体将任务下达到个人，会促进群体内部的竞争，激励个体提高活动效率。

3. 融洽并协调群体成员的人际关系

成员相互作用、相互依赖，使得成员有相互协作的基础。良好的人际关系有助于成员共同认可的群体目标的达成。群体也满足了成员社会交往的需求。

4. 满足群体成员的其他心理需要

按照马斯洛的需要层次理论，人们的需求可分为五个层级：生理需要、安全需要、社交需要、尊重需求与自我实现需要。群体除了满足成员的社会交往需要、安全需要、尊重需要外，还满足个体的其他心理需要。

5. **对群体成员有着心理暗示和感染的作用**

暗示是指用间接的方法诱使人按照一定方式行动或接受某种信念与意见的心理过程。群体对其成员具有十分显著的暗示作用，因为群体之中必然存在高于个体的权威，而权威可间接影响成员的心理活动。感染是指通过某种方式引起他人相同的情绪和行动，或者说是个体对某种心理状态的无意识、不自主的屈从。在群体内的交流和互动中，感染起着很大的作用，人们的情绪对于他人来说也具有很大的影响力。

二、群体对个体行为的影响

群体不但影响个体心理，而且影响个体的行为。日常经验告诉我们，个体在群体里的行为表现与他单独时的行为表现不一致。群体中的个体相互作用、相互依赖，也正是由此给个体行为表现带来约束作用，从而影响个体的行为。

（一）社会助长与社会干扰

社会助长是指别人在场或与他人一起活动的情况下，个体行为效率得到提高。与此相反的是，别人在场或与他人一起活动的情况下，个体行为效率下降，这种现象称为社会干扰。

工作的性质与成员对工作的熟练程度影响群体是起社会助长作用还是社会干扰作用。当工作为简单的机械劳作或者成员对工作较为熟悉时，他人在场容易产生社会助长作用。如果工作是复杂的推理判断活动或者成员对业务不熟悉，他人在场则是社会干扰作用。比如，在做一份难度系数较高的试卷时，他人在场容易使学生的答题效率降低。

利用社会助长可以激发个体工作积极性，提高个体工作效率。同时要重视社会干扰，尽可能避免其所带来的负面效应。

（二）社会惰化

众所周知“一个和尚挑水喝，两个和尚抬水喝，三个和尚没水喝”的故事反映出来的正是社会惰化这一群体心理现象。所谓社会惰化，是指他人在场或者与他人一起活动的情况下，个人付出的努力不及独自工作时多。社会惰化现象普遍存在，在提倡个人主义的社会中，社会惰化较为突出；在奉行集体主义的社会中社会惰化虽有所缓和，但依然存在。而成员的集体责任心缺乏，群体绩效考评制度的不完善等都是导致社会惰化产生的原因。因此，在实际工作活动中我们要尽可能避免社会惰化，采用各种策略来减轻社会惰化的消极影响。

（1）完善绩效考评制度与分配制度，科学公正地评估个体对群体所做的贡献。个体的贡献被注意到，使得个体感觉到自己对群体的重要性时，工作积极性便得以提高，社会惰化将会降低或消除。在分配上，若是对群体的高绩效提供相对应的高报酬，也会降低社会惰化。

（2）成员间的和谐人际关系。成员间彼此友好、关系密切，那么成员会更多地呈现出合作动机。

（3）减小群体规模。群体规模越大，社会惰化程度就越高。在一项让被试发出尽可能大的噪声的研究中，研究者发现，随着群体规模的扩大，每个被试发出的声音都逐渐变小了。

以群体的目标达成作为每个群体成员的动力，使得个体更加认同自己所处的群体，以群体的成功为己任，那么社会惰化会有所减少。

（三）群体规范

群体规范是指成员必须遵守的行为方式的总和。广义的群体规范包括规章制度、法律、道德、舆论、风俗与信仰等。如同每个社会都有自己的准则一样，不同群体也有着自己的规范。

群体规范可以是专门制定的（如制度），也可以是在活动中自然形成的（如舆论、风俗等）。一旦群体规范形成，成员的态度与行为便有了约束，成员无论是自愿还是被迫，都要遵守它。当成员遵守群体规范时，会得到群体的肯定；当成员违背规范时，群体会采取纠正、惩罚措施，迫使成员接受与遵守。可以说，群体规范形成后就是一种约束力量。

美国心理学家谢里夫曾经用著名的“游动错觉”实验证明，群体中成员在缺乏参考标准的背景下相互影响，使个人标准趋于一致，最终形成了代替个人标准的群体规范。成员间这种缩小差异，在意见和看法上逐渐趋于一致的倾向称为社会标准化倾向。

（四）群体凝聚

群体凝聚是指群体与成员、成员与成员之间的吸引，以及成员与群体目标的一致程度。从群体的层面上来讲，群体的凝聚力就是群体成员愿意留在群体中的力量。从成员的层面上来讲，群体凝聚力本质上就是一种能够共同感受到的团结精神和对群体的归属感。

各种研究都曾证明，有诸多因素能够影响群体凝聚力，也就是群体成员间的联系的程度，具体如下①。

（1）进入群体的难度。如果成为一个群体的正式成员越困难，那么该群体可能会越团结。在进入群体之前，成员们会有一些共同的经历，这种经历越困难，就越能在群体成员内心留下深刻印象，而这就会为该群体凝聚力的增强创造必要的条件。群体成员共同经历风雨后

① 杰拉尔德·格林伯格. 组织行为学[M]. 朱兵，王蕾，译. 上海：格致出版社，2017.

增强了群体成员之间的相似性，使得他们之间拥有更多的共同话题，并建立起良好的对话平台，进而有助于增强他们之间的凝聚力。

（2）群体成员之间相处的时间。群体成员在一起的时间长短对他们相互之间的凝聚力具有一定的影响。时间是最好的催化剂，群体成员在一起的时间越长，就越能够通过正常社交活动来促进彼此相互了解，让友谊之花绚烂绽放。通过这些相互作用，他们能够互相发掘对方身上的闪光点，进而找到大家的共同点，互相吸引。

（3）外部威胁。外部环境给予群体的威胁与群体的凝聚力也有一定的关系。当群体员工面对外敌时，往往同仇敌忾，并肩作战，大家拧成一股绳，心往一处想，劲往一处使。因为在这时候，群体与外部矛盾的激烈程度往往超出了群体内部矛盾的激烈程度，群体内部的成员很容易在群体领导的号召下团结起来。这种凝聚力可促使员工紧密合作、协调行动一致对外，并且使员工感到更加安全和更好地得到保护。

（4）群体规模。群体规模大小与凝聚力往往成反比关系。群体成员间的交流因群体结构过大而变得困难重重，从而导致凝聚力难以形成。群体规模越大，意味着群体内部的关系网络就越复杂，关系网复杂意味着层级可能出现冗余现象，管理可能出现疏漏，群体成员之间相互作用就越难。此外，随着群体规模的扩大，群体内部容易拉帮结派，形成各自的小群体。由于小群体的目标往往与群体目标不一致，使得群体成员无法团结在一起，因此小群体的产生将可能瓦解群体的凝聚力。

（5）历史上的成功。如果某个群体拥有光辉历史，那么该群体对于群体外的人员具有很强的吸引力和诱惑力，也能容易地建立起群体合作精神来团结现有的群体成员。通常来讲，一个荣誉墙满满的企业更易受到青年才俊的青睐，因此，成功企业对新进人员的选择面更广，优秀的企业总会吸引优秀的人才，使得企业发展越来越好，由此形成良性循环。

结合以上几点，我们不难发现，增强群体凝聚力的方式多种多样，但是事物都有两面性，群体的凝聚力也不例外。到目前为止，我们的论证从各方面都体现出凝聚力对于群体的积极影响。但是，我们也应该辩证地去看待凝聚力对于群体的影响，去思考其负面作用。我们可以设想，如果高凝聚力群体的目标和组织的目标相悖，可能会产生什么样的后果。毫无疑问，此时群体的行为会违背组织的利益，使组织遭受损害。因此，如何有效利用群体的凝聚力，发挥优势，规避劣势，是一个重要的管理课题。

（五）去个体化

2012年11月28日，在CBA联赛的比赛中，主场球迷因为对裁判判罚不满，向赛场投掷杂物。事后警方依据监控找到将饮料瓶扔进赛场的球迷并对其进行相应的处罚，该名球迷也对自己当时冲动的行为表示后悔。我们通常会有这种感觉：与一帮人在一起时，我们有时会失去理智地做出正常情况下不该有也不会有的行为。事后我们往往追悔莫及，认为当时自己只是头脑发热。事实果真如此吗?

一般而言，我们的日常行为受我们所认可的社会规范制约。但在社会群体情境下，我们的制约机制有可能失效，失去对自己行为负责的感觉。"我们的控制系统被削弱，而攻击性的冲动被自由地释放出来。结果可能是导致暴力和不道德行为"[①]，这种现象称为去个体化。

群体规模影响去个体化：一般来说，群体规模越大成员越多，去个体化程度就越高。也就是说，处于大群体里的成员更容易忽视社会规范，导致自身行为不受社会规范的约束，从而造成一定的破坏性。

1952年，费斯廷格设计了这样一个实验：让两组被试分别批评自己的父母，一组被试容易被人辨认识别，另一组不易被人识别。结果显示，在教室中容易被识别的人对自己父母批评较少、程度较轻，而处于昏暗教室套有布袋不容易被认出的人则对自己父母批评较多。

关于去个体化现象的产生，一般认为有三个原因：匿名性、责任的分摊与群体的淹没性。[②]

1. 匿名性

在费斯廷格的实验中，我们知道低辨认度的人易产生去个体化现象。隐藏自己，有低辨识性可视为个体具有匿名性。处于群体中的匿名个体因其所作所为不被人发现或追责，会冒险破坏社会准则，做平时正常情况下不敢做的事。

2. 责任的分摊

每个人需要对自己的言行负责。对群体中的成员而言，其行为以群体形式出现，成员会认为个体行为后果多由群体来承担，单个个体不会因此遭受惩罚。即便如此，"法不责众"往往会使对群体不当行为的惩罚不了了之。成员责任的摊薄，让个人责任心减少，其行为就有可能不受自身约束。这也就不难理解为什么群体规模越大，成员的去个体化程度就越高。

3. 群体的淹没性

个体在群体中由于受成员间交互作用以及群体的影响，自身的个性会被淹没。也就是说，个体对自我感觉减少，自我控制相应弱化。但是当独自行动时，个性又会被凸显，个体自身控制加强，从而规范自己的行为。

---

① 泰勒，等. 社会心理学[M]. 10版. 谢晓非，等译. 北京：北京大学出版社，2004.
② 沙莲香. 社会心理学[M]. 2版. 北京：中国人民大学出版社，2006.

了解群体的去个体化现象及产生原因，对于把握群体活动，防范具有破坏性的群体性事件发生有着积极意义。

（六）从众

日常生活中，我们或多或少有过“随大流”的经历：在挑选辅导用书时，我们倾向于选择班上很多人在用的书；去电影院看电影时，我们往往选择影评不错或者口碑很好的影片。从众是指“在某种压力下，个体在心理与行为方面不由自主地与大多数人相一致的现象”。①

社会心理学家阿希（S. E. Asch）在1956年做了有关从众的实验。该实验中有7名被试，除1名真被试，其他6名都是事前安排好的助手（所谓的“托儿”）。实验过程中，被试需要对线段长短做出判断。而6名实验助手在此过程中故意做出一致的错误判断。在这种群体压力下，大约有三分之一的被试屈服于群体压力，跟着做出明显错误的判断，表现出从众现象。

后来的研究发现，影响从众行为的因素有很多。比如，个体的性别、性格，群体的规模、结构，活动中人们的竞争优势的失去，等等。而多伊奇（M. Deutsch）与杰德勒（H. Gerard）认为，规范影响与信息影响是引发从众行为的原因。规范影响，是指个体希望得到他人的赞同与接纳，而不是反对与拒绝。在群体中，当个体的行为符合群体标准时，群体更容易接纳个体。我们中国人所说的“入乡随俗”便是规范性影响在起作用。我们初到异乡时，为了让当地朋友接纳我们以便更好地融入其中，会对他们喜欢的事表现出极大兴趣——即便我们内心深处不认同该事物，这表现出了规范影响的作用。

信息影响，发生在个体渴望正确做一件事却又束缚于自己有限的信息时。这种情况下，个体确信从他人与群体那能够得到更多、更准确的有关该事的信息，以致依据这些信息来指导自己的行为。上文所说的依据影评来决定自己该看哪部电影就是信息影响下的从众行为。

（七）顺从、服从行为

顺从是指个体为了符合群体或他人的期许而表现出的符合外部要求的行为。服从是指个人按照群体规范的要求或者群体领导的旨意而行动。这两者都与从众行为有一定的联系，但也有所不同。

这三者都是在外部的群体压力下产生的，但根据个体意愿的强度，由从众到顺从再到服从是逐渐递增的状态。简言之，从众是在群体压力下，放弃了自己原本的想法；顺从是在一定程度上保留自己的想法，但为了群体的期望而改变自己的行为；而服从行为是在他人的

① 车文博. 当代西方心理学新词典[M]. 长春：吉林人民出版社，2001.

命令、要求之下完成的，而且它往往伴有或多或少的不满意、不情愿等否定性情绪的行为。①

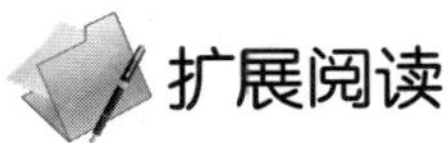

扩展阅读

社会助长与社会惰化的实验

一、社会助长实验

1897年，社会心理学家特里普利特（M. Triplett）通过研究文献发现，在自行车比赛中，个人在多人同时骑行时取得的成绩比他单独骑行时要好。随后特里普利特在实验室条件下，让儿童拉钓鱼线。他也发现有他人在场的情况下，儿童会更卖力。特里普利特将这一现象——个体在有他人在场或与他人一起工作时，其效率会得到提高，称为社会助长现象。后来，F. H. 奥尔波特通过系统研究发现，他人在场可以使个体行动效率提高，也可以使其效率下降。他人在场会使个体效率下降的现象就被称为社会干扰。1965年，查荣克对社会助长与社会干扰做出了较为合理的解释。按照其优势反应强化学说，他人在场或与他人一起工作提高了个体动机水平，使个体在活动时能将他的优势反应表现出来。假如优势反应是对活动的正确反应，那么结果表现为社会助长；假如优势反应是错误反应，则表现为社会干扰。

二、社会惰化实验

一直以来，我们都认可“人多力量大”这句话。但是“社会惰化”却让我们改变了这一看法。1913年，法国人瑞格曼做了一个拔河比赛的实验。他要求被试分别在单独的与群体的情境下拔河，同时用仪器来测量他们的拉力。结果发现，随着被试人数的增加，每个被试平均使出的力减少了。一个人时，平均出力是63kg；三个人的群体时，平均出力是53.5kg；八个人时平均出力是31kg。这种共同完成一项任务时，群体人数越多个人出力越少的现象，后来在其他人的实验中也得到证实。

（资料来源：http://61.172.146.46/xlhp/Article/xlbk/200906/114. html，2021-3-2.）

思考活动

1. 群体对个体心理和行为的影响主要体现在哪些方面？请结合实际谈谈在管理中应如何应用这些影响来提高群体绩效。

2. 群体的去个体化对个体发展是好还是坏？你如何看待群体的去个体化影响？

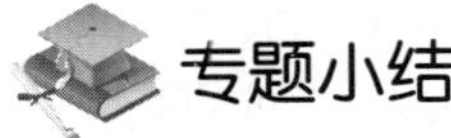

专题小结

群体作为个人与组织的中介，对个体的心理和行为都有着非常大

---

① 李咨含. 服从行为研究述评[C]. 第十八届全国心理学学术会议摘要集——心理学与社会发展. 中国心理学会，2015：659-660.

的影响。群体对个体心理的影响有：促使群体成员产生强烈的归属感和认同感；促使群体成员的相互竞争与相互激励；融洽并协调群体成员的人际关系；满足群体成员的其他心理需要。群体对个体行为的影响则包括：社会助长、社会惰化、群体凝聚、去个体化以及从众行为倾向等。

团队建设

专题导读

对于不断发展延伸的管理心理学，团队管理思想正在成为组织管理者和学者们关注的一个焦点。在前两个专题中，我们阐述了群体的一些基本问题，那么团队和群体有什么区别和联系呢？团队有哪些类型？为什么团队会成为21世纪企业主要的组织形式？什么是团队建设？组织管理者应该如何进行有效的团队建设？本专题将与你共同探寻上述问题的答案。

一、团队的基本内涵

（一）团队的含义及其基本特征

团队是西方人力资源管理尤其是企业人力资源管理中普遍使用的一个概念。

在理论学界中，西方学者从不同的角度对团队的概念提出了不同的见解。美国学者卡曾巴赫（J. R. Katzenbach）和史密斯（D. K. Smith）在1993年对团队所下的定义为：团队就是由少数有互补技能，愿意为了共同的远景目标、业绩和方法而相互承担责任的个体所组成的群体。[①]斯蒂芬·P. 罗宾斯认为，团队是指为了某一目标而由相互协作的个体所组成的正式群体。[②]彼得·德鲁克指出，团队是一些才能互补并为负有共同责任的统一目标和标准而奉献的少数人员的集合。杰拉尔德·格林伯格认为，可以将团队正式定义为：一个由具有相互补充技能的人们组成的群体，团队中的成员彼此承诺为他们共同负责的绩效目标而努力。刘易斯（J. P. Lewis）认为，团队是由一群认同并致力于为达成共同目标而努力的人员所组成的组织。

我国的一些学者也对团队提出了自己的看法。孙健敏和王青认为，团队是两个或两个以上的人组成，通过人们彼此之间的相互影

① 乔恩·R.卡曾巴赫，道格拉斯·K.史密斯. 团队的智慧——创建绩优组织[M]. 侯玲，译. 北京：经济科学出版社，1999.

② 斯蒂芬·P. 罗宾斯. 组织行为学[M]. 孙健敏，等译. 北京：中国人民大学出版社，1999.

响、相互作用，在行为上有共同规范的介于组织与个人之间的一种组织形态。①他们为了共同的目标走到一起，承担共同的规范，分担责任和义务，为实现共同目标而努力。李宝生认为，团队是由可相互补充知识和技能的人组成的，以团队为导向，为实现共同的绩效目标，具有相对独立的决策权和执行权的联合体或工作单元。②

综观以上学者对团队的认识，我们可以这样定义团队：团队是指少数高度互补、认同共同目标并为此目标的实现而共同承担责任的成员相互分工协作的正式群体。

由团队的含义可以看出，团队至少具有以下四个基本特征。

1. 认同共同的目标

具有共同目标是一个团队最显著的特征。共同目标是团队建立的前提，同时贯穿团队发展的始终。一般而言，团队成员对于共同目标具有非常强烈的认同感，他们致力于通过精诚协作、责任共担来实现团队的共同目标。

2. 高度互补

团队的每个成员都有着不同的知识、经验、个性或技能，他们了解彼此的角色、特长和重要性，他们相互依存和弥补，共享知识与信息，一起为团队目标的实现而努力。团队目标的实现不可能由某个成员独立完成，它离不开团队每个成员为团队所做出的不同贡献。

3. 共同承担责任

团队责任的共同承担可以从两方面来看。第一，在日常的团队运作期间，团队成员共同分担团队的工作。第二，当团队的目标或任务顺利完成时，团队所有成员均可分享这一成果，共同接受组织的嘉奖；如果团队无法顺利完成目标或任务，那么团队所有成员共同承担失败的后果，而不是由团队领导者单独承担责任。

4. 规模较小

团体成员人数在两人及以上，但并不是越多越好，而是限制在一定的规模。一般而言，团体人员规模最好控制在8~12人。这种小规模的团队形式既有利于团体成员之间的充分了解，又有利于保证团队目标的纯正，能避免团队管理的混乱。

（二）团队与群体的区别

在前面两个专题中，我们对群体进行了详细的讲解。诚然，团队与群体确有相似之处，学者卡曾巴赫和史密斯、斯蒂芬·P. 罗宾斯都认为，团体是群体的一种，在现实生活中这两个词也经常被混用。

---

① 王青，孙健敏. 团队管理[M]. 北京：企业管理出版社，2007：9.

② 李宝生. 论企业团队与团队精神建设[J]. 龙岩师专学报，2001（2）：2.

但它们实际上并不是一回事，二者是有区别的。

在定义上，群体是指组织中若干为实现某些特定目标而结合在一起的相互作用又相互依赖的个体所组成的人群集合体，团队则是指少数能够高度互补、认同共同目标并为目标的实现而共同承担责任的成员相互分工协作的正式群体。我们可以说，所有的团队都是群体，但只有正式群体才可能成为团队。

群体和团队在责任承担方面也是有区别的。在群体中，成员共享信息、制定决策，同时帮助群体的每位成员更好地承担自己的责任。然而对团队而言，成员们要承担的不仅仅是自己的责任，还要承担整个团队的责任和风险。两者在责任承担方面的不同也将导致两者的总体绩效水平的差异。

另外，美国学者罗宾斯通过对群体和团队的深入比较和研究，发现两者的区别主要体现在以下四个方面。①

（1）群体强调信息共享，而团队强调集体绩效。

（2）群体的作用是中性的（有时甚至是消极的），而团队的作用往往是积极的。

（3）群体的责任趋向个人化，而团队的责任既可能是个体的，也可能是共同的。

（4）群体的技能是随机的或不同的，而团队的技能是相互补充的。

我国学者也对这方面问题进行了较为深入的研究，陈国海提出团队不同于群体，两者既有区别又有联系，具体如表6-1所示。②

表6-1　团队与群体的不同之处

对比项	工 作 群 体	工 作 团 队
领导	被强烈地、清楚地关注	分享领导角色
目标与任务	相互独立、分散	相互依赖，具有连带责任
协同配合	中性（时而消极）	积极
责任	个人责任	个人或共同责任
技能	随机的或不同的	相互补充的

① 斯蒂芬·P. 罗宾斯. 组织行为学[M]. 孙健敏，等译. 北京：中国人民大学出版社，1999.

② 陈国海. 组织行为学[M]. 5版. 北京：清华大学出版社，2018.

（三）团队的类型

1. 问题解决型团队

专业的事情由专业的人来解决，这就是问题解决型团队，其主要关注责任范围内的特殊问题，提出解决问题的方案。这样的团队一般由来自一个部门的5~12个员工组成，该团队会对如何提高产品质量、生产效率和改善工作环境等问题定期进行讨论。在这种团队里，员工就如何改进工作程序和工作方法交换看法或提供意见，但几乎没有权力根据这些建议单方面采取行动。质量圈是其中应用较广的一种问题解决型团队。该团队由8～10个职责相同的员工和主管组成，定期相聚讨论他们面临的质量问题，调查问题的原因，提出解决问题的建议，并采取有效的行动。

2. 自我管理型团队

自我管理型团队起到一个查漏补缺的作用，可以弥补上述问题解决型团队的不足；这种团队更加独立自主，从解决问题的方案制订再到解决方案的执行，都会参与其中，并承担相应的责任。这种团队一般由10～15人组成，他们承担着以前自己的上司所承担的一些责任。控制工作节奏、决定工作任务的分配、安排工间休息等都在其职责范围内。完全的自我管理型团队可以挑选自己的成员，并让成员之间相互进行绩效评估，这样主管人员的重要性就会大幅下降。自我管理型团队具有较高的工作满意度、社会满意度和信任感，对于员工工作效率的提升和改善产品与服务质量等方面起到积极影响，相较传统的管理团队对员工的益处更多。但是，与传统的组织形式相比，自我管理型团队的缺勤率和流动率往往偏高。

3. 多功能型团队

多功能型团队顾名思义，其拥有来自同一等级、不同工作领域，具有不同工作技能的员工，目的是通过识别和解决跨部门、跨领域和多功能型的问题来完成特定的任务。多功能型团队因其团队的特点，使得该团队内部思想犹如百家争鸣，不同领域的思维想法相互碰撞，头脑风暴摩擦出绚烂的火花，激发出新的观点，面临的问题，复杂的项目都不在话下。不过，形成该团队需耗费大量的时间，因为复杂多样的工作任务需团队成员去学习如何处理；背景经历和观点不同的成员也需要时间去磨合并建立相互间的默契与信任。

4. 虚拟团队

虚拟团队是指跨越空间、时间和组织界限，成员间主要通过电子技术进行沟通的跨功能团队。随着互联网的日益普及，虚拟团队成了组织发展的新趋势和管理层关注的新焦点。虚拟团队最显著的特征是用一系列信息技术为纽带来联系成员和实施任务，与其他团队的相似之处在于虚拟团队的核心特征也是人、目标和联系。虚拟团队的形成随着技术的发展以及以知识为基础的工作逐渐变得可能，创造性地综合使用E-mail、视频会议、公司内部网以及其他传统的电子沟通手段是满足其需要的前提。值得一提的是，虚拟团队中的信任问题是虚拟团队的核心要素。信任水平与虚拟团队的融合难易程度、组织工作速度、自我管理效果成正比，信任如同润滑剂一般存在于虚拟团队中，为其发展与进步创造条件和机会。

5. **管理团队**

管理团队一般由各个部门的管理者组成。管理团队在各自权限之下协调并指导所属的子部门，同时在关键的工作流程中整合相互依赖的部门。管理团队一般负责各个部门的总体绩效，成员的行政等级差别是其权威来源。公司的整体战略发展和绩效是高层的管理团队需要考虑的，公司是否能赢得竞争优势取决于管理团队可否运用整体的智慧。

6. **知识型团队**

人类社会形态因知识经济时代的到来发生了巨大变革，因此，团队中成员由来自不同知识领域的人组成变得稀松平常，知识型团队的概念也应运而生，运用高智力资本从事创新型工作的群体便是知识型团队。目前，学术界还未明晰对于知识型团队的定义。但由当下的研究结果不难发现，知识型团队是团队概念的延伸，主要特征表现为：承担超常规、创新性的复杂任务，成员拥有独特的专业技术，团队知识需要进行共享、整合和重组，团队项目的高风险、高回报和高层次需求成为主导需求，团队的收益具有延后性等。

（四）团队的作用和优势

自20世纪50年代，美国通用食品的托皮卡工厂进行自主管理的团队实验获得成功后，团队的概念逐渐被接受。随着经济全球化的趋势和信息技术的飞速发展，团队的价值日益突显。在21世纪的今天，团队已经成为许多企业的主要组织形式，为企业工作效率的提高和服务质量的改善发挥着自己独特的作用。总的来说，团队的作用和优势可以概括为以下四点。

1. **提高企业的应变能力和创新能力**

在瞬息万变的组织环境中，企业想要获得长久的发展，必然需要具备超强的应变能力。要获得这种能力，则要掌握更充分的、更有效的信息。团队成员了解彼此的相关信息，对于变化中的事物和需求时刻保持着敏感，并能及时反馈给组织，扩大组织的信息网，使组织面对任何情况都能做出更加迅速和准确的决策。

此外，企业的发展离不开创新能力。团队运作模式能有效促进成员之间的交流，激发创新思维的产生。

2. 形成良好的团队精神

良好的团队精神是实现团体目标的重要保障。以团队形式开展工作，有利于在成员之间建立一种互相帮助、相互信任的工作氛围，并最终潜移默化为团队内部的一种精神，激励团队成员为实现共同目标而奋斗。

3. 优化企业的组织功能

团队将拥有各种不同经验、知识和技能的人员集结在一起，成员们在一定的规范下，共同为完成组织的任务、解决组织的问题而出谋划策，使得企业的组织功能大幅增强。同时，团队成员们互补的技能、知识所形成的合力远远超过个人，团队也得以在更大范围内应对各方面的挑战，如客户服务、产品质量和创新能力等。

4. 提高组织的工作效率

事实证明，团队工作方式具有激励作用，能大幅提高组织的工作效率。一方面，团队重视全体成员的参与，鼓励成员参与工作的讨论、决策，在组织中形成一种民主氛围，这有助于提高成员工作的积极性，改善组织的服务质量；另一方面，团队建立在责任共担的基础上，成员愿意对团队做出承诺并付出努力，从而更加自觉地投入工作中去，为组织绩效的提升做出贡献。

二、团队建设

（一）团队建设的含义及其条件

在上一专题中，我们介绍了团队的基本内涵。团队建设是指企业在管理工作中有计划、有目的、有步骤地组建、开发有效的工作小组即团队，并对其成员进行培训、总结和提高的活动。

在组织中建设一个团队并不是轻而易举的事情，不仅需要一定的时间、资金和耐心，还需要一些基本条件。

首先，团队建设建立在企业的业绩压力之上。对团队来讲，业绩压力是一种挑战，也自然而然成为一种动力，推动团队高效完成任务。企业管理者在建设团队时，应当订立明确的业绩目标，给予团队一定的业绩压力，从而获得预期的团队业绩。

其次，团队建设的开展离不开组织的环境支持和资源保障。在环境支持方面，团队应该具备一套有效的基本制度，以支持、激励成员们的行为来达到团队的高绩效水平。这套基本制度包括合理的培训活动，一个保障团队有效运行的人力资源系统，以及一项易于被员工理解和接受的绩效评估系统。同时，组织要为团队提供各种资源，以保障团队工作任务的顺利完成。

最后，团队建设的顺利进行还需要合理的团队约束。合理的团队约束适用于团队的每一位成员，它建立在成员们对共同目标的认同和对彼此信任的认知基础上，因此它不仅可以抑制团队成员的个人主义、偷懒等消极因素的影响，而且有助于成员形成良好的工作动力，使企业获得更好的团队业绩。

（二）团队建设的途径

团队建设成败的关键，在于建设途径的选择。在实际的团队建设中，由于团队的目标、工作内容和成员对象不同，团队建设的途径也随之不同。总结起来，团队建设的途径主要有以下四种。

1. 角色途径

角色途径，简单来说，就是主要根据团队和成员所扮演的角色进行团队建设，这也是受团队建设者青睐的一种。

每个团队成员在团队运作的过程中都扮演着不同的角色，英国学者贝尔宾（R. M. Belbin）从人的性格入手，在卡特尔16PF人格问卷和工作观察者评价问卷的基础上明确了各种角色的性格和功能，并且按照角色的功能将团队角色分为领导（协调者和推进者）、谈判代表（信息者和凝聚者）、智者（创新者和监督者）和经理/员工（完善者和实干者），从侧面反映了团队及其成员角色的正确定位和合理分配在团队建设过程中的重要性。团队从建立开始，就承担着一种特定的角色，而这种角色是由团队任务的性质决定的。团队成员拥有不同的个性、知识、技能等，这些因素也是分配团体成员角色所需要考虑的。团队角色的恰当定位和分配，有助于团队充分发挥其资源优势，提高组织业绩。

2. 价值观途径

价值观途径，就是在团队建设过程中，帮助团体成员就共同价值观和某些原则达成共识，最终形成团队价值观。

魏斯特（M. A. West）提出团队价值观的形成必须注意五点：①明确：要明确建立团队的目标、价值观和指导方针，且经多次讨论；②鼓动性价值观：这种价值观必须是成员相信并愿意努力工作去实现的；③力所能及：这种价值观所传达的愿景的实现必须在团队成员的能力范围之内；④共识：这种价值观是被团队的所有成员支持和拥护的；⑤未来潜力：团队共识必须具有在未来进一步发展的潜力。由此，团队共识必须随着组织人员、工作性质等的改变而做出相应的调整。

3. 任务途径

所谓任务途径，就是指注重团队所要完成的任务或目标。在这种途径中，团队对于自身所承担的任务的挑战以及战胜这一挑战所要具备的各项技能和资源必须有一个清楚的认识，在这一认知基础上，再来设置团队具体的目标和工作程序，以确保任务的顺利完成。

卡曾巴赫和史密斯指出，在表现出色的团队中，任务途径显得尤为重要。他们还针对这一途径提出了现实环境中建立高效团队的八条基本原则：①确定任务的轻重缓急，并确定指导方针；②按照技能和技能潜力，而不是个人性格选拔团队成员；③对第一次集会和行动予以特别关注；④确立明确的行动准则；⑤确定并把握几次紧急的、以此为导向的任务和目标；⑥定期用一些新的事实和信息对团队成员加以考验；⑦让成员共度尽可能多的时光；⑧充分发挥积极的反馈、承认和奖励的作用。[①]

4. 人际关系途径

人际关系途径是指通过一些培训和实践来促进成员之间的交流和沟通，增强成员对彼此更深层次的理解和尊重，以此推动团队工作的展开。T–小组训练、遭遇群体法都属于这种途径。团队成功不仅需要团队内部的合作，也需要团队之间的合作。这种途径能让团队成员在活动和培训中学习如何平衡彼此的长处和短处，也有助于建立成员之间相互关心、相互信任的关系。

专家们认为，团队成员在工作的过程中需要多种人际交往的技能，团队可以通过对成员进行这方面的培训而达到团队建设的良好效果，如表6–2所示。

表6–2 需要培训的人际交往技能[②]

技 能	说 明
鼓吹	说服他人接受某人的观点的能力
探查	有效地倾听并从中获得信息的能力
压力管理	管理因与他人冲突而引起紧张感的能力
分担责任	整合个人和团队目标的能力
领导力	理解一个人在指导团队获得成功中所扮演的角色的能力
重视多元化	接受并有效运用成员间的差异性的能力
自我意识	建设性地批评别人和接受别人建设性的批评的意愿

① 乔恩·R. 卡曾巴赫，道格拉斯·K. 史密斯. 团队的智慧——创建绩优组织[M]. 侯玲，译. 北京：经济科学出版社，1999.

② 杰拉尔德·格林伯格. 组织行为学[M]. 朱兵，王蕾，译. 上海：格致出版社，2017.

（三）建设高绩效团队

1. 高绩效团队的特征

团队成员之间能力互补性强、沟通顺畅、信任度高、角色分配合理、团队意识强是高绩效团队的特点，活动高效、成员满意度高、被高层管理者给予高度评价是该团队的主要表现。高绩效团队由一群相互独立却拥有共同目标的人员组成，且通过共同努力来达成目标的方式也被团队成员认同。在组织绩效中高绩效团队扮演重要角色，近年来也有一些研究总结了高绩效团队的特征，具体包括以下几个维度①。

（1）有明确的共同目标。高绩效团队的目标十分明确，团队目标也指引着团队成员将自己的个人目标向其逐渐靠拢。在高绩效的团队中，成员对于团队任务安排以及如何完成团队任务心知肚明、一清二楚。团队共同的愿景和目标都被每个成员牢记于心且完全接受，并坚信这一目标具有重大的意义。开会的流程、任务的分派，还有工作的进度都被成员熟知，同时知道如何集中精力来做好目前的任务。

（2）良好的沟通与合作。运用幽默感创造轻松的工作气氛是高绩效团队的成员所需的，他们敢于发表个人见解，是建言献策者，也能转换角色，成为一个安静的倾听者，他们也善于利用解决问题的技术来化解冲突，凝聚组织的向心力。在高绩效团队中，成员们往往通过畅通的渠道来交流信息，健康的信息反馈机制的存在也为团队上下级之间的有效沟通创造了条件。此外，他们也较为偏爱团队合作，在工作之余也会经常聚在一起谈些生活上的话题，并乐于主动地帮助别人，维护友好的团队氛围。

（3）高效的领导力。优秀的团队领袖往往要以身作则，也要学会转换角色，充当教练员和协调员，既能对团队提供指导和支持，鼓舞团队成员的自信心，帮助他们更充分地认识自己的潜力，又能为团队指出明确的发展方向。

（4）高素质的员工。高绩效团队经常进行团队合作，因此成员的知识、技能和业务水平必须经得起考验。此外，该团队还会要求员工具备快速学习的能力，并在工作的过程中不断提高自身素质。高绩效团体中的成员一般都具有很强的归属感，乐于在团队中工作，信心十足，士气高昂。

（5）较高的生产力水平。较高的生产力也是高绩效团队的特点，该团队的产品不仅产量高，品质也是数一数二的水平。在工作过程中，该团队也能很快地进行科学的团队决策，具备明确高效的问题解决程序。因此，我们可以看出，做任何一件事情或处理任何危机都有

① 陈春花. 组织行为学[M]. 4版. 北京：机械工业出版社，2020.

相应的科学程序是一个高效团队应该具备的条件。

（6）工作有弹性。高绩效团队的成员往往具有较好的自我调节能力，以满足在工作过程中不断变化的需求。例如，当某一个角色不在的时候，他们往往会主动补位，并且有能力胜任，从而为组织发展分担责任。

2. 建设高绩效团队的具体措施

1）培训团队技能

成员必须具备实现团队目标所需的综合技能，这样才能使得团队更加有效。许多组织已经不是简单地把团队成员放在一起，然后让他们完成工作，而是采取积极措施，确保团队成员之间能够和谐相处，并履行他们应有的职责。基于此，团队培训应运而生，其目的就是使团队更有效地开展正式工作。并且，在人员变动率很高的时候，员工的高度自由和自主权要求更深层次的技能和知识，这种技能和知识超过了他们完成传统工作的要求。因此，那些愿意在员工和领导者技能开发上进行投资的团队才会更加成功。

2）奖励团队绩效

通常来讲，个人收入取决于个人的绩效水平，但认可团队绩效在团队中也同样重要。那些只想提高个人得分的热门人物不适合团队环境，“团队选手”才是高绩效团队所需要的人才。目前，越来越多的企业根据团队绩效来发放奖金，进行一定程度的收益分享，这无疑能够强化团队精神，从而提高整个团队的绩效水平。

3）注重团队沟通

构建沟通机制是团队建设必不可少的，因为沟通在一定程度上属于管理的核心。没有良好的沟通就会造成团队成员间意见的不一致，使成员心存芥蒂，从而影响工作效率。因此，成员之间的沟通是否顺畅是组织能否长远发展的关键。由不同的学历背景、不同的家庭背景、不同的性格、不同的处事方式和不同的个人修养的团队成员组成的组织，在工作过程中发生矛盾并不少见，因此，建立良好的沟通机制是组织发展壮大的重中之重，也是当务之急。

4）建设团队文化

平等和民主、互信和协作、挑战和创新、沟通与高效、融合与多赢是高绩效团队文化的具体内容。团队文化一般是在团队形成初期逐步成型的，它代表了团队的价值观取向，代表了团队成员的工作态度和行为方式。针对不同类型的团队，需要打造不同的团队文化。例如，授人以渔，打造学习型团队；如何使1+1>2，打造协作型团队；物竞天择，适者生存，打造竞争型团队；没有创新就没有发展，打造创新型团队。

5）权责分工明确

工作过程中权责不明会造成具体工作的负责人不清晰、工作安排不合理和无人承担相应后果等状况。因此，只有分工明确才能协同合作，从而使工作有条不紊地开展下去，我们应该做到：使无人管理或其他人为因素无法阻碍工作流程的运转；对流程的关键节点应该定期跟踪、随时管控；流程的各个环节有相应的时间和处理意见记录，以确保责任和问题的可追溯性；流程信息应与相关人员共享，以便查询跟进；应对流程的重要环节设有相应的管控点，以监控工作流转和确保其流转时效；记录流程各个环节，以便问题不责任追溯。

6）鼓励员工自主晋升

在团队内部建立完整的竞争机制可激励成员的自主晋升意识。团队的进步和成员自我价值的提升可通过竞争机制实现。竞争机制应出现在团队内部的不同层级，通过内部成员的相互竞争，不断提高其自身素质。成员考评是比较常用的竞争机制，通过合理的考评方式和科学的考评内容，引导成员之间的积极竞争。同时，公平性、公正性以及合理性是建立竞争机制所需具备的特征，若没有这些特征，成员内部的竞争就无法严格把控，他们无心也无法提升自己。另外，竞争机制需把控严格，着重强调成员间的协同合作，而不是钩心斗角，恶性竞争。

扩展阅读

思考活动

1. 你认为什么是团队的核心特征？请说明理由。

2. 你认为以下哪种途径更有利于团队建设？为什么？

① 角色途径

② 价值观途径

③ 任务途径

④ 人际关系途径

团队建设的三大隐患

随着社会分工越来越细化，个人单打独斗的时代已经结束，团队合作提到了管理的前台。团队作为一种先进的组织形态，越来越引起企业的重视，许多企业已经从理念、方法等管理层面进行团队建设。以下几种情况的出现在团队建设中发出了隐秘的危险信号，容易蒙蔽团队管理者的眼睛，如果不引起管理层的重视，团队建设将会前功尽弃。

1. 精神离职

这是在企业团队中普遍存在的问题，其特征为：工作不在状态，对本质工作不够深入，团队内部不愿意协作，个人能力在工作中发挥不到30%，行动较为迟缓，工作期间无所事事，基本上在无工作状态下结束一天的工作。但是也有积极的一面，上下班非常准时，几乎没有迟到、事假、病假，对于团队领导指派的任务通常是迅速而有效地完成。

精神离职大多是由于个人目标与团队愿景不一致而产生的，也有工作压力、情绪等方面原因，国内几大保险公司普遍运用团队精神激励来降低团队精神离职率。

针对精神离职者的有效方法是：专业沟通，用团队精神与团队愿景来提升工作状态，用激励手段提升工作热情。具体做法可以是安排假期，让精神离职者冷静思考，调整状态，下一步就是根据实际情况考虑团队是否会重新接纳的问题。

2. 超级业务员

团队需要的是整体的行动力、销售力、目标完成率等。逐个的分解就是要求团队的个体之间技能必须具有互补性，个体能力较强。正是因为个体差异才导致了超级业务员的出现，其表现特征为：个人能力强大，能独当一面，经常以绝对的销售业绩遥遥领先于团队其他成员，组织纪律散漫，好大喜功，目空一切，自身又经常定位于团队功臣。

超级业务员的销售能力是任何团队都需要的。因此，面对这种矛盾时，常常令组织的领导者无所适从，经常采用的办法是：听之任之，采用有别于团队其他成员的特殊政策。但超级业务员对团队的破坏力是巨大的，长期采用放纵策略，会破坏团队的凝聚力，引导团队的组织愿景向非团队发展，迅速地瓦解团队组织。

团队是由工作任务挑战性高而且环境不确定性而建设的组织，成员差异性非常大，个人素质、工作技能也有区别，超级业务员的出现，需要组织领导者正确引导、全面沟通，把超级业务员融入团队精神、团队文化中，建立超级业务员正确的榜样，同时要把超级业务员的分力转为团队的合力，用团队的价值观、团队的约束力等对超级业务员进行正确的管理。

3. 非正式组织

团队是全体成员认可的正式组织，而非正式组织的产生有两种原因，一是团队领导的故意行为；二是团队成员在价值观、性格、经历、互补性等方面产生某种一致。前者是管理者强化自身管理职能的需要，培养亲信，增强管理效力，客观上形成的非正式组织，虽然表面上能够很好地进行日常运作，能够提高团队精神，调和人际关系，实施假想的人性化管理，在团队发展过程中，基本上向有利于团队的方向发展，但长期而言，会降低管理的有效性，团队的精神、工作效率会低下，优秀团队成员会流失。这和非正式组织通常是松散型组织。后者则是紧密型非正式组织，其愿景通常与团队愿景不一致。在团队中常常不止一个这样的非正式组织，随着这种组织的产生，团队的瓦解之日就不远了。这种紧密型非正式组织会偏离团队的价值观，破坏团队文化，阻挠团队的创新精神和开拓精神。通常松散型组织会向紧密型组织发展，紧密型组织又会和松散型组织对抗。因此，团队领导者在团队中建立非正式组织是不可取的，是基于一种管理水平低下同时对团队极不信任的结果。

（资料来源：国家电网公司人力资源部. 团队建设［M］. 北京：中国电力出版社，2015.）

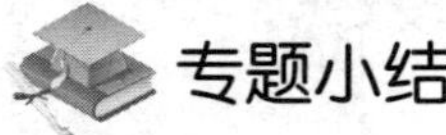

专题小结

团队是指少数能够高度互补、认同共同目标并为此目标的实现而共同承担责任的成员相互分工协作的正式群体。团队具有四个基本特征：认同共同的目标；成员高度互补；共同承担团队责任；规模较小。

团队和群体既相似又有区别。所有的团队都是群体，但只有正式群体才可能成为团队。此外，团队和群体在目标、协同配合度、责任承担方式和技能补充等方面也存在明显的差异。

团队的作用和优势主要表现在：提高企业的应变能力和创新能力；形成良好的团队精神；优化企业的组织功能；提高组织的工作效率和业绩。团队的类型主要有：问题解决型团队、自我管理型团队、多功能型团队、虚拟型团队、管理型团队和知识型团队等。

团队建设是指企业在管理工作中有计划、有目的、有步骤地组建、开发有效的工作小组即团队，并对其成员进行培训、总结和提高的活动。团队建设的基本途径包括：角色途径、价值观途径、任务途径、人际关系途径。

高绩效团队的特征是有明确的共同目标、良好的沟通与合作、高效的领导力、高素质的员工、较高的生产力水平和具有弹性的工作制度。建设高绩效团队的具体措施有培训团队技能、奖励团队绩效、注重团队沟通、建设团队文化、权责分工明确和鼓励员工自主晋升等。

思考与练习

一、填空题

1. 按照群体规模，可以将群体划分为________群体和________群体。

2. 假设群体的出现是由于统计与研究的方便和需要，所以假设群体又称________群体。

3. 群体对个体行为的影响主要包括________、社会干扰、________、________和从众行为倾向。

4. 团队建设的途径主要有角色途径、________途径、任务途径和________途径。

二、判断题

1. 群体能促使群体成员对群体产生强烈的认同感和归属感，同时融洽并协调群体成员的人际关系。（　　）

2. 别人在场或与他人一起活动的情况下，个体行为效率得到提高，这种现象称为社会干扰。（　　）

3. “一个和尚挑水吃，两个和尚抬水吃，三个和尚没水吃”的故事反映了从众行为倾向这一群体心理现象。（　　）

4. 所有的团队都是群体，但仅正式群体才可能成为团队。（　　）

三、简答题

1. 请简要陈述非正式群体对组织的作用。

2. 在实际工作中，如何减轻社会惰化的消极影响？

3. 请简要谈谈团队成为21世纪企业的主要组织形式的原因。

4. 团队建设需要哪些基本条件？

四、案例分析

请阅读以下资料，然后回答问题。

eCom管理团队简介

1. eCom公司副总经理——骆锴

1992年获得中国科学院理学博士学位。1997年加盟eCom，次年被任命为副总经理。

骆锴先生具有较高的技术水平、丰富的专业知识和相当的管理能力，从事互联网工作多年，积累了丰富的经验，尤其在网络系统的管理上，具有管理全国性大网的能力和经验。骆锴为人率直，性格外向，考虑问题比较全面，责任感强，善于团结同事一起工作。

2. eCom公司副总经理——张航

1992年获得北京师范大学知识工程与模糊决策方向理学博士学位。1997年2月加盟eCom公司，同年被任命为行政中心总监，1998年被任命为副总经理。

张航先生有较全面的知识，综合管理能力强，有一定的独立思考能力，善于组织和团结同事一起工作，为人谦虚，待人真诚，性格略为内向，考虑问题比较慎重、全面，善于听取大家的意见，责任感强，具备整体综合管理能力。

3. eCom公司副总经理兼深圳分公司总经理——李立

1990年获得西安交通大学信息与控制工程专业硕士学位并就职于深圳华星科技有限公司。1996年年底加盟eCom公司，1998年被任命为副总经理兼深圳分公司总经理。

李立先生具有较全面的知识、丰富的行业工作经验和较强的组织管理能力，为人正直，善于团结同事一起工作，性格略为外向，考虑问题比较全面，善于独立思考，不人云亦云，责任感强，待人真诚。

4. eCom公司连锁行销事业部经理——孟达

1996年获得北京大学工商管理硕士学位。1996年加盟eCom公司。1998年被任命为总经理助理兼连锁行销事业部经理。

孟达先生有较为全面的知识和扎实的商业管理素养，具有一定的市场运作和组织管理经验，善于独立分析和解决问题，头脑冷静，思路清晰，精于商业策划、谈判和财务分析，善于听取大家的意见，能够团结同事一起工作，性格略为外向，为人正直，工作勤奋。

5. eCom公司特许加盟事业部经理——梅涛

1992年获得北京师范大学哲学硕士学位。先后担任中国信息产业商会编辑部主任，北京昂蓝技术发展有限公司信息部经理。1996年年底加盟eCom公司。1998年被任命为总经理助理兼特许加盟事业部经理。

梅涛女士有较为全面的知识和较为丰富的行业经验，具有一定的组织管理能力，业务知识扎实，考虑问题较全面，善于团结同事一起工作，性格较外向，为人正直、沉稳，责任感强，工作勤奋。

（资料来源：卢盛忠，严进. 管理心理学实用案例集萃[M]. 杭州：浙江教育出版社，2003.）

根据上述材料，你认为eCom公司的管理团队在实际管理中会面临哪些问题，该如何解决。

推荐书目与文章列表

[1] 陈国海. 组织行为学[M]. 5版. 北京：清华大学出版社，2018.

[2] 杰拉尔德·格林伯格. 组织行为学[M]. 朱舟，王蔷，译. 上海：格致出版社，2017.

[3] 俞文钊. 管理心理学简编[M]. 大连：东北财经大学出版社，2000.

[4] 戴健林，吴江霖. 社会心理学[M]. 广州：广东高等教育出版社，2010.

[5] 曾雪薇. 如何利用非正式组织优化企业的生产和管理[J]. 全国流通经济，2019（8）.

[6] 陈晔昕. 企业研发人员团队建设的理论与实践研究[D]. 上海：上海交通大学，2002.

第七章

群体沟通、冲突与决策

在现代管理实践中，组织面临着日趋复杂的环境，沟通在组织管理工作中扮演着越来越重要的角色。良好的沟通能够提高任何组织和群体的工作效果，如果沟通不畅，则可能引起冲突。群体决策是在群体沟通充分的条件下进行的，它能够更好地解决个人能力不足的问题，也越来越受到组织的重视。在具有环境压力、任务多样性和成员多样性的组织中，更容易发生冲突。冲突会严重影响群体生活，甚至会造成混乱的局面，使得员工几乎无法在一起共同工作。因此，有效的冲突管理对组织工作具有重要的意义。

本章首先介绍了群体沟通的含义、功能、种类和沟通网络等，其次阐述群体决策的定义、类型及优缺点，最后再进一步介绍冲突和冲突管理。

学完本章，你将能够：

1. 了解群体沟通的含义、功能、种类和沟通网络；
2. 了解群体决策的定义、类型及优缺点；
3. 掌握冲突产生的过程和有效进行冲突管理的方法。

教学视频

专题一 群体沟通

专题导读

在工作中，对管理者来说，良好的沟通对任何群体和组织的工作效果都是十分重要的，沟通是保持群体凝聚力的黏合剂。如果群体内部的各个成员无法相互沟通并与外界沟通，这个群体便不能生存。那么，什么是群体沟通？沟通过程是怎样的？有哪些沟通障碍？如何消除这些沟通障碍？接下来，我们将为你具体阐述。

一、群体沟通的内涵与功能

（一）群体沟通的内涵

沟通（Communication）一词含有告知、传达信息的意思，其词源为commun，意为“共同化”，故本质上沟通就是信息的交流与分享，是人们分享信息、思想、情感的任何过程。

沟通在现代管理中扮演着十分重要的角色。亨利·明兹伯格（H. Mintzberg）曾对高级管理人员的时间安排做过调查。结果表明，管理人员78%的时间用于从事与沟通有关的活动，而剩余22%的时间则用于桌面工作及各种活动的安排。

群体沟通超越单个个体的范围，上升到多个人组成的群体层面。具体来讲，是指群体内外人与人之间、群体与群体之间、组织与组织之间传达指示、交流思想与信息的过程。

群体沟通不同于一般的信息交流，它具有社会性、选择性、主动性、互动性、符号性以及干扰性等特性。

1. 社会性

沟通是在社会环境中产生的，沟通行为本身就是一种社会性行为。沟通双方不仅交流信息，而且彼此表达各自对同一事物的看法。比如，针对当前的时事热点，碰到一起总会自然而然地讨论起来。

2. 选择性

由于信息具有复杂性，沟通的双方必须有选择地与对方进行沟通，包括选择传递的内容、通道、方式、时机等，才能达到预期目的。接受的一方也会根据自己的知识、经验、个性等对传递来的信息进行选择。

3. 主动性

沟通是信息发出者和信息接收者共同作用的过程，要求每一个参与者都是积极的主体，因而一方在向对方发送信息时，必须判定其情况，分析其动机、目的等。

4. **互动性**

从沟通的定义可以看出，沟通是一个双向、互动的过程。如果仅有信息的发出而没有信息的接收和理解，那么就不能称其为群体沟通。

5. **符号性**

沟通双方的信息交流都是通过符号形式，如语言、文字、图片、手势等进行的。只有当沟通双方都明白这些符号所传达的意义时，沟通才能有效进行。

6. **干扰性**

沟通过程中总会受到这样那样的干扰，比如，嘈杂的声音、第三方的有意干扰等，这些都会影响沟通的有效性。

（二）群体沟通的功能

任何群体或组织为实现一定的目标都需要沟通，群体沟通至少有以下八个重要的功能①。

1. **明确目标**

组织内需要及时地进行人际沟通，从而使成员能够按照期望的方式达到预期目标。对于管理者而言，向下属明确地说明如何做、对他们的绩效进行评价和反馈、与他们讨论工作过程中的问题所在并给予鼓励等是需要做到的事情。

2. **促进组织内的协作**

个人和群体必须对已经付出的努力进行协调，从而进一步使得组织有效运作，而组织的协作需要通过沟通来搭建桥梁。

3. **建立人际关系**

人际关系的发展自然少不了沟通。人们重视沟通的作用才能够建立友谊，并进一步促进彼此间的信任，这也有利于在工作场所创建出一种令人愉悦的氛围。值得注意的是，个人工作绩效可能会因使用技术手段来构建社交网络而受到影响，这在实际的工作过程中需要进一步思考和解决。

4. **阐明组织文化**

通过与他人进行有效沟通，可以使员工逐渐了解所在公司的运作方式、价值观以及一些与员工群体相关的重要事项等。

5. **建立组织间的联系**

沟通不仅存在于组织内部，还存在于组织之间，沟通能够使组织之间在协作的过程中达到共同目标。

---

① 杰拉尔德·格林伯格. 组织行为学[M]. 朱舟，王蕾，译. 上海：格致出版社，2017.

6. 展示组织形象

通过沟通，组织向其他群体发出关于自身形象的信号。例如，一些组织若想吸引潜在客户，可以印制有关其产品与服务的信息。组织的特定形象可通过这些沟通形式向外界展示，组织的知名度也会进一步提高。

7. 激发观点

沟通经常被用于提出观点并在必要时分享这些观点。例如，当人们在一起进行头脑风暴时，在此沟通过程中会激发出很多新的想法和观点。

8. 阐明组织的理想和价值观

理想与价值为很多组织所坚持，也愿意将之表达出来，而通过积极地与他人进行沟通的方式则可以让他们充分了解组织的理想与价值观。

二、群体沟通的种类

群体沟通的种类可以依据不同的角度进行划分。这里我们主要介绍三种沟通分类。

（一）正式沟通和非正式沟通

从组织规范区分，可以将沟通分为正式沟通和非正式沟通。通过组织的正式结构或层次系统运行的沟通便是正式沟通，这种信息传递与交流在组织内部明确的规章制度所规定的渠道中进行。例如，组织中上级的命令和指示逐级向下传达，下级的情况逐级向上报告，以及组织内部规定的会议、汇报、请示、报告等。因此，正式沟通包括上行沟通、下行沟通、横向沟通和斜向沟通。

（1）上行沟通。它是指在群体或组织中，从一个等级向另一个更高等级进行的沟通。例如，员工向上级报告工作情况、提出自己的建议和意见、表述自己的态度等。这类沟通主要有两种表现形式：一是层层传递，即按照既有的组织原则与程序逐级向上反映；二是越级传递，让决策者与组织成员直接对话，即减少中间的层次。

（2）下行沟通。在群体或组织中从一个等级向另一个更低等级进行的沟通便是下行沟通。例如，通过命令方式向下级传达上级组织或其上级所决定的政策、计划、规定之类的信息。

（3）横向沟通。组织中同一层次的不同部门之间的信息交流就是横向沟通。该沟通方式可促进组织内部同级单位之间的了解与协调，对于减少各部门之间的矛盾与冲突起到重要作用。

（4）斜向沟通。斜向沟通是指在正式组织中，不同级别无隶属关系的组织、部门与个人之间的信息交流。

在正式沟通渠道之外进行的信息传递和交流称为非正式沟通，比如，员工之间的私下交谈、小道消息的传播等。随意性、灵活性和松散性是非正式沟通方式的特点。非正式沟通以沟通方便、内容广泛、方式灵活、速度快等优点受到人们的关注，并且这种沟通方式能够提供一些正式沟通中难以获得的信息，因为这种沟通更容易让人们表露思想、情绪和动机。但是非正式沟通具有一定的派生性，且难以保证信息的可靠性与真实性。这是因为在非正式沟通的过程中，人们往往存在着非组织目的的个人目的。

在管理的过程中，非正式沟通和正式沟通共同作用，为组织决策提供依据。以下案例很好地说明了非正式沟通在管理中的作用。

典型案例

麦当劳的“走动式管理”

麦当劳快餐店创始人雷·克罗克（Ray-mond A. Kroc），是美国社会最有影响力的企业家之一。他不喜欢整天坐在办公室，大部分时间都用在“走动式管理”（Management by Wandering Around）上，即到所属公司、部门走走、看看、听听、问问。麦当劳公司曾有一段时间面临严重亏损的危机，克罗克发现其中一个重要原因是公司各职能部门的经理有严重的官僚主义，习惯躺在舒适的椅背上指手画脚，把许多宝贵的时间浪费在抽烟和闲聊上。于是克罗克想出了一个“奇招”，把所有经理的椅子背锯掉，并立即照办。开始很多人说克罗克是疯子，但不久后大家就体会到了他的一番“苦心”。他们纷纷走出办公室，深入基层，开展“走动式管理”，及时了解情况，现场解决问题，终于使公司扭亏为盈。

对管理者来说，“走动式”管理是一种十分有效的面对面的沟通方式。管理者走出自己的办公室，在工作区与下级就存在的问题进行非正式的沟通，而不是通过会议、书面报告等正式渠道来与下级进行沟通。这种非正式沟通为管理者提供了重要的信息，同时培养了积极、良好的上下级关系。事实表明，“走动式管理”是一种管理者与下级进行沟通的极为有效的途径。

（资料来源：曹正进. 组织行为学[M]. 北京：经济管理出版社，2007.）

（二）语言沟通和非语言沟通

按照沟通使用的符号类型或工具可以将沟通分为语言沟通和非语

言沟通。

语言沟通是指借助语言文字符号系统进行的沟通。它是人类最普通的沟通形式，可以分为两类：一类是口头沟通，即会议、会谈、演说、报告等运用口头语言形式进行的沟通，其优点是快捷、高效、反馈及时、双方可自由交换意见等，缺点是信息传递的中间环节越多，信息被曲解的可能性就越大。另一类是书面沟通，即借助文件、信函、刊物、通信等书面语言形式进行的沟通，其优点是沟通的内容具体化、直观化，沟通信息能被永久保存，便于查询，缺点是会花费大量的时间，缺乏及时的反馈。

非语言沟通是指用非语言符号系统进行的信息沟通，包括通过身体动作、眼神、面部表情以及发送者和接收者之间的身体距离来传递信息。有声言语沟通和无声言语沟通构成了非语言沟通的两大类。前者即通过非语词的声音来传达信息，如重音、声调的语言变化等；后者又称非自然语言或态势语言。对接收者来说，留意沟通中的非语言信息十分重要。在倾听信息发送者发送的言语信息时，还应注意非言语线索。比如，在沟通的过程中，如果对方不停地看表，意味着他可能有其他事情希望结束交谈。

（三）单向沟通和双向沟通

单向沟通和双向沟通是两种主要的沟通方式。

做报告、演讲、下达指标等活动就是单向沟通，该沟通方式是指在信息沟通时，一方只发送信息，而另一方接收信息，接收信息者不再向发送者反馈信息。而像交谈、协商、谈判等活动就是双向沟通，该沟通方式是指在信息沟通时发送信息者不仅要发出信息，还要听取信息接收者对信息的反馈，发送与反馈可进行多次，直到双方有了共同的理解为止。

三、沟通网络

群体中的沟通并不是凭借单一的渠道或路径进行的，而是通过各种沟通渠道组合进行，这种由各种沟通渠道所组成的结构形式就是沟通网络。根据组织沟通机制的规范程度，可以分为正式沟通网络和非正式沟通网络。

（一）正式沟通网络

正式沟通网络一般是垂直的，按照一定的组织层次与组织原则传递组织中的“官方”工作信息。根据巴弗拉斯（A. Bavelas）与莱维特（H. J. Leavitt）的观点，将组织中的正式沟通网络分为链式沟通网络、环式沟通网络、轮式沟通网络、Y式沟通网络、全通道式沟通网络五种。

1. 链式沟通网络

它是指一种自上而下或自下而上传递信息的纵向沟通网络［见图7-1-（a）］。这种沟通网络具有信息传递迅速、准确性高的优点，但是由于缺乏横向沟通，组织成员满意度低。在规模较大、严格的官僚组织结构中，链式沟通网络运用较多。

2. 环式沟通网络

这种沟通网络又称圆式沟通网络。它是一种信息在组织成员之间按照一定的顺序依次传递的沟通形式［见图7-1（b）］。群体中的每个成员都可以与相邻的两个成员进行直接沟通。这种沟通网络具有满意度高、能使士气高涨的优势。但是它通常沟通速度慢，信息传递准确性低。

3. 轮式沟通网络

这种沟通网络一个最典型的特点是组织中有一个处于核心地位的成员，分别向若干下级进行直接沟通［见图7-1（c）］。这一网络大体相当于一个主管负责几个部门的权威控制系统，集中化程度高，解决问题的速度快，是加强组织控制、争时间、抢速度的一种有效方式。但是这一网络中，组织成员的满意程度低，士气低落。

4. Y式沟通网络

这是一种兼具链式与轮式的特点的沟通网络［见图7-1（d）］。整个沟通网络存在中心人物，所以信息传递速度较快，准确性较高，信息集中性较强。但是，因为没有横向沟通，组织成员满意度低。

5. 全通道式沟通网络

这种沟通网络又称星式沟通网络，组织中每一位成员都可以自由地与其他任何成员进行自由交流，沟通网络中没有中心人物或领导者［见图7-1-（e）］。这种沟通网络的特点是沟通直接快速，成员满意度高，但是因为缺乏核心人物，沟通准确性低，信息集中性低。

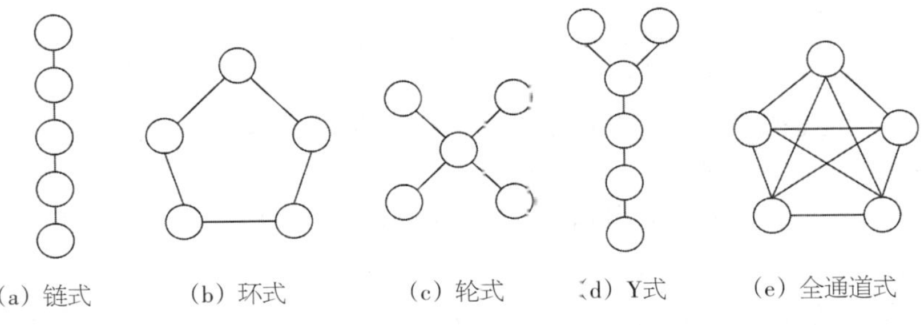

图7-1 正式沟通网络

管理者应该根据组织规模、组织文化、任务情境，灵活地选择沟通网络。规模大、层级森严的组织可以选择链式或Y式沟通网络；具有威信的领导者的组织可以选择轮式组织网络；人数较少、需要自由沟通的组织则可以选择全通道式沟通网络。

（二）非正式沟通网络

任何组织中除了正式沟通网络，还会在日常的交流与工作中存在非正式沟通网络。它是相对于正式沟通网络而言的，信息随机性较大，结构灵活，传播速度快。小道消息便是组织中常见的非正式沟通网络。在这里，我们主要就小道消息对非正式沟通网络进行阐释。美国心理学家戴维斯（K. Davis）通过对一家皮革厂的67名管理人员进行调查研究发现，小道消息有四种传播方式，即单线式、集束式、偶然式、流言式（见图7–2）。

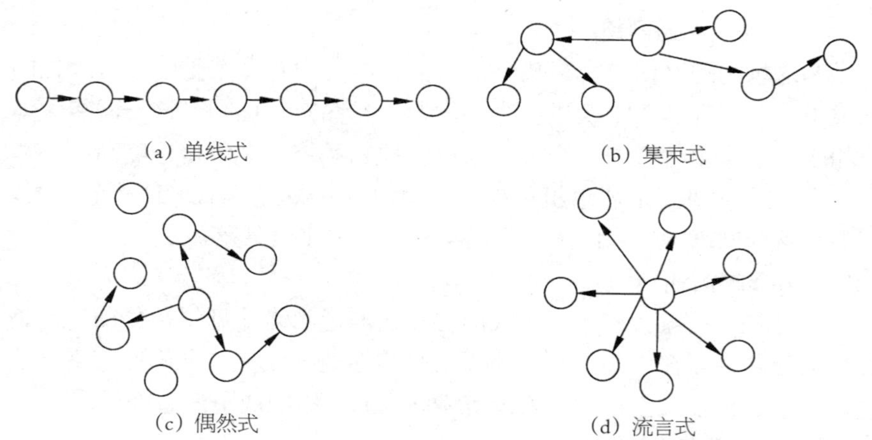

图7–2　小道消息的传播网络

如图7–2所示，单线式的沟通是通过一串的人的直接交流，把信息传送到最终的接收者那里去；集束式又称葡萄藤式，它的特点是信息发送者把小道消息有选择地传递给接收者；偶然式的传播是偶然地、随机地去传递小道消息；流言式的传播方式是组织中的某个人主动地将小道消息传播给所有人。

非正式沟通网络可以自由地向任何方向运动并跳过权力等级，在促进任务完成的同时，满足群体的社会需要。但是，管理者应该尽力控制小道消息的范围和影响，并使其消极结果减到最低。以下是减少小道消极结果的几项建议。

（1）公布进行重大决策的时间安排。

（2）公开解释那些看起来不一致或隐秘的决策和行为。

（3）对目前的决策和未来的计划，在强调其积极一面的同时，也指出其不利的一面。

（4）公开讨论事情可能的最坏结果，这肯定比猜疑产生的焦虑程度低。

四、沟通的过程

沟通的基本过程就是由信息发送者对所要发送的信息进行编码，然后选择适宜的沟通渠道发送给信息接收者，信息接收者在收到信息的时候要对信息进行解码，一般情况下，信息接收者还会在接收到信息之后向信息发送者发送反馈信息，整个沟通的过程都处于特定的环境之中。

概括而言，我们大致可以将沟通过程分为以下几个步骤：①信息发送者产生沟通意愿；②信息发送者对所发送信息进行编码；③选择适宜的沟通渠道；④传递信息；⑤信息到达接收者处并进行解码；⑥信息接收者做出相应的反馈。具体如图7–3所示。这一过程中涉及七个要素：信息源、信息、通道、接收者、噪声、反馈及背景。这七个要素的有效结合才能实现沟通的有效进行。

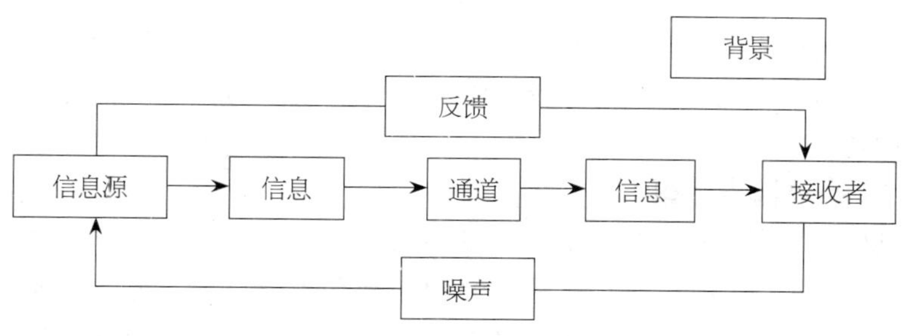

图7–3 沟通过程

（1）信息源。信息源是信息发出者，其在沟通中的地位比较主动，首先确定沟通的目标，然后明确要传送的内容，接着考虑采用什么形式进行传送，最后把需要传递的信息、情报、情感等内容，转换为对方所能接收的信息并且发送出去。

（2）信息。能够传递并能被接收者的感觉器官所接收的刺激就是信息。观念、思想和情感都是信息的种类。其中内储形式与外化形式是它的两种基本存在形式。暂时或长久储存在大脑里的信息是内储信息，用符号记录下来的书籍、文献、磁盘等信息形式是外化信息。

（3）接收者。接收者将接收到的符号或代码还原为信息，该过程与编码过程相对应。

（4）通道。传播需要媒介，通道就是媒介，它如同桥梁一般连接发出者和接收者，信息传递或反馈的效果与渠道的选择息息相关。

不同的渠道可传递的信息也不尽相同。

(5) 反馈。接收者在译码基础上根据自己的理解对信息进行编码，通过各种渠道将信息回传给信息发出者，进而使得信息的传递形成闭环。

(6) 噪声。从环境保护的角度讲，噪声是一类引起人烦躁或音量过强而危害人体健康的声音；从物理学的角度讲：噪声是发声体做无规则振动时发出的声音。在沟通环节中，对沟通过程产生不利的因素统称为噪声。

(7) 背景。任何沟通都是发生在一定的环境中的。

五、沟通的障碍及解决策略

如上所述，信息要经由复杂的过程才能传递到信息接收者处，沟通过程中的所有环节都有可能造成信息失真，使得沟通效果大打折扣。有效地解除沟通过程中的障碍，顺利地实现沟通目标，对于沟通双方都是至关重要的。下面我们将分别阐述沟通的障碍及其解决策略。

(一) 沟通的障碍

上面提到，沟通的任何环节都可能产生沟通障碍，这些障碍可能源于个体，源于组织，也有工具性的障碍。概括而言，主要有以下几个方面的障碍。

1. 个体因素障碍

这一类的障碍主要是由于信息接收者以及接收者因为身份、地位、价值观、知识构成、情感、性别、种族经验以及各方面的差异而造成的。由于沟通主体之间的差异使得他们往往对待同一件事物的观点大相径庭。此外，由于大家的经历、风俗习惯不同，对于相同的信息可能会有截然不同的反应。例如，我们对一个汉族的人说吃点猪肉吧，他会满怀感激欣然接受；而对于回族的人而言，他听到这句话会大动肝火，甚至产生无法调节的矛盾。相反，当大家的成长经历、生活习惯、价值观念相似时，则相处更融洽亲近，沟通也更为有效。个体因素障碍还包括由于沟通者的性格特征、理解能力、倾听习惯、兴趣爱好、行为方式等所产生的障碍。

2. 传递工具障碍

信息在传递的过程中，中间经过的环节越多，信息被曲解、删减、增加的可能性就越大，从而导致某些沟通障碍。一般来说，口头沟通比书面沟通更容易失真，电话沟通比当面沟通更容易失真，单向沟通比双向沟通更容易失真。相关研究表明，在一个层级较多的组织中，无论是从上往下还是从下往上的口头沟通，最终到达目标信息接收者的信息可能只是原信息内容的30%。因为组织成员往往存在着选择性知觉，成员对信息的关注点不同，使得他们在信息传递中有意或无意地删减、增加信息，从而导致信息失真，出现沟通障碍。

3. 语义符号障碍

语义符号障碍是指沟通双方因为所使用的语言、手势、图画、文字差异以及各自的理解能力不同而导致的沟通障碍。两个来自不同国度的人，他们可能会因为各自不同的语言、不同的思维方式而导致沟通障碍。就算两个来自同一国度、同一地区的人，他们使用同一种语言，也有可能产生沟通障碍。同样的词汇，不同的人可能有不同的理解和看法，因为年龄、教育和文化背景等影响一个人的语言风格以及他对词汇的界定。在一个组织中，员工往往来自不同的背景，有着不同的语言风格。此外，部门的分化也使得专业人员发展了各自的行话和技术用语，这些语义符号都可能会产生沟通障碍。

4. 沟通环境的障碍

我们都知道，当我们身处嘈杂的环境中时，我们很难进行顺畅的交流，这就表明不良的沟通环境可能会产生沟通障碍。我们组织中的沟通，也要考虑沟通环境因素的影响。例如，上司在公共场合批评下属会让其觉得特别难堪，从而产生抵触情绪，沟通的目的和效果就会大打折扣。

（二）有效沟通的策略

有效的沟通对群体目标的实现有着重要的作用，要实现信息沟通的有效性，必须做到准确、实时。通过以上对沟通障碍的分析，特提出以下几个有效沟通的策略。

1. 个体沟通的改善

（1）明确沟通目的，提高信息的清晰度。明确沟通的目的是进行有效沟通的最基本的前提，在此前提下，沟通主体还要言简意赅地表达最重要的信息。

（2）善于倾听，学会换位思考。尽管沟通双方由于知识构成、价值观念、行为习惯等因素会产生一系列的沟通障碍，但是信息双方要善于听取他人的观点，并尝试站在对方的立场上，以对方的视野和观点来看待问题，这样沟通会顺畅不少。

（3）言行一致，提高信任程度。信息接收者对信息发送者信任与否以及信任的程度，直接影响沟通的有效进行，如果接收者对发送者丧失了信心，那么即使信息发送者的信息再正确，接收者也可能会拒绝接收。因而，这就要求我们在日常的生活中，做到言行一致，不断提高自身的可信任度。

2. **完善沟通渠道**

沟通渠道、沟通制度和组织结构组成组织内部的沟通网络，包括下行沟通渠道，即组织内部的会议、演讲、企业报纸与杂志、电视、信函陈列与展览等沟通渠道或设施；而像组织内部的员工调查、座谈、建议箱等沟通渠道或设施就是上行沟通渠道；组织旅游、体育和文艺活动等即非正式沟通渠道；组织内部部门间沟通制度和规定等即部门间沟通渠道。对此，应该采取健全组织内部正式沟通渠道和制度（上行沟通、下行沟通和部门间沟通等）、提供恰当的非正式沟通渠道、合理调整组织结构并适当减少层级等措施，来完善组织沟通渠道。

3. **重视信息反馈**

信息反馈是沟通过程中的重要环节，无论采取何种信息沟通媒介，都应该尽可能地要求反馈信息。反馈可对信息的传送是否成功以及所传递的信息是否被接收者正确理解与接收进行核实，从而确保沟通的原意不会被曲解。在这方面，有以下几种常见的做法。

（1）全面反馈。该反馈更加趋于正式化，在这个反馈过程中会收到来自四面八方的反馈信息，不同层级的员工不仅对其他各层级的员工提供反馈，还可以接收来自其他层级的员工以及外部人员（顾客和供应商等）的反馈。

（2）合理的建议制度。邀请成员表达改善某件事情的观点是该制度的重点，并且，如若他们的观点被采纳，将会得到相应的奖励。

（3）公司热线。为公司高层配备热线电话是该做法的关键，这使得员工问题的收集与解答的时效性有所提高。其必要性在员工由于组织正经历着变革而很可能充满疑问的时候更能体现出来。

4. **选择适宜沟通环境，营造良好沟通氛围**

良好的沟通氛围有助于沟通的顺利实现，因而信息发送者要选择适宜的沟通环境。就如我们之前提到的例子，在组织中，对下属的批评交流最好是选择人少的环境。比如，办公室、小会议室，营造良好的沟通氛围，以达到最佳的沟通效果。

横向关系和纵向关系是人际氛围中的两大类。平等竞争是横向关系的主要内容，而命令与服从的上下级关系则是纵向关系，因此，采用不同的沟通技巧和策略实现有效沟通对于构建企业内部和谐的人际氛围具有重要作用。

想要减少横向关系带来的弊端，可以采用如下方法：通过团队合作的组织方式来达到提高成员的合作能力的目的；不断地沟通与交流是促进人与人之间的相互信任与理解的催化剂；制定公平、公正的晋升与薪酬机制，保证成员间的良性竞争。想要减少纵向关系带来的弊端，授权是主要的解决办法。授权是指上级将自己的职权授予下级，使下级具有一定的自主权和行动权。有效授权方法的利用，可改善纵向权力结构和人际关系，组织凝聚力也会随之增强，进而使得上下级的关系融洽，企业内部的人际沟通氛围更加和谐。

六、数字化时代的沟通

基于信息技术的互联网可以使组织的管理者实现对内和对外的沟通，这是数字化时代沟通的显著特征。企业因现代信息技术和网络技术的支持得到了多样的现代网络沟通方式。例如，电子邮件与语音邮件系统、网络电话、网络传真、电子公告板、即时通信、视频会议等。

（一）数字化时代的沟通特点

与以前的沟通模式相比，数字化时代的沟通具有下述五个特点。

（1）从表现方式上看，视频会议、电子报纸、互联网及组织内部网等形式是数字化沟通的主要方式，这样可减少口头沟通形式，其中，数字化书面沟通形式占据大部分。全面引进信息技术后，以显示器代替备忘录，通过电子邮件、BBS等来下达公告、通知等，组织可在一定程度上实现无纸化办公。

（2）从信息传递速度上看，组织即时输出和即时回收信息的能力因数字化沟通的存在而加强，使得书面信息和面对面或电话式的口头信息拥有一样快捷的传递速度。并且，传统书面沟通反馈的局限在数字化沟通的即时反馈功能中不复存在，得到很好的弥补。

（3）从沟通的范围上看，远距离、跨地域的即时沟通可以在数字化沟通中实现，跨国公司、集团公司的沟通运作变得更加快捷迅速，沟通成本有效降低。比如，某零售商其全国各地连锁店的销售情况可随时监控。

（4）从沟通的网络上看，员工在组织内跨越纵向层级工作在数字化沟通中也能完美实现，进而实现在组织内全通道开放式的沟通网络，组织内的地位等级界限变得模糊，同时，中层管理人员的地位也将受到挑战。

（5）从沟通造成的影响上看，数字化沟通使员工可以在家或者其他地方办公，员工之间的交流成本降低，更加方便快捷。员工的工作形式以及组织的结构也因数字化沟通的引进而大为改观，各类虚拟企业层出不穷，企业形式及工作形式灵活多变。

（二）数字化时代的沟通障碍

（1）交流信息的不准确性和不全面性。语言沟通和非语言沟通是人际沟通中的两部分，而输入文字是网络上交谈与聊天的主要形式，在这种情况下，很多非语言沟通方面的其他信息无法准确表达，使得网络人际沟通与面对面人际沟通存在差异。人们在数字化沟通时，会利用一些表示表情和心情的符号，或者使用语音聊天，但人们还是无法透过文字符号观察到屏幕另一边的沟通对象的具体信息。此外，网络沟通信息的准确性也会因网络的虚拟化、交流方式的简略化大打折扣。

（2）沟通媒介存在问题。组织与组织、组织与个人、个人与个人之间的信息传递因技术的使用得到了前所未有的高速发展，也就是说信息传递速度与技术发展呈线性关系。但是，当组织中的个人接收的信息数量与个人所能吸收、处理的能力出现不匹配时，就易产生信息超负荷。并且网络沟通并不是万金油，不适用于所有的情况。E-mail在工作场所中被广泛应用，为人们的工作带来了极大的便利，但也存在一些问题。E-mail能很好地处理常规的情况（例如给出基本的指导或者展示会议日程），但当面对模棱两可、复杂和全新的情况时，E-mail 就显得笨拙、难以适应了。因为这些情况要求得到更加迅速的反馈，并且要求沟通渠道能传递更大容量的信息。另外，E-mail因人们不需要什么努力就可以写信息和把信息复制后发送给很多人而导致信息过量的情况，使得人们耗费大量的工作时间来处理过量的E-mail信息。

（3）纵向沟通弱化，横向沟通扩张。当人们被视为网络中的知识资源而不是一定范围内的知识所有者时，横向沟通的扩张会变得更加显而易见。当以任务为中心的核心团队在公司各处带动知识进步时，横向沟通形式居于主导地位，纵向沟通形式则被弱化。

（4）非正式沟通管理的难度较大。在监督体系中，以网络为媒介的非正式组织更加难以监督。互联网日新月异的发展使得谣言的快速传播有机可乘，给企业的思想管理和危机处理造成不可小觑的消极影响，并且带来诸多不便。

（三）改善数字化时代的沟通

根据上述分析，可以通过以下几个方面来对数字化沟通进行改善①。

（1）数字化沟通应该包含个人特征。使用工具与传递者的亲疏关系直接影响传递者对信息的处理和接收者对信息的态度，反之，对于接收者而言亦然。比如，文字信息不是由统一的字体格式来书写，而

① 廖婵，李世国．互联时代的沟通方式及情感体验[J]．包装工程，2011，32（24）：80-83.

是用模拟个人笔迹的方式存在，与个人特征密切相关的沟通方式符合人的情感需求，也更人性化。

（2）数字化沟通应该注重多维感官表达。因数字化工具的出现，人们之间的沟通拥有了更多可能性，信息的辐射范围和影响力也随之扩大，但是其本质还是利用机器的语言实现信息传递，容易造成简单和平面化，因此数字化工具应该加入更生动丰富的表现形式。多感官体验的自然叠加，使得效果更加立体、更加真实。动用视觉、听觉、嗅觉、肤觉、味觉的感知会带给人们更真实的感触，就像有图、有文字、有声音、有触感、有气味的传达一样，带给人们不是平板的感受，而是全方位的体验。

（3）数字化沟通应该不受数字化工具的局限。人为了延伸自己的生理局限而发明的东西就是工具，机器作为工具的一种，是人为了满足自己远距离沟通的需求所发明的，它的存在丰富了人们的生活。归根结底，机器的出现并不是为了取代其他的沟通方式，只是为了解决人们在特定的限制因素下的一些局限，因此人们不应该局限于数字化沟通这一种沟通途径，不然就违背了沟通工具发明的初衷。

（4）数字化的情感沟通应该有新的角度。沟通的形式不应局限于人与人之间的沟通，还可以存在于人与人、人与自然之间。沟通的本质是相互了解、相互体谅，在沟通中人与自然的沟通也十分重要，人与自然的沟通因数字化沟通方式的存在有了新的途径，使得二者之间的沟通更加顺畅。自然界的其他生命以它们独特的方式存在，并不断发展进化。历史的车轮滚滚向前，科技的发展日新月异，在人类社会快速进步的时候，也要停下脚步，回归本源去思考人与自然的关系，因此理解自然也变得至关重要。

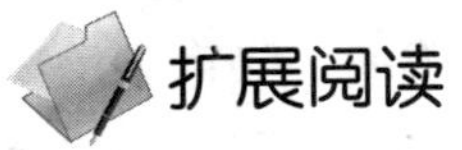

扩展阅读

以平等沟通促进沟通的有效进行

美国加利福尼亚州立大学对企业内部沟通进行研究后得出的重要成果表明：来自领导层的信息只有20%~25%被下级知道并正确理解，而从下到上反馈的信息则不超过10%，平行交流的效率则可达到90%以上。进一步的研究发现，平行交流的效率之所以如此高，是因为平行交流是一种以平等为基础的交流。为实验平等交流在企业内部实施的可行性，他们试着在整个企业内部建立一种平等沟通的机制。结果发现，与建立这种机制前相比，建立平等的沟通渠道，可以大幅增加领导者与下属之间的协调沟通能力，使他们在价值观、道德观、经营

思考活动

1. 群体沟通的涵义是什么？有何功能？
2. 简述群体沟通的种类，并详细阐述其中一种分类。
3. 正式沟通网络有哪几种形式？各自的特点是什么？
4. 群体沟通的障碍有哪些？如何实现有效的沟通？

哲学等方面很快地达成一致；可以使上下级之间、各个部门之间的信息形成较为对称的流动，业务流、信息流、制度流也更为通畅，信息在执行过程中发生变形的情况也大幅减少。这样，他们得出了一个结论：平等交流是企业有效沟通的保证。

许多企业强调沟通，却往往忽视有效沟通渠道的建立。企业规模不大时，这种问题可能表现得不会很明显。在企业中，信息的交流主要有三种：上传、下达、平行交流。前两种是非平等交流，后一种总体上是一种平等交流。要想扩大沟通的有效性，就需要把平等的理念注入前两种交流形式中。以上传为例，最大的问题就在于言路不畅，当管理层次增加以后，基层的声音就很难传达到高层领导那里。要解决这些问题，最好的方法就是打破上下级之间的等级壁垒，实现尽可能的平等交流。在沃尔玛，这一信条得到了完美的体现。沃尔玛公司一再强调倾听基层员工意见的重要性，即使现在公司规模不断扩大也是如此。在公司内，沃尔玛实行门户开放政策，即任何时间、地点，任何员工都有机会发言，都可以口头或书面形式与管理人员乃至总裁进行沟通，提出自己的建议和关心的事情，包括投诉。公司保证提供机会讨论员工们的意见，对于可行的建议，公司会积极采纳。

（资料来源：周小冰. 组织沟通的障碍及其改善路径[J]. 企业改革与管理，2011（6）.）

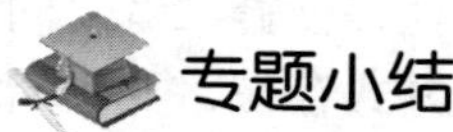

专题小结

群体沟通是群体内外人与人之间、群体与群体之间、组织与组织之间传达思想、交流情报和信息的过程，主要有四种功能：控制、激励、情绪表达和传递信息。沟通网络分为正式沟通网络和非正式沟通网络两种。沟通过程包括信息源、信息、通道、接收者、噪声、反馈及背景。影响沟通的因素有很多，我们可以通过个体沟通的改善、完善沟通渠道、重视信息反馈、选择适宜的沟通环境、营造良好沟通氛围等方法解决沟通障碍。数字化时代的沟通在表现方式、信息传递速度、沟通范围、沟通网络和沟通造成的影响等方面都不同于传统沟通，它也存在着明显的沟通障碍：交流信息的不准确性和不全面性、沟通媒介存在问题、纵向沟通弱化和非正式沟通管理难度较大等。对此，可以采取如下优化措施：增加个人特征的表达、注重多感官表述、不受数字化工具的局限和情感沟通应有新的角度等。

专题二 群体决策

一、群体决策概述

（一）群体决策的定义

群体决策又称集体决策，是指由两个或两个以上的人协商完成有效的选择。判断是不是群体决策的关键在于考察决策的诊断活动、设计活动、选择活动是由一个人完成，还是由两个或两个以上的人来完成。群体决策不一定要贯穿决策的整个过程，只要决策的过程中某一阶段是由两个或两个以上的人参与，我们就认为它是群体决策。

（二）群体决策的类型

根据群体决策的目标的多少，可以将群体决策分为多人单目标决策和多人多目标决策；根据决策过程中群体的沟通情况，可以将群体决策分为沟通情况下的群体决策和无沟通情况下的群体决策。此外，一些国外学者提出可将群体决策分为三大类型，即程序化决策与非程序化决策、确定性决策与不确定性决策、自上而下的决策与赋权决策。程序化决策，是日常的决策，它是由基层员工制定的，依据事先制定的行动步骤来做出的。与之相反，非程序化决策是没有现成解决方案。决策制定者面临独特的情境，其解决方案是全新的。确定性决策和不确定性决策的程度可以用风险状态来表示。自上而下的决策，是把决策权放在管理者手里，基层员工仅有一些有限的决策权，或者完全没有机会参与决策。而赋权决策能使个人或团队有权制定为有效完成工作必需的决策。这一做法的基本思路是：从事具体工作的人最了解情况，因此完全由上级制定决策的正确性有待考证。①

专题导读

管理学大师西蒙认为，管理即是决策。组织的任何活动都离不开决策，决策贯穿管理活动的始末。在现代管理实践中，组织面临着日趋复杂的环境，这对决策者的各项能力提出了更高的要求。群体决策能够更好地解决个人能力不足的问题，也越来越受到组织的重视。通过本章的学习，我们将知道群体决策的概念、类型、过程，群体决策的优缺点以及群体决策技术等相关内容。

---

① 黄萍．企业内部人际沟通的现状调查及其改善策略的理性探索[D]．西南大学，2007.

（三）群体决策支持系统

群体决策支持系统（Group Decision Support System，GDSS）是指在系统环境中，多个决策参与者共同进行思想和信息的交流，群策群力，寻找一个令人满意和可行的方案，但在决策过程中只由某个特定的人作出最终决策，并对决策结果负责。群体决策支持系统从DSS（决策支持系统）发展而来，通过决策过程中参与者人数的增加，使得信息的来源更加广泛；通过大家的交流、磋商、讨论而有效地避免了个体决策的片面性和可能出现的独断专行等弊端。

GDSS有以下一些特点：①不受时间与空间的限制；②能让决策者相互之间便捷地交流信息与共享信息，减少片面性；③能集思广益，激发决策者思路，使问题的方案尽可能趋于完美；④可防止小集体主义及个性对决策结果的影响；⑤可提高决策群体成员对决策结果的满意程度和置信度；⑥群体越大效果越显著。从理论上讲，GDSS对群体决策是非常有益的手段，它涉及的面很广。GDSS要面对不同风格与偏好的个人，要综合决策科学、人工智能、计算机网络、运筹学、数据库技术、心理学及行为科学等多种学科的理论、方法与技术，实用系统研究与开发的难度非常大。

（四）群体决策过程

决策应该被看成手段而非目的。群体决策是多名决策者经过探讨、分析、筛选，缩小选择范围，选择最佳方案的过程。其过程主要包括：①明确组织目标，组织目标是组织各项活动的根本出发点，因而整个群体决策的前提是明确组织目标；②识别、界定问题，即通过分析组织当前所面临的环境与现有的资源，识别现有的或潜在的问题；③问题讨论与分析，即采取群体讨论的方式，决策群体搜集信息，对确定的问题进行分析、探讨；④制定备选方案，这个环节主要是决策群体根据讨论的结果，制定出几个可行的方案；⑤审核、讨论、表决，对备选方案进行再分析；⑥方案抉择，通过集体讨论、表决的形式选择出最佳方案。群体决策过程如图7-4所示。

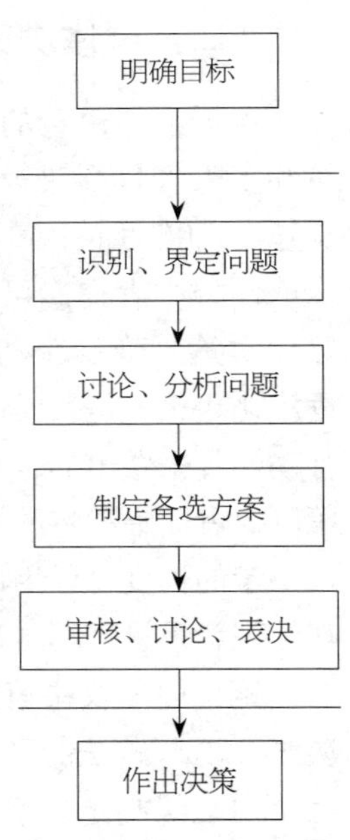

图7-4　群体决策过程

二、群体决策的优缺点

群体决策在组织中的应用很广，它具有以下优缺点。

（一）群体决策的优点

1. 决策信息来源广泛

决策群体往往是由各种专业背景的人员构成的，这使得决策信息来源的渠道更加广泛。在组织确定好决策问题之后，可以号召组织成员收集信息，能够很好地克服个体角色信息来源匮乏的问题。另外，群体决策也有利于决策信息的甄选工作，为正确作出抉择提供保障。

2. 决策可接受性和可实施性强

在群体决策的过程中，决策的制定者也是决策的执行者，他们了解决策的各项细节和背景，对自己所参与制定的决策有较强的自信心与认同，并乐于鼓励其他人支持决策。这样，决策能够获得更多的支持者，减少了决策实行的难度，提高了决策执行者的满意度。

3. 决策一贯性强

个人决策往往是决策者的主观判断与决定，不一定严格按照科学的程序进行。而群体决策一般采取比较合理的决策程序，能够比较合理地按照决策目标，作出最佳抉择，决策一贯性高。

4. 决策合法性高

即使是非常有个人魅力的领导者作出的决策，也会受到部分组织成员的质疑。如果决策制定之前没有征求任何人的意见，会被认为是“一言堂”、独断专行，这将不利于决策的执行。而群体决策拥有较高的合法性，且群体决策成员越多，决策的合法性越高，即决策越为组织成员所认可与接受。

（二）群体决策的缺点

1. 决策速度慢

群体决策过程以决策群体反复交换意见为特点，往往需要充足的时间进行沟通。各自信息的搜集、甄选、讨论都需要大量的时间，因而决策速度相对缓慢。当组织面临较紧急的情况时，采取群体决策可能会贻误最佳决策时间。

2. 责任不明确

个人决策的结果，由决策者个人承担。但是，群体决策因为参与决策的分析、方案提出、最终抉择的成员的多样性，经常存在“大家决策，无人负责”的情况。参与决策的成员往往不愿意承担责任，出现相互推诿的情况。

3. 存在从众现象

群体中存在着社会压力，这种压力迫使群体内部成员遵从大多数人的主流意见。持不同意见的组织成员为了融入组织，为组织成员所认可，可能会隐藏或放弃自己的意见，遵从大众意见，这就是组织中的从众现象。

4. 由少数人控制

领导者在场往往会导致下级不能真正地参与决策，很多下级为了迎合领导的意图而隐藏自己的真实意见。此外，控制欲较强的领导或专家可能会给决策参与者造成心理上的压力，使得决策参与者倾向于赞成专家或领导的意见，如此群体决策就形同虚设了。

三、群体决策技术

群体决策的最常见形式是发生在面对面的互动群体中。尽管群体决策相对于个体决策有很多优点，但其本身固有的缺陷可能会使决策群体作出不良的决策。下面介绍几种常见的群体决策技术。

（一）头脑风暴法

头脑风暴法（Brain Storming），又称脑力激荡法，由美国BBDO广告公司的创立者奥斯（A. F. Osborn）于1939年提出。头脑风暴法的一个典型特征是它鼓励群体成员畅所欲言，在发表自己的观点时不会受到任何其他成员的评价，较好地克服了群体决策中从众压力对决策的影响。

在典型的头脑风暴中，6~12个组织成员围坐在一起，由群体领导讲述问题并确认成员对该问题已较明了。然后，在给定的时间，组织成员可以围绕问题自由发言，并尽可能多地提出解决问题的各种方案。在这个过程中，任何成员都不能对发言者的言论加以评价，所有方案都要及时做好记录，直到进入讨论、表决阶段。头脑风暴法适合于决策前期，可以更多地了解群体的思想，拓宽解决问题的视野。

（二）德尔菲法

德尔菲法（Delphi Technique）是20世纪50年代末美国为了预测原子弹攻击美国的后果而产生的，兰德公司的赫尔默和戈登（Helmer & Gordon，1964）发表《长远预测研究报告》一文，首次将德尔菲法用于技术预测中，后来得到推广，在各行业的预测中都受到重视。德尔菲法是一种重要的信息分析方法，其具体工作步骤如下。

（1）在明确问题后，要求群体成员细心填写精心设计的问卷，提出解决问题的方案。

（2）每个群体成员匿名并独立地完成第一份问卷。

（3）把第一次问卷调查的结果在另一中心地点整理出来。

（4）把整理和调整的结果发给每人一份。

（5）在群体成员看完整理结果之后，要求他们再次提出解决问题的方案，结果往往是得到新的解决方法或使原有方案得到改善。

（6）在没有形成最终方案之前重复步骤4和步骤5，直到找到大家意见一致的解决方法为止。

总体而言，德尔菲法可以减少人际冲突，充分发挥组织成员的作用，集思广益，准确性高；此外，德尔菲法不需要成员相互碰面，可以使地理位置分散的群体成员参与到同一个决策中来。但是，德尔菲法程序复杂，不能够快速地作出决策，可能会错失解决问题的最佳时间。

（三）名义群体法

名义群体法（Nominal Group Technique），又称NGT法、名义小组法，是指在决策过程中对群体成员的讨论或人际沟通加以限制，但群体成员是独立思考的。其具体方法如下。

（1）成员集合成一个群体，但在进行任何讨论之前，每个成员独立地写下他对问题的看法。

（2）经过一段沉默后，每个成员将自己的想法提交给群体，然后一个接一个地向大家说明自己的想法，直到每个人的想法都表达完并记录下来为止，在所有的想法都记录下来之前不进行讨论。

（3）群体开始讨论，以便把每个想法搞清楚，并作出评价。

（4）每一个群体成员独立地把各种想法排出次序，最后的决策是综合排序最高的想法。

相较于前面两种决策方法而言，名义群体法是比较折中的一种方法。名义群体法一方面可以在将群体成员正式聚集在一起的同时，不像互动群体那样限制个体的思维；另一方面它相对于德尔菲法来说，节约了时间，提高了决策效率。

（四）电子会议法

电子会议法（Electronic Meeting）是一种将名义群体法与复杂的计算机技术结合进行群体决策的方法。其基本步骤是群体成员围坐在桌子旁，面前有一台计算机终端。问题会通过大屏幕呈现给参与者，要求他们把自己的意见输入计算机终端屏幕上。电子会议法最主要的特点是匿名、可靠、迅速，与会者可以采用匿名的形式表达自己的观点，没有从众压力，他们更愿意表达自己的真实意见与观点。此外，一般电子会议会紧紧围绕讨论的主题，避免产生偏离主题浪费时间的问题。根据一项调查结果显示，电子会议比传统的面对面会议可减少大约55%的时间。但是它也有缺陷，打字速度快的成员往往比善于表达但打字速度慢的成员有优势；提出创新观点的成员不能得到及时的奖励；电子会议相对于传统的面对面会议，无法得到迅速详细的反馈。但是，不能否认的是，随着科技的发展，未来的群体决策必然会更广泛地采用电子会议法。

以上四种群体决策技术各有优缺点，我们对其进行了归纳梳理，具体见表7-1。

表7-1　群体决策效果评价

决策方法效果标准	头脑风暴法	名义群体法	德尔菲法	电子会议法
观点的数量	中等	高	高	高
观点的质量	中等	高	高	高
社会压力	低	中等	低	低
财务成本	低	低	低	高
决策速度	中等	中等	低	高
任务导向	高	高	高	高
潜在的人际冲突	低	中等	低	低
成就感	高	高	中等	高
对决策结果的承诺	不适应	中等	低	中
群体凝聚力	高	中等	中等	低

资料来源：范逢春. 管理心理学[M]. 成都：四川大学出版社，2009.

上述四种决策技术各有特点，组织在进行群体决策时，要综合考虑具体情况，选择适宜的决策技术与方法，以作出最佳的决策。

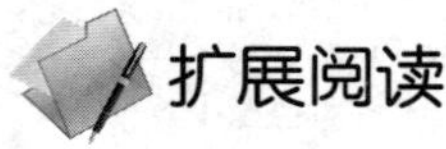

扩展阅读

从众心理——阿希实验

1952年，美国心理学家所罗门·阿希（S. E. Asch）设计实施了一个实验，来研究人们会在多大程度上受到他人的影响，而违心地进行明显错误的判断。他请大学生们自愿做他的被试，告诉他们这个实验的目的是研究人的视觉情况。当某个来参加实验的大学生走进实验室时，他发现已经有5个人先坐在那里了，他只能坐在第6个位置上。事实上他不知道，其他5个人是跟阿希串通好了的假被试（所谓的“托儿”）。

阿希要大家做一个非常容易的判断——比较线段的长度。他拿出

思考活动

1. 简述群体决策的定义及其优缺点。

2. 群体决策有哪几种类型？

3. 群体决策的技术有哪几种？简述其中两个。

一张画有一条竖线的卡片，然后让大家比较这条线和另一张卡片上的3条线中的哪一条线等长。判断共进行了18次。事实上这些线条的长短差异很明显，正常人是很容易作出正确判断的。

然而，在两次正常判断之后，5个假被试故意异口同声地说出一个错误答案。于是许多真被试开始迷惑了，他是坚定地相信自己的眼力呢，还是说出一个和其他人一样但自己心里认为不正确的答案呢？平均有33%的人判断是从众的，有76%的人至少做了一次从众的判断，而在正常的情况下，人们判断错的可能性还不到1%。当然，还有24%的人一直没有从众，他们按照自己的正确判断来回答。

（资料来源：http://baike.baidu.com/view/1013605.html，2021-3-20.）

专题小结

群体决策又称集体决策，是指由两个或两个以上的人协商完成有效的选择。群体决策的过程主要包括：明确组织目标；识别、界定问题；讨论、分析问题；制定备选方案；审核、讨论、表决；作出决策。群体决策有自身的优点与缺点。群体决策技术有很多，主要包括头脑风暴法、德尔菲法、名义群体法、电子会议法等，我们应根据组织的具体情况，选择适宜的群体决策技术。

专题三

冲突与冲突管理

专题导读

冲突是一种常见的社会现象。只要有人群存在的地方，就必然会有冲突。冲突存在于人类社会的任何一个组织中，尤其是那些具有环境压力、任务多样性和成员多样性的组织。冲突会严重影响群体生活，甚至会造成混乱的局面，使得员工几乎无法在一起共同工作。同时，它又具有积极的一面。在本专题中，我们一起来了解什么是冲突，冲突观念的变迁，冲突的分类，以及如何对冲突进行管理。

一、冲突概述

人们在描述冲突时，通常是指那些具有典型性的对立言行，如愤怒的言辞、仇恨的对视以及一些表示反对意见的行动。但是，这些外在的现象只是冲突的一部分。那到底什么是冲突？接下来，让我们具体了解一下。

（一）冲突的界定

在管理心理学领域，有关冲突的界定尚未形成统一的意见。在国外，被引用最多的是沃尔斯（Walls，1995）的定义，他认为冲突是

"一方感觉到自己的利益正受到另一方的反对或负面影响的过程"[①]。在国内，戴健林等人（2008）[②]通过对有关冲突文献的整理，将冲突的定义分狭义和广义两类来阐述，狭义的冲突被看作基于竞争目的的冲突过程中的特定状态和行为，而广义上的冲突着眼于整个冲突发生的过程，不仅包括冲突的发生、发展，更侧重于冲突的解决模式。

尽管学者们对于"冲突"内涵的理解各不相同，但仍有如下四个共同点。

（1）冲突从主观来看是知觉问题，而其是否存在是个客观问题。客观存在的冲突必须由人们去感知，用内心去体验，如果没有意识到冲突，那就会认为冲突不存在。

（2）当存在某种形式的对立或不相容以及相互作用时，可能产生冲突，但反之则不一定。

（3）组织、群体或个人都可以是冲突的主体，利益、权力、资源、目标、方法、意见、价值观、感情、程序、信息、关系等都可以是冲突的客体。

（4）冲突是一个过程，它是从人与人、人与群体、人与组织、群体与群体、组织与组织之间的相互关系和相互作用过程中发展而来的。

本书将冲突定义为一个过程，这种过程始于一方感觉到另一方对自己关心的事情产生消极影响或将要产生消极影响。这是一个广义的定义，它包括在组织中人们经历的各种各样的冲突，如目标不一致，对事物的看法存在分歧，以及对行为预期的不一致，等等。这一定义涵盖了所有的冲突水平，从公开的暴力活动到微妙的意见不一致。

（二）冲突观念的变迁

人们对冲突的看法随着社会的发展和认识的提高有一个变迁的过程。到目前为止，概括起来主要有三种：传统的观点、人际关系观点和相互作用观点。

1. 传统的观点——冲突有害论

20世纪30年代至40年代中期，这种传统的冲突观点占优势地位。这种观点认为，所有的冲突都是消极的、不良的、有害无益的。它经

---

① Walls JA. Conflict and its management[J]. Journal of Management, 1995 (21): 515-558.

② 戴健林，王乐伟. 人际冲突：理论模型与化解方式的研究[J]. 华南师范大学学报：社会科学版，2008 (6) .

常作为暴力、破坏、无理取闹的同义词。因此，必须避免冲突，冲突是群体内功能失调的结果。

2. 人际关系观点——冲突接纳论

20世纪40年代末至70年代中叶，人际关系观点在冲突理论中占统治地位。这一观点认为，对于所有的群体和组织来说，冲突都是与生俱来的，是不可避免的结果，我们应该接受冲突存在的事实。人际关系学派建议接纳冲突，使它的存在合理化，并且适当地控制和利用冲突，因为有时它对群体的工作绩效有益。

3. 相互作用观点——冲突有益论

20世纪80年代后，产生了冲突的相互作用观点。这一观点鼓励冲突，认为冲突是有益的，不仅可以成为群体内的积极动力，而且有些冲突对于有效的群体工作来说是必不可少的。融洽、和平、安宁、合作的组织容易对变革的需要表现出停滞、冷漠和迟钝。因此，组织的领导者应该维持冲突的最低水平，以保持组织旺盛的生命力和创造力。

（三）冲突的利与弊

从冲突的交互作用观点可以看出，认为冲突都是好的或都是坏的是不恰当的，冲突本身并无好坏之分，关键取决于冲突的性质，我们应从绩效的视角去考察。据此可将冲突分为破坏性冲突（功能失调的冲突）和建设性冲突（也称功能正常的冲突）。

1. 破坏性冲突

破坏性冲突是由于冲突双方目的不同造成的，往往属于对抗性的冲突，该类冲突的特点是：双方对于赢得自己观点的胜利非常关心；不愿听取对方的观点和意见；往往由问题的争论转入对人身的攻击；冲突双方互相交换意见的情况不断减少以致最后完全终止。

破坏性冲突带来的明显后果包括沟通的迟滞、群体凝聚力的降低、群体成员之间的明争暗斗以及群体目标的落空。在极端情况下，冲突会导致群体功能的停顿，并可能威胁到群体的生存。

2. 建设性冲突

建设性冲突是指冲突双方目标一致，对实现目标的途径手段看法不同而产生的冲突。建设性冲突可以使组织中存在的不良功能和问题充分暴露出来，防止事态进一步演化。同时可以促进不同意见的交流和对自身弱点的检讨，有利于促进良性竞争。其特点是：双方都关心实现共同目标和解决现有问题；双方都愿意了解彼此的观点，并以争论问题为中心；双方争论是为了更好地解决问题；相互信息交流不断增加。破坏性冲突与建设性冲突的区别，见表7-2。

表7-2　破坏性冲突与建设性冲突的区别

类　　别	破坏性冲突	建设性冲突
出发点	关心自己胜利	关心共同目标
双方态度	不听对方观点	乐意了解对方观点
特点	人身攻击	争论问题
结果	停止交流	交流增加

二、冲突的分类

冲突可以从不同的角度进行分类。比如，基于冲突的效益，可将冲突分为建设性冲突和破坏性冲突。基于冲突的内容，可将冲突分为目标冲突、情感冲突、过程冲突、认知冲突。目标冲突是指每个人对工作内容与工作目标有不同的意见或观点，表现出激烈的讨论或个人情绪上的激动；情感冲突着重于人际关系；过程冲突指向工作如何完成；认知冲突则是指思想和观念上不一致时发生的冲突。本书根据冲突对象的划分方式，着重分析个体内部冲突、人际冲突和群体间的冲突。

（一）个体内部冲突

个体内部冲突就是内心的矛盾冲突。当个人面临互不相容、相互排斥的目标时，便会体验到内心冲突。比如，一个学生明天要去参加考试，刚好这天晚上有个好朋友邀请的生日派对，复习功课和参加生日派对这两个互不相容的目标便会造成他个人的内心冲突。

20世纪30年代，德国心理学家勒温（K. Lewin）以个体内部冲突的接近和回避两种倾向的结合为标准，将个人心理冲突分为以下四种类型。

1. 双趋式冲突

当两个或两个以上目标同时吸引人们，而必须选择其中一个目标时，通常出现接近—接近型冲突，即双趋式冲突。大学生毕业选择就业岗位就属于这种类型。面临同样具有吸引力的多种选择时，我们要根据具体条件果断取舍。

2. 双避式冲突

当两个或两个以上的目标都是人们力图回避的事物，而他们只能回避其中的一个目标时，就产生回避—回避型冲突，即双避式冲突。例如，害怕吃药打针的人生病了却迟迟不肯去就医，他或者忍受生病带来的痛苦，或者接受医生的治疗，由此引起的冲突就叫双避式冲突。

3. **趋避式冲突**

趋避式冲突，顾名思义，就是接近—回避型冲突。这种冲突是在同一个事物或目标对人们既有吸引力又有排斥力的情况下产生的。例如，某公司有一次难得的外出培训机会，参加者将扣除平时工资，对于员工来说，就必须衡量其中的代价，这就会产生趋避式冲突。

4. **双重趋避式冲突**

双重趋避式冲突即双重接近—回避型冲突，是指人们面临两个或两个以上目标，而每个目标又分别具有吸引和排斥作用，这时不能简单地选择一个目标而回避另一个目标，由此产生的冲突就是双重趋避式冲突。陷入这种冲突往往与个体的思考方法有关，这时要求我们进行理性思考，克服某些偏见或杂念的干扰，从而摆脱此困境。

在我们的成长过程中，无时无刻不在面临选择。而一旦面临选择，我们都会经历这种内心的冲突以及这种冲突带来的痛苦。在一定的场合中，当个人的内部冲突达到一定水平时，将很容易引发人际冲突。例如，当一个员工情绪很低落时，更容易与其他同事发生冲突。既然个人内部冲突无法避免，对于我们来说，及时改变自己的思想，调整自己的行为，综合各种信息来化解自己的内部矛盾才是正确的态度。

（二）人际冲突

当人们之间感觉到他们的态度和行为等出现不一致时就会产生人际冲突。这种冲突与争执、消极情绪体验和干涉三个主题相关。在彼此有关系的两个人之间，只要有互动就有发生人际冲突的可能。

目前，学术界对人际冲突的界定争议不断。在这里，我们采用巴尔基（Barki,2004）等人对人际冲突所做的定义，即“发生在相互依赖的个体和群体间互相知觉到的各自既定目标的不一致、出现了干涉行为以及同时伴有消极情绪体验的动态过程”。造成群体人际冲突的主要原因有以下几种。

（1）信息沟通：由于信息来源、掌握信息的程度、对信息理解和判断的差异，以及人们对信息沟通的渠道不同，彼此之间互不通气，即可能造成冲突。

（2）认识：由于人们的知识结构、经验、态度等不同，对于同一事物会有不同的看法，所以经常因为观点不一致引起冲突。

（3）价值观：人们对是非、善恶、好坏、重要性的评价和看法不一致也可能引起冲突。例如一个企业中，有些管理者认为提高产量是企业的首要任务，有些管理者则认为提高质量才是首要任务，在做决策时往往会产生冲突。

(4) 本位主义思想：个体由于所处位置不一样，考虑问题的角度也不一样，由此可能引发冲突。例如某企业需要做决策时，如果不同部门的人都站在本部门的立场看问题，没有一个全局的概念，这样往往会产生冲突。

(三) 群体间的冲突

群体间的冲突是指两个或多个群体之间的冲突。不同的群体由于任务、职责不同，利益不同，经常出现互相牵制、埋怨和扯皮等现象。

美国心理学家谢里夫曾对不同团体在竞争条件下发生冲突的情况进行实验研究。

实　验

谢里夫设计了一项在自然条件下的实验：邀请22名互不认识的男孩，并把他们分成两队到郊外露营。由于营地相距很远，两个队互不往来。经过一周后，两队队员各自结成一个团结一致的团体。

在实验的第2阶段，安排两队进行竞赛，如拔河、球赛等。由于要互争胜负，两队产生了对立情绪。

在实验的第3阶段，谢里夫又设计了两队必须合作的情境。例如，让两队共同推动半途损坏的卡车等。经过若干次合作，两队消除了隔阂，形成了一个新的团体。

此后，谢里夫又对成年人进行类似的实验，获得了相同的结果。通过上述实验研究，谢里夫得出以下结论。

第一，竞争对每一个团体会产生如下影响。

① 团体内部团结增强，其成员对团体更加忠诚，内部分歧减少。

② 团体由于以游戏为主转变为以工作和完成任务为主，其成员对个人心理的关心逐渐减弱，而对完成任务的关心则逐渐增强。

③ 领导方式逐渐由民主型转为专制型，其成员也逐渐心甘情愿地忍受这种专制型的领导。

④ 各团体逐渐变成组织严密、纪律严明的团体。

⑤ 团体要求其成员更加忠诚和服从，形成“坚强的阵线”。

第二，竞争对团体之间的关系产生以下影响。

① 各团体都把另一团体视为对立者而不是视为中立者。

② 各团体都会产生偏见，对本团体只看到优点而看不到缺

点，对另一团体则只看到缺点而看不到优点。

③ 随着对另一团体敌意的逐渐增强，与对方的交往和沟通减少，偏见越来越难以纠正。

④ 若强迫他们互相交往，他们只会注意对方的毛病和支持自己的意见。

三、冲突的过程

本书中我们把冲突定义为一个过程来理解。进行冲突管理的前提是要了解冲突的过程。我们经常沿用管理学家斯蒂芬·P.罗宾斯提出的五阶段冲突理论，他把冲突的过程分为五个阶段：潜在的对立、认知和个性化、行为意向、行为、结果，如图7–5所示。

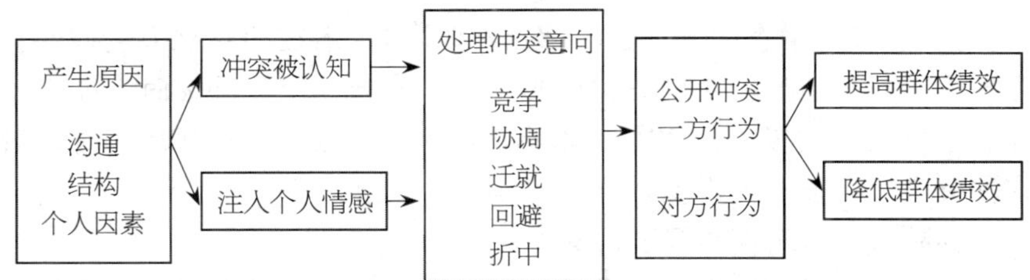

图7–5 罗宾斯的五阶段冲突理论

（一）潜在的对立

这些条件并不必定导致冲突，但它们是冲突产生的必要条件。这些条件——冲突源概括为三类：沟通、结构和个人因素。

（1）沟通。沟通因素包括两个方面：一是沟通信息的清晰度、数量，沟通渠道及其干扰；二是语言表达困难或误解。研究指出，语义理解的困难、信息交流不充分以及沟通渠道中的“噪声”等因素构成了沟通障碍，并成为冲突的潜在条件。另外，沟通渠道也影响冲突的产生。人们之间传递信息时会进行过滤，来自正式的或已有的渠道中的沟通偏差，都提供了冲突产生的潜在可能性。

（2）结构。结构因素包括规模、分配给群体成员的任务的具体化程度、管辖范围的清晰度，员工与目标之间的匹配性、领导风格、奖酬体系、群体间相互依赖程度，等等。

研究表明，群体规模越大，任务越专门化，则越可能出现冲突。另外，成员任职时间与冲突成负相关，如果群体成员都很年轻，并且群体的离职率又很高，出现冲突的可能性最大。管辖范围的模糊性也增加了群体之间为控制资源和领域而产生的冲突。

就领导风格来说，严密监督下属行为的领导风格，也增加了冲突产生的可能性。奖励系统引起的冲突实质上是利益的冲突。如果一个人获得的利益是以另一个人丧失利益为代价的，这种报酬体系也会产生冲突。如果一个群体依赖另一个群体（而不是二者相互独立）或群体之间的依赖关系表现为一方的利益是以另一方的牺牲为代价的，都会成为激发冲突的力量。

（3）个人因素。个人因素包括价值系统和个性特征，它们构成了一个人的风格，使得他不同于其他人。有证据表明，具有特定的个性特质的人，容易与他人发生冲突。比如，一个独断专行的人容不得他人的意见，经常压制别人的想法。一个敏感、缺乏自尊和安全感的人容易感到别人的威胁而率先采取行动，他们会主动与他人发生冲突。

（二）认知和个性化

如果阶段1中存在不一致，那么在阶段2，潜在的对立或失调就会显现出来。只有当冲突的一方或多方意识到或感受到冲突时，即当个体有了感情上的投入，双方都体验到焦虑和紧张、挫折或敌对时，潜在冲突方才可能成为现实。

该阶段有以下两点需要注意。

第一，在阶段2冲突问题变得明朗化，在这一过程中，双方将决定冲突的性质。冲突的界定非常重要，它勾勒出解决冲突的各种可能方法。

第二，情绪对知觉的影响有着重要作用。比如，研究发现消极情绪会导致过于简单地处理问题，降低信任感，对对方的行为也会做出消极的解释。相反，积极情绪则会增加问题的各项因素中发现潜在联系的可能性，以更开阔的眼光看待情境，所采取的办法也具有创造性。

（三）行为意向

行为意向介于一个人的认知和外显行为之间，它指的是采取某种特定行为的决策。行为意向之所以作为独立阶段划分出来，是因为只有判断出一个人的行为意向后，才能知道他会做出什么行为。很多冲突之所以不断升级，主要原因在于一方对另一方进行了错误归因。另外，行为意向与行为之间也存在着很多不同，因此一个人的行为并不能准确反映他的行为意向。

（四）行为

当一个人采取行动去阻止别人达到目标或损害他人利益时，就处在冲突过程的行为阶段。在这一阶段，冲突会公开化。大多数人在考虑冲突情境时，倾向于强调行为阶段，因为这一阶段的冲突是显而易见的，它也可以被看作一个动态的相互作用过程：一方有行为，另一方也做出反应。例如，双方对某件事存在不同意见时，升级为动手打人，一方出手，另一方还手。罢工、骚乱和战争是比较极端的冲突。

（五）结果

冲突双方之间的行为—反应相互作用导致了最后的结果。要不就提高群体绩效，激发革新与创造，调动群体成员的兴趣与好奇心，提供公开问题的渠道，培养自我评估和变革的环境，成为有建设性的冲突；要不就降低群体绩效，带来沟通的迟滞，组织凝聚力降低，组织成员之间明争暗斗，甚至威胁到组织的生存，成为破坏性的冲突。

四、冲突的管理

如前所述，冲突管理同时包含建设性和破坏性两方面的影响。在组织情境中，冲突对组织活动或目标的实现产生何种影响，往往取决于管理者的态度和采取的冲突处理模式。

（一）冲突主体的冲突管理策略

托马斯（K. Thomas）及其同事用二维空间模式表明了处理冲突的方法，两个维度是：合作维度（只对他人利益的满足）、武断维度（只对自己利益的满足）。

在这个空间中，托马斯鉴别出了五种解决冲突的类型（见图7–6）。

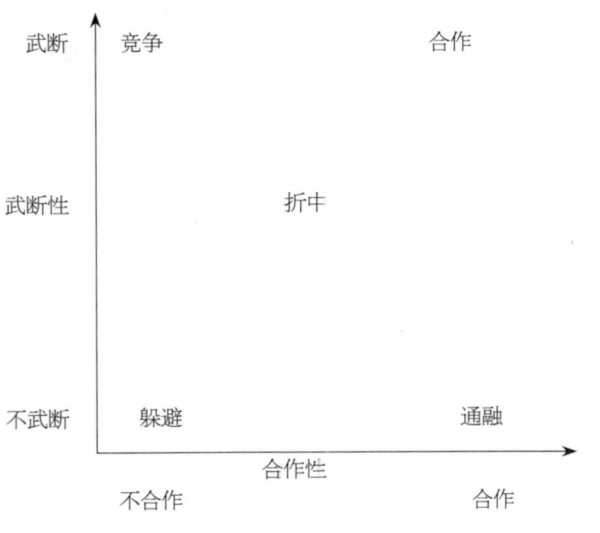

图7–6 冲突处理的二维模式

（1）竞争式。竞争式即不合作且高度武断，也就是说，为了自己利益，不惜牺牲他人利益。这是我赢你输的策略。

（2）躲避式。躲避式即合作与武断程度都很低，对自己利益和他人利益都缺乏兴趣，试图置身于冲突之外。当冲突双方在工作上相互依赖时，这种策略往往影响各自的工作，降低冲突双方的工作效率，因此这是一种双输策略。

（3）折中式。折中式即从合作与武断两个维度来看，都是取中间程度，表示冲突双方在试图寻找一种权宜的可接受的解决方法。这实质上是一种交易，双方的目的是在现有条件下获益最大。这是一种界于一输一赢之间的策略。

（4）通融式。通融式即合作精神很高、武断程度很低，表明冲突一方愿意牺牲自己的利益，来满足他人的利益。这是我输你赢的策略。

（5）合作式。合作式即合作与武断程度都很高，表明冲突双方对于他人和自己的利益都高度关注。在冲突处理过程中，尽可能地满足双方利益，冲突被认为是双方共同的问题，冲突双方是平等的，双方应该充分沟通，以使每一方都积极理解对方的需求，寻找双方都满意的方案。这就是我们所提倡的双赢策略。

托马斯认为，处理冲突应注意人与人之间的双向沟通，在选择冲突处理方式时还要考虑情境。他通过相关调查发现了冲突的处理方式与实际情境的最佳匹配，如表7-3所示。

表7-3　五种冲突处理方式的应用①

冲突的处理方式	适合的情况
竞争	1. 当情况紧急，要采取决定性行动时 2. 与公司的利益关系重大的问题上 3. 在重要的纪律性问题上 4. 当双方可以用非强制手段获益时
合作	1. 当与双方利益有重大关系时 2. 当你的目标是向他人学习时 3. 需要集思广益时 4. 需要依赖他人时 5. 处于感情关系的考虑时

① 孙彤. 组织行为学教程［M］. 北京：高等教育出版社，1990.

续表

冲突的处理方式	适合的情况
折中	1. 目标很重要，但不值得和对方闹翻 2. 当对方权力与自己相当时 3. 使复杂的问题得到暂时的平息 4. 由于时间有限需权宜之计时 5. 当合作或竞争都未能成功时
躲避	1. 在小事情上，或面临更重要的事情时 2. 当认识到自己无法获益时 3. 当付出的代价大于得来的回报时 4. 当其他人可以更有效地解决冲突时 5. 当问题已经离题时
通融	1. 当发现自己错了时 2. 当问题对于别人比自己更重要时，去满足他人 3. 树立好的声誉 4. 当和平相处更重要时

（二）引入“第三方”冲突管理策略

上述所讲的托马斯提出的二维冲突处理模式，研究的中心是冲突主体双方。但是，当冲突双方不能有效解决冲突问题时，可以引入第三方。正如马丁（J. N. Martin）和中山（T. K. Nakayama）的研究，他们在总结跨文化冲突交流研究中，在确立人们用来对人际冲突情形反应的几种管理类型和决策时，加进了一种“仲裁或间接（Mediation）”的处理方式，即让第三方来进行调解。调解者必须有权威，或者是冲突双方的上级，或者是有地位、有影响的专家、社会贤达。

然而，第三方的引入也是需要一些条件的。美国学者摩尔（Moore，1996）曾经列出了一个需要第三方介入的条件的清单如下。

（1）双方出现了紧张的情绪，以致阻碍了问题的解决。

（2）沟通不畅。

（3）隐藏在有效交换背后的误解或成见。

（4）不断重复出现的否定行为（生气、相互谩骂、不断责备别人等），在双方之间形成了障碍。

（5）有关问题的重要性，例如数据的收集或评估等方面严重不一致。

（6）双方之间存在实质上的或可察觉的不相容的利益，而且不可能调解。

(7) 不必要的（但冲突双方觉得有必要）价值差异使双方产生隔阂。

一般来说，第三方引入后，主要扮演以下三种角色之一：调停人（Conciliator / Facilitator）、协调人（Mediator）、仲裁人（Arbitrator）。与之相对应，第三方主要采取两类方式解决冲突：调解（Mediation）和仲裁（Arbitration）。

“调解”最初是使在双方都不失颜面的条件下作出一定的让步，然后促使双方迅速找到有效的冲突处理办法（Rubin，1980）。“仲裁”即双方当事人为解决纠纷，自愿将所发生的纠纷交付第三者，由他根据事实和法律作出对双方都具有法律约束力的裁决。

（三）组织冲突的“组织—协调”四阶段模型

“激发冲突”理论是由布坎南、斯特恩伯格和索里亚诺等人提出的，在他们看来，在组织中有时需要增加冲突。关于组织冲突的组织—协调四阶段模型提到了实现激发冲突的六种方法。

(1) 沟通。因管理者隐瞒信息，或不传递完整而清楚的信息，员工会意识到不确定或危险，而促使其进行争论的过程就是沟通。

(2) 重组公司。例如，调整工作群体或成立新的部门并改变规章制度。

(3) 引进外部人员。将一些拥有与现有人员背景、价值观、态度或者管理风格不同的人引入群体是该方法的核心。

(4) 批判家。组织中如果缺少批判性的思考，批评家这一角色就必须存在，能严格把控组织工作并及时指正。

(5) 辩证的方法。组织中需要成员不断讨论，进行思维碰撞和头脑风暴，这样才能让思想之花绽放，进而使得解决问题实现多路径，考虑更加周全。

(6) 改变领导风格。领导风格的改变是组织变革规划中的关键部分，能够鼓励而非压制员工提出非传统的观点和看法的管理者是组织应该积极提拔的。

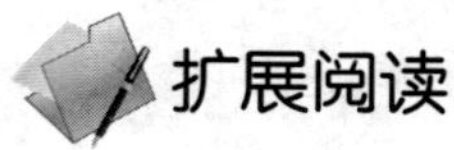

扩展阅读

处理冲突的方式

处理冲突的方式主要有竞争方式、问题解决方式、退让方式和回避方式四种。其中，只有问题解决方式最接近于冲突化解。问题解决方式可以使双方获得满意的结果，防止未来的冲突，维护双方的关系。竞争方式忽视其他人的利益，可能引发侵犯行动。退让方式和回避方式能够防止暴力和冲突的升级，却不能找到满足利益或需求的解决方案。问题解决方式可以分为折中、选择性、整合性三种方式，其中，整合性方式是处理冲突的最好方式。

1940年，费莱特（M. P. Fellett）在“建设性处突”一文中首先提出了“整合性化解”（Integrative Solutions）问题，认为解决方案关注的是所有各方的利益和需求。1965年，沃尔顿和麦克斯在《劳工谈判的行为理论》一书中详细讨论了“整合性交易”（Integrative Bargaining）问题，即在谈判过程中，各方试图探讨增加共赢选择的范围，而不要在意利益的分配。“整合性交易”通常采取冲突各方的直接谈判和通过中立第三方的仲裁两种方式。然而，谈判代表经常被授予这样的任务：争取获得自己“赢”、他方“输”的解决方案，这就决定了只能是一种“赢输”“零和”或“分配性”谈判。但是，冲突化解是一种协商过程，其目的是达到一种整合（双赢）的解决办法。

为了更清楚地理解冲突化解中的合作和整合性特征，我们可以比对一下另外两种方式。一种是权利型方式（Rights-based Approach），即根据法规或权威作出决定。这种方式通过法庭解决冲突，或一位有权势的仲裁者决定解决冲突的方案。在每一个案例中，各方的冲突和矛盾被突出出来，其结果是任何一方不是胜利就是失败。另外一种是权力型方式（Power-based Approach）：一方试图通过自己的权力优势压倒对方，使冲突得到有利于自己的解决。权力的来源及其利用多种多样，在国际关系中可能是军事和经济权力，在组织团体中可能是雇佣和解雇的权力，在人际关系冲突中可能是体力或精神强迫。暴力、控制、压迫和剥削可以视为对另一方的滥用权力。冲突化解不仅明确反对这些权力，而且根本抵制通过动用权力来处理冲突。

整合性方案拥有多种形式。桥梁式解决方案（Bridging Solutions）：超越各方原始位置后的新解决方案。扩大馅饼式方案：增大其他以前未被认识的资源，即“扩大”了有限的资源“馅饼”；缩小利益实现较少一方的付出限度；对“输”方提供其他有价值的补偿；各方在较少价值问题上作出让步等。如果不能找到一种整合性方案，再退回前面的阶段，比如，检查一些主要利益是否未被发现。

（资料来源：刘成. 化解冲突 和谐共存[N]. 中国社会科学报，2011-02-15.）

思考活动

1. 罗宾斯提出的冲突过程包含哪几个阶段？

2. 发生冲突时，什么时候该引入“第三方”来处理冲突？

专题小结

冲突是一个过程，这种过程始于一方感觉到另一方对自己关心的事情产生消极影响或将要产生消极影响。冲突本身并无好坏之分，关键取决于冲突的性质。从绩效的视角考察，可分为建设性冲突和破坏性冲突。冲突的过程可分为五个阶段：潜在的对立、认知和个性化、行为意向、行为、结果。从合作和武断两个维度解决冲突有五种模式，分别是竞争、合作、折中、躲避和通融。当冲突双方不能有效解决冲突问题时，可以引入第三方调解和仲裁。

案例分析

施奈德国际公司是一家位于威斯康星州格林湾地区的运输和物流公司。它成立于1935年，这家私人公司现在拥有1.4万辆卡车和4万辆拖车，每天运送货物的行程达500万英里，每年的收入为24亿美元。

公司有三个领导人。一个是创始人；一个是他的儿子，唐纳德；2002年8月，第一位非家庭成员——克里斯·罗夫接替67岁的施奈德成为首席执行官。公司并非没有为高级领导人员做准备。1998年，丹·施奈德就告诉他的董事会，他们的首要任务就是寻找接班人。罗夫1994年进入公司，担任副主席，2000年成为首席运营官。被任命为首席运营官之后，罗夫就开始酝酿6人制高级管理人员团队的框架。今天，他们各自担负着公司很多的战略责任。

每个认识丹·施奈德的人都承认，他是一个很难被跟随和模仿的人。"丹是一个偶像，"一位施奈德高层说。"在运输和物流中，他对尊重的要求可能比行业中的任何人都高。"罗夫说，"我们的办法就是，把具有一系列技能、观点和经验的高级管理人员团结在一起，当你把团队凝聚在一起时，就会比丹·施奈德更宽广、更强大。"罗夫说，这一想法的目的就是要拥有这样一些人：他们关注生产线和各自的职能，同时保持对其他问题的关注，他们对公司整体的财务业绩有责任感。"如果你的人不采取企业级的解决方案，他们唯一的作用就是他们的职能或业务，那么，最终还是需要有一个人能够裁决引起冲突的问题。"罗夫说。但他并没有打算扮演裁判员的角色。

为了调停冲突，高级管理人员学会了如何一起工作。他们甚至请来外部的辩护律师帮助他们更好地倾听、互相理解，把争论的焦点控制在关键问题上。"人与人之间，或群体与人之间的冲突不是积极的冲突。围绕商业问题的冲突是最好、最健康的事情，"罗夫说，"任何没有冲突的业务都会跌落到最低的绩效水平。"

思考活动

1. 请解释为什么从丹·施奈德到罗夫的领导过渡相对来说没有冲突。

2. 这个具有高级管理人员团队的组织如何创造冲突？如何减少冲突？

3. 罗夫如何管理冲突？

思考与练习

一、填空题

1. 群体沟通的功能包括________、________、________、________四个方面。

2. 根据信息流动的方向，将沟通分为________，________和________三类。

3. 冲突无好坏之分，从绩效的观点去考察，据此可将冲突分为________和________。

4. 当两个或两个以上的目标都是人们力图回避的事物，而他们只能回避其中的一个目标时，就产生________冲突，即________。

二、判断题

1. 沟通是在社会环境下产生的，沟通行为本身就是一种社会性行为。（　　）

2. 从组织系统区分，可以将沟通分为正式沟通和非正式沟通。（　　）

3. 群体决策是指由两个或两个以上的人协商完成有效的选择。（　　）

4. 德尔菲法相较于名义群体法来说，可以节约时间，提高效率。（　　）

三、简答题

1. 简述群体沟通的基本特征。

2. 冲突可以分为哪几种类型？

四、论述题

1. 群体沟通存在哪些障碍？可以运用哪些沟通策略加以解决？

2. 请论述几种常见的群体决策技术（定义、特点、大致的运用方法）。

推荐书目与文章列表

[1] 陈春花. 组织行为学[M]. 4版. 北京：机械工业出版社，2020.
[2] 刘玉梅. 管理心理学理论与实践[M]. 上海：复旦大学出版社，2009.
[3] 斯蒂芬・P. 罗宾斯. 组织行为学[M]. 孙建敏，等译. 北京：中国人民大学出版社，2005.
[4] 戴健林，王乐伟. 人际冲突：理论模型与化解方式的研究[J]. 华南师范大学学报：社会科学版，2008（6）.
[5] 刘成. 化解冲突 和谐共存[N]. 中国社会科学报，2011-02-15.

第八章

组织文化

组织文化是管理中的重要手段。在进入一个组织之初，会很明显地感觉到它与其他组织的不同之处。组织文化在管理实践中极为重要。一个组织的文化氛围不但可以影响成员的工作效率和干劲，甚至可以影响一个人的价值观和信念。尤其在跨国企业中，组织文化更是管理者不得不关注的重要因素。

本章首先阐述了组织文化的兴起背景和定义，介绍了组织文化的要素和特征，分析了影响组织文化的主要因素，然后介绍了组织文化的层次结构理论，组织文化的类型和功能，最后指出了创建和提升组织文化的方法，帮助大家熟悉组织文化的理论由来和实践应用。

学完本章，你将能够：

1. 解释组织文化的概念；
2. 陈述组织文化的要素与特征；
3. 熟悉组织文化的两层次说和三层次说；
4. 了解组织文化的类型和功能；
5. 掌握塑造组织文化的方法。

教学视频

专题一

组织文化的性质

专题导读

组织文化是组织参与市场竞争的核心竞争力。《财富》杂志评论员文章曾指出：世界500强企业胜出其他企业的根本原因，就在于这些公司善于给他们的企业注入文化活力。那么，组织文化是在什么样的背景下兴起的呢？组织文化是什么？它有什么作用？能给组织带来什么样的效益？如何来塑造或提升好的组织文化？

一、组织文化的兴起背景和定义

组织文化这一概念最早是美国学者于20世纪七八十年代提出的，是通过对日本经济飞速发展的实证分析，以及与美国经济发展的比较所提出的一个概念。[①]1973年，美国加利福尼亚大学美籍日裔教授威廉・大内（W. Ouchi）开始研究日本企业的先进管理经验，并著书《Z理论——美国企业界怎样迎接日本的挑战》（Ouchi，1981），至此正式提出了组织文化（企业文化）的概念，掀开了企业文化研究的面纱。而之后相继面世的《日本的管理艺术》（Pascale & Athos，1982）、《追求卓越——美国最成功公司的经验》（Peters & Waterman，1982）和《企业文化——企业生活中的习俗与仪式》（Deal & Kennedy，1982），在全球范围内掀起了研究企业文化的热潮。[②]

克莱尔（Krell，1988）认为，组织文化的兴起可以理解为是对三种危机的反映。一是竞争的危机。战后日本经济的迅速崛起，让美国人感到了威胁。二是组织理论的危机。传统的理论仅仅关注组织结构、职业类型、任务设计、动机方案，过于简化，需要寻找一个考虑到意识、符号处理以及体系的复杂属性模型。三是社会危机，即意义和社会导向的深层危机，也就是西方的“后现代社会综合征”[③]。

“组织文化”作为一个研究概念或范畴，与工业与组织心理学中的“组织气氛”研究有历史逻辑上的联结。组织文化在管理理论上和在管理实践中所表现出的综合性、民族性、个性、历史性、群体性、主体性、主动性与精神性等独特特征，把当代管理理论推上了一个崭新的发展阶段，使管理从以往过分重视制度、体制、结构、战略等硬

① 魏想明. 管理学[M]. 武汉：湖北科学技术出版社，2014.

② 张玮. 组织文化对员工职业成长与组织承诺的影响研究[D]. 北京：北京交通大学，2016.

③ 所谓后现代综合征是指政治权威不再、科学真理受到质疑、宗教力量摇摇欲坠、个人生活支离破碎……没有明确的目的与价值，生活的不确定性、不安全感、焦虑虚无等现象铺天盖地而来对现代人所造成的困扰。

因素硬管理，向着重视精神、价值、传统、作风、群体、个性等软因素软管理过渡和转变[①]。

霍桑实验中的工作小组文化实际上是组织文化的雏形。1970年，美国波士顿大学组织行为学教授戴维斯（S. M. Davis）在其《比较管理——组织文化展望》一书中，正式提出组织文化这一概念。由于组织文化和组织及文化之间有着不可分割的密切联系，因此我们在界定组织文化的内涵时首先要了解组织和文化的概念。

（一）组织

个体可以有很多目标，有些可以单独完成，但有些需要借助群体的力量来完成，于是个体会与其他个体来合作以达到共同的目标，组织也就形成了。由于研究目的和层次的不同，学者们对组织的内涵见仁见智，没有统一的定论。

著名的组织理论学家巴纳德（C. I. Barnard）从人与人之间的合作的角度来解释组织。他将组织定义为“两人以上有意识地协调力量和活动的合作系统”。孟尼（T. D. Mooney）和雷列（A. C. Reiley）认为：“组织是为达成共同目的的人所组合的形式。一个组织群体，如果想有效地达成其目标，就必须在协调合作的原则下，各人做各人不同的事。”苏东水（1992）在其所著的《管理心理学》中对组织的定义是：“所谓组织是指对人员及事务进行有效的组合工作”。[②]李磊和马华维（2006）则对组织的概念进行了广义和狭义的区分。“从广义上讲，组织是由诸多要素按照一定方式相互联系起来的系统。”这样，“组织与系统是同等程度的概念。”“从狭义上讲，组织就是人们为着实现一定的目标，互相结合而成的集体或团体。”而“管理心理学所研究的组织概念，主要是狭义上的组织。”[③] 魏想明（2014）在其所著的《管理学》中对组织的定义是：“组织是特定的群体为了共同的目标，按照特定原则，通过组织设计，使得相关资源有机结合，并以特定结构运行的结合体。”[④]

对上述定义进行梳理分析可以发现组织的要点包括以下几点。

（1）组织有共同的目标。

（2）组织有不同层次的分工合作，并在内部协调。

（3）组织自成一个系统与外界交流，在这个系统中又可以包含很多子系统。

---

① 茅庆莲. 从企业文化到组织文化——组织文化理论刍议[J]. 社会科学，1990（4）.

② 苏东水. 管理心理学[M]. 上海：复旦大学出版社，1992：282.

③ 李磊，马华维. 管理心理学[M]. 天津：南开大学出版社，2006：76.

④ 魏想明. 管理学[M]. 武汉：湖北科学技术出版社，2014.

一般认为，组织可以这样定义：两个以上的人为着既定的目标分工合作并相互协调而形成的有效系统。

（二）文化

人们以不同的方式来定义文化。霍夫斯泰德（G. Hofstede）把文化定义为：在一个环境中的人的共同的心理程序（Collective Mental Programming）。文化不是一种个体的特征，而是具有相同的教育和生活经验的许多人所共有的心理程序。不同的群体、区域或国家这种程序互有差别，这是因为它们的心理程序是在多年的生活、工作、教育下形成的，因而具有不同的思维形式。他的这种看法很具有代表性，并且得到了许多学者的认同。

巴加特等人（Bhagat et al.，1990）引用特里安迪斯和艾伯特（Triandis & Albert，1972）在《主体文化分析》一书中的观点，认为文化是指那些规范、角色、信仰系统、法律条文和价值观等所构成的意义整合体，其间具有机能性联系。他们进而从人类资源管理中的跨文化问题出发，分析了文化变量的四个主要维度：①强调人、观念和行动；②强调与工作相关的价值观差异；③强调过程与目标；④强调信息（文化背景）加工的抽象性与联想性。[①]

文化学奠基人爱德华·泰勒（E. Taylor，1871）在其所著的《原始文化》对文化的定义是："文化是一个复杂的总体，包括知识、信仰、艺术、道德、法律、风俗以及人类在社会里所得到的一切能力与习惯。"[②]樊耘认为文化是多维的，并从文化的形成和发展角度将文化划分为理念、制度、个性和背景四个层面[③]。她认为：文化是由固化了的文化现象所构成的。无数个由群体所遵循、认同、继承、教化的文化现象就构成了一个群体或一个组织的文化[④]。

（三）组织文化

由于研究者的学科视角和关注点不同，对组织文化的定义起初呈现多元化的局面，甚至出现了"组织文化混沌"的现象（郑伯埙，2003）。斯本德（J. C. Spender）提出，"组织文化是组织成员共有的信念体系"。瑞里（C. O. Reilly）认为，组织文化是"牢固而且被广泛接受的核心价值观"。孔茨（J. M. Kouzes），卡德威尔（D. F. Caldwell）

① 李唐周. 国外组织文化研究综述[J]. 心理学动态，1996（1）：43.

② 爱德华·泰勒. 原始文化[M]. 连树声，等译. 桂林：广西师范大学出版社，2012.

③ 樊耘. 组织文化与组织变革关系的理论研究与实证分析[D]. 西安：西安交通大学，2002.

④ 樊耘，李纪花，顾敏. 基于四层次结构的组织文化与变革关系的实证分析[J]. 商业研究，2006（19）：31-34.

和帕塞（B. Z. Posner）将之定义为“一种通过各种符号性的媒介向人们传播的、给人们的工作生活创造意义的、为所有员工所共享的、持久的信念体系”。大内认为组织文化是“一组符号、礼仪和虚构的人物，它们能把组织的基本价值观和信念传给所有员工”。帕特斯（T. J. Peters）和沃特曼（R. H. Waterman）指出，组织文化是“由一些象征性的方法（如故事、虚构人物、传说、口号、逸事等）传达的一些主导的、核心的价值观”。①

马丁（J. Martin）将组织文化的内涵进行了细化，具体包括以下几点。

（1）组织成员日常打交道的方式。

（2）整个组织共同遵守的观念性的行为准则。

（3）在组织中起到支配作用的价值观念。

（4）形成整个组织对员工、客户政策基础的管理哲学。

（5）组织成员间内部交往的游戏规则。

（6）组织风气。②

有代表性的、影响比较大的是埃德加·沙因在《组织文化与领导力》一书中提出，“组织文化是一种基本的假设模式——由特定的组织在学习处理外部适应和内部综合的问题时所发明、发现或发展起来的——一直运做得很好被认为是有效的因而被交给新成员作为感知、思考和感觉这些问题的正确方式。由于这些假设一直在重复地使用，它们很可能成为理所当然的和无意识的。”③他认为组织的价值观、共享的信念、团体规范等都反映了组织文化，但都不是组织文化的本质。“文化”这个词应该包含为组织的成员所共同拥有的更深层次的基本假设和信念，它们无意识地产生作用，并且用一种基本的“认为是理所当然”的方式来解释组织自身的目的和环境。沙因的观点具有深刻的见解。一个公司或一个组织确实存在着物质层上的文化特征，同时必定有其共同的特定假设和价值体系，它们能够产生典型的组织行为方式，这些认知和行为方式体系通过正式渠道（如会议宣布）或非正式渠道（如演说）进入组织中；而且必须限定在与组织生存和组织延续相关的管理和竞争等问题范围内，即所谓组织文化的本质或核心④。

国内的学者对组织文化的定义众说纷纭。张玮（2016）认为，组织文化包括两个层次的内容：价值观层和行为层，是组织中所有成员

① 陈国权. 组织行为学[M]. 北京：清华大学出版社，2006：437-438.

② Martin J. Cultures in Organizations[M]. New York：Oxford University Press，1992.

③ 艾春. 组织文化模式研究综述[J]. 经济师，2003（7）.

④ 李唐周. 国外组织文化研究综述[J]. 心理学动态，1996（1）：44.

共享的价值观和行为规范。[①]陈国权（2006）将组织文化定义为“组织成员所共有的认识、行为与符号体系”。[②]王德清、杨东（2004）认为，“组织文化是指在组织中形成的一种人们共同拥有的价值观念、信仰和行为准则。组织文化是一个组织在长期的发展中所取得的物质的、精神的全部成就，包括组织的物质文化、制度文化和精神文化。”[③]朱揭笙（2000）提出，组织文化包括两方面的含义。第一，组织文化是一种知觉。这种知觉存在于组织中而不是个人中。结果组织中具有不同背景或不同等级的人，试图以相似的术语来描述组织的文化，这就是文化的共有方面。第二，组织文化是一个描述性术语，它与成员如何看待组织有关，而无论他们是否喜欢他们的组织，它是描述而不是评价。李磊和马华维（2006）认为，“组织文化可以理解为逐渐形成的、组织成员共同遵守的一系列共同假设、观念、价值观、行为规范和可识别的符号等。”[④]李靖提出，“组织文化是指组织在长期的实践活动中所形成的并且为组织成员所普遍认可和遵循的具有本组织特色的价值观念、团体意识、行为规范和思维模式的总和。”“使组织独具特色，区别于其他组织。”[⑤]

综上，我国学者根据本国的国情和企业实际情况，对组织文化下的定义总体来说有三种观点。第一，组织文化是组织运行过程中内部社会化过程的产物。第二，组织文化的核心要素是组织中占主导地位的基本假设、价值观和行为准则等。第三，组织文化通过物质和精神两个方面在组织内部传播。[①]国内理论界基本认为，组织文化是组织的价值观和基本信念，这种价值观和信念指导组织的一切活动和行为。一般来说，组织文化是利用可识别的区分体系在发展过程中形成的代表共同价值观和信念的风气。

二、组织文化的要素与特征

（一）组织文化的要素

特雷斯·迪尔（T. E. Deal）和阿伦·肯尼迪（A. A. Kennedy）于1981年出版了《企业文化——企业生活中的习俗与仪式》一书，这本书的出版是组织文化理论诞生的标志性著作。他们认为，企业文化是由环境、价值观、英雄人物、习俗和仪式、文化网络五个要素组成的。

---

① 张玮. 组织文化对员工职业成长与组织承诺的影响研究[D]. 北京：北京交通大学，2016.
② 陈国权. 组织行为学[M]. 北京：清华大学出版社，2006.
③ 王德清，杨东. 管理心理学[M]. 重庆：重庆大学出版社，2004.
④ 李磊，马华维. 管理心理学[M]. 天津：南开大学出版社，2006.
⑤ 李靖. 管理心理学[M]. 北京：科学出版社，2006.

（1）环境。这个环境并非单指企业内部环境，而是指经营所处的极为广阔的社会和业务环境，包括市场、顾客、竞争者、政府、技术等的状况。这个组织环境是形成组织文化唯一的而且最大的影响因素。

（2）价值观。价值观构成了组织文化的核心，是一个组织的基本信念或信仰。组织的价值观不能凭空捏造，而是组织长期实践经验的概括，是组织职工在特定的经济环境中进行尝试后知道什么可行、什么不可行的总结。

（3）英雄人物。英雄人物是那些体现组织文化的人物，是组织文化的人格化，是组织员工行为模仿效法的具体典范。英雄是企业价值观的化身，是企业的支柱和希望。英雄的行为虽然超乎寻常，但离常人并不遥远。英雄的行为可以增强员工的凝聚力，并且有助于提高员工的技能。

（4）习俗和仪式。习俗和仪式是公司日常生活中系统的和规划好的一些惯例。从组织对待世事的表现中（即习俗）示意职工应有的行为方式，通过组织的一些宣传活动（仪式），提供明显而有力的为公司所赞赏的范例。

（5）文化网络。组织内部以轶事、故事、机密、猜测等形式来传播消息的正式或非正式渠道，是组织内部主要的沟通手段。公司的价值观、愿景都是通过文化网络传播渠道进行传播的。

我们可以从沃尔玛的组织文化中很鲜明地感受到这些要素。

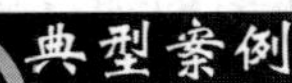

典型案例

沃尔玛的企业文化[①]

沃尔玛百货有限公司是在山姆·沃尔顿所倡导的原则上建立起来的。这些原则就是他们的价值观，并已体现在同事每天的辛勤工作及待客服务中，成为沃尔玛独特的企业文化，使沃尔玛更具竞争力。沃尔玛百货有限公司由三项基本信仰所指导。

1. 尊重个人

尊重每位同事提出的意见。经理们被看作“公仆领导”，通过培训、表扬及建设性的反馈意见帮助新的同事认识、发掘自己的潜能，使用“开放式”的管理哲学在开放的气氛中鼓励同事多提问题、多关心公司。

2. 服务顾客

“顾客就是老板”。沃尔玛公司尽其所能使顾客感到在沃尔玛

① 沃尔玛中国网站。

连锁店和山姆会员商店购物是一种亲切、愉快的经历。“三米微笑原则”是指同事要问候所见到的每一位顾客；“保证满意”的退换政策使顾客能在沃尔玛连锁店和山姆会员商店放心购物。

3. 追求卓越

沃尔玛连锁店和山姆会员商店的同事共同分享使顾客满意的承诺。在每天营业前，同事会聚集在一起高呼沃尔玛口号，查看前一天的销售情况，讨论当天的目标。“日落原则”要求同事有一种急切意识，对当天提出的问题必须在当天予以答复。

沃尔玛每天都会收到许多顾客来信，表扬我们的员工所做的杰出服务。他们的英雄人物也就在这些杰出的员工中。在这些来信中，有些顾客为我们的员工对他们的一个微笑，或记着他们的名字，或帮助他们完成了一次购物而表示谢意；还有一些为我们的员工在某些突发事件中所表现出的英勇行为而感动——例如，塞拉冒着生命危险冲到汽车前勇救一个小男孩；菲力斯为一位在商场内突发心脏病的顾客采取了CPR急救措施；卓艾斯为让一位年轻妈妈相信我们的一套餐具是摔不破的而将一个盘子扔到了地上；安妮特为让一位顾客能为自己的儿子买到称心的生日礼物而放弃了为自己儿子所买的电动骑兵玩具。

沃尔玛的开创者山姆无疑是整个组织的核心人物。沃尔顿庞大的事业始于美国的中南部阿肯色州的新港。1945年，他和妻子海伦用2.5万美元在那里买下了一家不景气的本·富兰克林加盟杂货店。五年内，这家杂货店成为阿肯色州最好的加盟店，也是附近几个州最大的杂货行。不料这第一次的成功却因沃尔顿在房子租约中的疏忽而未能维持多久，却展示了他在零售业方面非凡的才能。1950年，山姆在美国阿肯色州班顿威尔镇开办了当地一家名不见经传的廉价商店。1962年，沃尔玛公司开办了第一家连锁商店，1970年，建立起第一家配送中心，走上了快速发展之路。经过40年的艰苦奋斗，山姆以其独特的发展战略以及出色的组织、激励机制，终于建立起全球最大的零售业帝国。翻开美国的历史可以发现，白手起家，历尽艰辛为美国的经济建立功勋的人之中，被誉为零售业奇才——沃尔玛连锁店的创始人山姆·沃尔顿在美国人心中占据了重要的地位。美国对白手起家的崇拜使山姆不仅是公司的核心人物，更成为全世界的偶像。

沃尔玛最为著名的是沃尔玛的欢呼仪式。1975年，沃尔玛创始人山姆·沃尔顿在参观韩国的一家网球工厂时，发现工厂里的工人每天早上聚集在一起欢呼和做体操。他很喜欢这种做法，并且急不可待地回去与同事分享。他曾经说过，“因为我们工作如此辛苦，我们在工作过程中，都希望有轻松愉快的时候，使我们不用总是愁眉苦脸。这是'工作曰吹口哨'的哲学，我们不仅会拥有轻松的心情，而且会因此将工作做得更好。"

沃尔玛还有个广为传播的星期六周会。每到这个时候，大家会在山姆的带领下，有时做做健美操，有时唱唱歌，有时干脆喊喊口号，反正怎么高兴就怎么做，只要能活跃气氛，就可以随心所欲地尝试。有时候，沃尔玛也会邀请一些有特色的客人，来一起参加会议助助兴。体育界人士和文娱界人士也会给沃尔玛面子，西德尼·蒙克里夫，弗兰·塔肯顿，都曾经参加过沃尔玛的聚会。俄克拉荷马的乡村歌手加思·布鲁克斯也到沃尔玛的星期六周会上给诸位与会者带去动听的歌声。而管理人员有时干脆自己上阵，像山姆就和休格·雷·伦纳德在会场里展开过模拟拳击赛。这样，许多严肃、重要的商业话题，就在随心所欲、活跃的气氛下，被轻松地研讨、商榷，每一个人都兴致勃勃，精神振作，经常还会期待着下一件有趣的事将会是什么，会不会就在自己身上发生。

山姆认为，如果没有那些娱乐和出人意料的事，他们不可能让本顿威尔总部的大部分经理、员工在每个星期六早晨，笑容满面地去参加会议。会议上如果只有单调冗长的比较数据，接着一个关于业务问题的严肃讲话，只会让人打瞌睡，气氛也不可能活跃。不管他觉得该会议有多么重要，但大家都会觉得讨厌，即使召开了也毫无益处。

虽然创始人山姆已不在人世，但沃尔玛的文化和他的精神却传承了下来，在风云变幻的世界中屡次登上财富榜的首位。沃尔玛在成为一个卓越公司之时也飞速进入各国，开创一个个传奇。各种环境的变化也对他们提出了很多挑战，但沃尔玛永远向前。

（二）组织文化的特征

任何组织的文化都有一些共同的特征。

（1）共同性。组织文化反映组织中大多数成员的认知和行为的共同部分。共同的信念体系、行为规范和价值观使得组织能有共同的目标和方向。

（2）实践性。每个组织的文化，都不是凭空产生或依靠空洞的说教就能够建立起来的，它只能在生产经营管理和生产经营的实践过程中有目的地培育而形成。同时，组织文化又反过来指导、影响生产实践。

（3）可塑性。组织文化的形成，虽然受到组织传统因素的影响，但也受到现实的管理环境和管理过程的影响。任何成功的组织，它的文化都不是一成不变的。在快速变化的环境中，不难发现，组织在不同时期会侧重不同的文化。

沃尔玛购物广场欢呼	山姆会员店欢呼
来一个W …………………… W	来一个S ……………………………… S
来一个A ……………………… A	来一个A ……………………………… A
来一个L ……………………… L	来一个M ……………………………… M
我们一起扭一扭!	来一个呼 ……………………………… 呼
M…………………………… M	来一个S ……………………………… S
A …………………………… A	我们一起喊 ………………… 山姆会员店
R …………………………… R	谁是第一 …………………… 会员第一
T …………………………… T	我听不见 …………………… 会员第一
我们就是 ……………… 沃尔玛	山姆,
天天平价 ……………… 沃尔玛	山姆,
顾客第一 ……………… 沃尔玛	向前进!
沃尔玛,	
沃尔玛,	
向前进!	

（4）相对稳定性。文化之所以成为文化，是因为在一段时期内，是难以改变的。文化的形成需要慢慢积累和沉淀。因此，它的改变也需要循序渐进，这就造成了一个组织文化会有一定的惯性，处于相对稳定的状态。

（5）独特性。每个组织都有自己的历史、类型、性质、规模、心理背景、人员素质等因素。这些内在因素各不相同，因此在组织经营管理的发展过程中必然会形成具有本组织特色的价值观、经营准则、经营作风、道德规范、发展目标等。

（6）预测性。依据组织文化的鲜明特征，其相对稳定和惯有的行为方式，我们可以在不同的环境中预测到组织的反应，也可以在同一环境中预测到不同组织的行为。

（7）导向性。组织文化一般体现结果导向、人际导向、团队导向：组织在活动中围绕团队而非个人进行组织；组织重视建立和谐的人际关系；组织强调经营、管理和工作的结果。

综上所述，组织文化的特征包括共同性、实践性、可塑性、相对稳定性、独特性、预测性、导向性。这些特征的不同也就形成了不同的组织文化。

三、组织文化的基本理论

（一）沙因的评测模式

美国麻省理工学院的沙因教授对于文化本质和文化层次等内容的分析，特别是提出的组织文化本质的五种深层基本假设（自然和人的关系、现实和真实的本质、人性的本质、人类活动的本质和人际关系的本质），成为企业文化研究的重要理论基础。在测量研究方面，他主张定性研究。

（二）霍夫斯泰德的组织文化模型

荷兰学者霍夫斯泰德认为，影响管理活动或管理决策模式的文化层面主要有五个方面：个人主义和集体主义，权力差距，不确定性规避，价值观的男性度与女性度，以及长期取向与短期取向。1980年，霍夫斯泰德在《文化的效应》中提出了国家文化四维度模型。其后不久，霍夫斯泰德遇到了加拿大人彭迈克（H. B. Michael），霍夫斯泰德借鉴彭迈克在23个国家进行的华人价值观调查，在原有的国家文化四维度模型的基础上，补充了第五个维度，即长期取向与短期取向维度。长期取向意味着培育和鼓励以追求未来回报为导向的品德，更强调坚韧和节俭。与之相对的短期取向则强调尊重传统、维护面子以及履行社会义务，关注过去和当前。

（三）克拉克洪斯托特柏克构架

克拉克洪斯托特柏克（Kluckhohn-strodtbeck）的构架是用于分析文化差异的方法之一。这一构架确定了六项基本的文化维度：与环境的关系，时间取向，人的本质，活动取向，责任中心和空间概念。人们是屈从于环境，还是与环境保持和谐关系，抑或能够控制环境？这些对待环境的不同看法会影响组织的实践活动。组织文化注重的是过去、现在还是将来？不同时间取向的组织会影响对工作任务的计划安排。组织文化把人视为善的还是恶的？还是两者的混合物？对人的本质观点不同的组织会影响制度的选择。同时不同活动取向的组织会影响决策和工作方式的选择。不同责任中心观点的文化对于组织中的工作设计、决策方法、沟通类型、奖励系统和选拔活动有着重要影响。不同的空间概念影响组织文化，进而影响组织的工作设计与沟通等。

（四）丹尼森组织文化模型

丹尼森（Denison）在对大量的公司进行研究后，总结出组织文化的四个特征：参与性、一致性、适应性和使命。上述四个特征中，每个特征又各有三个维度，各个维度分别是：授权、团队导向、能力发展、核心价值观、配合、协调与整合、愿景、目标、战略导向与意图、组织学习、顾客至上、创造变革，这12个维度分别对市场份额和销售额的增长、产品和服务的创新、资产收益率、投资回报率和销售回报率等业绩指标产生重要的影响。

（五）查特曼的组织文化剖面图

美国加州大学的查特曼（Chatman）为了从契合度的途径研究人—企业契合和个体有效性（如职务绩效、组织承诺和离职）之间的关系，构建了组织文化剖面图（Organizational Culture Profile，OCP）量表。最初的OCP量表由54个测量项目组成，反映了企业价值观的一些典型特征。查特曼认为OCP量表可以区分出七个文化维度（革新性、稳定性、尊重员工、结果导向、注重细节、进取性和团队导向），但是在实际的不同测量应用中，每个维度对应的测量项目可能有所差别。

（六）郑伯埙的VOCS量表

中国台湾大学的郑伯埙教授在沙因研究的基础上设计了组织文化价值观量表（Values in Organizational Culture Scale，VOCS），VOCS量表包含科学求真、顾客取向、卓越创新、甘苦与共、团队精神、正直诚信、表现绩效、社会责任和敦亲睦邻九个维度。郑伯埙对这九个维度进行因子分析后，发现可得到两个高阶维度，即外部适应价值（包括社会责任、敦亲睦邻、顾客取向和科学求真）和内部整合价值（包括正直诚信、表现绩效、卓越创新、甘苦与共和团队精神）。[①]

四、组织文化的影响因素

组织文化从组织创建之初，就会受到各方面的影响。霍夫斯泰德等人（1990）对影响组织文化的因素进行了比较全面的研究。他们的研究提出了以下假设：①组织文化受国籍、行业、任务性质等客观因素影响；②组织文化与组织结构和组织实施控制的体系相关；③组织与组织之间还有一部分差异是上述因素所不能解释的，这就应当归因于组织的独特性质，例如组织的历史或创始人的个性等因素，这也是“真正意义上的”组织文化。霍夫斯泰德的团队做了大量的定量研究，验证了这些假设。调查结果显示，在价值观层面，组织之间的差异主要由国籍、年龄、教育程度等人口学特征决定；而在实践层面，组织之间的差异与行业、市场环境、任务性质、控制体系等因素相关[②]。一般认为，人口学特征因素和组织结构、控制体系等因素属于广义范围的组织文化影响因素，而组织的独特性质的因素则属于狭义范围的影响因素。我们把组织文化的影响因素梳理如下。

---

① 李海峰，张莹. 管理学：原理与实务[M]. 北京：人民邮电出版社，2018.

② 于天远. 组织文化的定义和研究方法综述[J]. 经济管理，2009（4）.

（一）宏观环境因素

这里的宏观环境因素是指国际影响，包括经济、政治、文化等因素。组织作为活动的主体，不仅受到国内经济文化环境的直接影响，而且受到国际经济文化环境的间接影响。[①]每次世界范围内的科技进步，都会影响我国的技术发展，进而影响企业的技术水平。民族文化传统对组织文化的影响更为深远。一个民族在长期的历史演变过程中形成了体现自己民族特色的文化。其中的积极成分对组织文化会产生“正效应”，如中国文化中的“货真价实”和“童叟无欺”。而其中的消极成分会对组织文化产生“副作用”，如传统文化中的宗族观念会导致组织中的关系网、派系斗争等问题，形成内耗，压抑人才，影响员工积极性的发挥。下面的案例说明了优秀的传统文化对企业家和组织文化的深远影响。往往一个企业在取得成功时，都可以在其中发现传统文化的痕迹。

海尔与传统文化

有一次，海尔集团首席执行官张瑞敏出访日本一家大公司。该公司董事长一向热衷中国至理名言。在这位董事长介绍该公司经营宗旨和企业文化时，阐述了“真善美”，并引述老子思想，张瑞敏也发表了自己的看法：《道德经》中有一句话与“真善美”语义一致，这就是“天下万物生于有，有生于无”。

张瑞敏以这句话诠释了海尔文化的重要性。他说，企业管理有两点始终是我铭记在心的。第一点是无形的东西往往比有形的东西更重要。当领导的到下面往往看重的是有形东西太多，而无形东西太少。一般总是问产量多少、利润多少，没有看到文化观念、氛围更重要。一个企业没有文化，就是没有灵魂。第二点是老子主张的为人做事要“以柔克刚”。张瑞敏说：“在过去人们把此话看成是消极的，实际上它主张的弱转强、小转大是个过程。要认识到：作为企业家，你永远是弱势；如果你真能认识到自己是弱势，你就会朝目标执着前进，也就会成功。”[②]

---

① 李书绅. 经济专业基础理论教程[M]. 济南：山东科学技术出版社，2005.

② http：//www.hqsj.net.cn/Article/sj/200908/26129.html，2021-3-1.

（二）中观环境因素

中观环境因素指的是组织所处的行业性质和市场环境。这些因素会在某种程度上影响一个企业的作为，行业的标杆性公司又会对整个行业的组织文化环境产生影响。比如，在通信器材行业，在20世纪90年代的中国，整个行业环境蒸蒸日上，中国人使用电话、手机等通信器材普及率很高，在整体人口规模效应下，通信器材行业的销售很旺盛，日子很好过。到了21世纪初期，由于竞争的激烈以及WTO市场的开放，外资品牌的扩张，内资企业像华为这样的大型企业都感受到凛凛寒意，《华为的红旗到底能打多久》等文章在行业上下影响深远，华为的狼性文化也随之在中华大地铺天盖地传播。

（三）组织结构和工作群体特征

每种类型的组织或许会有不同的组织结构。结构是扁平还是金字塔或其他形态，对组织的文化会有不同的影响。比如现在的公共机构或事业单位，层级关系比较严格，下级对上级必须全面服从。而对比新兴企业，也许组织的规模并不大，但信息技术使得人与人之间的距离更加接近，因此，组织的文化相对会比较轻松自由。这就是组织结构的不同造成了组织文化的不同。同时，每个组织的工作群体都具有特殊性。工作群体的规模、年龄结构、知识结构等都会对组织文化产生影响。国际性的大型企业如通用电气、英特尔、微软等与十几个人的年轻的小互联网公司，氛围就截然不同，相应的行为准则甚至仪态等方面都会有很大的差别。不同的群体特征造成了不同的组织文化。这些特征也会影响个体对组织文化本质的理解。

（四）管理者领导风格

一般来说，组织的创建者从组织形成之初就对组织文化有着至关重要的影响。管理者是集权型还是分权型，是任务导向型还是结果导向型，鼓励竞争还是注重平等，都对组织内部风气的养成有着至关重要的影响。青岛海尔集团在短短20年内从一个当年亏损147万元的小厂变成现在的国际化大型企业集团，与张瑞敏积极建设企业文化，率先建立企业文化中心，强化企业文化的功能密不可分。一般来讲，企业文化反映了企业家特定的价值观念和领导风格，企业家是企业文化建设的灵魂，是企业文化的动力源泉。企业家确定和传播核心的价值观和原则，并通过模范作用和影响力来加以倡导，辨别并发扬可取的行为、惩罚不良的行为。美国辉瑞公司董事长兼CEO小威廉·C. 斯蒂尔认为，领导者既是企业文化的设计者，又是文化的承包人。[①]因此，管理者的领导风格对于组织文化的影响非常深远。

（五）管理过程和控制体系

组织文化也会受到管理过程和控制体系的影响。在控制体系上，结果导向、报酬和绩效直接挂钩的企业容易形成追求成功的文化；开放和自由的沟通制度容易促成参与和创造性的文化。容忍冲突和处理风险的态度对团队工作有很大的影响，它们往往决定组织革新和发明的数量。管理过程的严谨与否能对组织文化有直接影响。比如，同样是清洁公司，大部分公司对新员工都没有进行培训，觉得拖地擦玻璃的事情谁都可以干，但如果有个公司在入职之初进行培训，流程控制上能具体到什么时候用尘推，什么时候用抹布，地板清理要经过几个步骤之类，那么同样是清洁卫生，前者的公司和后者的公司通过员工所显现出来的组织文化无疑会截然不同。

在管理的过程中建设组织文化是必然的要求。只有在管理过程中不断改善文化环境，拓展文化网络，树立道德楷模，使组织理念具体到个体的人身上，并最大限度地放权，才能逐步完善组织文化。宏观环境、中观环境、组织结构和工作群体特征、管理者领导风格、管理过程和控制体系等是影响组织文化的重要因素。一个好的组织文化氛围的形成，一定要适应环境，跟随环境变化的节奏，同时在内部针对工作群体的特点，形成群体的凝聚力，并有着民主的领导风格和便利的沟通制度，在管理过程中更要注意各项政策的导向作用。

（六）客户与外部合作伙伴

很多组织都是以客户为中心的，公司服务的客户某种程度上也塑造组织文化，客户和外部合作者的素质状况也影响组织文化的形成。例如，在印度，业务流程外包员工与他们西方的客户之间存在时区差异，很多呼叫中心代理不得不上夜班，因此他们的组织文化中经常体现狼性文化特点。

思考活动

1. 你认为组织文化的主要构成因素有哪些？

□ 环境

□ 英雄人物

□ 价值观

□ 习俗和仪式

□ 文化网络

2. 你注意过哪些企业的组织文化？有哪些可推崇的地方？为什么？

扩展阅读

中西方组织文化的差异

第一，中西方组织文化的差异表现在价值观的不同。中国人向来以自我贬仰的思想作为处世经典，这便是以儒家的“中庸之道”作为

① 李书绅. 经济专业基础理论教程[M]. 济南：山东科学技术出版社，2005.

行为的基本准则。"中"是儒家追求的理想境界，人生处世要以儒家仁、义、礼、智、信的思想道德观念作为每个人的行为指南，接人待物，举止言谈要考虑温、良、恭、俭、让，以谦虚为荣，以虚心为本，反对过分地显露自己表现自我。因此，中国文化体现出群体性的文化特征，这种群体性的文化特征是不允许把个人价值凌驾于群体利益之上的。西方国家价值观以崇尚个人为中心，宣扬个人主义至上，竭力发展自己表现自我。"谦虚"这一概念在西方文化中的价值是忽略不计的。生活中人们崇拜的是"强者""英雄"。有本事，有才能的强者得到重用，缺乏自信的弱者只能落伍或被无情地淘汰。因此，西方文化体现出个体文化特征，这种个体性文化特征崇尚个人价值凌驾于群体利益之上。

第二，中西方组织文化的差异表现在思维方式的不同。有种说法，中国人是"围棋"思维，以"情"主打构建包围圈，不断扩展地盘；西方人则是"象棋"思维，敢于挑战主帅"将军"，在公平环境下相互竞争，形成优胜劣汰的竞争氛围。中国人重视综合，万物归一。例如，老子说，"道生一，一生二，二生三，三生万物"。西方人重视分析，一分为二最后分到原子。

第三，中西方组织文化的差异表现在对人性的假设不同。中国人相信"人之初，性本善"，"性善说"使得人们相信人都是善良的，因此管理上也就显现为人性化管理。西方文化中崇尚"性恶论"，因此每个人都是有原罪的，在管理上更相信规章制度的约束，而不是人的自觉，因此多显现为理性化管理。

第四，中西方组织文化的差异表现在权力距离的不同。东方文化中权力距离很大，相对西方来说较有等级观念，讲究集体主义精神，强调和谐、统一，重视系统、综合。西方人之间更重视个性的发挥，讲究公平氛围中的个人英雄主义。

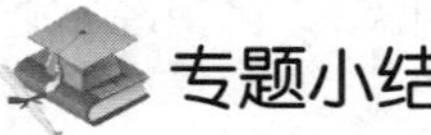

专题小结

组织文化在竞争激烈、理论危机和社会危机共存的背景下被催生。理论界基本认为，组织文化是组织的价值观和基本信念，组织文化是利用可识别的区分体系在发展过程中形成的代表共同价值观和信念的风气。企业文化是组织文化中被研究得最多的。迪尔和肯尼迪认为，企业文化由环境、价值观、英雄人物、习俗和仪式、文化网络五个要素构成。一般认为，宏观环境、中观环境、组织结构和工作群体特征、管理者领导风格、管理过程和控制体系等是影响组织文化的重要因素。

组织文化的结构与功能

专题导读

文化是有结构的，组织文化也是。组织文化在管理实践中之所以得到广泛重视，被认为是企业的核心竞争力，是因为其不可替代的功能。学者们提出了组织文化结构和功能的多种看法。比如，针对组织文化的结构，我们回顾时就有了层次理论和各种不同类型的划分方法。又比如，组织文化的功能，不同学者从不同的视角也提出了相当多的看法。

一、组织文化的层次

关于组织文化的层次结构，比较有代表性的是两层次说和三层次说。

（一）两层次说

两层次说认为组织文化是由组织中的物质文化与精神文化两个方面的因素综合而成的。物质文化指的是有形的、可见的东西，又称外显文化、硬文化或表层文化；精神文化指的是无形的、看不见的方面，又称隐性文化或深层文化、软文化等。

1. 外显文化

外显文化包括组织标志、工作环境、规章制度和经营管理行为等部分。

（1）组织标志。组织标志是指以标志性的外化形态，来表示本组织的组织文化特色，并且和其他组织明显地区别开来的内容，包括厂牌、厂服、厂徽、厂旗、厂歌、商标、组织的标志性建筑等。

（2）工作环境。工作环境是指职工在组织中办公、生产、休息的场所，包括办公楼、厂房、设施、俱乐部、图书馆等。

（3）规章制度。每个组织都有自己的规章制度用来规范和约束成员的行为。这种规章制度，无论是成文的还是不成文的，都是组织文化的组成部分。

（4）经营管理行为。一个组织的经营管理行为，会在一定程度上外显。外界人员可以通过这个组织的经营管理行为来感受这个组织的文化。例如，一个公司的销售人员在面对公众时显得大气且精致，人们就可能觉得这个公司的产品值得信赖。这就是经营管理行为折射出来的组织文化。

2. 隐性文化

组织文化的隐性内容是组织文化的根，是最重要的部分。组织文化的隐性文化包括组织哲学、价值观念、道德规范、组织精神等几个方面。

（1）组织哲学。组织哲学是指一个组织全体人员所共有的对世界事物的一般看法。组织哲学是组织最高层次的文化，它主导、制约组织文化其他内容的发展方向。

（2）价值观念。价值观念是人们对客观事物和个人进行的评价活动在头脑中的反映，是对客观事物和人是否具有价值以及价值大小的总的看法和根本观点，包括组织存在的意义和目的，组织各项规章制度的价值和作用，组织中人的各种行为和组织利益的关系等。

（3）道德规范。组织的道德规范是组织在长期的生产经营活动中形成的，人们自觉遵守的道德风气和习俗，包括是非的界限、善恶的标准和荣辱观等。

（4）组织精神。组织精神是指组织群体的共同思维定势和价值取向。它是组织的组织哲学、价值观念、道德观念的综合体现和高度概括，反映了全体职工的共同追求和共同认识。组织精神是组织职工在长期的生产经营活动中，在组织哲学、价值观念和道德规范的影响下形成的。例如，一个企业的全体员工昂扬向上的精神面貌，就折射出了这个组织的文化是积极的、英勇无惧的。

（二）三层次说

三层次说以沙因为代表，他认为组织文化由三个层次内容组成（见图8-1）。

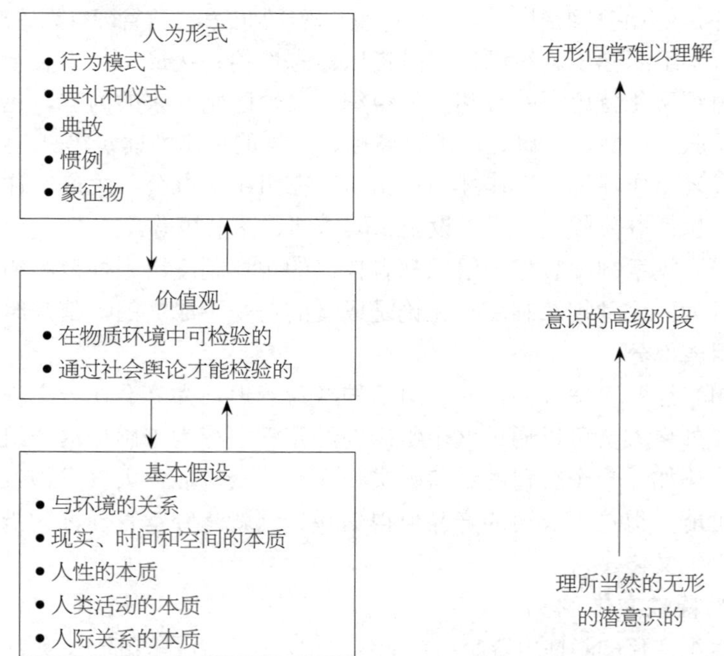

图8-1　组织文化三层次

资料来源：Schein EH. Organization culture and Leadership[M]. San Francisco：Jossey-Bass，1985.

（1）第一层次是人为形式。这是组织文化中最为表层的部分，人们可以直观感受到。在这一层次上可以观察到物体的空间布局，群体的技术成果，组织的书面报告和口头语言，艺术作品以及员工的公开行为。

（2）第二层次是价值观。价值观反映了一个人对应该是什么、不应该是什么的潜在信仰。价值观经常在对话、公司使命宣言或年度报告中有意识、清晰地表达出来。价值观也可能反映在个人的行为中，这种行为是文化的一种人为形式。

（3）第三层次是基本假设。假设是一种深层的信仰，它指导行为，并教给组织成员怎样观察和思考事物。当解决某一问题的方法反复地起作用时，它就逐步被认为是理所当然的方法。沙因认为，假设是组织文化中最深、最基本的一个层次，是文化的精髓，人们对它深信不疑。组织成员可能意识不到他们所持有的假设，而且不愿意更改它们。①

沙因关于组织文化的三层次说，得到了多数学者的认可。关于组织文化讨论得最多的是企业文化，各个企业也有不同的文化层次说法。下面案例中海尔的企业文化比较有代表性，也引起了各界广泛的讨论与借鉴。

对于组织文化的三层次说，不同学者也有不同的看法。另一种国内比较流行的三层次说是指组织文化由物质层、制度层和精神层构成，也就是相对于两层次说来讲，将外显文化分割开来，形成物质层和制度与行为层，精神层相当于隐性文化，也相当于沙因分层中的价值观。可以看出，组织文化的分层是有争议的。

典型案例

海尔的企业文化

海尔企业文化是被全体员工认同的企业领导人创新的价值观。海尔文化的核心是创新。它是在海尔几十年发展历程中产生和逐渐形成特色的文化体系。海尔文化以观念创新为先导、以战略创新为方向、以组织创新为保障、以技术创新为手段、以市场创新为目标，伴随着海尔从无到有、从小到大、从大到强、从中国走向世界，海尔文化本身也在不断创新、发展。员工的普遍认同、主动参与是海尔文化的最大特色。当前，海尔的目标是创中国的世界名牌，为民族争光。这个目标把海尔的发展与海尔员工

① 李成彦. 组织文化对组织效能影响的实证研究[D]. 上海：华东师范大学，2005.

个人的价值追求完美地结合在一起，每一位海尔员工将在实现海尔世界名牌大目标的过程中，充分实现个人的价值与追求。

（1）表层海尔文化：海尔标志、海尔中心大楼、海尔广告、海尔的样品展室、海尔的园区绿化、可爱的海尔兄弟商标等。

（2）浅层海尔文化：海尔职工礼貌、素养、标准蓝色着装；迅速反应，马上行动的作风等。

（3）中层海尔文化。产品：注重环保、用户至上的海尔产品，“大地瓜”、“小小神童”洗衣机、“宽带电压”、瘦长的“小王子”电冰箱等产品所体现的“乡情”及其文化、科技内涵。服务：海尔的客户需求调查、海尔生产线现场参观、工业旅游专线的设计；售后服务理念“用户永远是对的”的建立和实施，无搬动服务及24小时安装到位服务项目。

（4）深层海尔文化：OEC管理模式，“日事日毕、日清日高”和“三E卡”管理，定额淘汰，竞争上岗的组织平台，创自主管理班组做法等。

（5）里层海尔文化。管理理念，包括“有缺陷的产品就是废品”的质量理念，适应中国国情的“吃休克鱼，用文化激活休克鱼”的企业兼并理念，“东方亮了，再亮西方”的市场扩张理念，“首先卖信誉，其次卖产品”的营销理念，“人人是人才，赛马不相马”的人才观，“用户永远是对的”和“把用户的烦恼降到零”的售后服务理念，“先难后易，先创名牌，后创汇”的国际市场战略，“用户的难题就是我们开发的课题”和“要干就干最好的”科研开发理念，海尔的企业斜坡球体定律等，可谓丰富多彩，全面系统，配套协调。

（6）内层海尔文化：海尔前景，进入世界500强的奋斗目标。

（7）海尔文化内核：也就是海尔的哲学和价值观，那就是“敬业报国，追求卓越”“海尔真诚到永远”。就像张瑞敏所说的：“我想无论哪个企业的目标应该都是一样的，都要追求长期利益的最大化。但这只是一个目标，并不是目的。企业存在的目的是和社会融为一体，推动社会的进步”。[①]

二、组织文化的不同类型

根据不同的标准和不同的用途，理论界目前对组织文化类型有着不同的划分方法，其中，最常见的划分方法有以下几种。

---

① http://www.hudong.com/wiki/海尔企业文化，2020-12-11.

（一）按照组织文化的内在特征来划分

艾莫瑞大学的杰弗里·桑南菲尔德（Jeffrey Sonnenfeld）提出了四种类型的组织文化分类，得到了广泛的认同，他的理论有助于我们认识组织文化之间的差异，认识到个体与文化合理匹配的重要性。他确认的四种文化类型如下。

1. 学院型

学院型组织文化有着明确的职责和晋升体系。这种组织喜欢雇用年轻的大学毕业生，并为他们提供大量的专门培训，然后指导他们在特定的职能领域内从事各种专业化工作。例如，IBM公司、可口可乐公司、宝洁公司、通用汽车公司等的组织文化就属于这一类型。

典型案例

IBM公司的学堂

在20世纪30年代，国际商用机器公司就已建立起它的企业思想教育制度，创办了一个正式的“学堂”，以让新人早日适应公司环境和培训未来的经理。小沃森在《父子公司》一书中写道：

“学堂的一切就是为了激发忠诚、热情和崇高的理想，国际商用机器公司认为这是取得成功的必由之路。校门前是用两英尺高的字母雕刻成的一块座右铭（在国际商用机器公司随处可见），上面写着一个大字：思。一进校门就是一道大理石楼梯，据说这是为了让学员们在步入课堂时有个奋发向上的思想准备。”

穿着IBM制服的老员工们讲课，他们强调IBM的价值观。每天早上，在IBM座右铭和标语的周围，学员们会起立高唱歌曲，其中有“星条旗永不落”和IBM自己的颂歌“永远向前”。IBM员工唱道：“手拉着手，共努力，与IBM共同向前进。意志刚强的同仁们，在一切领域共同向前进。”

2. 俱乐部型

俱乐部型组织文化非常重视忠诚感和归属感。在俱乐部型组织中，资历是关键因素，年龄和经验都至关重要。与学院型组织文化相反，它把管理人员培养成通才。俱乐部型组织文化的组织有：联合包裹服务公司、德尔塔航空公司、贝尔公司、政府机构和军队等。

3. 棒球队型

棒球队型组织文化鼓励冒险和创新。组织会给员工充分的自由，并且按照工作的成绩来计算报酬。在会计、法律、投资银行、咨询公司、广告机构、软件开发、生物研究领域，这种组织文化比较普遍。

4. 堡垒型

棒球队型组织文化重视鼓励创新、冒险，而堡垒型组织文化则着眼于公司的生存。在经济不景气的时期，前述三种类型的公司都可能转变成堡垒型。这种类型的公司提供给员工的保障很少，但对于喜欢挑战的人来说，是一个很好的选择。堡垒型组织文化的组织如大型零售店、林业产品公司、天然气探测公司等。

桑南菲尔德发现，很多组织兼具几种类型的特点，具有混合型的组织文化。在一定时期，组织也可能转化成另一种文化。他还发现，不同类型的组织文化会吸引不同类型的人到该类组织工作。组织文化与组织成员需要适当匹配才能产生最大效益。他的分类不仅突出了各种类型的特征，也强调了各种类型之间的可能转换性，给各类组织树立了很好的参照标准。

（二）按照组织文化所涵盖的范围来划分

按涵盖范围来分，可以从形式上将其划分为主导文化（主文化或主体文化，Dominant Culture）和分支文化（亚文化或副文化，Sub-culture）。主导文化是指组织内大多数成员共同具有的价值观，又称“主文化”“主体文化”，即一种文化中占主导地位的文化成分。例如，儒家文化是中国古代伦理型文化中的核心文化或主文化。主体文化形成一种文化的主导生活方式，并体现该文化的本质特征，它对环境的动态适应程度，通常是解释该文化系统兴衰变迁的主要依据；同时，它控制调度各亚文化成分的强弱程度，也是观察该文化系统运行状态的重要参照。一般来说，主文化的老化意味着一个文化系统的衰落；其主导地位的动摇则是文化系统动荡、变迁的征兆。

分支文化是指大型组织由于部门或地域的不同而形成的不同文化。但分支文化并不一定与主导文化相悖，只是组织共同具有的价值观和部门特有的价值观的有机结合。一般来说，组织文化中的各种亚文化都是其主文化的必要补充，在主文化功能不及、甚或起副作用的场合中扮演着丰富生活、转换心理、协调冲突、反抗传统、弥补欠缺等功能角色。亚文化体现出组织文化的多元性，一种文化所具有的亚文化成分越多、与主文化的关系越融洽，则该文化就越有活力，发展前途越大。组织文化建设中应重视亚文化的价值、地位和作用，对其与主文化不同的价值规范持宽容态度，以实现亚文化与主文化的良性互动，推动组织文化的前进。[①]

---

① 冯天瑜. 中华文化辞典[M]. 武汉：武汉大学出版社，2001.

（三）按照组织文化对其成员影响力的大小来划分

组织文化对其成员的影响有强弱之分，有些很强势，对组织成员有着绝对的影响力，有些相较之下较为弱势。据此，我们可以将其划分为强势文化（Strong Culture）和弱势文化（Weak Culture）。强势文化被组织成员广泛接受，具有很强的行为控制力，并会强烈影响组织成员的行为。某些情况下强势文化可以代替正式的规章制度对成员行为进行规范。弱势文化是指相对于强势文化而言，影响力不那么强大，但是也被组织成员认同的文化。

比如，安利在中国推展一种强势文化。安利人在火车站的月台上碰到不认识的人，也会掏出一支安利牙膏，拿出一瓶安利的洗面奶，随时随地展现出安利文化。安利人可以在客人面前表演：这边挤一坨安利牙膏，那边挤一坨别的牙膏，两种牙膏在玻璃上磨，一边磨，一边用水涮，最后指出，用安利的这一片光洁如新，另外一片好像毛玻璃一样。他会告诉你那是你的牙，说明用别的牙膏会把牙齿磨的像毛玻璃一样，但他的安利牙膏磨上去光洁如新，完全不伤牙质。他们能把促销活动做到火车站的月台上，给一位陌生人表演，确实是一个强势文化。他们公司有一句名言，“任何时间、任何地点、任何人都可以卖，只要是安利产品都可以卖得出去”。而杜邦公司把人看得很重要，他们公司以前是做火药的。杜邦在做火药时，在一次不幸的意外中，死了6个人，老板心里很难过，于是杜邦公司制定了几个简单的规定：①下楼梯时手一定要扶到扶手上面，不是怕你掉下去，而是要感受到生命的重要；②在做事情时一定小心，杜邦公司的人在出去时，开车都要系安全带；③杜邦公司的人到银行去领现金时如果碰到歹徒抢劫，就把两只手举起来让他把钱拿走，把钱拿走没关系，第二天回公司报销，因为杜邦公司认为命比钱重要。杜邦公司并没有把这些东西用白纸黑字写出来，但在日常生活中，不断地像一根绳子绕在员工的手指上一样，用这种柔软的弱势文化缠住员工。

但是，一些企业有些坏习惯，像一堵墙一样地风吹雨打都屹立不动，这是一种强势的坏文化。一家公司如果有一个坏的强势文化，好的弱势文化就很难把它吹倒。除非坏的文化像一道竹篱笆一样，强势的好文化像台风一样，能把竹篱笆给吹倒，这才可以形成一种企业变革。一家企业要重新改变它的文化，就要用一个强大的优势文化去吹倒不好的弱势文化。[①]

---

① http://bbs.21manager.com/dispbbs-190147-1.html,2020-10-22.

（四）根据组织文化的内容来划分

美国学者特伦斯・迪尔和阿伦・肯尼迪在《公司文化》一书中将组织文化划分为四种类型：①硬汉文化。文化“强悍”，往往存在于风险很高但决策反馈很快的企业；②努力工作尽情享乐文化。工作与玩乐并重，很多商业性公司和推销公司往往形成此类文化；③长期赌注文化。风险很大但反馈较慢，大多数基础工业企业形成此类文化；④过程文化。重视“如何做”而不是“做什么”。风险低，但反馈也慢，力求过程和细节的准确无误。大内将组织文化划分为官僚文化、氏族文化、企业家文化和市场文化四个类型。哈里森（R. Harrison）把组织文化划分为权利文化、角色文化、任务文化和人的文化。这里不再赘述。

应当指出，组织文化分类不是将组织确切放入某种类型。一个组织中可能兼有几种文化类型，只不过侧重某种类型的特点。无论是形式上还是内容上的类型划分，其目的都是研究各种文化的特征，更好地促进组织文化的扬长避短，指出组织在不同环境下准确的渐变方向。

三、组织文化的功能

（一）组织文化的正功能

组织文化在组织中具有多种功能。斯蒂芬・P. 罗宾斯指出，组织文化首先起着分界线的作用，即它使不同的组织相互区别开来。其次，它表达了组织成员对组织的一种认同感。最后，它使组织成员不仅仅注重自我利益，更要考虑组织利益。而且它有助于增强社会系统的稳定性。文化是一种社会黏合剂，它通过为组织成员提供言谈举止的标准，而把整个组织聚合起来。甚至，文化作为一种意义形成和控制机制，能够引导和塑造员工的态度与行为。这些作用都是正向的、积极的。在组织经营管理中，组织文化发挥的正向功能可以概述为以下几点。

（1）导向功能。导向功能是指组织文化能将其成员的注意力吸引到组织发展的方向上来，能统一成员的思想行为，对组织个体的心理、性格、行为起引导作用，而且对组织整体的价值观和行为起着导向的作用。例如，美国、日本的价值观中将顾客看得很重要，都有着强烈的创新意识，这种价值观就引导员工为顾客提供一流的产品和服务，引导员工在工作中不怕风险和失败，勇于打破旧框框，实现产品和技术的革新。

（2）规范功能。规范功能是指组织文化对每个组织员工的思想、心理和行为具有约束和规范的作用。组织文化的约束不是制度式的硬约束，而是一种软约束，这种软约束相当于组织中弥漫的组织文化氛围、群体行为准则和道德规范。在一个特定的组织文化氛围中，组织文化的规范功能主要体现在如下三个方面：①组织文化能够规范、统一组织的外部形象；②组织文化能够规范公司的组织制度，让员工的行为规范化；③可以让组织的全体员工产生一致的精神信仰，把个人和组织的发展目标进行有效的结合。

（3）凝聚功能。凝聚是指当一种价值观被该组织员工共同认可之后形成的一种巨大的向心力和凝聚力。组织文化以大量微妙的方式来沟通组织内部人们的思想，使组织成员在统一的思想和价值观指导下，产生作为组织成员的"身份感"和"使命感"，产生对组织目标、道德规范、行为准则、经营观念等的"认同感"。同时在组织氛围的作用下，使组织成员通过自身的感受，产生对本职工作的"自豪感"和对组织的"归属感"，使组织成员乐于参与组织的事务，发挥各自的潜能，为组织目标的实现做出贡献。

（4）激励功能。优良的组织文化能够满足员工的精神需求，起到精神激励的作用。美国心理学家赫兹伯格认为，只有从人的内部进行激励才能真正调动人的积极性，恰当的精神激励比许多物质激励更有效、更持久。组织文化能使成员认识到组织及个体存在的意义，认识到组织的优点，从而产生自豪感，激发工作热情。宝洁公司实行的薪酬体系就很好地说明了组织文化的激励功能，将员工和企业紧紧地绑在一起。

典型案例

宝洁的薪酬体系

1887年，宝洁公司开始对二人实施一种利润分成制度，这是美国工业史上持续时间最长的利润分成制度。

1892年，宝洁公司开始实施雇员股份制计划，这也是工业史上的第一次。

1913年，宝洁公司开始实施全面的病、残、退休人身保险计划，同样是最早这么做的一家公司。

宝洁公司通过实施雇员股份制，鼓励雇员购买股份，公司获得员工心理上极大的认同。到1915年，足足61%的雇员参加了宝洁公司的员工股计划，也从心理上买下了宝洁公司员工的资格。

（5）辐射功能。辐射功能是指组织文化一旦形成较为固定的模式或产生良好的代表形象，不仅会在组织内发挥作用，对本组织员工产生影响，也会通过各种渠道对社会产生影响。组织文化的传播对树立组织在公众中的良好形象有帮助，也对社会文化的发展有很大的影响。例如，20世纪50年代鞍钢的孟泰、60年代大庆的“铁人”、90年代的李素丽等，都对社会产生了巨大的影响，这就是组织文化的辐射功能。

（6）协调功能。协调功能是指组织文化可以强化成员之间的合作、信任和团结，培养亲近感、信任感和归属感，从而促进组织内部各个部门、个体与个体之间、个体与群体之间、群体与组织之间、员工与组织之间的有机配合，使组织更加顺畅地运转。

（二）组织文化的负功能

组织文化对组织的管理起着重要作用，但也不能忽视组织文化对组织发展的潜在负面影响。以企业为例，组织文化很可能成为企业改革、兼并和收购以及多元化的障碍。

（1）改革的障碍。当企业的共同价值观无法促进组织效率的进一步提高时，它就成了改革的阻力。当组织面对稳定的环境时，行为的一致对组织而言很有价值，但在不稳定的快速变换的环境中，组织需要相应的快速反应来适应发展的要求，但组织文化的惯性可能会造成改革步伐的缓慢。组织文化作为一种与需要变革的制度相应的软约束，越是深入人心，越容易形成思维定势，这样，组织有可能难以应对变化的环境。当问题积累到一定程度时，这种障碍可能会变成组织发展的致命障碍。①

（2）兼并和收购的障碍。随着跨文化交流和国际贸易的逐渐兴旺，跨国企业随处可见。在企业的快速扩张过程中，兼并和收购无疑是省时省力的好方法。但是，近年来文化的相容性成了人们不得不考虑的一个重要因素。如果两个组织的文化无法成功地整合，那么组织中将出现大量的冲突、矛盾乃至对抗。惠普公司与康柏公司合并时就曾经遭遇文化冲突而给经营者造成了不小的麻烦。所以，在决定兼并和收购时，很多经理人往往会分析双方文化的相容性，关注组织文化的潜在冲突问题。

（3）多元化的障碍。组织文化的整体性和一致性有利于形成约束力和凝聚力，但在许多组织中，另一种倾向往往被忽视，那就是它的多元化或多样性。由于种族、性别、道德观等差异的存在，新聘员工往往被要求尽快接受组织的核心价值观和文化观念，与组织中大多数

---

① 李海峰，张莹. 管理学：原理与实务[M]. 北京：人民邮电出版社，2018.

成员步调一致。这种“同化”的作用容易导致人们的观念和思维方式趋同，在强势文化的组织中，这种趋势会更加突出。但是组织决策需要成员思维和方案的多样化，组织文化的整体性和一致性容易导致决策的单调性，弱化组织的适应性。

典型案例

美国银行的“水土不服”

美国银行为了扩展经营领域、实行多样化经营战略，于1983年买下了史阔伯公司。但这两个公司的文化存在着很大差异，美国银行作风保守，而史阔伯公司喜欢冒险。一个典型表现是，美国银行的高级管理人员开的是公司提供的四车门的福特车和别克车，而史阔伯公司高级管理人员开的车却是公司提供的法拉利、宝马和保时捷等。虽然史阔伯公司利润丰厚，有助于美国银行拓展业务，但史阔伯的员工无法适应美国银行的工作方式。终于在1987年，查尔斯·史阔伯从美国银行买回了他的公司。

综上所述，组织文化有着不可或缺的重要的正功能，同时我们也不能忽视它可能带来的副作用。在一个快速变化的环境中，我们要扬长避短，着重发挥组织文化的积极作用。

扩展阅读

组织文化结构和组织结构

上文列举了组织文化结构，有组织文化层次和组织文化类型。另一个经常用到的词是“组织结构”。这两个是不同的概念。

组织结构(Organization Structure)的定义一般包括三个方面：①组织结构决定了组织中的正式权力关系，包括职权层级的数目和主管人员的管理幅度；②组织结构确定了将个体组合成部门、部门再组合成整个组织的方式；③组织结构包含了确保跨部门沟通、协作与力量整合的制度设计。组织结构大体可以分为两个层次：基本结构和运行机制。这里所说的运行机制指的是控制程序、信息系统、奖惩制度以及各种规范化的规章制度等。由于这些内容都有相应的学科进行研究，所以组织结构与设计学科虽然也会涉及一些运行机制问题，但是更偏重对基本结构的研究。当我们提到组织设计(Organization Design)这一概念时，在大多数情况下它指的就是组织结构设计。

思考活动

1. 组织文化有哪些正功能？

□ 辐射功能
□ 导向功能
□ 激励功能
□ 规范功能
□ 凝聚功能
□ 协调功能

2. 简述桑南菲尔德提出的四种类型的组织文化分类。

专题小结

组织文化的层次理论有两层次说和三层次说。两层次说认为组织文化包括物质文化和精神文化。三层次说以沙因为代表，提出组织文化分人为形式、价值观和基本假设三个层次。组织文化类型可根据组织文化的内在特征、涵盖范围、对其成员影响力的大小及组织文化的内容来划分。组织文化的功能包括正向的导向、规范、凝聚、激励、辐射、协调功能和负向的改革障碍、兼并和收购障碍、多元化障碍等。

专题三

组织文化的创建与提升

专题导读

研究组织文化的概念也好，结构和功能也好，最终的目的都是为了塑造良好的组织文化，以促进组织的管理和效益的提升。那么，组织文化是如何创建的呢？又如何提升？建设组织文化是一个极其复杂的问题，我们一起来看看。

一、国内组织文化的构建模式

经济的发展有不同的模式，如“珠江三角洲模式”“苏南模式”“温州模式”等，同样，组织文化的建设目前也有几种模式。

（1）以青岛市海尔集团为代表的“三层次构建模式”将企业文化大致分为三层：物质文化、制度行为文化和精神文化。

（2）以北京市企业文化建设协会为代表的“一本三涵”模式：“一本”即“以人为本”，“三涵”是指“讲求经营之道”“培育企业家精神”“塑造企业形象”。

（3）以广东省太阳神集团为先行代表的“企业识别系统构建模式”，将企业形象塑造与企业文化建设融为一体。

（4）以上海市宝钢集团为代表的“用户满意工程构建模式”。

（5）以山东省黄台火力发电厂为代表的“三维立体构建模式”，即以企业文化为主体，将厂区文化、社区文化和家庭文化三者结合为一体进行系统的文化建设。

这些有代表性的模式都是根据企业及其环境的特点而创立和发展起来的。[①]

① 李书绅. 经济专业基础理论教程[M]. 济南：山东科学技术出版社，2005.

组织文化的塑造取得公认成功的国际名企更是不胜枚举。在日本被广为称道的“经营之神”松下幸之助，其松下公司的企业文化建设向来为世人所称赞——“松下电器是制造人才的地方，兼而制造电器产品”，这种经营管理理念非常鲜明地彰显了松下公司的价值观，也反映了松下的人才战略和企业文化。

这些良好的组织文化在塑造过程中有何共性？下面我们来分析在组织文化的创建和提升过程中哪些是必须重视的。

二、核心价值观的提炼

核心价值观的提炼是组织文化创建和提升的首要问题。价值观是指个人对客观事物（包括人、物、事）及对自己的行为结果的意义、作用、效果和重要性的总体评价，是对什么是好的、应该的的总看法，是推动并指引一个人采取决定和行动的原则、标准，是个性心理结构的核心因素之一。它使人的行为带有稳定的倾向性。价值观对于研究组织行为是很重要的，因为它是了解员工的态度和动机的基础，同时它也影响我们的知觉和判断。核心价值观的提炼是组织文化塑造的重中之重，是组织文化的灵魂，将直接影响组织文化的制度层和物质层。

怎么提炼和维护核心价值观呢？我们先来看一个可行的方案。

典型案例

从历史中提炼企业文化[①]

在企业发展过程中一定会沉淀一些支撑员工思想的理念和精神。这些理念和精神往往隐藏在一些关键事件中。从关键事件中提炼出这些理念和精神，并进行加工管理，让它们成为企业的精神和理念。

第一步，找出10位从创业到发展全过程都参加的人，让他们每一个人讲三个故事：在创业历程中，你认为对企业发展最重要的一件事是什么？你最难忘的一件事是什么？你最受感动的一件事是什么？然后让每个人再讲三个人：你认为对企业贡献最大的是谁？这个人最宝贵的精神是什么？你从他身上受到的最大启发是什么？由专人把每个人讲的故事记录下来。

第二步，把重复率最高的故事整理出来，进行初步加工，形

① 李书绅. 经济专业基础理论教程[M]. 济南：山东科学技术出版社，2005.

成完整的故事。

第三步，找10位刚来企业一年左右的员工，最好是大专、中专的学生，把整理好的故事讲给他们听。然后向他们提问：这个故事你听说过吗？你听了之后，最深的感受是什么？哪个情节最感动、最难忘？这个故事体现了一种什么精神？用什么词来表达你的感受？把他们的回答记录下来。

第四步，把专家和有关企业领导集中封闭起来，对在第一步和第三步中记录的内容进行研究、加工，从中提炼出使用率最高的代表故事精神的关键词。这些词经过加工，就是企业精神或企业理念。

第五步，按照提炼出来的反映精神或理念的核心词，重新改编故事，在尊重历史的前提下，进行文学创作，写出集中反映核心词的企业自己的故事。假如提炼出“拼搏”一词，就用一个故事来诠释“拼搏”。

一般来说，核心价值观的提炼与维护可以从如下几方面入手。

（1）设计合理的外层符号系统。这包括设计组织的标志，建筑物式样的设计，厂服、厂徽等物质层面的东西。迪尔和肯尼迪认为，组织文化象征物是传播组织文化价值观的有效手段，是组织文化活动的产品，它是揭示员工思想、信念和行为的线索。不少研究者对组织中的英雄事迹、神话、故事、传奇、仪式、语言和术语、办公室布置等这些组织文化象征物的特定意义进行了研究。这些外层符号系统不仅是形成良好公众形象必不可少的工具，更是使成员找到自豪感和归属感的良好途径。

（2）合理利用仪式。这既包括入职培训、仪式、庆典、晚会、过节等，也包括组织传统的特色仪式，更重要的是本组织特有的仪式或活动。特赖斯和拜尔（Trice & Beyer，1984）认为，强文化的组织中存在精心设计的典礼和仪式，威尔金（Wilkin，1983）提出组织中流传的故事是员工共同信任的重要价值观的象征。[①]在这些仪式和共同活动中，成员紧紧团结在一起，通过共同的行为来强化或转换价值观。

（3）树立好典型人物。迪尔和肯尼迪认为，组织中的英雄人物使成功变得可以实现且人性化，他（她）代表组织特有的价值观，提供组织模范，从而激励其他员工。英雄人物是组织中抽象价值观和理念的化身。

（4）在人力资源管理政策中导向合理的价值观。国内学者的

---

① 黄河，吴能全. 组织文化形成途径——我国中小型民营企业的跨案例研究[J]. 管理世界，2009（S1）：57-58.

实证研究得出的结论是，不同人力资源政策对组织文化类型和强弱都有显著影响。其中最重要的是以下两个方面。

首先，在招聘时注重选拔具有合作精神的、与组织价值观相一致的员工，剔除与组织文化背道而驰的人。哈里森和卡罗尔（Harrison & Carroll，1991）指出，员工获知和了解组织文化的过程被称为文化传递和文化适应过程，而选聘就是这样的过程，选聘过程不仅包括寻找适合的应聘者、向潜在的候选人“推销”自己的企业和挑选他们，也是企业有计划地让新来的员工与组织文化相匹配的过程。莱德福（Ledford，1995）指出，选聘过程应该反映出该公司的信念或者价值观，特别是那些与公开、信任和公平有关的价值观。

其次，在报酬中强化价值观的导向。强组织文化的企业，激励体系是全面、持续和有稳定性的，并且与组织成功和组织价值观相匹配（O'Reilly，1989）。奥邦纳和哈里斯（Ogbonna & Harris，2000）对英国食品行业为期10年的纵向研究显示，在众多改革组织文化的手段中，最有效的手段是采取相应激励手段，使得员工改变原来的行为方式。

核心价值观的形成与维护是组织存续期间不可忽视的重要环节。一旦核心的价值观产生偏差，组织的溃败也就在所难免。

三、领导是组织文化塑造的主导者

美国的撒什金（M. Sashkin）在他所著的《幻想型领导》一文中认为，“领导者的本职工作就是定义、构造和获得下属对一套共同的价值观、信念、变革的规范、目标和共同工作的人的认同”；巴斯认为，领导者起着积极文化或消极文化创建者的作用，并且促进文化的变革；特赖斯和拜尔强调，维持文化是领导者的重要作用。

约翰·科特（John P. Kotter）在《变革的力量》一书中阐述了企业文化与领导能力的关系，认为“领导与文化正如管理与结构（或体制）一样密切相关，建立一种有用的企业文化需要强有力的领导，同时只有通过一定种类的企业文化，企业组织上下才能发现卓越的领导人才”。

沙因在《组织文化与领导力》一书中强调了组织创始人和领导者对组织文化的影响。他对领导者在组织文化的创立、建设、维持、变革等过程中的作用进行了阐述，认为“组织创建者的假设是组织文化产生的来源之一，领导者在企业文化的形成方面起领导作用；企业的高级成员会通过日常的谈话，企业的特殊庆典、仪式反复讲述企业自身的重要价值观念；企业高级成员的更迭会削弱企业文化力量，甚至改变企业的文化；为了形成需要改革的风气，领导者会大肆宣扬存在危机或潜在危机的情况”。同时，沙因也强调，“不要认为文化会像组织中其他某些事物一样完全被管理者操纵，它对管理者的约束更胜于管理者对它的影响”。

撒什金提出，领导者在建立组织的过程中，需要建立价值导向的组织愿景和哲学来表达这些价值观，并采用一些个人的实践和行为来示范他们所倡导的价值观和组织文化。①

由已有的研究成果可以看出，领导者与组织文化之间是双向影响的过程，良好的组织文化是许多领导者持续倡导的结果，而有效的领导者也是在一定的组织文化环境中塑造出来的。领导是组织文化塑造的主导因素。

四、团队协作是组织文化塑造的核心问题

团队凝聚力是组织文化的具体表现。在外部表现为团队成员对团队的荣誉感，在内部表现为团队成员之间的融合度和团队的士气。塑造一个互相协作的团队是组织文化的核心问题。钓过螃蟹的人都知道，篓子中放一群螃蟹，也不必盖上盖子，螃蟹是爬不出去的，因为只要有一只想往上爬，其他螃蟹便会纷纷攀附在它的身上，结果是把它拉下来，最后没有一只能够出去。如果一个组织内部成员都像螃蟹的话，那这个组织无疑是没有希望的。组织要培育的是积极进取、团结向上的团队精神。对于类似螃蟹的员工，应该毫不犹豫地清理出去。组织文化的塑造过程中，需要及时发现螃蟹，首先，清除团队合作的破坏者。其次，开展各类活动使成员的各自为政转化成团结合作，相辅相成，实现1+1>2的效果。

五、塑造组织文化的主要途径

组织文化的塑造是个长期的过程，也是组织发展过程中的一项艰巨、细致的系统工程。从途径上讲，组织文化的塑造需要经过以下几个过程。

（1）选择组织价值观。组织的价值观是整个组织文化的核心，选择正确的组织价值观是塑造良好组织文化的首要战略问题。选择组织价值观要立足于本组织的具体特点，根据自己的目的、环境要求和组织性质等选择适合自身发展的组织文化模式，而且要把握住组织价值

---

① 黄河，吴能全. 组织文化形成途径——我国中小型民营企业的跨案例研究[J]. 管理世界，2009（S1）：57-58.

观与组织文化各要素间的相互匹配，达到组织文化的整体优化。

（2）强化员工的认同感。在选择并确立了组织价值观后，就应该把基本认可的方案通过一定的强化方法使其深入人心。具体做法包括利用组织一切宣传媒体，宣传组织文化的内容和精要，以创造浓厚的环境氛围；培养和树立典型，以其特有的感召力和影响力为组织成员提供可以效仿的具体榜样；加强相关培训教育，有目的地培训和教育，能够使组织成员系统地接受组织的价值观并强化员工的认同感。

（3）提炼定格。组织价值观的形成不是一蹴而就的，必须经过分析、归纳和提炼方能定格。在经过群众性的初步认同实践后，应当将反馈回来的意见加以剖析和评价，详细分析和比较实践结果与规划方案的差距。在系统分析的基础上，进行综合化的整理、归纳、总结和反思，去除那些落后或不适宜的内容与形式，保留积极、进步的形式和内容，把经过科学论证和实践检验的组织精神、组织伦理与行为规范等予以条理化、完善化和格式化，再经过必要的理论、加工和文字处理，用精练的语言表述出来。

（4）巩固落实。要巩固落实已提炼定格的组织文化。首先，要建立必要的制度保障。在组织文化演变为全体员工的行为之前，要使每一位员工在一开始就能自觉、主动地按照组织文化的标准去行动比较困难，即使在组织文化业已成熟的组织中，个别成员背离组织宗旨的行为也是经常发生的。因此，建立某种奖优罚劣的规章制度十分必要。其次，领导者在塑造组织文化的过程中起着决定性的作用，应发挥表率的作用。

（5）在发展中不断丰富和完善。任何一种组织文化都是特定历史的产物，当组织的内外条件发生变化时，组织必须不失时机地丰富、完善和发展组织文化。这既是一个不断淘汰旧文化和不断生成新文化的过程，也是一个认识与实践不断深化的过程。组织文化由此经过不断的循环往复，可达到更高的层次。①

综上所述，良好的组织文化氛围的形成，离不开三个关键点：其一，核心价值观的提炼与维护。建立组织价值观，并通过各种沟通方式将组织文化价值观传递给员工，同时通过组织文化象征体系的管理和相关人力资源政策导向来加强这种传播机制。其二，领导的影响。领导者的个性、经历、行为和领导风格等，都对组织文化的创立和维护产生影响。其三，团队建设。团队成员是否能良好协作，团队内部是否有良好的氛围，对组织文化也有十分重要的影响。只有抓好这三个关键点，组织才可能有良好的氛围和健康的组织文化。

① 李海峰，张莹. 管理学：原理与实务[M]. 北京：人民邮电出版社，2018.

思考活动

1. 组织文化的创建有哪些关键性问题？

2. 领导在组织文化提升过程中有无重要作用？

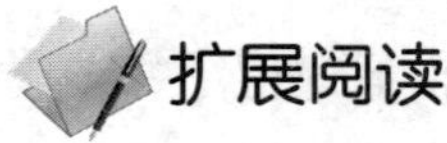

企业文化测评工具

企业文化测评是为了建设企业文化。总的来说企业文化测评包括企业文化诊断以及应用两大功能。企业文化测评需求包括组织氛围、员工满意度、企业文化现状、员工价值观取向等不同维度。

一、丹尼森的组织文化模型

衡量组织文化最有效、最实用的模型之一是由瑞士洛桑国际管理学院（IMD）的著名教授丹尼森（Daniel Denison）创建的。丹尼森的组织文化模型是在对大量的公司研究后，总结出组织文化的四个特征，即参与性、一致性、适应性、使命。

参与性（Involvement）：涉及员工的工作能力、主人翁精神（Ownership）和责任感的培养。公司在这一文化特征上的得分，反映了公司对培养员工、与员工进行沟通，以及使员工参与并承担工作的重视程度。

一致性（Consistency）：用以衡量公司是否拥有一个强大且富有凝聚力的内部文化。

适应性（Adaptability）：主要是指公司对外部环境（包括客户和市场）中的各种信号迅速做出反应的能力。

使命（Mission）：用于判断公司是一味注重眼前利益，还是着眼于制订系统的战略行动计划。

上述四个特征中，每个特征又各有三个维度，12个维度分别对市场份额和销售额的增长、产品和服务的创新、资产收益率、投资回报率和销售回报率等业绩指标产生重要的影响。

二、组织气氛测评

组织气氛测评是通过问卷来使人们了解组织气氛或工作环境以及组织气氛是如何产生又是怎样对人们的工作产生影响的。

（1）组织气氛的维度包括进取性、责任性、明确性、灵活性、奖励性、凝聚性六个维度。

（2）组织气氛建设的方法有以下几个。

① 进取性：建立进取的文化，追求卓越的精神与导向。

② 责任性：建立自主性的工作流程，鼓励承担责任，适度的风险容忍机制。

③ 明确性：建立企业愿景、方向与目标，明确组织对岗位的目标与期望。

④ 灵活性：建立官僚最小化的流程，鼓励创新。

⑤ 奖励性：建立绩效导向，加强认可与表扬，赏罚分明，令行禁止。

⑥ 凝聚性：通过团队活动、工作环境、人际互助关系等树立合作与奉献精神，通过营造外部竞争与庆贺胜利等方式营造团队自豪感。

（3）组织气氛的测度与诊断辅导包括问卷测度与分析、诊断与建议、跟踪改进等。

三、员工满意度测评

员工满意度调查（Employees Satisfaction Survey）是一种科学的管理工具，它通常以调查问卷等形式，收集员工对企业各个方面的满意程度，员工满意度调查的主要功能如下。

（1）通过“员工满意度调查”这个行为，企业向员工表示对其的重视。

（2）搭建一个新的沟通平台，为更多真实的信息铺设一个反馈的渠道。

（3）系统地、有重点地了解员工对企业各个方面的满意程度和意见。

（4）明确企业最需要解决的相关问题即管理的重点。

（5）检测企业重要的管理举措在员工中的反应。

（资料来源：http://wenku.baidu.com/view/acc6fed733d4b14e85246856.html，2020-02-01.）

专题小结

组织文化的创建和提升主要有以下3个方面[①]：第一，“推”的过程，也就是首先建立组织价值观，并通过各种沟通方式将组织文化价值观传递给员工，同时通过组织文化象征体系的管理来加强这种传播机制。第二，“拉”的过程，主要通过使人力资源管理政策与组织文化价值观保持匹配来加强组织文化。第三，领导者的影响，也就是领导者（创始人）的个性、行为和领导风格都对组织文化的形成产生影响。塑造组织文化的途径包括选择组织价值观、强化员工的认同感、提炼定格、巩固落实、在发展中不断丰富与完善等。

① 黄河，吴能全. 组织文化形成途径——我国中小型民营企业的跨案例研究[J]. 管理世界，2009（S1）.

思考与练习

一、填空题

1. ________是两个以上的人为着既定的目标分工合作并相互协调而形成的有效系统。

2. 组织文化是利用可识别的区分体系在发展过程中形成的，代表着________的风气。

3. 杰弗里·桑南菲尔德将组织文化确认为4种类型：________、________、________和________。

二、判断题

1. 组织文化的两层次说将组织文化分为外显文化和隐性文化。（　　）

2. 组织文化的正功能包括导向、规范、凝聚、激励、辐射、协调功能。（　　）

3. 组织文化的三层次说以沙因的理论为代表。（　　）

4. 领导在组织文化创建中有着非常重大的影响。（　　）

三、简答题

1. 组织文化的负功能包括哪些？

2. 影响组织文化的因素有哪些？

3. 组织文化两层次说和三层次说有什么区别？

4. 组织文化创建和提升的几个主要方面是指哪些？

四、论述题

1. 组织文化怎样对组织中的个体产生影响？

2. 组织文化与组织效能之间的关系是正相关吗？为什么？

推荐书目与文章列表

[1] 苏东水. 管理心理学[M]. 上海：复旦大学出版社，1995.

[2] 陈国权. 组织行为学[M]. 北京：清华大学出版社，2006.

[3] 李成彦. 组织文化对组织效能影响的实证研究[D]. 上海：华东师范大学，2005.

[4] 樊耘. 企业家对组织文化和组织变革影响的实证研究[J]. 管理评论，2009（8）.

[5] 张玮. 组织文化对员工职业成长与组织承诺的影响研究[D]. 北京：北京交通大学，2016.

[6] 李海峰，张莹. 管理学：原理与实务[M]. 北京：人民邮电出版社，2018.

第九章
领导心理与领导力

领导，在管理学中扮演着重要的角色，在企业管理中也占据着非常重要的地位。成功的领导能在企业中起到指挥、协调和激励的作用，并带领企业成员高效率地实现企业目标；失败的领导则是相反的效果。

本章分别从领导的本质、传统模型、当代发展、领导艺术以及领导力的培养五个方面对领导问题进行探讨，以求学习者更好地掌握领导的相关知识，朝成功领导者的方向迈进。

学完本章，你将能够：

1. 了解领导的本质含义；
2. 了解领导的传统模型；
3. 了解领导的当代观点；
4. 了解领导艺术的含义，并进一步学习提高领导艺术的有效途径；
5. 了解领导力的含义，以及如何提升领导力。

教学视频

领导的本质

专题导读

领导是什么？这个问题是管理学中要探讨的一个长久话题，也是一个重要的话题。领导在研究管理过程中占据着非常重要的位置，因为领导在这个过程中起到指挥、协调、激励等作用。在这一专题中，我们首先要清楚领导的概念和本质。所以，本专题与大家共同探讨以下问题：在企业管理中，领导是什么？领导的权力基础是什么？领导的职能是什么？

一、领导是什么

关于领导的概念，许多学者都提出过不同的见解。美国前国务卿基辛格（H. Kissinger）曾经说过，领导的含义在于使其管理的人们从他们现在所处的地方前往尚未去过的地方。①哈罗德·孔茨（H. Koontz）在其著名论著《管理学》中认为领导是“影响人们心甘情愿地和满怀热情地为实现群体的目标而努力的艺术或过程”②。还有人认为领导是指挥群体解决互相作用的活动，是解决共同问题的过程；领导是为确定和实现目标而影响群体活动的过程③；领导是在一定的社会组织和群体内，为实现组织预定目标，领导者运用其法定权力和自身影响力影响被领导者的行为，并将其导向组织目标的过程；领导是一个涉及领导者、追随者和情境的复杂现象；领导也被认为是创造共同文化和价值观念，在整个组织范围内与员工沟通组织目标和鼓舞员工树立起谋求卓越表现的愿望等。由此看出，在不同领域中，对领导的概念有着不同的定义，其内涵随不同领域发生了延伸，实质意义更加丰富。而我们认为领导的本质是在企业管理中，领导者运用管理权力对被领导者施加影响，通过其领导艺术对被领导者的活动进行激励与指导，实现企业目标朝共同方向发展的过程。

二、领导的权力基础

从领导的本质中，我们可以看出，领导者是以管理权力为基础去施加影响的，权力是领导的关键因素，也是领导的特色。因为每个企业领导者的个人目标通常是不一样的，所以企业领导者要使被领导者

① 陶震. 变革型领导力对员工敬业度的影响研究[D]. 济南：山东大学，2019.

② 哈罗德·孔茨. 管理学[M]. 郝国华，等译. 北京：经济科学出版社，1993.

③ Stogdill RM. Leadership，membership and organization[J]. Psychological bulletin，1950，47（1）：4-5.

能高效率地实现共同的组织目标，就要借助相应的管理权力。领导权力的类型有以下几种。

（一）合法的权力

合法的权力就是领导者借助企业管理中制度所规定的正式权力，激励、指挥被领导者实现企业目标的权力。我们以下述案例来进一步了解企业中合法权力的运行。

典型案例

告诉他人，这是我的权力

有一个公司副总在会上批评指责下属，结果被下属抓住“理”后，两人直接在会上论起“理”来。这位副总表现严肃，想说服或者压服这位下属，但下属并没有因为对方职位比自己高而示弱，一句接一句，对仗的阵势一点也不落后，声音甚至盖过了那位副总。

同样是一个副总，在主持会议期间，有人对他的“武断”表示不满，一再述说自己的理由，坚持自己的想法。这位副总两眼瞪着下属，厉声呵道：“这是我的会议，不是你的会议。有什么想法，下来再说！”这位下属顿时没有了想法，整个会场静得连掉根针都能听见。

同样是副总，面对同样的情况却有不同的结果。这方面的原因有很多，但最主要的原因恐怕是这位副总自身过于软弱，让人们觉得挑战他的权威不会受到伤害。不要以为你是一个领导了，他人就会把你当作领导来看。你有没有权威，能否得到他人的尊重，与你的职位并没有太大的关系，而与你本人的表现有很大的关系。

我曾经与很多领导合作过，也为很多领导服务过，尽管他们的职位是一样的，但他们表现出来的权威是不一样的，或者说，人们给予的尊重是不一样的。有的人尽管是领导，甚至是一把手，但有时连个正常的会议都开不下去，经常在会议上发生争吵，没有人把他当“领导”来看。

法定权力是需要彰显的，甚至是明示的，在需要的时候，你要毫不迟疑地大声地说出来：“这是我的权力！”“这件事我说了算！”

（资料来源：http://blog.ceconlinebbs.com/BLOG_ARTICLE_245300.HTM，2020-11-20.）

通过上述案例，我们可以清楚地看到，在企业中作为领导者在被赋予合法权力的情况下更要树立权威，同时提升自己的人格魅力，才能进行有效的领导行为。

（二）奖励与惩罚的权力

在企业管理中，领导者通过对被领导者的工作业绩情况实行一定的奖赏与惩罚，有利于企业目标的高效率完成。

奖励权是指领导者有权决定提供或取消奖励、报酬，可以是报酬增加、职位提升或是口头表扬等。在企业管理中，领导者对工作表现好的下属进行各种奖励，这让他们感到能够得到奖励是因为自身工作得好，同时付出的努力得到回报，从而令他们更积极地提高工作效率，完成企业的共同目标。比如，公司经理可以根据员工工作情况公开表扬其优秀工作表现；厂长可以根据情况给下级加工资或提升职位等。

惩罚权是指领导者在精神、感情或物质上对其他人进行惩罚的权力，可以是报酬减少、解雇或是口头谴责等。在企业管理中，领导者进行必要的惩罚有利于组织目标的顺利完成。但是过度的惩罚权在使用时会产生怨恨、报复、不满等副作用，若过于依靠惩罚权会造成企业管理的无效，因此领导者在使用惩罚权时需慎重。

（三）个人专长的权力

个人专长权是指领导者通过自身努力获得相关专业知识、技能或特殊的知识从而使其具有权力。知识就是力量，某种程度上来讲，知识就是权力，但是领导者的个人专长权力是根据其在组织中的阶层不同而不同的。在企业管理中，领导者掌握了知识和专长，就是具备了影响别人的个人专长权。而人们往往会听从某一领域专家的忠告，接受他们的思想。有效的企业领导者会采取措施来保证他们具有一定的专业知识以履行他们的领导职能，充分发挥他们的个人专长的权力。

（四）个人影响力

个人影响力与其他权力是不同的，因为相对于其他权力而言，个人影响力是不正式的，是无形的，很难用语言来描述。在企业管理中，个人影响力体现了领导的特征，它来自下属和同事的尊重、欣赏和忠诚，其中包括领导者的个人魅力、个人素质、感情权力、背景权力等。

领导者的个人影响力会无形中吸引欣赏它、希望拥有它的追随者，这激起人们的忠诚和极大的热忱。比如，一些体育、文艺明星、传奇的政治领袖都具有吸引追随者的强大而神奇的影响力；领导者的个人影响力能帮助下属成为有效的领导者。比如，萨莉・卡拉瑟斯是一所大学财务部里一群秘书的领导者，萨莉・卡拉瑟斯的秘书们是大学里广为人知的最好的秘书。他们愿意履行职责，是由于卡拉瑟斯的热情和关心别人的性格，使得他们感到自己很重要和被器重[①]。同样在企业管理中，有效的企业领导者会采取诸如多花点时间去熟悉他们的下属等措施，适当地去关心他们，以此来提高自己的个人影响力，同时可以拉近自己与下属的关系，提升团队感情与集体凝聚力。

为深刻了解领导本质，学习关于领导的内容，可参考黄培伦编著的《组织行为学》。

三、领导的职能

在企业管理中，领导的职能内容和作用是相辅相成、相互结合的。一个团队具有高效率的执行力和浓厚的凝聚力，离不开领导者的职能内容和作用的有效运用和发挥。同时，企业领导者的职能内容和作用影响人们自觉地、热情地为企业目标努力。领导的职能内容与作用体现在处理以下几个方面的关系。

（一）处理企业内事务

在一个企业中，均存在一定的目标，领导者为实现目标就要进行大量的工作安排，处理企业内的基本事务，推动企业目标的长远发展。

1. 塑造企业文化，推动长远发展

塑造企业文化是领导者在处理企业内事务的一项基本的职能内容。企业文化是支撑一个企业长期发展的灵魂，是精神支柱。在企业管理中，领导者要不断地去塑造和开发企业文化，推动企业的长远发展。

2. 制定新的企业战略规划，保持竞争优势

企业战略规划是企业内事务的一项核心的职能内容。随着我国市场经济体系的不断发展完善，竞争优势成为企业成败的关键。所以在企业管理中，领导者要不断制定新的战略规划，保持竞争优势，这样才有利于企业向独立的市场竞争主体转变和推动企业国际化的发展。

3. 进行企业管理创新，提高管理效率

领导者由于所处的特殊位置决定了他在管理创新过程中扮演着重

① 加雷思・琼斯，珍妮弗・乔治，查尔斯・希尔. 当代管理学[M]. 李建伟，等译. 北京：人民邮电出版社，2003.

要的角色，也成为处理企业内事务这一项重要的职能内容的关键人物。在企业管理中，领导者进行企业管理创新，有利于通过企业内有限资源的优化配置提高整体效率，还有利于降低企业的交易成本，拓展企业的未来市场。

（二）处理企业内人的关系

领导的工作首先是做人的工作，在下达命令或布置工作时面对人，通过一系列的措施，了解、掌握人的需要，从而有目的地引导、指挥和协调人的行为，同时通过提高员工的满足度来调动人的积极性[①]。企业领导者要处理好企业内人的关系必须做好以下几方面工作。

1. 先行于人

企业领导者不是站在企业背后推动企业前进的，而应站在企业前面去激励、鼓舞企业中的其他成员。这样做有利于使其他成员追随且忠诚于领导者，齐心协力地实现企业目标。

2. 与人沟通

没有沟通要实现企业目标是不可能的，沟通是人与人之间互相理解的重要桥梁。企业领导者要认真倾听其他人的想法并正确表达自己的意见，从而达到密切自己和其他人之间的情感联系，提高交流的效果，加强企业凝聚力。

3. 正确指导与浇灌

为了使领导工作有效进行，下属必须在实践中高效率地执行好企业的决策。在这个过程中，领导者的正确指导显得特别重要。因此，领导者必须清晰、完整、可执行得去下达命令，在下属理解的基础上进行正确指导。所谓浇灌是指企业领导者创造出一种下属自愿合作的情感反应。因为人的感情是由一种诱发机制长期发展培养而来的，所以企业领导者要以自己的行动长期浇灌下属的感情，培养他们自愿合作的精神。

4. 奖惩得当

奖励与惩罚的权力是领导权力类型中的一种，也是有效的领导者在处理企业内人的关系中的一个重要因素。在企业管理中，奖励是对组织秩序的一种维护手段，有利于调动下属的工作积极性，保证企业目标的顺利实现。同样，领导者实施惩罚也是维护企业秩序的另一个重要手段，但是领导者在实施时需要遵循“热炉子法则”——如果你去摸一个热炉子，所得到的惩罚是立即、事先确知、前后一致和不带个人感情色彩的。惩罚时要遵循以下两个要点。

（1）公平性，即惩罚要做到对所有人一视同仁，不带个人感情。

---

① 芮明杰. 管理学：现代的观点[M]. 上海：上海人民出版社，2005.

（2）及时性，纠正错误的最佳时间是在错误发生后不久，在错误行为产生时立即进行，可达到及时改正错误行为的目的。

（三）处理与时间的关系

有人说，时间就是效率，效率就是金钱。把握好时间，实现企业目标，领导者要处理好以下两点。

（1）领导者要合理安排好个人与企业的时间，有计划、有条理地根据轻重缓急原则合理安排企业的各项活动，进而充分有效利用时间，完成企业目标。

（2）领导是面向未来的工作，时刻掌握未来的动态发展，做到走在时间的前面，把握好时机，使企业持续发展。

四、领导与管理的联系与区别

关于领导与管理的关系，众说纷纭。加拿大学者克里斯托弗·霍金森（C. Hodgkinson）在《领导哲学》中认为领导相当于管理、管理相当于领导，即管理者相当于领导者、领导者相当于管理者，并对此观点进行了说明。本尼斯（W. G. Bennis）认为，领导与管理这两种活动非常不同，他指出管理活动是指把事情做对，关注的是短期的效应、效率、方式，领导活动是指做正确的事情，关注的是目的和效果、方向、前景、意图这类正确的事情。约翰·科特则在分析了领导活动和管理活动的区别后指出，组织若要发展壮大，强有力的领导与强有力的管理都很重要，缺一不可，高效的领导和高效的管理相结合会使企业产生有利的变革，也能够较好控制企业的局面。哈罗得·孔茨与海因茨·韦里克在《管理学》中指出，领导只是管理活动中一个重要的部分，是管理活动中一项重要的职能，高效的领导是作为高效的管理者的必要条件。在西方，对领导的定义还没有完全一致的意见，各学者研究的领域不同，所侧重的视角也不大相同。[①]这里主要阐述领导与管理的区别，可以从以下三个方面来说明。

（一）从定义来看

对管理定义有着重要影响的法国人亨利·法约尔（H. Fayol）认为，管理是所有的人类组织（无论是家庭、企业还是政府）都有的一种活动，这种活动由五个要素组成：计划、组织、指挥、协调和控制[②]。领导是在企业中领导者运用权力对被领导者施加影响，通过其

---

① 宋萌. 诚信型领导与员工绩效的关系研究[D]. 武汉：华中师范大学，2015.

② 法约尔. 工业管理与一般管理[M]. 北京：中国科学出版社，1982：37-38.

领导艺术对被领导者的活动进行激励与指导，实现企业目标朝共同方向发展的过程。因此，我们可以看出管理是人类组织的一种活动，而领导是一种影响力，两者存在明显的区别。

（二）从职能内容来看

管理的职能内容就是帮助组织（无论是家庭、企业还是政府）充分利用其资源以达到组织目标，包括计划、组织、指挥、协调、控制。而领导的职能内容体现在处理企业内事务、人、时间这三大关系。从这个角度来看，管理职能内容相对领导职能内容是个大方面，领导属于管理的一个方面，属于管理活动的范畴。

（三）从存在组织的范围来看

人们往往追随那些他们认为可以实现、满足自身需要的人，使这些人成为他们的领导者。因此，领导者既可以存在于组织（无论是家庭、企业还是政府）中，组织包括正式组织和非正式组织，也可以存在于一定的群体中。但是管理者是组织中有一定的职责、权力且附带责任的人，因此，管理者存在于正式组织中。

综上所述，领导是管理的一个方面，领导与管理存在着明显的差别。为了使企业更有效，企业目标顺利实现，应该选择领导者来从事管理工作，也应该努力把每个管理者培养成好的领导者。

提示

关于领导与管理的区别，还在很多方面和现实例子中体现出来，请勿局限于本文这几个方面。

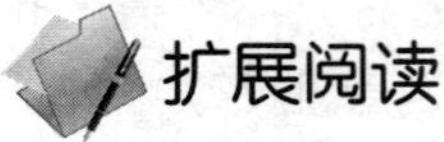

扩展阅读

领导的一般原则

领导原则是领导活动规律的体现，也是实现领导者职能的根本保证。领导者的一般原则反映并贯穿领导活动的各个方面。

1. 权责一致的原则

这一原则要求各级领导者都应具备一定的职务、权力、责任和利益，努力做到事有人管，管事有权，权连其责，利益与成绩相关。职责与权利的统一是实现有效领导的必要条件。

2. 民主公开的原则

民主公开的原则要求在领导活动中必须重视发扬民主，公开办事制度和办事结果，接受群众监督。

在领导活动中贯彻民主公开的原则，是群众对领导者实行民主监

思考活动

1. 领导的本质是什么？

2. 领导与管理是同一个含义吗？若不是，它们的区别是什么？

督的前提，还能提高领导效率。从被领导者方面来看，了解工作的程序规范和性质要求，遵章办事，可以避免盲目性，更好地配合领导完成工作。从领导者方面来看，公开工作步骤和措施，能解释群众的疑惑，领导者就能从具体事务中解脱出来，集中精力做领导应该做的事情。

3. 集体领导与个人分工负责相结合的原则

集体领导和个人分工负责相结合的原则主要是指工作中重大问题要由领导班子集体讨论决定，执行少数服从多数的原则；集体已经决定的事情就要分头去做，各负其责，对失职者要追究责任。这个原则实际上是民主集中制原则的具体体现。

4. 统一领导的原则

统一领导的原则要求领导活动在一定时期内，必须有统一的意志、统一的目标、统一的行动规范。统一领导的原则是领导的实质内涵，是领导活动成功的保证。

为了实现统一领导，必须解决好两种关系：一是集权和分权的关系，二是原则性和灵活性的关系。高水平的统一领导应该是“统而不死”和“活而不乱”。

（资料来源：王丛香. 组织行为学[M]. 郑州：郑州大学出版社，2003.）

专题小结

领导的本质是在企业管理中，领导者运用权力对被领导者施加影响，通过其领导艺术对被领导者的活动进行激励与指导，实现企业目标朝共同方向发展的过程。领导的实质是一种影响力，要深刻认识领导含义，就要从领导的职能作用等方面着手。同时，领导与管理有着本质的区别。

专题二

关于领导的传统理论模型

一、领导的特性理论模型

领导的特性论又称素质论或品质论 这个理论侧重于研究领导人的性格和素质方面的特征，以及用于辨别能产生有效领导的个人特征。领导的特性理论研究的出发点是根据领导效果的好坏，运用归纳分析法找出领导者在个人特性方面的差异，由此确定企业中优秀的领导者具备哪些个人特征。长期以来，西方国家的管理学者们一直把领导者的各种个人性格和特征作为描述和预测其领导成效的标准。这种研究试图区分领导者和一般人的不同特点，并以此来解释他们成为领导者的原因，也就是研究怎样的人能成为良好的、有效的领导者。

研究者认为，领导特性理论可分为传统特性理论和现代特性理论两大类别。传统特性理论认为，领导者的特性来源于生理遗传，是先天具有的，且领导者只有具备这些特性才能成为有效的领导者；现代特性理论则认为，领导者的特性和品质并非全是与生俱来的，它们可以在领导实践中形成，也可以通过训练和培养的方式予以造就。两类理论都强调了领导者应具有较多的适应于领导工作的人格特性。在企业管理中，成功的领导者具备一些区别于无效领导者的个人品质或特性，根据对领导者特性来源的不同解释，可分为早期领导特性理论模型和后期领导特性理论模型。

（一）早期领导特性理论模型

早期的特性论认为，领导者的特性是与生俱来的，是由遗传决定的。在这一理论的影响下，许多心理学家对社会上那些成功和失败的领导者进行了深入的调查，试图对成功与失败的领导者所具备的特性进行对比，来确定成功的领导者具有的个人特性。例如，美国心理学家吉布（J. R. Gibb）的研究认为，天才的领导者应该是：健谈、外表英俊潇洒、智力过人、有自信、心理健康、有支配他人的倾向、外向而敏感[①]。

这些研究为有效领导的认定和识别做出了贡献，但是一般来说，早期的特性论研究是基于个人天赋的假设，在企业管理研究和实践中，某些研究所得出的结果本身就自相矛盾。例如，有的人认为领导者是属于黏液质，具有理智稳定的头脑；而有的人认为领导是属于多血质，具有热情灵活等特点。这反映出人们对有效领导者的特性认识不统一。而且早期领导的特性理论模型忽视了有效领导和被领导者所处环境之间的关系。因此，早期领导特性理论模型的观点存在许多弊端，是片面的。

（二）后期领导特性理论模型

与早期领导特性理论模型不同的是，后期领导特性理论模型认为，领导者的特性和品质是在实践中形成并经培养发展起来的。后期

① 张爱卿. 当代组织行为学[M]. 北京：人民邮电出版社，2006.

专题导读

长期以来，在企业管理中，什么因素影响领导效率，选择哪种领导模式更有利于高效领导，成为研究领导活动的重要问题。领导理论主要研究影响领导效能的因素以及如何提高领导的有效性。领导理论缘起于20世纪30年代，当时的主流理论是领导特性理论，其核心观点是：领导效能主要取决于领导者的特质；40年代至60年代出现了领导行为理论，其核心观点是：领导效能与领导行为、领导风格有关；60年代出现了领导权变理论，其核心观点是：有效的领导受不同情境的影响。[①]

① 任力. 领导理论的流变[N]. 中国航空报，2013-07-30（002）.

领导特性理论模型有了许多不同的版本。

其中有斯多格迪尔（R. M. Stogdill）提出的领导者的大五维个性模型，即应变能力、愉快、责任感、情绪稳定和智力。每个维度都将个性的某一个方面分为不同的等级。

又如，美国管理学家埃得温·吉赛利（E. E. Ghiselli）研究了关于领导的八项个性特征和五种积极特征，其中，八项个性特征包括：才智、自信心、适应性、首创精神、监督能力、决策能力、成熟程度、性别（男性或女性）；五种积极特征包括：对工作稳定的需求、对金钱奖励的需求、对管人权力的需求、对自我实现的需求、对事业实现的需求。这些领导特性有着不同的重要性，详见表9-1。①

表9-1 吉赛利的个性特征模型

重要性	个性特征
非常重要	才智 自信心 监督能力 决策能力 事业实现 自我实现
中等重要	适应性 成熟程度 对工作稳定的需求 对金钱奖励的需求
最不重要	性别（男性或女性）

根据对领导者特性来源的不同解释和领导理论结合模型运用的认识，得出了早期和后期领导特性论模型。实践来看，虽然领导特性论研究并未取得很大成功，但是这些理论模型系统分析了企业领导者所应具有的一些特性，向企业领导者提出了要求和希望，为进一步研究领导理论奠定了基础。

关于领导的八项个性特征和五种积极特征，可学习埃得温·吉赛利《管理才能探索》一书。

二、领导的行为理论模型

由于认识到领导特性理论模型的局限性，很多研究者开始把研究的重点转向领导行为本身。领导行为理论研究萌芽于20世纪40年代，

① 王丛香. 组织行为学[M]. 郑州：郑州大学出版社，2003.

许多管理心理学家在调查研究中发现，领导者在领导过程中的领导行为与他们的领导效率之间有密切的关系，基于此，为了寻求最佳的领导行为，许多机构对此进行了大量的研究。领导行为理论的出现是领导理论从研究领导者内在特质向研究其外在行为的转折。领导的行为理论侧重于对领导行为的分析，通过对领导者行为的表现来说明领导的有效性，为培养合格的企业领导者提供理论的支持。领导行为理论集中研究领导的工作作风和行为对领导有效性的影响，主要研究成果包括勒温的三种领导方式理论、利克特的四种管理方式理论、领导行为四分图理论、领导管理方格理论、领导连续统一体理论等。这些理论都是对领导分类的有益探索，不过至今还没有一个公认的最好分类。下面分别介绍领导行为四分图模型、领导管理方格模型、PM型领导模型。

（一）领导行为四分图模型

美国俄亥俄州立大学工商企业研究所自1945年对领导的行为展开了一系列研究。开始，研究者们列举了上千种构成领导行为的因素，随着研究活动的不断深入和逐步筛选、归纳，最后概括出领导行为的两个方面：关怀和创制企业组织结构。

关怀是指企业中领导者以人为重，注重人际关系的发展。领导者相信、尊重和关心下属；与下属建立相互信任的关系；关怀下属的个人福利，满足下属需要；体贴下属的思想感情等都是属于关怀的领导行为。创制企业组织结构是指领导者在创制企业组织结构时注重完成企业目标的领导行为。例如，企业组织机构的设计；制定工作程序、工作方法和企业制度；明确企业中的职责和关系；确立工作目标和要求等都属于创制企业组织结构的领导行为。根据这两个方面，研究者们设计了关于领导行为的问卷并进行调查，调查结果显示，这两个方面的领导行为在同一个领导者身上有时一致，有时不一致。因此，他们采取了双层面交叉方式划分，从而提出了“领导行为四分图”，如图9-1所示。

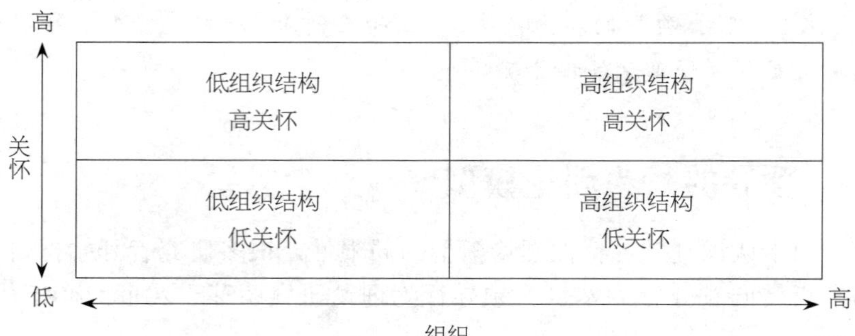

图9-1 领导行为四分图

从图中我们可以看出四种典型的领导行为模型。

（1）低组织结构高关怀型，注重关怀人。

（2）低组织结构低关怀型，既不关心组织结构也不关怀人。

（3）高组织结构高关怀型，对人和组织结构都比较关心，这种领导行为可以使组织目标高效率完成。

（4）高组织结构低关怀型，注重关心组织结构。

从图9-1可以看出，研究者们逐渐形成一种称为“双高假说”的认识，即高组织结构高关怀。他们认为，双高型的企业领导者能兼顾企业组织结构和关怀这两个方面，其工作效率和领导有效性较高。

许多研究也证实了“双高假说”的一般结论，但是也有人提出不一样的说法。例如，有人认为在企业管理中，组织结构与效率成正比，与关怀成反比；而在非企业管理中情况恰恰相反。就一般的管理情况而言，组织结构和关怀相结合是领导者成功的原因。可是，领导者所处的环境不同，其结果也有所改变。因此，选择哪种领导行为，要根据具体情况而定。

（二）领导管理方格模型

为了进一步探讨领导行为四分图模型在企业管理中的应用，1964年，美国行为科学家罗伯特·布莱克（R. Blake）和简·莫顿（J. S. Mouton）在领导行为四分图的基础上提出了领导管理方格模型。这是一张九等分的方格图，横坐标表示企业领导者对生产的关心程度，纵坐标表示领导者对人的关心程度。从图9-2可以看出，为企业管理中的领导行为是“对生产的关心”和“对人的关心”两种行为不同的结合。

整个方格图共有81个小方格，每个小方格表示“关心生产”和“关心人”这两个行为方面的结合。在评价领导者的行为时，可以根据这两个行为方面寻找交叉点，这个交叉点表示的是领导者的领导行为模型。布莱克和莫顿在领导方格图中列出了五种典型的领导行为模型，如图9-2所示。

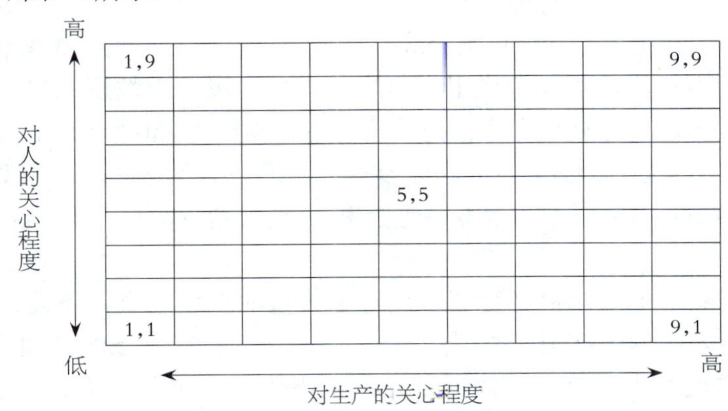

图9-2 管理方格图

（1）（1，1）型是贫乏的管理，或称虚弱型管理。这种类型的企业领导者对生产和下属都不关心，以最小的努力去做必须做的工作。

（2）（9，1）型是任务型管理，或称权威型管理。这种类型的企业领导者注重生产和效率的提高，对下属的发展和士气关心很少。

（3）（1，9）型是俱乐部管理，或称关系型管理。这种类型的企业领导者重视下属的工作和生活，了解下属的需要，他们创造一种轻松、舒适的工作环境，但是很少关心生产效率和企业目标的完成程度。

（4）（9，9）型是团队管理，或称集体型管理。这种类型的企业领导者对企业生产和下属都极为关心，他们通过综合协调各种活动，努力使下属的个人目标和企业的目标高效地结合起来，建立“命运共同体”的关系，因而既可以使下属的关系得到协调，又可以高效率地实现企业目标。

（5）（5，5）型是中间型管理，或称平衡型管理。这种类型的企业领导者虽对生产和下属的关心程度不算高，但是能保持平衡：一方面，领导者注重发挥职能作用的职责；另一方面，重视对下属的激励作用。

布莱克和莫顿认为（9，9）型的企业领导管理是最有效的，是领导者追求的目标，并提出了一系列的训练和改进方法，但是由于许多原因的阻碍，其运用在实际工作中是有困难的。因此，领导者要客观分析企业内外的各种情况，选择最适合企业运行的领导行为模型，并努力创造条件将自己的领导行为模型向（9，9）型靠拢，以求企业目标的高效率完成。

（三）PM型领导模型

PM型领导模型是美国学者卡特赖特（D. Cartwright）和詹德（A. Zander）在他们的《团体动力学》一书中首先提出来的。他们认为，为了达到不同企业目标而采取的领导行为可划分为三类：目标达成型（P型）、团体维持型（M型）和两者兼备型（PM型）。P型是指领导者为完成企业目标所做的努力，企业目标达成的机制。M型是指领导者为维持团队所起的作用。后来，日本大阪大学教授三隅二不二在日本长期进行领导行为模型的研究，根据P型和M型这两个方面的组合，将领导行为方式分为四种形态，即P型（目标达成型）、M型（团体维持型）、PM型（两者兼备型）和pm型（两者均弱型），如图9-3所示。

三隅二不二在很多行业都进行了大量的现场调查，还设计了一套调查表作为评价领导类型的测量工具。研究者通过统计对比发现，领导类型和生产量、下属的反应存在着不同程度的关系，如表9-2所示。

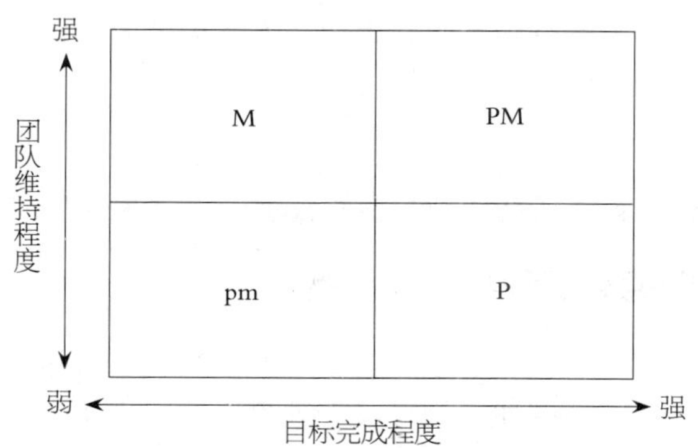

图9-3 三隅二不二的PM领导类型图

表9-2 领导类型与生产量、下属的反应程度的关系

领导类型	生产量	对企业的依赖度	团结力
PM型	最高	最高	最高
P型	中间	第二位	第三位
M型	中间	第三位	第二位
pm型	最低	最低	最低

PM型领导模型是评价领导行为的一种较成功的方法，中国科学院心理研究所于1980年引进这种分析方法并结合我国的基本国情进行了调整，通过大量的调查研究，建立了立足于中国本土文化的相应模型。

三、领导的权变理论模型

随着对有效领导研究的不断深入，许多管理学家尤其是领导理论的研究者们认识到，企业领导的有效性是一种动态过程，领导的有效性不能完全取决于领导的个人特性和领导的行为方式，还应考虑领导者所处的环境因素和被领导者的素质与二作性质。在此基础上就形成了领导行为应随着环境因素的变化而变化的领导权变理论，也称为领导情境理论。“权变”一词有“随具体情境而变”或“依具体情况而定的意思”。领导权变理论主要研究与领导行为有关的情境因素对领导效力的潜在影响。该理论认为，在不同的情境中，不同的领导行为有不同的效果。最早对权变理论做出理论性评价的人是心理学家菲德勒（F. Fiedler）。他于1962年提出了菲德勒模式，把领导人的特质研究与领导行为的研究有机结合起来，并将其与情境分类联系起来研究领导的效果。其他比较有影响力的理论还包括途径—目标理论、领导者—参与模型。下面分别介绍其中比较有代表性的菲德勒的领导权变模型和途径—目标模型。

提示

领导的权变模型还包括领导参与模型和领导生命周期理论。

（一）菲德勒的领导权变模型

美国心理学家、管理学家弗雷德·菲德勒从1951年起，经过15年的调查研究，系统地阐述了领导权变理论，并提出了“有效领导的权变模式”（简称“菲德勒模式”）。菲德勒的权变模型认为，领导者行为方式的有效性与其所处的环境之间是相适应的，并很好地解释了为什么一个领导者在一种环境下是成功的领导者，而在另外一种环境下却是失败的领导者。

该模型从三个方面确定领导有效性与其所处环境的特点。

1. 领导者与被领导者之间的关系

即企业领导者是否能受到企业下属的尊敬和信任并愿意追随他。企业领导者受到的尊敬和信任的程度越高，企业领导者的影响力越大，反之则越小。

2. 工作任务的结构程度

即企业下属职责分明的程度和分配到的工作的明确程度。若企业领导者领导的企业下属工作分工明确，则企业领导者比较容易控制其工作质量；反之，当工作规定不明确时，企业下属不知道怎么去做，则企业领导者就很难发挥其有效性。

3. 领导者职位权力的大小

即与领导者所处职位的合法权力被上级、下属和整个企业的支持程度。企业领导者的职位权力越大，对企业下属的控制力和影响力就越大，企业下属遵从企业领导的程度就越高。

以上三个方面通过组合，得出八种环境类型，如表9-3所示。

表9-3　领导类型与环境变量之间的关系

对领导的有利性	环境类型	领导者与被领导者的关系	工作任务的结构程度	领导者的职权	有效领导类型
有利	1	良好	有结构	强	任务导向型
	2	良好	有结构	弱	任务导向型
	3	良好	无结构	强	任务导向型
中间状态	4	良好	无结构	弱	人际关系型
	5	不良	有结构	强	任务导向型
	6	不良	有结构	弱	无资料

续表

对领导的有利性	环境类型	领导者与被领导者的关系	工作任务的结构程度	领导者的职权	有效领导类型
中间状态	7	不良	无结构	强	无资料
不利	8	不良	无结构	弱	任务导向型

研究表明，环境类型1的三个条件都具备，是最有利的领导方式；相反，环境类型8的三个条件都不具备，是最不利的领导方式。菲德勒的权变模型认为，领导行为方式是因环境的变化而变化的，在一种环境中某种方式可能起到最好的效果，在另一种环境下则可能相反。

（二）途径—目标模型

途径—目标理论是加拿大多伦多大学教授伊万斯（M. C. Fvans）在1968年首先提出的，后由学者罗伯特·豪斯（R. J. House）补充发展。途径—目标理论模型以期望激励理论和领导行为理论为基础，认为企业领导者的工作效率就是帮助下属建立明确的工作目标和激励下属完成企业目标并使他们在工作中得到满足。领导者的这种工作效率越大，对下属的影响力和激励程度就越高，就越能帮助下属完成企业目标。

途径—目标模型归纳了四种领导方式。

（1）支持型领导方式，即企业领导者对下属关心、信任并给予各方面的支持。

（2）指导型领导方式，即企业领导者给予下属具体的工作指导并使这种指导符合下属的要求。

（3）参与型领导方式，即企业领导者在做决策时，征求并采纳下属的建议。

（4）成就期待型领导方式，即企业领导者给下属制定有挑战性的目标，并相信他们能经过努力完成目标。

企业领导者需要根据所处企业环境的任务性质和被领导者的个人特性两个方面来选择与之相适应的领导方式。

所处企业环境的任务性质包括常规的工作或临时的工作项目等，任务性质不同，领导方式的选择也会出现不同的结果。如果是常规工作，企业目标和达到目标的途径都是非常清晰的，这种环境下领导者还要去安排工作，则可能引起下属的反感；但是如果是临时的工作项目，这就需要领导者采用指导性的领导方式，因为临时的工作项目，通常下属对其工作安排是不熟悉的，这就需要领导者及时告诉并指导他们完成企业目标的途径。被领导者的个人特性包括下属的工作能力、素质水平、承担责任的程度等。例如，下属觉得自己工作能力能够完成企业目标，他就喜欢支持型领导方式；下属觉得企业工作成效的机制是不固定的，自己无法控制，他就喜欢指导型领导方式。

途径—目标的理论模型认为，企业领导者要根据不同的企业环境选择不同的领导方式。因为在实际的企业组织工作中，不存在任何环境都能引起下属的工作积极性和满足感的领导方式，所以领导者需要结合环境特点来采用合适的领导方式，并通过使用其职位管理权力，激励和指导下属工作，提升企业内部凝聚力，从而高效率地完成企业目标。

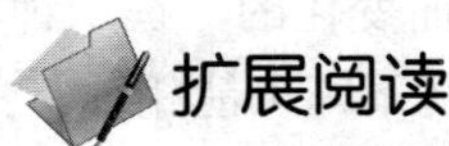

思考活动

领导的传统模型是如何演变的？

怎样成为成功的领导者

(1) 美国普林斯顿大学教授鲍莫尔（W. J. Banmal）认为，一个成功的企业领导者具有以下十大条件。

① 合作精神。愿意与他人共事，能赢得别人的合作，对人不用压，而用说服和感服。

② 决策能力。能根据客观实际情况而不凭主观想象做出决策，具有高瞻远瞩的能力。

③ 组织能力。善于发掘下级才智，善于组织人力、物力和财力。

④ 精于授权。能大权独揽，小权分散。

⑤ 善于应变。机动灵活，善于进取，不墨守成规。

⑥ 敢于创制。对新事物、新环境和新观念有敏锐的感受能力。

⑦ 勇于负责。对上级、下级和客户及整个社会，都有高度的责任心。

⑧ 敢担风险。敢于承担企业发展不景气的风险，在困难面前有开创新局面的雄心和信心。

⑨ 尊重他人。能听取别人的意见，不盛气凌人，能器重下级。

⑩ 品德高尚。品德为社会上和组织内的人所敬仰。

(2) 美国通用电气公司前总裁杰克·韦尔奇根据自己的经验提出了成为成功领导者的“六大行动准则”和成功领导者应具有的“四点品质”。

成功领导者的“六大行动准则”如下。

① 掌握自己的命运，否则将受人掌握。

② 面对现实，不要生活在过去或幻想之中。

③ 坦诚待人。

④ 不要只会管理，要学会领导。

⑤ 在被迫改革之前就进行改革。

⑥ 若无竞争优势，切勿与之竞争。

成功领导者应具有的“四点品质”。

① 充沛的精力。

② 激发别人的能力。

③ 要有棱角，敢于提出强硬的要求。

④ 不断将远见变为实绩的执行能力。

（资料来源：罗德礼，李婉. 组织行为学教程[M]. 广州：暨南大学出版社，2005.）

专题小结

结合领导理论认识领导的传统模型，领导模型的运用在影响企业领导效率方面发挥着重要作用，也是研究企业领导活动的重要课题。领导的传统模型包括领导的特性理论模型、领导的行为理论模型、领导的权变理论模型等方面。

专题三

领导观的当代发展

一、当代企业领导观点更新的必然性

> **专题导读**
>
> 事物是变化发展的，时代是不断更新的，所以企业领导者的观念也应不断地随之改变。为了融入新时代的发展，跟上竞争的步伐，企业领导者也在要求自己更新自己的思想观念。本专题将与大家共同探讨：企业领导观念发展的必然性以及当代企业领导观念的创新与突破。

时代的变革促使社会经济结构和企业组织结构迅速变化与发展，企业领导观念不断更新与发展。伴随着知识经济的发展，全球化与多元化的格局形成，也推动了领导理论研究的进一步深化。

当代领导理论的更新，具有以下几点必然性。

（一）知识与信息将成为发展的最大动力

传统的资源如自然资源、土地、劳动力与资金是以往企业经济发展的主要动力，而想要支撑21世纪新型企业经济的发展，必须转用新的资源配置模式，转变新的发展理念，不断学习，不断创新。

（二）发展变化更快

在当今竞争如此激烈的环境下，许多企业因为不能敏锐、灵活地适应变化，导致被淘汰。所以，新时代的企业领导者肩负着更重大的责任，要想在竞争中立于不败之地，企业领导者需要运用新的价值观念、思维方式、管理模式以及行为方式，来应对变幻莫测的发展环境。

（三）多元化发展成为潮流

在当今社会中，无论一个企业是全球化经营还是本土经营，都必须应用多元化管理模式。科学技术正在改变着我们的管理方式，多元化格局也正在潜移默化地推动着人们文化理念的改变，这就更彰显了多元化管理模式的重要性。以劳动力来源为例，女性日益进入劳动力市场，成为劳动力储备的重要来源。2002年，全国妇女就业33 552万人，占就业人口总数的45.5%，女性在技术、知识密集度高的行业中的比重明显增加，其在整个社会发展中的作用越来越重要。而随着中国老龄化社会的提前到来和老人寿命的逐渐延长，老年人口也成了后续劳动力的一个重要组成部分，老年人口是劳动力多样化的催化剂。此外，同性恋人群、残疾人群的不断增加也使之成为多元化劳动力的一个重要组成部分。[①]这种多元化的劳动力格局对于企业的发展而言既是机遇又是挑战，一方面，它为企业注入了新的活力，促进企业的多样化发展，增强企业在市场中的竞争力；另一方面，也会不可避免地出现冲突或矛盾以及文化差异。然而，无论是优势也好，弊端也罢，企业若谋求发展，就必须提升自己多元化管理的能力。

（四）面对有限的地球资源

人类只有一个地球，人们越是了解地球，越会认识到地球的渺小和资源的有限。因此，各个企业在发展时应更多地从全球的角度和长远的利益出发。地球现在正面临着环境恶化、资源枯竭、气候反常、物种灭绝的风险，所以，现代企业应当坚持走可持续发展的道路。

新的时代带给企业领导者新的挑战，也给企业领导理论开拓了新的发展空间。

二、当代的主要领导类型划分

自20世纪七八十年代后，关于领导的理论观点在不断地被提出。在众多理论中，以下几种关于领导类型的理论有着比较大的影响。

---

① https://wiki.mbalib.com/wiki/%E5%8A%B3%E5%8A%A8%E5%8A%9B%E5%A4%9A%E5%85%83%E5%8C%96，2020-11-11.

（一）魅力型领导

魅力型领导是指企业管理中对自己有充分自信、对下属有高度期望、对未来富有理想化愿景的领导。他本身有极具个性化的领导风格。而魅力型领导的发展需要如下过程：首先，魅力型领导本身必须具有冒险精神和革新的勇气，他们不甘于现状，乐于改变现实，并时常能提出新奇、富有创造力的想法，能为企业建立一种长远的愿景。其次，魅力型领导善于传播愿景。魅力型领导通常对下属具有强烈的情感号召力，并能言简意赅地表达和阐述自己的策略，有效地带领下属实现愿景。

魅力型领导善于建立下属对自己的信任，他们反传统，并乐于变革。一旦确认企业目标，便会全身心地投入、奉献甚至牺牲。但我们也应看到，不同的企业环境中魅力型领导也是有所不同的。因为魅力型领导并不都是具有积极影响的领导，他们错误的理念也会误导追随者。

典型案例

海底捞魅力型领导

目前，魅力型领导风格在企业领导实践中更为畅行。海底捞的创始人张勇就是一个典型的魅力型领导者。张勇作为海底捞的创始人，也是海底捞的第一个员工。他虽然出身于一个普通的家庭，但是他从小就喜欢读书看报、听收音机、关注时事。他利用自己敏锐的洞察力，寻找商机。他在做餐饮之前是一名电焊工，平时总是利用业余时间卖麻辣串，从一毛一串的麻辣串里孵化出了海底捞的雏形。海底捞在竞争激烈的餐饮界能够脱颖而出，取得当下的这些成绩，可以归因于当今中国良好的发展机遇和商业环境、员工的辛勤劳作，以及积极、充满活力的企业文化。但是关键因素在于张勇及其管理团队的杰出领导，张勇利用愿景吸引员工、用关怀留住员工、用情感将公司与员工紧密相连，将魅力型领导的特质充分地表现了出来。①

---

① 张蓓齐. 魅力型领导理论的适用情境分析及运用[J]. 经济研究导刊，2020（6）：110-111.

（二）变革型领导

随着时代的进步，社会的发展，每个经济发展阶段和新的社会意识形态都会对企业领导者提出新的要求。企业领导者作为一个企业的领袖，对企业的生存和发展往往起着决定性作用。能够较快适应新的变化并能有效提出相应对策的领导，才更能带领企业在竞争中发展，这种领导便是变革型领导。变革型领导通常具有以下几个特点。

（1）深远影响力。在企业中，变革型领导能使跟随者对其产生深远的信任和崇拜，而且能够得到下属的高度尊重和爱戴。这些变革型领导通常具有较高的道德素质和非凡的个人魅力，所以变革型领导所构想的愿景、规划，会受到下属充分的支持与认同。

（2）鼓励性激励。在企业中，变革型领导往往会通过情感号召力凝聚下属，并实现对下属及企业管理的高度期望。

（3）个性化关怀。在企业中，变革型领导重视下属的精神需要和心理需要，愿意耐心地倾听，并帮助下属在竞争中成长。

（4）灵活的应变力。在企业中，变革型领导通常能预见未来的发展趋势，并能针对企业正面临的问题，提出有效的能适应其发展的新策略。

（三）学习型领导

21世纪是讲求学习与创新的新时代。美国管理大师彼得·圣吉（P. M. Senge）曾对领导提出这样的忠告："未来持久的优势是，比你的竞争对手学习得更快。"在这个迅速发展的知识经济时代，信息的更新速度快，变革频率高，所以终身学习成为当代企业领导的必备条件。一个人的知识储备往往决定他的思想观念和行为方式，所以为了能跟上时代的步伐，为了能驾驭各式各样的人才，在企业管理中，领导者必须不断地学习创新并提升自己的知识素养。

因此，企业中的学习型领导者应该从以下三个方面提升自己。

（1）学习与自己工作性质、企业宗旨紧密联系的专业知识。要做就做内行的领导，比如，汽车制造企业的领导至少应懂得基本的汽车技术；电子公司的领导至少需掌握基本的电子商务知识；人工智能公司的领导就要精通人工智能的相关知识。

（2）学习与所从事工作相关联的知识。从当前领导活动的实践来看，对于企业领导者而言，只熟悉专业知识是远远不够的。作为一名称职的企业领导，还应对社会心理学、管理学实务、组织行为学有所了解。

（3）做一个"世界人"。树立全球化的战略眼光，了解国内外的发展趋势和潮流，注重更新知识的积累，关注各国政治、经济、文化的变化。

（四）诚信型领导

随着时代的发展，社会对企业领导者的道德要求不断提升。在这种背景下，企业的社会责任也不断被要求提升，相应地一种新的领导类型随之被提出，即诚信型领导，又称真诚型领导。

组织行为学家卢桑斯等认为，诚信型领导者具有自我意识、积极的自我调节、积极的心理能力和积极的自我发展四个方面的显著特点。蕾蕾等（2010）综合了前人的研究，并结合中国背景，提出了诚信型领导的四个维度：领导特质、下属导向、内化道德观和关系透明，而且证明了运用此维度所设计的量表具有很好的效度和信度。王勇、陈万明（2012）认为，国有企业诚信型领导分为关系导向、工作导向、价值导向和员工导向四个维度。而我们认为的诚信型领导是在企业中，企业领导者重视与下属的信任关系，并努力达到关系中的坦率、诚信，从而促进企业实现目标的过程。虽然诚信型领导并非在企业管理中是唯一理想的领导类型，但在这个各种社会矛盾冲突不断加剧的环境中，诚信型领导的确有利于促进企业可持续发展和社会和谐发展。

因此，我们认为企业管理中的诚信型领导者应该从以下几个方面提升自己。

（1）完善企业制度和运作机制，明晰责权，严明纪律。

（2）加强企业对下属的诚信教育，统一观念，与赏罚体制相结合。

（3）积极地建立企业的诚信氛围，完善企业的法律法规，营造良好的诚信氛围。

（4）领导者以身作则，行重于言，不断提高自身道德能力，增强自身道德韧性。

提示

成为一个成功的企业领导者应该从各个方面去学习，不断提升自己的各方面素质。

扩展阅读

地方领导者应该具备哪些理念

一、开放理念

经过40多年的改革开放，我国已形成全方位、宽领域、多层次的

思考活动

1. 用自己的理解，谈谈领导观念更新的必然性。

2. 如何做一个适合当代需要的企业领导者？

对外开放格局，将来，我们不但要从政策上保证开放的长期性，更需要从制度上保证开放的连续性。发展区域经济，不但要把坚持对外开放作为贯彻党的方针政策的重要方面，而且要结合本地实际创造性地加以发挥。

二、集约理念

集约就是生产要素的整合。在区域经济发展过程中，集中一定的物力财力甚至集中一定的权力，为经济搭建宽阔的发展平台，是领导干部应具备的基本素质。没有集约，就没有大手笔；没有大手笔，就没有大发展。

三、市场理念

领导干部的市场理念，包括需要用市场的手段来管理日常工作，根据市场的规则来处理相关问题，其核心就是要注重价值、效益和竞争。

四、关联理念

关联理念，就是世界普遍联系在人们头脑中的客观反映。为加快区域经济发展，领导干部必须探求其发展的内在规律，抓住区域经济与周边地区的本质联系。

五、特色理念

发展区域经济，根本出路在于发展特色经济。“特色”就是优势，就是专长，就是市场竞争力。中国加入世贸组织后，在面临竞争国际化基本态势的背景下，发展区域特色经济，要靠思想的解放和观念的更新。要破除“大而全”“小而全”的观念，树立“不求其多，但求其特”“不求其全，但求其佳”的特色经济新观念，用全局思维的观念来审视自己的优势，从全省、全国乃至全世界经济发展的新格局中，选准自己经济发展的“坐标”。

六、组织理念

所谓组织理念，概括地说就是领导者要善于把生产的各种要素进行合理的配置。科学合理地配置资源，充分发挥组织的推动作用，也是领导者必须具备的一个重要理念。

（资料来源：http://wiki.pinggu.org/doc-view-5705.html，2021-1-15.）

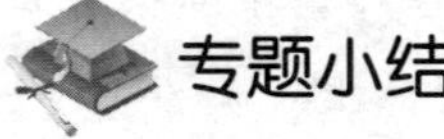

专题小结

时代的变革使得企业领导观念必然更新。当代的企业领导类型主要包括魅力型领导、变革型领导、学习型领导、诚信型领导等。

领导艺术

一、领导艺术是什么

哈里·杜鲁门（H. S. Truman）认为，“领导艺术就是让人们做他们喜欢和不喜欢做的事情的能力”。斯多格迪尔认为，“领导艺术是影响群体活动，以达到目标之目的的一个过程”。沃伦·班尼斯（Warren G. Bennis）认为，“领导艺术可以被定义为一种方法，上司通过这种方法促使下属以令人满意的方法行事”。而我们认为，领导艺术就是在企业中，领导者帮助追随者明确自己的所作所为，并潜移默化地影响和引导追随者做正确的事，以实现企业的宗旨与目标。

专题导读

在企业管理中，领导艺术在发挥领导职能、提高领导效能、实现领导目标等方面起着重要作用。所以本专题我们将通过阐述领导艺术的内涵、类型以及有关案例，帮助大家进一步了解领导艺术以及提高领导艺术的有效途径。

二、领导艺术的重要性

在人类的历史长河中，领导艺术一直发挥着重要的作用。

早在游牧时代，人们在生活中就开始依赖某个人的领导。这个领导者，会凭借他的领导艺术，去有目标地指挥和协调人们进行狩猎活动，并带领人们有效地寻觅食物、打退天敌。作为群居动物的人类，社会性是人类的根本属性，而有社会就会有分工，有分工自然就会出现领导者和追随者，于是领导艺术便油然而生。

而在繁华昌盛的今天，领导艺术依然重要。领导者领导行为效果差异，不仅取决于领导者本人的素质和能力，而且取决于许多客观因素，如外部市场的变化、企业的不同特点、工作的环境氛围等。领导行为是一个很多因素的函数，它们是诸多因素相互作用相互影响的过程。在这个过程中，如果善于运用领导科学与领导艺术，就能够较好地把握诸多因素的变化规律，提高领导者的判断能力，引领企业健康发展。从下面的例子中，可以看到一个成功的领导者往往具有一定的领导艺术。

典型案例

以一家A企业为例，受全球经济危机的影响，A企业资金链面临断裂，生产原料难以采购，产品售价跌入低谷，人心涣散。这时候，上级选聘的新一任领导班子主要负责人对企业的各项工作并不熟悉，但是他到任的第一件事就是通过召开座谈会、设立意见箱、开通网上建言献策论坛、组织员工开展大讨论等方式，广泛征求员工的建议和意见，摸清企业的家底和员工的意愿，然后筹措资金，恢复生产，恢复企业的造血功能，统一了思想，稳定了人心，获得了员工的信任和拥护。企业发展的人心齐了，各项工作便在困境中得以高效推进。

上述案例表明，领导者行为效果受到市场、员工、环境三个要素的影响。现代领导科学认为，没有一种“最好”的领导行为，一切要以时间、地点、条件为转移。领导者的任务，就在于学会各种领导方式，以便“一把钥匙开一把锁”，针对不同的形势而采取相应的领导方式。①

三、领导艺术的内容

企业管理中，领导艺术主要包括：用人的艺术、处事的艺术、决策的艺术和激励的艺术。

（一）用人的艺术

俗语讲，“得人者兴，失人者崩。”对于用人，领导者首先应学会识人，人才总是有的，关键在于能否去挖掘和识别。这时候便需要独具慧眼的领导，做发现千里马的伯乐。其次，领导者要做到扬长避短，知人善任。领导者需要根据人才的能力、特长、性格等，将人才放在最能充分发挥和展示他才能的位置。最后，领导者还应做到“以仁用人，用人不疑”，应给予下属充分的信任和尊重。

（二）处事的艺术

领导者与下属相处时，应做到怒而有度、公私分明；面对下属的错误应学会婉言批评；面对下属优秀的成绩应不吝啬赞美；在工作应

① 李希军. 领导科学与领导艺术的重要性[J]. 企业改革与管理，2019（4）：88-89.

酬时，应学会巧妙相处，才能在人际交往中做到把握主动，创造互信环境；而涉及组织利益时，应做到顾全大局、不拘小节、审时度势和讲究策略。

（三）决策的艺术

从企业管理角度来说，决策是领导者要做的首要任务。要想做一个好的决策，首先，需要有一个确定的企业目标，在这一过程中，领导者需要不断地用信仰和价值观去强化下属的信念，以致决策能有效实施。其次，决策的特点是科学与经验的结合。这就需要领导者能充分发挥判断力、想象力、洞察力和应变力，将综合性知识进行创造性的应用。最后，明智的领导所做的决策不会很多，因为明智的领导只会集中精力处理最重要的问题，使企业整体的功能得到最大限度的发挥。

（四）激励的艺术

说话是一门艺术，一个优秀的领导者，同时应该是一个高明的演说者，这就是语言的魅力。管理的根本在于管人，而人本管理的核心就是领导者通过激励去充分调动下属的积极性。美国前总统里根曾说过这样一句话："对下属给予适时的表扬和激励，会帮助他们成为一个特殊的人。"而激励主要分为物质激励和精神激励，将这两者有效结合，才能成为最长效的激励机制。

四、怎样提高领导艺术

（一）重视愿景的力量

成功的领导者可以具备不同的领导风格，但在不同的领导风格背后一定蕴藏着同一种激励去促进企业发展。我们都深知，没有理论的实践是盲目的实践，实践的成功需要正确的理论与目标的引导。真正卓越的领导会为企业制定目标与愿景作为前进的方向，为一群努力为企业工作的下属创造充满活力的氛围，从而有效地激励这群人克服前进道路上的困难，促进企业的发展。这便是愿景的力量。

愿景是人们永远为之奋斗希望达到的图景，它是一种意愿的表达，愿景概括了未来目标、使命及核心价值，是企业哲学中最核心的内容。愿景解决的问题是我们要创造什么，它往往是一种相对宏观和抽象，又需要长期的奋斗才能接近或实现的目标。

建立愿景需要靠周而复始的沟通和分享，不断地宣传、推动与强化也是可取的方式，但任何强迫和勉强性的举措都可能适得其反；建立共同愿景不是解决某一具体问题的回答，也不是一种形式性的东西，而是需要由全体成员全过程、全方位、全方法、全面地将共同愿景贯彻落实在企业发展的各个方面；建立共同愿景也不是一蹴而就的工程，它的建立和完善需要细致的工作和漫长的过程。

许多成功的企业在招聘新员工时，不仅看应聘者的素质和能力，更注重应聘者个人发展及个人愿景与企业愿景的匹配性，这样才能达到个人目标与企业目标的和谐。

（二）提升自己的人格魅力

在大多数人眼里，人格魅力是近乎神奇的促进成功的助推器，是让人难以捉摸的。它能让人散发迷人的气质，能感染身边的人热情洋溢地支持并飞扬你的愿景，并心甘情愿地与你一起为既定的目标努力奋斗。

所谓企业领导者的人格魅力，是领导者道德风范、气质修养、品行才学、心理素质、仪表形象等诸多因素的综合体现。这是一种权力之外的对他人的影响力。有能力的领导不一定具有人格魅力，但是拥有优秀人格魅力的领导，一定能用他自身所散发的亲和力、凝聚力、感召力去影响和吸引身边的人无条件地为企业作出最大的努力与奉献。

那么，如何才能提升领导者的格魅力呢?

（1）以身作则。一个简单又高效的影响他人的方法便是以身作则。作为领导者，可以通过以自身的行动来传播企业的价值观并传达各种期望。其次，领导者一定不能凌驾于制度之上，只有自己做好遵守制度的典范，下属才会严格服从规章制度。

（2）言行一致。很多时候，如果言行不一、口是心非会严重影响领导者的管理成效。作为领导者，只有言行一致、表里如一，一旦承诺就尽力做到最好，你的下属才会发自内心地服从、尊敬与信赖你。

（3）宽广的胸怀。作为领导者，对于别人的错误和过失，应给予宽容，而面对自己的错误，应勇于承认与担当，这是领导者非凡气度的体现。

（4）充满热忱。作为领导者，要时常用豁达的心境与充满热情的工作态度去感染和振奋他人。

（三）树立个人威信

对于领导者来说，他们都希望自己能在企业中树立较高的威信，这样开展工作时，才能得心应手、如鱼得水。从某种角度而言，领导工作就是一个发挥自身威信所产生的影响的工作。历来明智的企业领导都善于树立并珍惜自己在下属中的威信，他们注重练就自己高尚的道德修养，树立良好的自身形象，形成独特的领导风格。

俗话说得好，“德服为上，才服居中，力服为下”。意思就是说，

“力服”为下策。在企业管理中，它表现为领导者以管理权力命令下属去服从自己的意志，这种方式极易造成下属的抵触情绪和逆反心理。“才服”是指领导者靠自身的才干和能力去引导下属完成工作。这是一种较好的领导艺术，但它也具有局限性，当下属的才能、水平比领导高时，便极易出现不服从企业管理的局面。而“德服”则不同，它是最睿智的管理方式，是领导者用自己高尚的人格去感化下属，使其心甘情愿地服从自己。就算下属的才能比领导还强，他也会自觉地把工作尽力做到最好。这样，“以德服人”的领导只需吩咐下属“做什么”即可。不仅如此，那些比领导更专业的下属，更懂得“如何去做”，并把工作做得更出色。

提示

切勿为威信而领导：作为一个领导，威信的树立，不是靠权力也不是靠才能，而是凭借自己的人格、道德、修养，去内在地影响和感化下属，使他们发自内心地服从管理。

（四）知人善任，做最好的伯乐

一个企业未来的发展不可能只依赖某一个人的力量，而是需要依靠整个企业团队的团结。所以，在管理中，企业领导者必须学会管理团队，做到知人善任，并用伯乐的眼光去发现人才，使下属的智能与潜力得到最大限度的发挥。知人善任，领导者首先应学会识别人才，包容人才。遇到千里马时，应给予重用与信任，做到用人不疑。其次，企业领导者任人唯贤，亲贤臣而远小人。正如唐太宗，在登基之后，并没有因为魏徵原是太子的人而冷落不用，相反还任命他为谏议大臣，正是他的任人唯贤，才开创了贞观之治的伟业。最后，让合适的人做合适的事，用人所长，避人所短。所以说把恰当的人放在恰当的位置，在管理中对于企业领导而言，是重中之重。人尽其才，这样不仅能有效发挥人才的潜能，还能有效提高下属的工作积极性与执行力，从而使整个企业的整体功能得到最大限度发挥。

（五）把细节做到极致

想成就大事，必须从小事做起，注重细节。一个明智的领导者会在管理中不断地关注细节、规范细节。麦当劳就是一个很好的例子，它的总裁费雷德·特纳把麦当劳的成功归功于细节。在麦当劳的整个管理中，无论是从采购到配送，还是从销售到服务，甚至细致到收银员要与顾客保持眼神交流、装奶昔时要如何拿杯子，麦当劳都把它们标准化、专业化。也正是这种最大限度地追求细节的完美，才造就了它的成功。

（六）感情投资，凝聚人心

俗话说得好："得人心者，得天下。"对于企业来说，回报率最高的投资莫过于感情投资。一个企业若能得人心，定会蓬勃发展。法国商界曾流行过一句名言，"爱你的员工吧，他会百倍地爱你的团队。"正如"水能载舟，亦能覆舟"，说明了得人心的重要性。所以作为领导者，应主动关爱下属，讲究情义，使下属能发自内心地为企业做出最大贡献。

（七）授权比命令更重要

现代企业管理需要给要员工更多的空间，最大限度地释放他们的潜力。一味地命令只会让员工变得依赖、被动甚至抵触。而恰当的授权，却能让员工感到被尊重与认可，以致提高他们在工作中的满足感与积极性。而授权最重要的是权力与责任的划分与统一。在分工、授权明确的基础上，让员工既能清楚自己的权限范围和责任范围，并创造性地完成自己的工作，又能主动地帮助其他团队或个人解决问题。

思考活动

你认为在企业管理中，作为一位成功的领导者，应如何提升自己的领导艺术？

现代领导者应当具备的基本素质

（1）政治思想素质。政治思想素质是领导者在政治和思想上应当具备的基本素质是领导者社会属性的体现，它决定领导者所从事的领导活动的性质。领导者应当具备的政治思想素质主要包括：学会运用马克思主义的立场、观点和方法分析问题，认识问题，指导自己的领导实践活动；能够把握正确的政治方向，坚持正确的政治理想和信念，时刻关心国际社会的风云变幻，关心社会主义事业的发展进程，关心党和国家的前途命运；坚持全心全意为人民服务，不谋私利，廉洁奉公；献身改革开放和现代化事业，艰苦奋斗，在困难、压力面前具有顽强的进取心和坚韧性，能够百折不挠，奋发进取。

（2）道德品质素质。道德品质素质是对领导者道德风范和个人品质的要求，主要内容有：大公无私、公道正派的高尚情操；坚持真理、修正错误的无畏勇气；勤政为民、任劳任怨的服务态庭；热爱集体、乐于助人的团队精神；忠诚老实、讲究信用的诚信品德；尊重他人、谦逊容人的宽宏气度；好学上进、积极开拓的创新精神。领导者应该自重、自省、自警、自励，模范遵守党和政府对公民提出的关于社会公德、家庭美德、职业道德方面的各种规范与要求。

（3）文化知识素质。文化知识素质是指领导者从事领导工作必备的知识储量和知识结构，主要内容有：掌握广泛的人文社会科学和自然科学知识，先进的科学技术知识；掌握与领导工作密切相关的政治、经济、法律以及组织领导和管理方面的知识；掌握必要的专业知识，力求成为业务上的内行。

（4）心理身体素质。心理素质是指领导者的心理过程和个性特征方面表现出来的根本特点，是领导者进行领导活动的心理基础，它对领导者行为起调节作用。领导者的心理素质主要包括：强烈的事业心和责任心；积极的自尊心和自信心；顽强的意志；良好的性格和气质等。身体素质是指领导者其他素质赖以存在和发挥作用的物质载体。在身体素质方面，领导者需要具备健康意识、健康知识、健康能力和健康体魄。

（资料来源：http: //www.233.com/gx/jichu/gl/20060918/113521370.html，2020-11-22.）

专题小结

领导者需要具备一定领导艺术去领导企业工作，才能更高效率实现企业目标。领导艺术包括用人的艺术、处事的艺术、决策的艺术、激励的艺术。同时要提高领寻艺术，其途径主要有：重视愿景的力量；提升自己的人格魅力；树立个人威信；知人善任，做最好的伯乐；把细节做到极致；感情投资，凝聚人心；授权比命令更重要。

专题五

领导力的培养

专题导读

无论企业还是国家，作为一个组织的领导者，都必须具备非凡的领导力。本专题我们将介绍和讨论领导力的含义、内容以及提高领导力的途径。

一、领导力的含义

有关领导力的含义，众说纷纭。有人认为，领导力是一种艺术，是怎样做人的艺术，而不是怎样做事的艺术；在企业管理中，有人认为，领导力是一种能力，它能带领员工有效实现企业目标；也有人认为，领导力是先天的，它是企业领导者性格与特点的合成，能引导人们实现愿景；更有人认为，领导力是一种工具，它带领团队实现目标。而我们认为，领导力的核心是一种影响力，在企业管理中，它指的是企业领导者在自己的职责范围内，充分地利用人力资源和物力资源，统筹企业高效高质地完成目标的一种能力。

下面，我们就用一个具体的案例，帮助大家理解什么是领导力。

聪明的杰克

一天晚上，某酒店前台领班杰克在前台值班，突然听到有员工大喊："锅炉房着火了，地下室到处在冒烟，可是锅炉房门的柄太烫，我打不开！"杰克立即给消防中心打电话，并在第一时间通知了总经理。消防员很快赶到了现场，处理完现场后，消防人员对杰克说："现在已没什么大问题了，安全问题可以保障，只是煤气一直在漏，可能明天就没有暖气了。"

杰克马上反应到，当务之急是要处理酒店客人的住宿问题，需要为他们安排别的住处。于是，杰克一边安排前台接待员给附近酒店打电话安置客人，一边让几名员工主动与客人沟通，向客人解释"锅炉事件"，并强调，一定要告诉客人"我们会送他们到别的酒店，当晚的住宿费由我们支付。第二天，等暖气修复好，如果客人还愿意回来，酒店将会为客人提供免费的交通工具"。

而由于酒店目前只有一辆25座的面包车，所以客人只能分批运送。当客人在大堂等候的时候，杰克也早已让员工准备好免费的自助小吃、酒水、咖啡等。

令人惊讶的是，这次事件后，并没有接到客人的抱怨和投诉，相反，还得到了客人的理解，并为酒店树立了良好的口碑。

（资料来源：阿杰. 领导力[M]. 北京：中国三峡出版社，2010.）

这一简单的案例，很形象地阐释了什么叫领导力。在面对突发事件或是企业的某项工作时，企业领导者能考虑到每一个细节和事情发生的可能性，并能充分利用资源，在有限的时间里，合理调配好人员，高效地解决问题。杰克正是在自己的权限范围内，有效地发挥自己的影响力，这种影响力不仅能树立他在员工心目中的良好形象与威信，更能带领整个团队促进企业的发展。

二、领导力的内容

在企业管理中，领导力的内容主要包括决策力、执行力、变革力、感召力、觉察力。

（一）决策力

一个目标的规划或一个战略的实施，都是从决策开始的。正确的决策是对过去经验进行辩证的总结，对未来各种可能进行科学的分析，所得出的结论。善于决策的企业领导者，能使被动变为主动，使消极变为积极。在企业管理中，作为一位优秀的企业领导者，首先需要制订科学具体的目标与计划，并且这些计划一定要有针对性。其次，决策前，必须思考各种事件发生的可能性，做好周密的计划以及备用的其他决策方案，以留给自己选择的余地。最后，在决策实施过程中，需要不断地跟进，并根据实际情况做出合适的调整。

（二）执行力

所谓执行力，就是能在较短时间内，将决策转化为结果，并且能保证高质量完成的能力。在企业管理中，领导者高效的执行力能有力推进和落实战略决策的实施。相反，领导者执行力弱不仅会大量消耗资源，更会延迟计划的实施，阻碍企业的发展进程。而完善规章制度、管理机制能有效提高执行力。

（三）变革力

达尔文曾说过："有竞争力的生物，不是头脑聪明的生物，而是善于适应环境变化的生物。"同样，能够适应当代社会变化，进行大刀阔斧变革的领导，才是真正能提高企业竞争力的领导。变革能将一个企业的弱势转化为优势，能将一个平凡的企业带向辉煌。IBM的创始人托马斯·沃森（T. J. Watson）曾说过："要想加快成功的脚步，就必须加倍承担失败的风险。失败与成功如影随形，时刻都在威胁着我们。"所以在企业管理中，作为一个有远见的领导者，一定要敢于冒险，勇于变革，带领团队迎接挑战，走向成功。

（四）感召力

感召力能够燃起团队的激情，激发团队的斗志，提高企业的凝聚力。在企业管理中，一个有感召力的领导者能使员工感到归属感、充分认同企业的宗旨，并为之效力。而想要感召他人，领导者首先需要制定并激活愿景，让员工能明确自己应该做什么，为什么而做。而这一过程中，领导者需要用饱满的激情和强有力的语言，去活跃企业的氛围并激发员工的使命感。想要提升感召力，企业领导者一方面需要不断地为愿景注入新的活力，让抽象变成有形；另一方面需要不断地提高自身的沟通能力和表达技巧，强化鼓舞他人的能力。

（五）觉察力

过去，人们一直把“物”看作企业发展的根本动力，而随着经济的发展，人对物质的需求基本得到了满足，于是“人”被视为主要矛盾，尤其是人的精神需求，包括人的情绪、关系、观念都越来越受关注。这就需要企业领导者具备敏锐的觉察力，而觉察力主要包括以下两个方面。

（1）企业领导者对自我的认知。在企业管理中，领导者清晰地知道自己的角色、职责、权力范围以及应尽的义务；领导者了解自我的品德、个性特质，应该做什么，需要为企业做出怎样的贡献。

（2）企业领导者对他人的敏感度。这里的“他人”主要包括三种人群：员工及下属、竞争对手与合作伙伴、企业所服务的对象（如企业的客户）。情感投资被视为最重要的投资，领导者若能敏锐地体会下属的心理，就能让下属感受到被尊重与认可，正所谓得人心者得天下。企业领导者若能做到对合作伙伴或客户产生同理心，能让大家在情感上产生共鸣，便能更加迅速地建立和谐、信任的关系。企业领导者若能敏锐地洞察竞争对手，就更能带领企业在竞争中求得生存与发展。

三、如何提高领导力

（一）明确目标，坚定信念

就像每一个人都离不开正确的价值观的引导，企业也一样，需要符合企业经营方向、宗旨的理念进行指导。据权威调查显示，80%的企业领导者都希望自己的领导具有前瞻性，能够明确企业的目标，知晓发展的方向，展望企业的未来。在企业管理中，具有前瞻性的领导者往往能规划出富有战略性的愿景，并且能将这种愿景与追随者的希望相结合。有一些人错误地认为，领导者应该把全部的精力投入企业运营以及员工管理上，他们认为这样才能使企业的效能发挥到最大。但事实上，一个明确的、激励人心又有可行性的长远目标更能调动激情、凝聚人心，促进企业发展。成功的企业，往往都有核心的理念进行引导。例如，Google公司的核心价值观之一是“永不满足，力求最佳”。在搜索技术领域，即使Google已开拓出高端、专业的技术，并得到了全球的认可，但它依然不满足，不断追求完美，超越自我，登上一个又一个新的高峰。

（二）建立权威

在企业管理中，所谓领导权威，是指领导者凭借自己的品质、作风、能力、魅力等对下属及企业造成的“软”影响。树立权威的途径有很多种，而影响最深远的是以德立威。

在企业管理中，优秀的领导者，首先必须做到严于律己、讲求信誉，才能得到下属的信服与尊重。而良好的德行包括很多，如宽广的胸怀、公正严明的处事态度、谦逊的为人方式等，都是领导者需要培养的。其次，以情感立威。领导者若想得到更多的权威，就应与下属建立良好的感情链接，把权威植入人心。而良好的感情链接，需要领导者做到尊重下属，经常给予真诚的赞美与肯定，并给予下属充分的信任。一个用“心”去经营的领导者，往往能达到事半功倍的效果。最后，以能力、知识素养立威。企业领导者自身具备专业的知识、综合的能力，同样能在下属心中树立榜样形象，建立权威。

提示

切勿认为权威就是权力：权威应区别于“权力”，权力是领导者的职位、职权所决定的，它具有强制性。拥有权威的领导者一定拥有真正的实权，但有权力的领导者不一定拥有权威。

（三）开拓人脉

在企业管理中，良好的人脉是当代领导者成功的必备条件，更是企业成功的关键。社会就像一张网，而人就是这张网上的一个节点，被工作关系和链接相互交织着，所以每个人都不可能独立于社会而存在，领导更是如此。在企业管理中，良好的人脉能为企业创造出更多的资源，注入更多的活力。因此，我们认为当代优秀的领导者应做到以下几个方面：首先领导者需要主动。好的人际关系，不会自己送上门，它需要企业领导者主动地去创造，例如，增加交往的频率，多与上级、同级、下级保持广泛的接触，并不断地扩大自己的交往范围，人脉自然而然就会变得宽广。其次，领导者与人交往时，本身需要付出真诚，只有以诚相待，才能吸引更多乐意真心帮助你的人。最后，领导者应注重自己的外在形象以及内在修养，用得体的仪表和超凡的人格魅力，去感染和吸引自己的追随者以及身边的每一个人。

（四）敢于挑战，勇于承担

促使事物发展的力量，是对过去经验的总结以及未来发展的预见。每个人都曾有过彷徨、困惑和犹豫。在面对困惑与压力时，人们往往选择逃避，而在企业管理中，成功的领导者却会选择勇往直前、迎接挑战。敢于挑战与承担，一方面是指企业领导者在面对突发事件或威胁时，能做到临危不惧，淡定自如，并能采取及时有效的措施。另一方面是指当企业处于安全、稳定状态时，领导者也不应轻易安于现状，而是不断地利用创新思维和变革的魄力，为企业谋求新的发展。

（五）创造时间，提高效能

在迅速变化发展的当代，效能成为一个企业成功的关键。一个领导者若想带领企业在竞争中生存，就必须提高企业的效能，以适应高速度、快节奏的市场变化。在企业管理中，明智的领导者善于创造时间，以争取更多发展的机会，因为他们深知“时间就是生命，效率就是金钱”。领导者应树立科学的时间观，并具有高度的大局观，能分清事情的轻重缓急。提高效能的方法有很多，比如，“授权借时法”，即授予下属一定的权力，而领导者自己从该工作中解脱出来，去处理更重要的问题。又如，“高效会议法”，现在的许多会议都越来越形式化，而领导者应学会提高会议的质量，缩短会议的时间。再如，“时间分区法”，即领导者找到自己工作高效的时间段，并在这段时间里完全排除外界干扰，专心投入工作。

总之，领导力作用于企业领导者的思维方式和行为准则，影响企业的长远发展。无论对于一个企业、还是一个团体或一个国家，领导力越来越成为领导者引领追随者实现目标的关键。

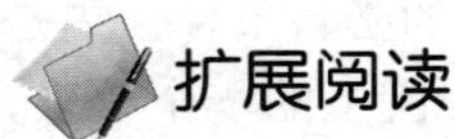

思考活动

1. 如何理解领导力？
2. 用自己的话谈谈为什么要提升企业管理中的领导力。

领导力21法则

美国的约翰·C. 马柯斯韦尔在《领导力21法则》一书中写道，“领导力就是领导力，不论你身在何处或从事怎样的工作。时代在改变，科技也在不断地进步，文化也因为地域不同而有差异。但是真正的领导原则却是恒定不变的……”据称这是他多年来学到的最重要的真理之一。书中讲述的21法则是可以学习的，也可以用来训练提升领导力。

（1）锅盖法则：领导力决定一个人的成效。领导能力是决定一个人效率水平的锅盖。

（2）影响力法则：影响力是衡量领导力的法则。

（3）过程法则：领导力来自日积月累，而非一日之功。

（4）导航法则：谁都可以掌舵，但唯有领导才能设定航线。

（5）哈顿法则：真正的领袖一开口，人们会洗耳恭听。

(6) 根基法则：信任是领导的根基。

(7) 敬佩法则：人们会自然跟随比自己强的领袖。

(8) 直觉法则：领袖善用领袖的直觉来衡量一切。

(9) 磁力法则：物以类聚，人以群分。

(10) 亲和力法则：领袖知道得人之前必先得其心。

(11) 核心圈法则：领袖的未来取决于核心圈。

(12) 授权法则：有安全感的领袖才肯授权予人。

(13) 增值法则：名师出高徒，领袖才能带出领袖。

(14) 接纳法则：人们先接纳领袖，然后才接纳他的蓝图。

(15) 制胜法则：领袖必须为他的团队找出制胜之路。

(16) 动能法则：动能是领袖最好的朋友。

(17) 优先次序法则：领袖们必须了解，忙碌不见得就会有成效。

(18) "舍""得"法则：领袖必须明白，向上的路首先是向下的。

(19) 时机法则：掌握时机和善于策略同样重要。

(20) 爆炸性倍增法则：培养跟随者，加法式增长；培养领导者，乘法式增长。

(21) 传承法则：领袖的历史地位在于传承。

马柯斯韦尔说，领导力需要我们付出一生的时间来学习，而这21个法则会赋予你非凡的洞察力和所向披靡的实战能力，无论你是希望成为领袖，已经成为领袖或是正在为成为领袖做准备。

(资料来源：http：//baike.baidu.com/view/1152312. htm，2020-5-15.)

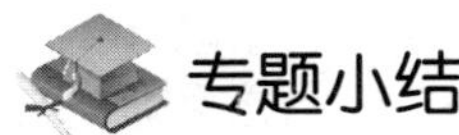

专题小结

在企业管理中，领导力的核心是一种影响力，它是企业领导者，在自己的职责范围内，充分利用人力资源和物力资源，统筹组织高效高质地完成任务。领导力的内容主要包括决策力、执行力、变革力、感召力、觉察力。领导者培养领导力的方式主要包括：明确目标，坚定信念；建立权威；开拓人脉；敢于挑战，勇于承担；创造时间，提高效能。

思考与练习

一、填空题

1. 领导以________为基础去施加影响，权力是领导的特色，权力的类型有________、________、________和________。

2. 领导的传统模型主要有________、________和________三种。

3. 当代提出的主要领导类型主要有四种，即________、________、________和________。

4. 提高领导力有________、________和________等多种方法。

二、判断题

1. 领导的本质是领导者对被领导者施加影响，通过其领导艺术对被领导者的活动进行激励与指导，实现企业目标的过程。（　　）

2. 领导的关键是权力。（　　）

3. 领导就是管理，管理就是领导。（　　）

4. 在企业管理中，领导力的核心是天生的，它是企业领导者，在自己的职责范围内，充分利用人力资源和物力资源，协调企业高效高质地完成任务。（　　）

三、简答题

1. 从哪几个方面确定领导有效性与其所处环境的特点?

2. 领导的特性理论模型、领导的行为理论模型和领导的权变模型三者有什么区别?

3. 提高领导艺术有哪些方法?

4. 提高领导力的途径主要有哪些?

四、论述题

1. 企业管理中，领导者实施惩罚权力对企业目标的高效率完成有何影响?

2. 提升自己的人格魅力主要从哪些方面着手?

推荐书目与文章列表

[1] 阿杰. 领导力[M]. 北京：中国三峡出版社，2010.
[2] 徐燕飞. 领导权力：一个法律心理学的分析框架[J]. 领导科学，2020（4）.
[3] 张蓓齐. 魅力型领导理论的适用情境分析及运用[J]. 经济研究导刊，2020（6）.
[4] 李希军. 领导科学与领导艺术的重要性[J]. 企业改革与管理，2019（4）.
[5] 武文芳. 提高领导者的领导艺术[J]. 大庆社会科学，2010（2）.
[6] 陶震. 变革型领导力对员工敬业度的影响研究[D]. 济南：山东大学，2019.

参 考 文 献

著作：

[1] 冉苒，苏宗荣. 管理心理学[M]. 2版. 北京：清华大学出版社，2018.

[2] 熊川武. 管理心理学[M]. 广州：广东高等教育出版社，2003.

[3] 阎海峰，关涛，杜伟宇. 管理学研究方法[M]. 上海：华东理工大学出版社，2008.

[4] 刘毅. 管理心理学[M]. 成都：四川大学出版社，2008.

[5] 卢盛忠. 管理心理学[M]. 杭州：浙江教育出版社，1998.

[6] 俞文钊. 管理心理学[M]. 大连：东北财经大学出版社，2004.

[7] 戴健林，吴江霖. 社会心理学[M]. 广州：广东高等教育出版社，2007.

[8] 戴健林，吴江霖. 心理学概论[M]. 广州：广东高等教育出版社，2009.

[9] 皮连生. 教育心理学[M]. 上海：上海教育出版社，2011.

[10] 张德，等. 组织行为学[M]. 北京：高等教育出版社，2019.

[11] 彭聃龄. 普通心理学[M]. 北京：北京师范大学出版社，2019.

[12] 林崇德，杨治良，黄希庭. 心理学大辞典[M]. 上海：上海教育出版社，2003.

[13] 胡玉龙. 普通心理学[M]. 北京：人民教育出版社，2002.

[14] 张春兴. 现代心理学[M]. 上海：上海人民出版社，1994.

[15] 程正方. 管理心理学[M]. 北京：高等教育出版社，2011.

[16] 武光路，李剑锋. 大学生心理危机的预防与干预[M]. 北京：国防工业出版社，2016.

[17] 黄希庭. 心理学导论[M]. 北京：人民教育出版社，2015.

[18] 张进辅. 现代青年心理学[M]. 重庆：重庆出版社，2005.

[19] 侯玉波. 社会心理学[M]. 北京：北京大学出版社，2018.

[20] 沙莲香. 社会心理学[M]. 2版. 北京：中国人民大学出版社，2006.

[21] 车文博. 当代西方心理学新词典[M]. 长春：吉林人民出版社，2001.

[22] 王青，孙健敏. 团队管理[M]. 北京：企业管理出版社，2007.

[23] 陈国海. 组织行为学[M]. 5版. 北京：清华大学出版社，2018.

[24] 陈春花. 组织行为学[M]. 4版. 北京：机械工业出版社，2020.

[25] 苏东水. 管理心理学[M]. 上海：复旦大学出版社，1995.

[26] 李磊，马华维. 管理心理学[M]. 天津：南开大学出版社，2006.

[27] 魏想玥. 管理学[M]. 武汉：湖北科学技术出版社，2014.

[28] 陈国权. 组织行为学[M]. 北京：清华大学出版社，2006.

[29] 王德清，杨东. 管理心理学[M]. 重庆：重庆大学出版社，2004.

[30] 李靖. 管理心理学[M]. 北京：科学出版社，2006.

[31] 李海峰，张莹. 管理学：原理与实务[M]. 北京：人民邮电出版社，2018.

[32] 李书绅. 经济专业基础理论教程[M]. 济南：山东科学技术出版社，2005.

[33] 冯天瑜. 中华文化辞典[M]. 武汉：武汉大学出版社，2001.
[34] 芮明杰. 管理学：现代的观点[M]. 上海：上海人民出版社，2005.
[35] 张爱卿. 当代组织行为学[M]. 北京：人民邮电出版社，2006.
[36] 王丛香. 组织行为学[M]. 郑州：郑州大学出版社，2003.
[37] 中共中央马克思恩格斯列宁斯大林著作编译局. 马克思恩格斯选集[M]. 北京：人民出版社，1995.
[38] 中国人民大学心理研究所. 社会心理学[M]. 北京：中国人民大学出版社，2013.
[39] 斯蒂芬·P. 罗宾斯. 组织行为学[M]. 16版. 孙健敏，等译. 北京：中国人民大学出版社，2016.
[40] 沙因. 组织心理学[M]. 余凯成，等译. 北京：经济管理出版社，1987.
[41] 道格拉斯·麦格雷戈. 企业的人性面[M]. 韩卉，译. 北京：中国人民大学出版社，2008.
[42] 威廉. 大内. Z理论——美国企业界怎样迎接日本的挑战[M]. 孙耀君，等译. 北京：中国社会科学出版社，1984.
[43] 史蒂文·L. 麦克沙恩，玛丽·安·冯·格利诺. 组织行为学（英文版·原书第7版）[M]. 吴培冠，张璐斐，译. 北京：机械工业出版社，2018.
[44] 杰斯·费斯特，格雷戈里·J. 费斯特. 人格理论[M]. 李茹，傅文青，译. 北京：人民卫生出版社，2005.
[45] 理查德·格里格，菲利普·津巴多. 心理学与生活[M]. 王垒，王甦，等译. 北京：人民邮电出版社，2016.
[46] 杰拉尔德·格林伯格. 组织行为学[M]. 朱舟，王蔷，译. 上海：格致出版社，2017.
[47] 泰勒，等. 社会心理学[M]. 10版. 谢晓非，等译. 北京：北京大学出版社，2004.
[48] 乔恩·R. 卡曾巴赫，道格拉斯·K. 史密斯. 团队的智慧——创建绩优组织[M]. 侯玲，译. 北京：经济科学出版社，1999.
[49] 爱德华·泰勒. 原始文化[M]. 连树声，等译. 桂林：广西师范大学出版社，2012.
[50] 哈罗德·孔茨. 管理学[M]. 郝国华，等译. 北京：经济科学出版社，1993.
[51] 加雷思·琼斯，珍妮弗·乔治，查尔斯·希尔. 当代管理学[M]. 李建伟，等译. 北京：人民邮电出版社，2003.
[52] 法约尔. 工业管理与一般管理[M]. 周安华，等译. 北京：中国社会科学出版社，1982.

论文：

[1] 一帆. 心理测验法[J]. 教育测量与评价（理论版），2010（4）.
[2] 马向荣. “经济人”假设的辨析与重构——兼论斯密悖论的破解[J]. 经济问题探索，2017（1）.
[3] 葛新斌. 试析西方管理理论中“人性假设”的基本形态及其关系[J]. 华南师范大学学报（社会科学版），1999（2）.
[4] 钟克钊. 以人为中心的Z理论述评[J]. 学海，1992（4）.

[5] 龙晓琼，王合义，王明. 管理人性观向文化观的转变——对XY理论、超Y理论与Z理论的比较分析[J]. 东华理工大学学报（社会科学版），2012（4）.
[6] 姚大志. 罗尔斯正义原则的问题和矛盾[J]. 社会科学战线，2009（9）.
[7] 杨秀君. 目标设置理论研究综述[J]. 心理科学，2004，27（1）.
[8] 罗秋荣. 浅析职工挫折心理产生机制及干预管理[J]. 大众科技，2013，15（7）.
[9] 崔文静，刘兵，李嫄. 职场挫折感研究述评与展望[J]. 领导科学，2019（6）.
[10] 谈玲妹. 正确认识学生心理自我防卫机制[J]. 中国职业技术教育，2004（14）.
[11] 高峰，王芳. 心理应激理论在大学生心理健康促进中的应用[J]. 北华航天工业学院学报，2018，28（3）.
[12] 陈悦. 运用心理训练提高大学生心理应激承受能力的研究[J]. 心理月刊，2019，14（21）.
[13] 黄兴芹. 大学生心理健康教育与生命教育融合的实现途径研究[J]. 心理月刊，2019，14（19）.
[14] 杨婉晨，李妍. 论员工工作压力的产生及管理[J]. 读与写（教育教学刊），2017，14（6）.
[15] 赵慧英. 员工工作压力成因分析及应对策略[J]. 管理观察，2017（34）.
[16] 沃建中，闻莉，周少贤. 认知风格理论研究的进展[J]. 心理与行为研究，2004（4）.
[17] 范恒，张怡凡. 主动的员工发挥创造力吗？知识探索的中介作用与信任领导的调节作用[J]. 中国人力资源开发，2017（10）.
[18] 蒋莹. 个体控制点、工作压力及工作满意度的关系[J]. 经济管理，2006（21）.
[19] 姜农娟，邓冬梅，蒋莹. 创新型科技人才心理授权对个体创新行为的影响：控制点的调节作用[J]. 科技与经济，2017（10）.
[20] 周帆，王登峰. 人格特质与外显自尊和内隐自尊的关系[J]. 心理学报，2005，37（1）.
[21] 李伟. 焦虑与外显自尊和内隐自尊的关系述评[J]. 齐齐哈尔大学学报，2008（7）.
[22] 耿耀国，常国胜，李丽，等. 马基雅维里主义人格特质研究述评[J]. 中国临床心理学杂志，2014，22（5）.
[23] 赵君，廖建桥. 马基雅维利主义研究综述[J]. 华东经济管理，2013（4）.
[24] 郭远兵，黄朝云，等. 马基雅维利主义人格及其相关研究[J]. 中华行为医学与脑科杂志，2011（11）.
[25] 黄攸立，梁超. 马基雅维利主义人格特质对反生产行为的影响研究——工作满意度的中介作用[J]. 西北工业大学学报（社会科学版），2014，34（3）.
[26] 守维卫. 价值观——心理学的新认知[J]. 西南师范大学学报，1996（2）.
[27] 金盛华，郑建君，辛志勇. 当代中国人价值观的结构与特点[J]. 心理学报，2009（41）.

[28] 焦丽颖，杨颖，许燕，等. 中国人的善与恶：人格结构与内涵[J]. 心理学报，2019，51（10）.
[29] 高凯. 基于态度改变理论的大学生人际冲突解决策略[J]. 辽宁工业大学学报（社会科学版），2009，11（4）.
[30] 张玮，刘延平. 组织文化对组织承诺的影响研究——职业成长的中介作用检验[J]. 管理评论，2015，27（8）.
[31] 王润娜，王丹，王筱桐. 工作价值观对员工组织承诺和离职倾向影响研究[J]. 中国物价，2020（4）.
[32] 刘小平. 企业员工的组织归属感及形成研究[J]. 管理百科，2002（6）.
[33] 崔勋. 员工个人特性对组织承诺与离职意愿的影响研究[J]. 南开管理评论，2003（4）.
[34] 刘小平，王重鸣. 中西方文化背景下的组织承诺及其形成[J]. 外国经济与管理，2002（1）.
[35] 曾雪薇. 如何利用非正式组织优化企业的生产和管理[J]. 全国流通经济，2019（8）.
[36] 李宝生. 论企业团队与团队精神建设[J]. 龙岩师专学报，2001（2）.
[37] 廖婵，李世国. 互联时代的沟通方式及情感体验[J]. 包装工程，2011，32（24）.
[38] 戴健林，王乐伟. 人际冲突：理论模型与化解方式的研究[J]. 华南师范大学学报：社会科学版，2008（6）.
[39] 茅庆莲. 从企业文化到组织文化——组织文化理论刍议[J]. 社会科学，1990（4）.
[40] 李唐周. 国外组织文化研究综述[J]. 心理学动态，1996（1）.
[41] 艾春. 组织文化模式研究综述[J]. 经济师，2003（7）.
[42] 樊耘，李纪花，顾敏. 基于四层次结构的组织文化与变革关系的实证分析[J]. 商业研究，2006（19）.
[43] 于天远. 组织文化的定义和研究方法综述[J]. 经济管理，2009（4）.
[44] 黄河，吴能全. 组织文化形成途径——我国中小型民营企业的跨案例研究[J]. 管理世界，2009（S1）.
[45] 张蓓齐. 魅力型领导理论的适用情境分析及运用[J]. 经济研究导刊，2020（6）.
[46] 李希军. 领导科学与领导艺术的重要性[J]. 企业改革与管理，2019（4）.
[47] 朱润川. 建设银行C支行员工工作压力管理研究[D]. 南宁：广西大学，2019.
[48] 张玥. 云南省K企业员工工作压力及应对措施研究[D]. 昆明：昆明理工大学，2019.
[49] 黄萍. 企业内部人际沟通的现状调查及其改善策略的理性探索[D]. 重庆：西南大学，2007.
[50] 张玮. 组织文化对员工职业成长与组织承诺的影响研究[D]. 北京：北京交通大学，2016.
[51] 樊耘. 组织文化与组织变革关系的理论研究与实证分析[D]. 西安：西安交通大学，2002.

[52] 李成彦. 组织文化对组织效能影响的实证研究[D]. 上海：华东师范大学，2005.
[53] 陶震. 变革型领导力对员工敬业度的影响研究[D]. 济南：山东大学，2019.
[54] 宋萌. 诚信型领导与员工绩效的关系研究[D]. 武汉：华中师范大学，2015.
[55] 李咨含. 服从行为研究述评[C]. 中国心理学会. 第十八届全国心理学学术会议摘要集——心理学与社会发展，2015.
[56] 任力. 领导理论的流变[N]. 中国航空报，2013.

英文：

[1] Martin J. Cultures in Organizations[M]. New York：Oxford University Press，1992.
[2] Herzberg F，Mausner B& Snyderman B. The Motivation to Work[M]. New York：John Wiley & Sons，1959.
[3] Pfeffer J. The Human Equation[M]. Boston：Harvard Business School Press，1998.
[4] Maccoby EE，Jacklin CN. The Psychology of Sex Differences[M]. Palo Alto：Stanford University Press，1974.
[5] Hofstede G. Culture's oonsequences：International oifferences in Work-Related Values[M]. Beverly Hills，Ca：Sage，1980.
[6] Lock EA. Toward a Theory of Task Motivation and Incentives[J]. Organizational Behavior and Human Performance，1968（3）.
[7] Eissa G，Lester SW. Supervisor role overload and frustration as antecedents of abusive supervision：The moderating role of supervisor personality[J]. Journal of Organizational Behavior，2017（3）.
[8] Sternberg RJ. Beyond IQ：A Triarchic Theory of Human Intelligence[J]. New York：Cambridge University Press，1985（10）.
[9] Bateman TS，Crant JM. The proactive component of organizational behavior：A measure and correlates[J]. Journal of Organizational Behavior，1993,14（2）.
[10] Thompson JA. Proactive personality and job performance：A social capital perspective[J]. Journal of Applied Psychology，2005，90（5）.
[11] Bizer GY，Krosnick JA. Exploring the Structure of Strength-Related Attitude Feature：The Relation Between Attitude Importance and Attitude Accessibility[J]. Journal of Personality and Social Psychology，2001，81（4）.
[12] Farley SD，Stasson MF. Relative Influences of Affect and Cognition on Behavior；Are Feelings or Beliefs More Related to Blood Donation Intentions?[J]. Experimental Psychology，2003，50（1）.
[13] Banse R，Seise J，Zerbes N. Implicit attitudes toward homosexuality：reliability，validity，and control ability of the IAT[J]. Zeitschrift fur Experimental Psychology，2001（48）.
[14] Walls JA. Conflict and its management[J]. Journal of Management，1995

(21).

[15] Whitener EM. Do "high commitment" human resource practices affect employee commitment? A cross-level analysis using hierarchical linear modeling[J]. Journal of Management，2001（27）.

[16] Stogdill RM. Leadership，membership and organization[J]. Psychological bulletin，1950，47（1）.

[17] Omar N，Solinger，et al. Beyond the three-component model of organizational commitment[J]. Journal of Applied Psychology，2008.

[18] Bouchard TJ. Jr.，Loehlin JC. Genes，evolution，and personality[J]. Behavior Genetics，2001（31）.